The European Neighbourhood Policy's Challenges

Les défis de la politique européenne de voisinage

P.I.E. Peter Lang

Bruxelles • Bern • Berlin • Frankfurt am Main • New York • Oxford • Wien

Erwan Lannon (ed.)

The European Neighbourhood Policy's Challenges

Les défis de la politique européenne de voisinage

College of Europe Studies/Cahiers du Collège d'Europe
No. 14

Éditions scientifiques internationales
Brussels/Bruxelles, 2012
1 avenue Maurice, B-1050 Brussels, Belgium
www.peterlang.com; info@peterlang.com

ISSN 1780-9665
ISBN 978-90-5201-779-2
D/2012/5678/04

Library of Congress Cataloging-in-Publication Data
The European Neighbourhood Policy challenges = Les défis de la politique européenne de voisinage / Erwan Lannon (ed.). p. cm. -- (College of Europe studies, ISSN 1780-9665 ; no. 14) Includes bibliographical references and index.
ISBN 978-90-5201-779-2 1. European Neighbourhood Policy (Program)
2. European Union countries--Foreign relations--21st century.
I. Lannon, Erwan, 1968- II. Title: Défis de la politique européenne de voisinage.
JZ1570.A5E9725 2011 341.242'2--dc23 2011041117

Bibliographic information published by "Die Deutsche Nationalbibliothek"

"Die Deutsche Nationalbibliothek" lists this publication in the "Deutsche Nationalbibliografie"; detailed bibliographic data is available on the Internet at <http://dnb.d-nb.de>.

Information bibliographique publiée par « Die Deutsche Bibliothek »

« Die Deutsche Bibliothek » répertorie cette publication dans la « Deutsche Nationalbibliografie » ; les données bibliographiques détaillées sont disponibles sur le site http://dnb.ddb.de.

Table of Contents

Acknowledgements

This book is the result of a project that started with a workshop held at the Natolin Campus of the College of Europe in December 2007 where the first drafts of some of the papers were discussed. Representatives of the European Commission and of the General Secretariat of the Council of the European Union, namely Mrs Hilde Hardeman and Mr Alexandre Zafiriou, as well as Mr Peter Balazs, former Commissioner and Minister of Foreign Affairs of Hungary and Mrs Ewa Ośniecka-Tamecka, Vice Rector of the College of Europe, actively participated in the various sessions and provided the panellists with very useful preliminary comments.

In the following years a number of new authors joined the team to complement the first papers discussed in Natolin and the papers were progressively finalised. The editor would like to express his sincere thanks to the contributors for their patience in updating and redrafting their papers, sometimes several times, in order to produce at the end of the process a book that is as relevant and consistent as possible.

During the editorial process a crucial role was played by Kinga Chmielewska-Saldan, Jaroslaw Brzezinski and Richard Washington who proofread the contributions written in English. Many thanks to Peter Van Elsuwege for drafting one of the annexes on legal sources. I also would like to extend my sincere gratitude to all colleagues and Professor Paul Demaret, Rector of the College of Europe, without whom this project would not have been possible.

Erwan Lannon

Brussels, 3 November 2011

List of Abbreviations and Acronyms

AA	Association Agreement/Accord d'association
ADM	Armes de destruction massive
AEMA	Accord euro-méditerranéen d'association
AGCS	Accord général sur le commerce des services
ALEA	Accord de libre-échange approfondi
AMCs	Arab Mediterranean Countries
AP	Action Plan
APC	Accord de partenariat et de coopération
APEM	Assemblée parlementaire euro-méditerranéenne
ARLEM	Assemblée régionale et locale euro-méditerranéenne
Art.	Article
BEI	Banque européenne d'investissement
BMENA	Broader Middle East and North Africa
BSCBC	Black Sea Cross-Border Co-operation Program
BSEC	Black Sea Economic Cooperation
BSFDP	Black Sea Forum for Dialogue and Partnership
BSSI	Black Sea Synergy Initiative
BSTDB	Black Sea Trade and Development Bank
CA	Conseil d'association
CDC	Community of Democratic Choice
CEE	Central and Eastern Europe
CEECs	Central and Eastern European Countries
CES	Common Economic Space
CFSP	Common Foreign and Security Policy
CJEU	Court of Justice of the European Union
CIB	Comprehensive Institution-Building Programme
CIS	Commonwealth of Independent States
CMUE	Comité militaire de l'Union européenne
COPS	Comité politique et de sécurité
CSDP	Common Security and Defense Policy

CSOs	Civil Society Organisations
CSP	Country Strategy Paper
CTF	Coopération transfrontalière
DCFTA	Deep and Comprehensive Free Trade Area
DM	Dialogue méditerranéen de l'OTAN
DSP	Document de stratégie par pays
DSR	Document de stratégie régionale
EA	Europe Agreement
EaP	Eastern Partnership
EASA	European Aviation Safety Agency
EBRD	European Bank for Reconstruction and Development
EC	European Commission
EEA	European Economic Area
EEAS	European External Action Service
EEE	Espace économique européen
EIB	European Investment Bank
EIDHR	European Instrument for Democracy and Human Rights
EMAAs	Euro-Mediterranean Association Agreements
EMUE	État-major de l'Union européenne
ENP	European Neighbourhood Policy
ENPI	European Neighbourhood and Partnership Instrument
ESDP	European Security and Defence Policy
EU	European Union
EUSR	European Union Special Representative
FEMIP	Facilité euro-méditerranéenne d'investissement et de partenariat
Ft.	Footnote
FTA	Free Trade Area
FYROM	Former Yugoslav Republic of Macedonia
GAFTA	Greater Arab Free Trade Area
GDP	Gross Domestic Product
GMO	Grand Moyen-Orient
GNP	Gross National Product
GSP	Generalised System of Preferences

GUAM	Georgia, Ukraine, Azerbaijan and Moldova
IBPP	Institution Building and Partnership Programme
IAP	Instrument d'aide de préadhésion
ICT	Information and Communication Technologies
IEVP	Instrument européen de voisinage et de partenariat
IFIs	International Financial Institutions
ILO	International Labour Organisation
IMF	International Monetary Fund
INOGATE	Interstate Oil and Gas to Europe
MENA	Middle East and North Africa
MM.DD	Milliards de Dirhams
MPC	Mediterranean Partner Country
NA	Neighbourhood Agreements
NEC	Neighbourhood Economic Community
NGO	Non-Governmental Organisation
NIF	Neighbourhood Investment Facility
NIP	National Indicative Programme
NIS	New Independent States
OJ	Official Journal of the European Union
OMC	Organisation mondiale du commerce
OSCE	Organisation for Security and Co-operation in Europe
OTAN	Organisation du Traité de l'Atlantique Nord
Para.	Paragraph
PAV	Plan d'action voisinage
PCA	Partnership and Co-operation Agreement
PEM	Partenariat euro-méditerranéen
PESC	Politique étrangère et de sécurité commune
PESD	Politique européenne de sécurité et de défense
PIB	Produit intérieur brut
PIN	Plan indicatif national
PIR	Programme indicatif régional
PME	Petites et moyennes entreprises
PMI	Petites et moyennes industries
PMR	Politique méditerranéenne rénovée
PO	Partenariat oriental

PPM	Pays partenaire méditerranéen
PPP	Purchasing Power Parity
R&D	Research and Development
RP	Rapport pays
RS	Rapport de suivi
SAAs	Stabilisation and Association Agreements
SAF	Structural Adjustment Facility
SEAE	Service européen pour l'action extérieure
SEE	Stratégie européenne de sécurité
SME	Small and Medium-Sized Enterprise
SPS	Sanitary and Phytosanitary
TACIS	Technical Assistance to the Commonwealth of Independent States
TAIEX	Technical Assistance and Information Exchange
TEC	Treaty establishing the European Community
TEU	Treaty on European Union
TFEU	Treaty on the Functioning of the European Union
TFUE	Traité sur le fonctionnement de l'Union européenne
TRACECA	Transport Corridor Europe Caucasus Central Asia
TUE	Traité sur l'Union européenne
UE	Union européenne
UEO	Union de l'Europe occidentale
UEPLAC	Ukrainian-European Union Policy and Legal Advice Centre
UMA	Union du Maghreb arabe
UN	United Nations
UpM	Union pour la Méditerranée
USSR	Union of Soviet Socialist Republics
V.	Voir
Vol.	Volume
WG	Working Group
WNIS	Western Newly Independent States
WTO	World Trade Organisation

List of Tables

Introduction

Erwan LANNON

Among the numerous EU proximity strategies, the European Neighbourhood Policy (ENP) has a central place and is now to be considered as a kind of umbrella framework for a growing number of sub-regional initiatives such as the Black Sea Synergy (BSS), the Eastern Partnership (EaP) and the Union for the Mediterranean (UfM). Other EU proximity strategies such as the pre-accession strategy, the Strategic Partnership with the Mediterranean and the Middle East (SPMME) and the Northern Dimension complement the ENP.

These EU proximity strategies form a complex web of intertwined relationships and co-operation. Sometimes complementarities and synergies can be expected, but numerous unforeseen overlappings are also witnessed. Following a number of initial proposals, the current ENP concept emerged at EU level with the co-signed Javier Solana and Chris Patten letter on "Wider Europe" published in August 2002.[1] This letter clearly stressed that the "new proximity initiative" had an "initial focus on Eastern neighbours".[2] However, on 26 November and 6 December 2002, Romano Prodi, the then President of the European Commission made two important speeches respectively at the University of Louvain-La-Neuve and during the ECSA World Annual Conference in Brussels.[3] He advocated, just before the December 2002 European Council, that the "geographical scope of this approach is our neighbourhood in the literal sense of the word, our backyard. It includes our future Eastern neighbours and the whole Mediterranean area, as I recently explained in

---

1 Solana, J. and Patten, C., Letter on "Wider Europe", 7 August 2002, http://ec.europa.eu/world/enp/pdf/_0130163334_001_en.pdf.

2 *Ibid.*, p. 4.

3 Prodi, R., Président de la Commission européenne, "*L'Europe et la Méditerranée: venons en aux faits*", UCL – Université Catholique de Louvain-la-Neuve, Louvain-la-Neuve, 26 novembre 2002, IP/02/589, 26 novembre 2002, http://europa.eu/rapid/pressReleasesAction.do?reference=SPEECH/02/589&format=HTML&aged=0&language=EN&guiLanguage=en, Prodi, R., *A Wider Europe – A Proximity Policy as the key to stability, "Peace, Security And Stability International Dialogue and the Role of the EU"*, Brussels, Sixth ECSA-World Conference. 5-6 December 2002, IP/02/619, http://europa.eu/rapid/pressReleasesAction.do?reference=SPEECH/02/619&format=HTML&aged=1&language=EN&guiLanguage=en.

Louvain when I spoke on 'Europe and the Mediterranean – time for action'. I want to see a 'ring of friends' surrounding the Union and its closest European neighbours, from Morocco to Russia and the Black Sea".[4]

The Presidency conclusions of the December 2002 Copenhagen European Council included a section devoted to "The enlarged Union and its neighbours". Taking stock of the upcoming enlargement, the fifteen Member States decided, at that time, to "take forward relations with neighbouring countries based on shared political and economic values", the Union remaining "determined to avoid new dividing lines in Europe and to promote stability and prosperity within and beyond the new borders of the Union".[5] The focus of the ENP is again the eastern periphery, as the Member states conclude that: "the enlargement will strengthen relations with Russia. The European Union also wishes to enhance its relations with Ukraine, Moldova, Belarus and the Southern Mediterranean countries based on a long-term approach promoting democratic and economic reforms, sustainable development and trade". The order of the neighbours mentioned is of importance as it is not alphabetical. The Member States decided initially to support this eastern orientated approach – thus the use of the controversial "Wider Europe" theme – and to concentrate on Russia instead of the more comprehensive approach proposed by President Prodi. The European Commission and the Secretary-General/High Representative were thus logically mandated to "bring forward proposals" on the basis of the European Council mandate.

Between 2003 and 2007 four Strategy Papers were issued on the ENP by the European Commission:

- "Wider Europe – Neighbourhood: A New Framework for Relations with our Eastern and Southern Neighbours", 11 March 2003;[6]
- "The European Neighbourhood Policy Strategy Paper", 12 May 2004;[7]

---

4 Prodi, R., "*A Wider Europe – A Proximity Policy as the key to stability. Peace, Security and Stability International Dialogue and the Role of the EU*", *op. cit.*

5 European Council, *Presidency conclusions, The enlarged Union and its neighbours*, Copenhagen, 12 and 13 December 2002, point 22. http://ec.europa.eu/research/era/docs/en/council-eu-27.pdf.

6 European Commission, *Communication of the Commission, Wider Europe – Neighbourhood: A New Framework for Relations with our Eastern and Southern Neighbours*, COM(2003) 104 final, Brussels, 11 March 2003.

7 European Commission, *Communication of the Commission, European Neighbourhood Policy Strategy Paper*, COM(2004) 373 final, Brussels, 12 May 2004.

- "On Strengthening of the European Neighbourhood Policy", 4 December 2006;[8]
- "A Strong European Neighbourhood Policy", 5 December 2007.[9]

These Communications that shaped the ENP as we know it today, have been complemented by a Communication "on the general approach to enable ENP partner countries to participate in Community agencies and Community programmes",[10] published in December 2006, and another one on the "Black Sea Synergy – A new regional co-operation initiative", issued in April 2007.[11]

In the meantime the first Country Reports and Action Plans were drafted by the European Commission (and the former High Representative for CFSP issues) and the European Neighbourhood and Partnership Instrument (ENPI) entered into force on 1st January 2007 within the framework of the 2007-2013 financial perspectives.[12] What is crucial is that finally Russia was not included as such in the ENP framework (although benefiting from the ENPI funds) whereas the three Southern Caucasus Countries (Armenia, Azerbaijan and Georgia) were proposed to join this framework in 2004.[13]

In 2011 two major Communications of the European Commission and the High Representative have partially reoriented the general approach towards the EU's neighbours. The first one of 8th March 2011 is a joint Communication from the European Commission and the High Representative entitled: "A Partnership for Democracy and Shared Prosperity with the Southern Mediterranean".[14] It is the first substantial reaction of the EU regarding the events of Tunisia, Egypt but also

---

8 European Commission, *Communication of the Commission, On strengthening of the European Neighbourhood Policy*, COM(2006) 726 final, Brussels, 4 December 2006.

9 European Commission, *Communication of the Commission, A Strong European Neighbourhood Policy*, COM(2007) 774 final, Brussels, 5 December 2007.

10 European Commission, *Communication of the Commission, On the general approach to enable ENP partner countries to participate in Community agencies and Community programmes*, COM(2006) 724 final, Brussels, 4 December 2006.

11 European Commission, *Communication of the Commission, On the Black Sea Synergy – A new regional co-operation initiative*, Brussels, COM(2007) 160 final, 11 April 2007.

12 See the contributions of Van Elsuwege P. in this volume.

13 European Commission, *Communication of the Commission, European Neighbourhood Policy Strategy Paper*, COM(2004) 373 final, Brussels, 12 May 2004, pp. 7, 10 and 11.

14 European Commission and High Representative, *Joint Communication to the European Parliament, the Council, the European Economic and Social Committee and the Committee of the Regions, A Partnership for Democracy and Shared Prosperity with the Southern Mediterranean*, COM(2011) 200 final Brussels, 8 March 2011.

Libya. The second one, of 25th May, 2011 is entitled: "A New Response to a Changing Neighbourhood"[15] and has been prepared in order to take stock of the results achieved so far within the ENP framework.

2011 is therefore a crucial year for a number of reasons. First of all, after the first phase of implementation of the ENP, it is now possible to asses properly the progress achieved so far, notably in terms of reforms, and thus to identify the main challenges ahead. Second, new National Indicative Programmes (NIPs) have been agreed and will be implemented between 2011 and 2013. At the same time, the great manoeuvres for the next financial perspectives have started in the midst of a major financial and economic crisis. Third, the revolts in the Arab world challenged the EU approach in the Mediterranean precisely when the Commissioner in charge of the ENP, Mr Füle, and the High Representative, Mrs Ashton, were conducting the review of the European Neighbourhood Policy.

The aim of this book is to highlight a number of crucial challenges the EU and its partners are currently facing within the framework of the European Neighbourhood Policy. It is neither a collection of articles, nor a classic conference proceedings book, but a comprehensive analysis of a number of issues at stake in the ENP. Cross references are made throughout the volume in order to reinforce its consistency. In conformity with the academic programme of the Natolin Campus of the College of Europe, the approach followed is of an interdisciplinary nature. Lawyers, economists, political scientists, geographers, and experts of geopolitical and geostrategic issues have contributed to the present book.

This book is sub-divided into three parts, namely: "Transversal challenges", "Challenges in the Mediterranean and the Middle East", and "Challenges in Europe and Eurasia". In Part I, devoted to transversal challenges, the first contribution (by Erwan Lannon) deals with the frameworks and instruments of the co-operation implemented under the ENP, thus analysing the development of increasingly complex bi-multilateral relationships. The analysis of Peter Van Elsuwege entitled: "Variable Geometry in the European Neighbourhood Policy: The Principle of Differentiation and its Consequences" examines one of the fundamental principles of the ENP, whilst Sieglinde Gstöhl asks "What is at Stake in the Internal Market?" by focussing on the long term project of the creation of a "Neighbourhood Economic Community" (NEC). Dominik Hanf then introduces the reader to the new "Neighbourhood

15 European Commission and High Representative, *Joint Communication to the European Parliament, the Council, the European Economic and Social Committee and the Committee of the Regions, A New Response to the Changing Neighbourhood*, COM(2011) 303, Brussels, 25 May 2011.

Clause" (Article 8 TUE), that is supposed to become the new legal basis for concluding the so called "Neighbourhood Agreements".

Part II, on the "Challenges in the Mediterranean and the Middle East", starts with an analysis by Bichara Khader on the genesis and challenges of the Union for the Mediterranean. Peter Xuereb deals with the complex issue of the necessity to infuse the Euro-Mediterranean Partnership with a supranational dynamic. The contribution of Jean-François Coustillière focuses on the state of play of Security in the Mediterranean in the light of the EU Common Security and Defence Policy and the ENP. Iván Martín analyses the crucial socio-economic challenges in the Mediterranean Neighbouring Countries and finally Larbi Jaidi addresses the issue of the EU-Moroccan "Advanced Status".

Part III is devoted to the "challenges in Europe and Eurasia" and starts with an analysis by Erwan Lannon and Peter Van Elsuwege of the Eastern Partnership and the prospects of a new regional dimension within the ENP. Hubert Duhot then analyses the Black Sea Synergy Initiative as a reflection of EU's ambitions and limitations in the region. Iryna Solonenko's contribution focuses on the ENP implementation in Ukraine. Finally, Hannes Adomeit's contribution is centred on Russia, another "strategic neighbour" of the EU not included in the ENP as such.

The conclusion focuses on the main challenges emanating from the debate that emerged during the process of evaluation and revision of the ENP that took place in 2010 and 2011. The debate has evolved with the uprisings in a number of Mediterranean and Middle Eastern Countries. The main challenges for the EU will be to support democratic transitions, to contribute to the resolution of protracted conflicts in the area and to progressively define the model of economic co-development and integration of the Pan-Euro-Mediterranean Area.

Part I

TRANSVERSAL CHALLENGES

Instruments, principes et méthodologie de la Politique européenne de voisinage

Erwan LANNON

Introduction

Depuis quelques années, nous assistons au développement d'une Politique européenne de voisinage (PEV) à plusieurs vitesses. Cette tendance résulte de plusieurs facteurs. Tout d'abord, le principe de différenciation[1] est désormais pleinement appliqué dans le cadre de cette politique et va se voir renforcé suite à l'adoption de la Communication de la Commission européenne et du haut représentant sur « Une stratégie nouvelle à l'égard d'un voisinage en mutation ».[2] Deuxièmement, le développement de coopérations renforcées est mis en avant dans le cadre de la PEV sans que l'on connaisse toutefois les modalités précises de mise en œuvre de ces dernières. Troisièmement, les initiatives de certains États membres ont conduit à la multiplication des cadres sous-régionaux de coopération. Ainsi, la question de la cohérence et des complémentarités entre les différentes initiatives sous-régionales que sont l'Union pour la Méditerranée (UpM), la Synergie en mer Noire et le Partenariat oriental (PO) doivent désormais être plus clairement posées.[3]

De plus, les cadres bilatéraux et multilatéraux (régionaux et sous-régionaux) de coopération sont de plus en plus enchevêtrés ce qui rend la lisibilité des stratégies et des politiques complexe et ce d'autant plus que la nature juridique de ces instruments est parfois très différente.

On assiste ainsi à la multiplication des outils relevant de la *soft law* et à la création de différents cadres de coopération. Le résultat de ces nouvelles tendances, outre le manque de visibilité des politiques, est le développement d'une PEV à plusieurs vitesses, la constitution d'une

---

1 Voir les contributions de Van Elsuwege, P. dans cet ouvrage.

2 Commission européenne et haut représentant, *Communication conjointe au Parlement européen, au Conseil, au Comité économique et Social et au Comité des régions, Une stratégie nouvelle à l'égard d'un voisinage en mutation*, COM(2011) 303 final, Bruxelles, 25 mai 2011.

3 Voir également les contributions de Duhot, H., Lannon, E. et Van Elsuwege, P. dans cet ouvrage.

avant-garde dans le cadre de cette politique mais aussi, malheureusement, l'apparition de fragmentations qui pourraient bien conduire à l'apparition de nouvelles lignes de démarcation au sein même de la PEV.[4]

Dans cette contribution, nous analyserons successivement deux éléments. Le premier concerne la mise en œuvre d'un nouveau type de coopération dans le cadre de la Politique européenne de voisinage. Nous étudierons les différents instruments et modes de la coopération menée sous le signe de la PEV et verrons notamment quelles dynamiques sont mises en place au niveau bilatéral et multilatéral. Le second volet de l'analyse concerne les nouvelles dynamiques en matière de gouvernance et les évolutions de la méthodologie de la Politique européenne de voisinage. Il s'agit ici de voir si la tendance à la dé-communautarisation des cadres de coopération se confirme et d'examiner l'impact du développement de coopérations renforcées dans le cadre de la PEV. Finalement, nous tirerons les conclusions inhérentes à la mise en place de cette intégration pan-euro-méditerranéenne à géométrie variable.

I. La mise en œuvre d'un nouveau type de coopération dans le cadre de la Politique européenne de voisinage

La PEV repose sur une architecture particulièrement complexe qui associe des cadres de coopération et des instruments unilatéraux, bilatéraux et multilatéraux. Des instruments spécifiques inspirés de l'expérience de la préadhésion ont été mis en place afin de répondre au besoin d'un nouveau type de coopération. Avant d'analyser ces différents instruments, il faut cependant comprendre quelle est la véritable nature de cette politique *européenne*.

A. La nature spécifique de la Politique européenne de voisinage

Contrairement à ce qui est souvent avancé, la PEV n'est pas seulement de nature bilatérale. La Commission européenne a d'ailleurs précisé en décembre 2007 que « La PEV est essentiellement bilatérale mais est aussi interconnectée avec les processus régionaux et sous-régionaux » et de préciser qu'au niveau euro-méditerranéen, la PEV et le PEM « se renforcent mutuellement : les cadres bilatéraux de la PEV sont mieux adaptés à l'avancement des réformes internes tandis que le cadre de la

---

4 Il convient de rappeler le point 22 des conclusions du Conseil européen de Copenhague des 12 et 13 décembre 2002 qui soulignait que l'Union « demeure résolue à éviter la formation de nouvelles lignes de démarcation en Europe et à promouvoir la stabilité et la prospérité à l'intérieur et au-delà des nouvelles frontières de l'Union », Conseil européen, *Conclusions de la présidence, l'Union élargie et ses voisins*, Copenhague, 12 et 13 décembre 2002, point 22, http://www.consilium.europa.eu/ueDocs/cms_Data/docs/pressData/fr/ec/73849.pdf.

coopération euro-méditerranéenne constitue le contexte régional ».[5] Au moment de la mise en place de la PEV, aucune dimension multilatérale globale du type Partenariat oriental n'existait pour les pays partenaires européens.

En réalité, la PEV possède non seulement une dimension bilatérale et multilatérale mais également une dimension unilatérale. En définitive, de manière générale, la PEV est en une politique essentiellement unilatérale. C'est en effet une politique *européenne* qui se différencie par exemple nettement du « Partenariat » euro-méditerranéen tel que conçu à Barcelone en 1995. Ainsi, même si le PEM était à l'origine une initiative européenne, les partenaires méditerranéens ont été invités à contribuer et à adopter la Déclaration de Barcelone, acte fondateur du PEM.[6] Par contre, aucune déclaration commune fondatrice n'a été envisagée pour la PEV contrairement, par exemple, à la plus récente Union pour la Méditerranée.[7] Seule une conférence PEV s'est tenue en septembre 2007 à Bruxelles et a rassemblé, pour la première fois, des représentants de l'ensemble des partenaires PEV et de l'Union mais cet événement ne s'est pas renouvelé.[8]

C'est d'ailleurs cette unilatéralité, qui doit être analysée à la lumière de l'existence de nombreux éléments de conditionnalité positive fondés sur la stratégie de préadhésion, qui a poussé des pays comme la Russie et l'Algérie à refuser de prendre part à une telle politique. Les autorités algériennes ont ainsi tenu, dans un premier temps, à privilégier la mise en œuvre de l'Accord euro-méditerranéen d'association (AEMA) qui établit des relations partenariales dans un cadre contractuel respectant la souveraineté de chacune des parties. La Russie a tenu, quant à elle, à préserver des relations bilatérales de nature partenariale correspondant à son statut de puissance.[9] Ainsi, la Russie bénéficie-t-elle des avantages de l'Instrument européen de voisinage et de partenariat (IEVP) sans

---

5 Commission européenne, *Communication de la Commission européenne, Une politique européenne de voisinage vigoureuse*, Bruxelles, 5 décembre 2007, COM(2007) 774 final, p. 3.

6 V. Lannon, E., « La déclaration interministérielle de Barcelone, acte fondateur du Partenariat euro-méditerranéen », *Revue du Marché commun et de l'Union européenne*, n° 398, mai 1996, pp. 358-368.

7 V. dans cet ouvrage Khader, B. pour la genèse de l'Union pour la Méditerranée et le Sommet de Paris.

8 À notre connaissance, il n'est d'ailleurs pas envisagé de renouveler une conférence de ce type, ce que nous ne pouvons que déplorer. Certes l'organisation d'événements regroupant l'ensemble des partenaires PEV est difficile à mettre en place, ne serait-ce qu'en raison de questions de calendrier, mais des synergies et des complémentarités doivent être créées entre les différents pays et régions couverts par la PEV afin de créer à terme cette économie d'échelle de la zone pan-euro-méditerranéenne.

9 V. la carte n° 1.

avoir à subir les « Rapports pays », « Plans d'action » et autres « Rapports de suivi » spécifiques à cette politique de voisinage qui a emprunté les instruments de la stratégie de préadhésion.

B. Les principaux instruments de la Politique européenne de voisinage

Les principaux instruments de la PEV sont de nature assez variée et couvrent toute la palette des instruments utilisés par l'UE au niveau des relations extérieures. Il existe toutefois une spécificité de la PEV qui consiste dans l'existence de trois instruments largement inspirés des instruments de la préadhésion à savoir : les Rapports pays, les Plans d'action et les Rapports de suivi.

Tableau 1. Comparaison instruments et accords de base PEV et préadhésion

Instruments et accords de base dans le cadre de la PEV	Instruments et accord de base dans le cadre de la préadhésion
Rapport pays PEV (Country Report)	Rapport d'examen analytique de l'acquis (Screening Reports)
Plan d'action PEV (Action Plan)	Partenariat d'adhésion (Accession Partnerships) servant de base aux Programmes nationaux d'adoption de l'*Acquis* (PNAA) qui donnent les détails, le calendrier et les coûts de mise en œuvre des priorités des partenariats d'adhésion
Rapport de suivi PEV (Progress Report)	Rapport de suivi/réguliers (Progress/Regular Reports)
Accords euro-méditerranéens d'association/Accords de partenariat et de coopération/Futurs accords de voisinage[10]	Accords européens/Accords d'association/ Accords de stabilisation et d'association[11]
Instrument européen de voisinage et de partenariat (IEVP)	Instrument d'aide de préadhésion (IAP)

1. Les instruments de nature unilatérale

Il faut prendre en considération ici l'IEVP, les Rapports pays les différents Documents stratégie pays et les Programmes indicatifs nationaux.

a. L'Instrument européen de voisinage et de partenariat (IEVP)

D'un point de vue juridique, il faut considérer l'Instrument européen de voisinage et de partenariat comme étant un instrument unilatéral dans la mesure où il s'agit, à l'instar des anciens règlements MEDA et TA-

10 V. Hanf, D. dans cet ouvrage et la carte n° 4.

11 Pour les différents types d'accords voir la carte n° 4 et l'annexe n° 1.

CIS, d'un règlement financier d'application de nature autonome.[12] Ce règlement financier d'application a été adopté par le Parlement européen et le Conseil des ministres dans le cadre de l'ancienne procédure de co-décision. Il convient donc aussi de replacer ce qualificatif d'unilatéralisme dans son contexte législatif. Autrement dit, les partenaires n'ont pas droit au chapitre en ce qui concerne l'adoption de cet instrument central de la coopération menée dans le cadre de la PEV, pas plus d'ailleurs s'agissant de sa dotation financière et de la ventilation budgétaire. Son équivalent au niveau de la stratégie de préadhésion est le règlement 1085/2006 du Conseil établissant un « instrument d'aide de préadhésion (IAP) ».[13]

b. Les Rapports pays (RP)

Les Rapports pays de la PEV[14] sont des instruments purement unilatéraux dans la mesure où ils sont élaborés par les services de la Commission européenne et par les désormais délégations de « l'Union européenne », qui font partie intégrante du Service européen pour l'action extérieure (SEAE). Les Rapports pays dressent un état des lieux, à un moment précis, de la situation économique, sociale et politique d'un pays partenaire et font le bilan de l'état de ses relations avec l'UE. C'est ce document qui sert de base à l'élaboration du Plan d'action et permet d'établir des repères précis au niveau de l'état d'avancement des réformes afin de pouvoir procéder aux évaluations subséquentes.

Toutefois, il convient ici aussi de préciser que les services de la Commission européenne et le personnel des délégations de l'UE sont amenés à consulter de manière officielle mais aussi informelle des acteurs étatiques et non étatiques du partenaire PEV lors de l'élaboration de ces documents.[15] Précisons finalement qu'au niveau de la stratégie de préadhesion, l'instrument équivalent est celui des « rapports de *screaning* » « ou examen analytique de l'acquis », ce dernier est toutefois plus technique et plus précis, s'appuyant sur l'ensemble des chapitres de l'acquis alors que les rapports pays PEV se fondent seulement sur trois aspects essentiels ; les relations entre l'UE et le partenaire, la situation politique et des droits de l'homme et les questions de sécurité défense puis finalement les questions socio-économiques. Le modèle est simi-

---

12 Parlement européen et Conseil de l'UE, *Règlement (CE) n° 1638/2006 du Parlement européen et du Conseil du 24 octobre 2006 arrêtant des dispositions générales instituant un Instrument européen de voisinage et de partenariat*, JO L 310, 9 novembre 2006, pp. 1-14.

13 Conseil de l'UE, *Règlement (CE) n° 1085/2006 du Conseil établissant un instrument d'aide de préadhésion (IAP)*, JO L 210, 31 juillet 2006, pp. 82-93.

14 Disponibles via http://ec.europa.eu/world/enp/documents_en.htm.

15 V. dans cet ouvrage l'exemple de l'Ukraine dans la contribution de Soloneko, I. et ci-après pour l'impact de la mise en place du SEAE.

laire pour tous les partenaires avec cependant certaines variantes étant donné les spécificités et la localisation géographique du partenaire.

c. Les Rapports de suivi (RS)

Les Rapports de suivi[16] (RS) ont pour objectif de faire le bilan des actions menées conformément aux priorités établies dans le cadre des Plans d'action et traduites en termes opérationnels au niveau des Documents de stratégie Pays (DSP) et des Programmes indicatifs nationaux (PIN). En d'autres termes, il ne s'agit pas de réaliser des rapports généraux sur les réalités politiques et économiques du pays. Le champ d'application de ces Rapports pays est donc clairement limité, selon la Commission européenne, à « la mise en œuvre des Plans d'action ».[17] Dès la mise en place de la PEV, la Commission européenne avait d'ailleurs clairement précisé qu'elle établirait des « rapports périodiques concernant l'état d'avancement et les domaines nécessitant des efforts supplémentaires, compte tenu des évaluations réalisées par les autorités du pays partenaire ».[18]

À l'instar des Rapports pays, les Rapports de suivi sont élaborés à la base de manière unilatérale par les services de la Commission européenne et du SEAE même si des apports de la société civile sont possibles et même souhaitables à ce niveau. En effet, la Commission européenne a souligné en 2007 que : « les organisations de la société civile ont un rôle utile à jouer dès lors qu'il s'agit de recenser les actions prioritaires et de promouvoir et d'assurer le suivi de la mise en œuvre des Plans d'action PEV. La participation de centaines de représentants de la société civile à la conférence PEV a été un signal clair des intentions de la Commission à cet égard. L'organisation d'une plate-forme pour la représentation de la société civile concernant les questions PEV constituerait une évolution positive ».[19]

En 2010, un document de 15 pages intitulé : « Mid Term Review of ENPI Programming Documents Consultations of Civil Society Organi-

---

16 V. par exemple, Commission européenne, *Document de travail des services de la Commission, Politique européenne de voisinage, Rapport sur la Tunisie*, SEC(2004) 570, Bruxelles, 12 mai 2004, http://ec.europa.eu/world/enp/pdf/country/tunisia_enp_country_report_2004_fr.pdf.

17 Commission européenne, *Mise en œuvre de la Politique européenne de voisinage en 2010 – invitation à contribuer des informations*, non daté, p. 1, http://ec.europa.eu/world/enp/docs/2010_consultation_fr.pdf.

18 Commission européenne, *Communication de la Commission européenne, Politique européenne de voisinage, Document d'orientation*, COM(2004) 373 final, Bruxelles, 12 mai 2004, p. 10.

19 Commission européenne, *Communication de la Commission européenne, Une politique européenne de voisinage vigoureuse*, Bruxelles, 5 décembre 2007, COM(2007) 774 final, p. 11.

sations and other external stakeholders » a été publié sur le site de la PEV par la Commission européenne.[20] Cette dernière précisait que le « *cinquième ensemble de rapports de suivi, qui couvrira la mise en œuvre de la politique durant 2010* », sera adopté « *au printemps 2011* ».[21] Au total, cinq ensembles de Rapports de suivi ont donc été publiés, en décembre 2006, avril 2008, avril 2009, mai 2010 et mai 2011. Il faut aussi mentionner qu'il existe non seulement des Rapports de suivi PEV par pays[22], dont l'équivalent au niveau de la stratégie de préadhésion est le fameux Rapport régulier (« Rapport sur les progrès accomplis par [le pays candidat] sur la voie de l'adhésion »), mais également des Rapports sectoriels[23] et une évaluation d'ensemble.[24]

On soulignera que les Rapports sectoriels contiennent des indicateurs beaucoup plus précis notamment en matière de droits de l'homme, de gouvernance ou de liberté de la presse.[25]

d. Les « Documents de stratégie par pays », les « Programmes indicatifs nationaux » et les « Concepts Notes »

Deux autres instruments, qui ne sont pas spécifiques à la PEV, doivent également être mentionnés, il s'agit des Documents de stratégie par pays (DSP) et des Programmes indicatifs nationaux (PIN).[26] Les DSP

---

20 European Commission, *Mid Term Review of ENPI Programming Documents Consultations of Civil Society Organisations and other external stakeholders*, http://ec.europa.eu/world/enp/mid_term_review/091211_cso_consultation_on_mtr_enpi_programming_documents.pdf.

21 Commission européenne, *Mise en œuvre de la Politique européenne de voisinage en 2010 – invitation à contribuer des informations*, *op. cit.*, p. 1.

22 V. par exemple le cas de l'Ukraine : European Commission and High Representative, *Joint Staff Working Paper, Implementation of the European Neighbourhood Policy in 2010, Country Report on Ukraine*, Brussels, 25 May 2011, SEC(2011) 646, http://ec.europa.eu/world/enp/pdf/progress2011/sec_11_646_en.pdf, Il faut noter ici que le document ne s'intitule plus « progress Report » comme en 2010 mais « Country Report » ce qui prête à confusion.

23 V. European Commission and High Representative, *Joint Staff Working Paper, « Implementation of the European Neighbourhood Policy in 2010, Sector Progress Report »*, SEC(2011) 645, Brussels, 25 May 2011, http://ec.europa.eu/world/enp/pdf/progress2011/sec_11_645_en.pdf.

24 European Commission and High Representative, *Joint Staff Working Paper, A Medium Term Programme for a renewed European Neighbourhood Policy*, SEC(2011) 650, (2011-2014), Brussels, 25 May 2011, http://ec.europa.eu/world/enp/pdf/progress2011/medium_term_prog_2011_13_en.pdf.

25 V. par exemple, European Commission, *Commission staff working Document accompanying the Communication from the Commission to the European Parliament and the Council taking stock of the European Neighbourhood Policy (ENP) Implementation of the European Neighbourhood Policy in 2009 Sectoral Progress Report*, SEC(2010) 513, Brussels, 12 May 2010, p. 28.

26 Disponibles *via* http://ec.europa.eu/world/enp/documents_en.htm.

établissent, au titre de l'Instrument européen de voisinage et de partenariat, un cadre stratégique pour la coopération de l'UE avec chaque partenaire pour la période 2007-2013. Il s'agit en fait de programmer, au niveau opérationnel, l'allocation nationale (ou « par pays »). La structure des DSP par pays est relativement similaire pour les pays arabes méditerranéens. La Commission européenne récapitule d'abord les objectifs politiques de l'UE et la politique du gouvernement du pays partenaire avant de faire une analyse de la situation politique, socio-économique mais aussi environnementale de ce pays et de présenter les défis sur le moyen terme. Suit une section qui passe en revue les programmes communautaires, rappelle les « enseignements de la coopération passée » et fait un état des lieux en ce qui concerne la coopération mise en œuvre par les États membres et les autres bailleurs de fonds. La dernière section est la plus intéressante car elle contient la « réponse stratégique de l'UE (2007-2013) » c'est-à-dire les principes et objectifs généraux et spécifiques de la coopération menée avec le partenaire.[27] Il faut finalement signaler que dans certains cas, le DSP et le PIN sont publiés dans le cadre du même document de la Commission européenne. Les DSP concernant les pays Est européens ou du Caucase méridional[28] sont similaires quant à leur structure générale mais couvrent, dans certains cas, des domaines de coopération différents.

Le PIN expose quant à lui, toujours en termes opérationnels, mais cette fois-ci projet par projet et année par année, la réponse de la Commission européenne pour la période 2007-2010 (puis pour la période 2011-2013) en mettant en exergue les secteurs et programmes prioritaires de la coopération, les résultats attendus, les conditions à respecter, de même que les ventilations financières indicatives. Ces instruments concernent donc la gestion à plus court terme et donnent une indication précise des types de projets et programmes mis en œuvre pour chacun des pays sur une période de trois ans.

Des « Concepts Notes », instruments juridiquement non contraignants élaborés par la Commission européenne afin de préparer les programmes indicatifs nationaux, permettent d'entamer une réflexion inter-services au sein de celle-ci. La Commission européenne a également lancé un appel à la société civile pour qu'elle participe à cette réflexion. Les organisations de la société civile doivent en effet, en

---

27 V. par exemple le Document stratégie Pays 2007-2013 pour le Maroc (http://ec.europa.eu/world/enp/pdf/country/enpi_csp_morocco_fr.pdf) ainsi que le DSP 2007-2013 pour la Moldavie (http://ec.europa.eu/world/enp/pdf/country/enpi_csp_moldova_fr.pdf) et le Programme indicatif National 2010-2013 pour la Tunisie (http://ec.europa.eu/world/enp/pdf/country/2011_enpi_nip_tunisia_fr.pdf).

28 V. par exemple le DSP 2007-2013 pour la Géorgie, http://ec.europa.eu/world/enp/pdf/country/enpi_csp_georgia_en.pdf.

principe, jouer un rôle conséquent dans le cadre de la PEV notamment au niveau du suivi de la mise en œuvre des Plans d'action. Ceci est particulièrement important en termes de co-appropriation et de bonne gouvernance. La révision des documents opérationnels se fait donc en principe en consultation avec des acteurs tels que les administrations nationales, les partenaires locaux et les organisations de la société civile, le processus était mené par l'ancienne DG RELEX de la Commission européenne et les délégations dans les pays partenaires. La mise en place du SEAE implique désormais une coordination entre le haut représentant et le commissaire en charge de la PEV, Monsieur Füle.

2. *Les instruments de nature bilatérale*

Au niveau bilatéral, il convient de prendre en considération les Accords d'association et de partenariat et de coopération ainsi que les Plans d'action PEV.

a. Les Accords euro-méditerranéens d'association et les Accords de partenariat et de coopération

Les principaux instruments bilatéraux sont bien entendu les Accords euro-méditerranéens d'association (AEMA) et les Accords de partenariat et de coopération (APC) qui fondent les relations juridiques bilatérales entre partenaires.[29]

Il faut souligner que ces accords (ci-après « accords de base ») ont été mis en place avant la conception de la PEV et liaient originellement les partenaires à la Communauté européenne et ses États membres (dans le cadre des accords mixtes). Il faut également considérer un certain nombre d'accords sectoriels[30] qui complètent l'architecture juridique mais la rendent aussi, dans certains cas, plus complexe.

Les accords de base sont, contrairement aux Plans d'action juridiquement contraignants. La PEV a toutefois quelque peu modifié la donne. Le cadre institutionnel des AEMA et des APC est en effet largement utilisé pour la mise en œuvre de la PEV. Plus spécifiquement, trois types d'institutions jouent un rôle crucial. Tout d'abord le Conseil d'association pour les AEMA ou le Conseil de Coopération, dans le cas des APC. Ces institutions, qui se réunissent au niveau ministériel, peuvent adopter des recommandations[31] (non contraignante juridiquement) afin d'adopter en principe « conjointement » les Plans d'action.[32]

---

29 V. carte n° 4.

30 V. dans cet ouvrage l'annexe n° 1 ainsi que Lannon, E. et Van Elsuwege, P.

31 V. l'article 85 de l'APC conclu avec l'Ukraine. La référence au JO figure à l'annexe n° 1. V. aussi Lannon, E. et Van Elsuwege, P.

32 Les exemples des recommandations pour le Maroc et l'Ukraine figurent dans le cadre de la bibliographie générale.

Ensuite il faut mentionner le Comité d'association ou le Comité de coopération pour les APC, qui se réunit au niveau des hauts fonctionnaires et finalement les sous-comités (droit de l'homme, Justice et Affaires intérieures, etc.) qui sont de nature plus technique.

Ce sont notamment ces sous-comités qui se sont multipliés et qui sont utilisés pour mettre en œuvre et assurer le suivi des objectifs de la PEV. La Communication de la Commission européenne, de mai 2004, mentionne d'ailleurs clairement que « les organes mis en place par les Accords de partenariat et de coopération ou les Accords d'association suivront les progrès accomplis pour atteindre les priorités fixées conjointement »[33] et d'ajouter que « les sous-comités, chargés de questions spécifiques, de même que les dialogues politiques, seront à cet égard particulièrement utiles ».[34] Ceci a été confirmé en 2007, la Commission européenne précisant que « depuis le lancement de la PEV, les sous-comités sont devenus les principales enceintes institutionnelles permettant de mener le dialogue politique avec les partenaires PEV ».[35]

Le paradoxe est que les Accords euro-méditerranéens d'association (AEMA) ont été conçus dans la logique partenariale du PEM mais sont aujourd'hui en quelque sorte instrumentalisés par la PEV qui relève d'une logique différente Ainsi la PEV, dont les principaux instruments ne sont pas juridiquement contraignants, peut s'appuyer sur un socle d'accords bilatéraux qui offrent une sécurité juridique suffisante.

Les Accords de partenariat et de coopération ne sont pas non plus parfaitement adaptés aux objectifs de la PEV. Par exemple, les APC n'ont pas été conçus comme étant complémentaires d'un cadre multilatéral similaire au PEM et ils ne bénéficient pas d'un degré d'institutionnalisation aussi poussé que pour les Accords d'association, même si l'on peut largement utiliser les structures existantes et les développer. Dans le cas de l'Ukraine, il faut mentionner l'adoption d'un Agenda pour l'association[36] qui, à l'instar du Statut Avancé du Maroc, constitue un élément de différenciation plus politique. La perspective de conclure des Accords d'association et de voisinage de nouvelle génération avec les autres pays d'Europe orientale, en tous cas avec la Moldavie et des pays du Caucase tels que la Géorgie ouvre de nouvelles perspectives et

---

33 Commission européenne, *Communication de la Commission européenne, Politique européenne de voisinage, Document d'orientation*, COM(2004) 373 final, Bruxelles, 12 mai 2004, p. 4.

34 *Ibid.*, p. 10.

35 COM(2007) 774 final, *op. cit.*, p. 11.

36 EU-Ukraine Association Agenda to prepare and facilitate the implementation of the Association Agreement *adopted by the EU-Ukraine Cooperation Council on 23 November, 2009*, http://eeas.europa.eu/ukraine/docs/2010_eu_ukraine_association_agenda_en.pdf.

permettra, pour la première fois, d'harmoniser les différents accords de libre-échange liant l'UE à ses voisins dans leur grande majorité.[37]

b. Les Plans d'action voisinage (PAV)

Les Plans d'action voisinage (PAV) sont considérés, d'un point de vue politique, comme étant des instruments bilatéraux dans la mesure où il s'agit de définir les axes prioritaires de coopération entre l'Union européenne et un pays partenaire et parce qu'ils sont approuvés par les deux parties, la Commission européenne insistant sur le fait que ces Plans d'actions et donc leurs priorités ne sont pas imposées aux partenaires. En réalité, si l'on procède à une analyse juridique plus fine, la situation est plus complexe. La question est en effet de savoir comment et sur quel fondement juridique ces instruments sont effectivement adoptés.

Dans la mise en place d'un PAV, il faut tout d'abord prendre en compte le bilan établi par le Rapport pays élaboré par la Commission européenne. Ensuite, cette dernière va préparer un projet de proposition de décision du Conseil qui sera soumis au Conseil des ministres[38] pour approbation. C'est ainsi la position de l'UE qui sera entérinée. Ce n'est qu'ensuite que le projet de PAV sera transmis au Conseil d'association (CA) de l'Accord euro-méditerranéen d'association (AEMA) pour approbation et ce sous la forme d'une « recommandation » juridiquement non contraignante du CA et non pas d'une « décision » du CA comme cela avait été proposé au départ par la Commission européenne.[39] En effet, les Conseils de coopération ne peuvent pas, contrairement aux Conseils d'association, adopter des décisions contraignantes sur le plan juridique.[40]

En ce qui concerne les Accords de partenariat et de coopération (APC), la situation est toutefois différente[41] dans la mesure où, dans le cadre du système institutionnel prévu par les APC, c'est le Conseil de coopération qui va adopter, également sous la forme d'une recomman-

---

37 V. carte n° 4.

38 Avant l'entrée en vigueur du Traité de Lisbonne, cette approbation se faisait au niveau du GAERC, désormais elle devrait se faire au niveau de la formation Affaires étrangères présidée par le haut représentant.

39 V. Commission européenne, *Proposition de Décision du Conseil relative à la position à adopter par la Communauté européenne et ses États membres au sein du Conseil d'association institué par l'accord euro-méditerranéen établissant une association entre les Communautés européennes et leurs États membres, d'une part, et le Royaume hachémite de Jordanie, d'autre part, en ce qui concerne l'adoption d'une recommandation portant sur la mise en œuvre du Plan d'action UE/Jordanie*, Bruxelles, 9 décembre 2004, COM(2004) 796 final, http://ec.europa.eu/world/enp/pdf/action_plans/jordan_com_proposal_enp_ap_2004_fr.pdf.

40 V. également Van Elsuwege, P. dans cet ouvrage.

41 V. Van Elsuwege, P. dans cet ouvrage.

dation, le Plan d'action.[42] Le fait de négocier une nouvelle génération d'Accords d'association sur le fondement du nouvel article du 8 du TUE version Lisbonne[43] va donc permettre d'harmoniser progressivement la situation avec la plupart des partenaires PEV et de bénéficier ainsi de structures institutionnelles et de procédures similaires et plus adaptées aux défis de la PEV.

Dans la mesure où les projets de PAV sont publiés sur le site internet de la PEV, il est donc possible d'évaluer le degré de bilatéralisme du Plan d'action en comparant les projets de la Commission européenne aux versions définitives. En pratique, le degré de bilatéralisme du PAV dépend non seulement de l'implication du gouvernement du Pays partenaire méditerranéen (PPM) mais aussi de l'activisme et du degré d'implication de la société civile, à condition bien entendu que cette dernière dispose des moyens d'action et d'un espace de liberté suffisant pour pouvoir s'exprimer dans la sphère politique et sociale du PPM, ce qui est toujours loin d'être évident dans certains pays partenaires. La situation a toutefois évolué avec la mise en place progressive de nouveaux canaux de dialogue avec les sociétés civiles (V. ci-avant la « Mid Term Review of ENPI Programming Documents Consultations of Civil Society Organisations and other external stakeholders » et ci-après la participation de la société civile à l'élaboration des « concepts notes »).

3. *Les instruments de nature multilatérale*

La PEV possède également une dimension multilatérale qui est à la fois régionale, sous-régionale, inter-régionale et transfrontalière même si ces notions soit se recoupent, soit ne sont pas toujours utilisées dans leur sens propre.

Au niveau des relations euro-méditerranéennes, la Commission européenne a précisé, en mai 2004, que « la coopération régionale et sous-régionale sera également fondée sur les Plans d'action bilatéraux, de même que sur les résultats des réunions ministérielles Euro-Med ».[44] Au niveau oriental, la coopération multilatérale est désormais encadrée par

---

[42] V. Commission européenne, *Proposition de décision du Conseil relative à la position à adopter par la Communauté et ses États membres au sein du conseil de coopération institué par l'accord de partenariat et de coopération établissant un partenariat entre les Communautés européennes et leurs États membres, d'une part, et l'Arménie, d'autre part, en ce qui concerne l'adoption d'une recommandation portant sur la mise en œuvre du Plan d'action UE/Arménie*, Bruxelles, le 25 octobre 2006, COM(2006) 627 final, http://ec.europa.eu/world/enp/pdf/action_plans/armenia_com_proposal_enp_ap_2006_fr.pdf.

[43] V. Hanf, D. dans cet ouvrage.

[44] Commission européenne, *Communication de la Commission européenne, Politique européenne de voisinage, Document d'orientation*, COM(2004) 373 final, Bruxelles, 12 mai 2004, pp. 24-25.

le Partenariat oriental mais d'autres initiatives sub-régionales coexistent en mer Noire et autour la mer Baltique notamment.[45]

En réalité, trois éléments principaux sont à prendre en compte :

- la coopération régionale et/ou sous-régionale (le PEM/l'UpM, le Partenariat oriental, la Synergie en mer Noire, voire dans une moindre mesure, les initiatives en mer Baltique ou encore la dimension Nordique[46], ces deux dernières n'étant toutefois pas officiellement directement rattachées à la PEV) ;
- la coopération inter-régionale ;
- la coopération transfrontalière.

À l'instar de la coopération bilatérale, ces types de coopérations multilatérales sont encadrés par des documents de stratégie et des programmes indicatifs. Pour la période 2007-2010, la Commission européenne a réparti les ventilations indicatives multi-annuelles comme suit pour ce qui est des programmes multi-pays :

- Programme inter-régional : 260,8 millions d'euros ;
- Programme régional Sud : 343,3 millions d'euros ;
- Programme régional Est : 223,5 millions d'euros ;
- Programme de coopération transfrontalière : 277,1 millions d'euros.[47]

a. La coopération régionale

Au niveau de la coopération régionale, il convient d'effectuer une nette distinction entre le volet euro-méditerranéen qui en fait consistait, du moins pour la première phase (2007-2010), dans la continuation des programmes multilatéraux euro-méditerranéens développés dans le cadre du processus de Barcelone et le volet oriental qui, jusqu'à la création du Partenariat oriental, ne s'appuyait sur aucune structure institutionnelle pré-existante à la PEV.

Pour ce qui est de la coopération multilatérale euro-méditerranéenne, le « Document de stratégie régionale (DSR) Méditerranée » organise le contenu du programme de travail pour la période 2007-2013 au niveau de trois objectifs prioritaires mentionnés dans le cadre du tableau ci-

---

45 V. Lannon, E. and Van Elsuwege, P., « The EU's Northern Dimension and the EMP-ENP : Institutional Frameworks and Decision-Making Processes Compared », in Xuereb, P. G. (ed.), *The European Union and the Mediterranean. The Mediterranean's European Challenge (vol. V)*, Malta, EDRC-Malta University, 2004, pp. 3-71.

46 *Ibid.*

47 V. European Commission, European Neighbourhood and Partnership Instrument (ENPI), *Funding 2007-2013*, http://ec.europa.eu/world/enp/pdf/country/0703_enpi_figures_en.pdf.

dessous. Le premier Programme indicatif régional (PIR) pour le PEM, qui couvre la période 2007-2010 a été doté d'une enveloppe de 343,3 millions d'euros.

Tableau 2. La coopération multilatérale euro-méditerranéenne

Document de stratégie régionale (DSR) 2007-2013 et Programme indicatif régional (PIR) 2007-2010 pour le Partenariat euro-méditerranéen : 343,3 millions d'euros					
Programme	**2007**	**2008**	**2009**	**2010**	**Million d'euros**
Allocation globale	10	6,9	6,1	8,9	**31,9**
Coopération politique, justice, sécurité et migrations					
Mesures de confiance et protection civile	4,4				**4,4**
Mesures de confiance pour la paix	5	5		10	**20**
Justice, sécurité et migrations			13		**13**
Analyses de politiques				8	**8**
Développement économique soutenable					
Promotion de l'investissement et dynamisation de la réforme pour attirer les IDE	6				**6**
Coopération en matière de transports et d'énergie		9	14		**23**
Integration régionale économique sud -sud			4		**4**
Programme environemental		9	9	15	**33**
Assistance technique et capital risque pour la FEMIP	32	32	32	32	**128**
Dévelopement de la société de l'information		5			**5**
Développement social et échanges culturels					
Egalité des genres et société civile	8			8	**16**
Information et communication II	12			10	**22**
Euromed Jeunesse			5		**5**
Dialogue entre cultures et héritage culturel	17	7			**24**
TOTAL	**94,4**	**73,9**	**83,1**	**91,9**	**343,3**

Source : Commission européenne, IEVP, Document de stratégie régionale (2007-2013) et Programme Indicatif Régional (2007-2013), p. 56. Pour le PIR 2011-2013 V. Europeaid http://ec.europa.eu/europeaid/where/neighbourhood/regional-cooperation/enpi-south/documents/regional_indicative_programme_2011-2013_en.pdf.

On peut conclure de la lecture de ce tableau que ce sont effectivement les programmes et projets développés dans le cadre du Partenariat euro-méditerranéen qui sont repris ici. Aucune nouveauté PEV n'apparaît par rapport à ce qui était développé au niveau du processus de Barcelone lancé en 1995 et révisé en 2005.

Le Document de stratégie régionale (DSR) pour la région orientale (2010-2013) et son Programme indicatif régional (2010-2013)[48] ont désormais remplacé les premiers Documents de stratégie régionale pour l'Est (2007-2013) et le Programme indicatif régional (2007-2010).[49]

Le premier PIR pour la région orientale bénéficiait d'une enveloppe financière de 223,5 millions d'euros pour la période 2007-2010. Les priorités étaient assez peu nombreuses par rapport au programme méditerranéen.

Tableau 3. Priorités du Programme indicatif régional pour la partie orientale (2007-2010)

1. réseaux (25-35 %) (Transports, énergie, coopération régionale entre PME)
2. protection de l'environnement et forêts (25-35 %)
3. gestion des frontières et de la migration, lutte contre le crime organisé transnational et douanes (20-30 %)
4. activités intercommunautés et activités d'information et de soutien (10-15 %)
5. mines terrestres, débris de guerre explosifs, armes légères et de petit calibre (5 %)
Total : 223,5 millions d'euros

Source : Document de stratégie régionale (DSR) pour la partie orientale de l'IEVP 2007-2013 et Programme indicatif régional pour la partie orientale (2007-2010), http://ec.europa.eu/world/enp/pdf/country/enpi_eastern_rsp_fr.pdf

Pour la seconde phase, 348,57 millions d'euros sont disponibles. Les allocations indicatives fournies pour la période 2010-2013 sont les suivantes :

Tableau 4. Priorités du Programme indicatif régional pour la partie orientale (2010-2013)

1. Démocratie, bonne gouvernance et stabilité 30,7 %
2. Développement économique 20,7 %
3. Changement climatique, énergie et environnement 25,8 %
4. Intégration avec l'UE et coopération régionale 22,8 %
Total : 348,57 millions d'euros

Source : Document de stratégie régionale pour la partie orientale de l'IEVP 2010-2013, Programme indicatif régional 2010-2013, http://ec.europa.eu/world/enp/pdf/country/2011_enpi_nip_regional_east_en.pdf

48 Regional East Programme Strategy Paper 2010-2013 and Indicative Programme 2010-2013 ; http://ec.europa.eu/world/enp/pdf/country/2011_enpi_nip_regional_east_en.pdf.

49 Regional Strategy Paper 2007-2013 and Regional Indicative Programme 2007-2010 for the Euro-Mediterranean Partnership, http://ec.europa.eu/world/enp/pdf/country/enpi_euromed_rsp_en.pdf.

Ce PIR (2010-2013) pour la région orientale contient de toutes nouvelles priorités par rapport à la première mouture. On relèvera notamment l'intégration avec l'Union européenne qui profile les pays du partenariat oriental dans une dynamique de « pré-préadhésion ». Les priorités de cette seconde phase sont plus politiques et plus axées sur une future stratégie de préadhésion en tant que telle.

b. La coopération interrégionale

La coopération interrégionale, contrairement à sa définition, ne s'attache pas uniquement à promouvoir la coopération entre plusieurs régions. Il s'agit aussi de fournir aux partenaires PEV un certain nombre d'outils d'assistance technique réservés jusque-là aux pays candidats à l'adhésion (TAIEX[50] et SIGMA[51]) et de promouvoir la coopération inter-universitaire. Les domaines prioritaires de la première phase (2007-2010) sont résumés ci-dessous.

Tableau 5. Priorités du Programme interregional (2007-2010)

Domaine prioritaire 1 : la promotion des réformes à travers les conseils et l'expérience de l'Europe – Sous-priorité 1 : TAIEX – Sous-priorité 2 : SIGMA **40 millions d'euros**
Domaine prioritaire 2 la promotion de l'enseignement supérieur et de la mobilité des étudiants – Sous-priorité 1 : la promotion de la coopération entre les établissements d'enseignement supérieur – Sous-priorité 2 : la promotion de la mobilité des étudiants **208,8 millions d'euros**
Domaine prioritaire 3 : la promotion de la coopération entre les acteurs locaux dans les pays partenaires et dans l'UE **12 millions d'euros**
Domaine prioritaire 4 : la promotion de la mise en œuvre de la PEV et du partenariat stratégique avec la Russie **n/a**

Source : IEVP Programme interrégional, Document de stratégie 2007-2013 & Programme indicatif 2007-2010, http://ec.europa.eu/world/enp/pdf/country/enpi_interregional_fr.pdf

L'assistance fournie au titre de ce premier programme indicatif régional mettait l'accent sur seulement quatre domaines prioritaires pour une enveloppe financière indicative de 260,6 millions d'euros. Pour la

50 http://taiex.ec.europa.eu.

51 http://www.sigmaweb.org.

seconde phase (2011-2013), le Document de stratégie régionale a été révisé et un nouveau Programme indicatif régional adopté.[52]

Pour ce qui est du programme indicatif 2011-2013, l'enveloppe financière s'élève à 757,7 millions d'euros répartis comme résumé dans le tableau suivant.

Tableau 6. Priorités du Programme interrégional (2011-2013)

Domaine prioritaire 1 : la promotion des réformes à travers les conseils et l'expérience de l'Europe – Sous-priorité 1 : TAIEX – Sous-priorité 2 : SIGMA **30 millions d'euros**
Domaine prioritaire 2 : la promotion de l'enseignement supérieur et de la mobilité des étudiants – Sous-priorité 1 : la promotion de la coopération entre les établissements d'enseignement supérieur – Sous-priorité 2 : la promotion de la mobilité des étudiants **249 millions d'euros**
Domaine prioritaire 3 : la promotion de la coopération entre les acteurs locaux dans les pays partenaires et dans l'UE **15 millions d'euros**
Domaine prioritaire 4 : Promotion des projets d'investissements dans les pays partenaires **450 millions d'euros**
Domaine prioritaire 5 : Promotion de la coopération entre les pays partenaires PEV et les agences de l'UE **3,7 millions d'euros**
Domaine prioritaire 6 : Promotion de la coopération interrégionale dans le domaine culturel **10 millions d'euros**

Source : European Commission, European Neighbourhood and Partnership Instrument, ENPI Interregional Programme – Revised Strategy Paper 2007-2013 and Indicative Programme 2011-2013, p. 16, http://ec.europa.eu/world/enp/pdf/country/2011_enpi_revised_rsp_nip_interregional_en.pdf

Il faut donc noter l'introduction des nouvelles priorités 5 et 6 et souligner le fait que la sixième priorité est conçue comme une véritable coopération interrégionale c'est-à-dire entre les volets Est et Sud de la PEV, ce qu'il convient de saluer car relativement rare au niveau de la coopération multilatérale. Le document de la Commission européenne, qui n'est pas disponible en français, précise que l'objectif est : « Support the development of inter-regional (East-South) cooperation on culture

52 European Commission, *Revised Strategy paper 2007-2013 & indicative programme 2011-2013*, http://ec.europa.eu/world/enp/pdf/country/2011_enpi_revised_rsp_nip_interregional_en.pdf.

with a particular focus on civil society (including the independent cultural sector) and the promotion of civic participation in reform processes ».[53] Une initiative qu'il convient donc de saluer au moins pour ces innovations.

c. La coopération transfrontalière

La coopération transfrontalière (CTF) a, aux termes de la Commission européenne, pour objectif général le « soutien du développement durable de part et d'autre des frontières extérieures de l'UE afin d'aider à réduire les différences dans les niveaux de vie d'un côté à l'autre de ces frontières et de traiter les défis et possibilités qu'entraîne l'élargissement de l'UE ou qui découlent autrement de la proximité entre régions d'un côté à l'autre de nos frontières terrestres et maritimes ».[54]

Au niveau de la coopération transfrontalière (CTF), deux documents programmatifs sont à prendre en compte.

Le document de stratégie définit « la politique générale et les objectifs de l'UE » pour les activités de CTF. Ce document « examine essentiellement les programmes d'action correspondants des pays partenaires ainsi que la situation économique et sociale des régions frontalières et donne aussi un aperçu de la coopération antérieure dans ce domaine ». La stratégie de réponse définit quant à elle les points à traiter.[55]

Le Programme indicatif de la coopération transfrontalière définit « les programmes CTF individuels que la CE financera (et notamment leur éligibilité géographique) et illustre les objectifs spécifiques qui peuvent être traités par les partenaires du programme dans le cadre des quatre principaux objectifs […], les indicateurs et les risques possibles. Il examine enfin les allocations financières indicatives pour chacun des programmes CTF pour la période 2007-2010 (tout en présentant les allocations pour le reste de la période de programmation, 2010-2013) ».[56]

---

53 European Commission, *Revised Strategy paper 2007-2013 & indicative programme 2011-2013*, *op. cit.*, p. 29.

54 Commission européenne, *Instrument européen de voisinage et de partenariat Coopération transfrontalière, Document de stratégie 2007-2013, Programme indicatif 2007-2010*, p. 6, http://ec.europa.eu/world/enp/pdf/country/enpi_cross-border_cooperation_strategy_paper_fr.pdf.

55 Notamment les quatre principaux objectifs : « promouvoir le développement économique et social dans les zones frontalières, travailler ensemble pour traiter les défis communs, garantir l'efficacité et la sécurité des frontières et encourager la coopération locale et la coopération « entre les peuples ».

56 Commission européenne, *Instrument européen de voisinage et de partenariat Coopération transfrontalière, Document de stratégie 2007-2013, Programme indicatif 2007-2010*, http://ec.europa.eu/world/enp/pdf/country/enpi_cross-border_cooperation_strategy_paper_fr.pdf.

Tableau 7. Programmes prévus dans le cadre de la Coopération transfrontalière (CTF)

Document de stratégie 2007-2013 et Programme indicatif 2007-2010 : 583,28 millions d'euros dont 274,92 millions d'euros au titre de l'IEVP et 308,36 millions d'euros au titre du FEDER	
Programmes établis pour les frontières terrestres	**Programmes établis pour les routes maritimes**
Programme Kolarctique – Finlande/Russie	Espagne/Maroc
Programme Carélie – Finlande/Russie	Programme CTF atlantique
SE Finlande/Russie	Italie/Tunisie
Estonie/Lettonie/Russie	
Lettonie/Lituanie/Belarus	
Lituanie/ Pologne /Russie	**Programmes pour bassin maritime**
Pologne/Belarus/Ukraine	Région de la mer Baltique
Hongrie/Slovaquie/Roumanie/Ukraine	Mer Noire
Roumanie/Moldova/Ukraine	Méditerranée

Source : Document de stratégie 2007-2013 et Programme indicatif 2007-2010, http://ec.europa.eu/world/enp/pdf/country/enpi_cross-border_cooperation_strategy_paper_fr.pdf

Tableau 8. Coopération transfrontalière – Répartitions indicatives par programme (2007-2013, en millions d'euros)

	2007-2010	2010-2013	Total 2007-2013
Programmes couvrant les frontières terrestres			
Kolarctique /Russie	14,728	13,513	28,241
Karelia/Russie	12,101	11,102	23,203
SE Finlande/Russie	18,871	17,314	36,185
Estonie/Lettonie/Russie	24,915	22,859	47,775
Lettonie/Lituanie/Biélorussie	21,766	19,970	41,737
Lituanie/Pologne/Russie	68,908	63,222	132,130
Pologne/Biélorussie /Ukraine	97,107	89,094	186,201
Hongrie/Slovaquie/ Ukraine/Roumanie	35,796	32,842	68,638
Roumanie/Moldavie/Ukraine	66,086	60,632	126,718
Programmes couvrant les routes maritimes			
Espagne/Maroc	81,738	74,993	156,732
Programme atlantique de CTF	16,773	15,389	32,162
Italie/Tunisie	13,138	12,054	25,191

Programmes couvrant les bassins maritimes			
Mer Noire	9,025	8,281	17,306
Méditerranée	90,539	83,068	173,607
Région de la mer Baltique (contribution de l'IEVP au programme intégré de la mer Baltique)	11,791	10,818	22,608
Total	**583,283**	**535,152**	**1 118,434**

Source : Document de stratégie 2007-2013 et Programme indicatif 2007-2010, http://ec.europa.eu/world/enp/pdf/country/enpi_cross-border_cooperation_strategy_paper_fr.pdf

Au niveau de la Méditerranée, il convient de constater que pour les routes maritimes, la CTF vise des projets bilatéraux entre un État membre (Espagne ou Italie) et un PPM et non pas deux PPM et un État membre par exemple. Pour ce qui est des frontières terrestres, il faut noter le nombre relativement important de projets qui relèvent plutôt de la coopération septentrionale ou de celle en place autour de la mer Baltique, cette dernière bénéficiant également d'un programme couvrant ce bassin maritime. Il faut aussi relever les deux projets avec la Russie[57] et les dimensions « centre-européenne » et « mer Noire » de la CTF.

Suite à cette analyse, un tableau récapitulatif s'impose pour appréhender la nature des principaux instruments utilisés dans le cadre de la PEV.

Tableau 9. Nature des instruments de la Politique européenne de voisinage (analyse juridique)

Type d'instrument	Nature Juridique
Accord d'association ou de coopération	Relation bilatérale, juridiquement contraignant, cadre contractuel, référence forte de la coopération
Plan d'action	Uni-bilatéral (suivant l'implication du partenaire et de la société civile), non juridiquement contraignant, référence forte de la coopération
Rapport pays	Essentiellement unilatéral mais approbation du partenaire nécessaire, juridiquement non contraignant
Rapport de suivi	Unilatéral mais implication de la société civile, juridiquement non contraignant
IEVP (règlement financier d'application)	Unilatéral, juridiquement contraignant, référence forte de la coopération

L'analyse confirme donc que la PEV est clairement de nature essentiellement unilatérale. Il s'agit bien d'une politique *européenne* de voisinage qui se fonde sur des objectifs, des valeurs (V. ci-après) et des

57 V. Adomeit, A. dans cet ouvrage.

instruments essentiellement européens. La seconde conclusion est que la PEV se fonde également largement sur des instruments relevant de la « *soft law* » c'est-à-dire juridiquement non-contraignants. Finalement, trois instruments servent de références fortes dans le cadre de la coopération : les accords bilatéraux de base, les Plans d'action et l'IEVP.

On a évoqué, pour le PEM, la notion de « bi-multilatéralisme ». Pour la PEV, on peut donc évoquer un certain « uni-bilatéralisme » mais ces notions demeurent toutefois assez approximatives. L'enchevêtrement des cadres de coopération et de leurs instruments et les degrés variables d'implication des partenaires dans la mise en place et la mise en œuvre des politiques, projets et programmes de coopération et surtout la mise en place d'une stratégie fondée sur la méthodologie de la préadhésion rendent les généralisations particulièrement dangereuses. Tout dépend du contexte et du partenaire concerné. Ainsi le Maroc ou l'Ukraine[58], particulièrement « pro-actifs », pour reprendre une terminologie anglo-saxonne, introduisent un plus grand degré de bilatéralisme dans leurs relations avec l'UE et ce d'autant plus que leur société civile ont, dans une certaine mesure, pu contribuer à influencer le contenu des Plans d'action, ou tout du moins ont eu voix au chapitre.

Par contre, et pour des raisons diverses, d'autres partenaires, moins engagés et/ou ne laissant pas leur société civile suffisamment s'impliquer n'ont que peu d'influence sur la mise en place des actions dans le cadre de la PEV.

L'ensemble de ces instruments sont mis en œuvre sur la base de principes et dans le cadre d'une méthodologie spécifiques.

II. Les nouvelles dynamiques en matière de gouvernance et les évolutions de la méthodologie de la Politique européenne de voisinage

Si l'on compare les différents cadres de coopération sous-régionaux qui coexistent au sein de la PEV, c'est-à-dire le PEM dont on ne sait s'il a été totalement supplanté par l'Union pour la Méditerranée[59], l'UpM en tant que telle et le Partenariat oriental[60], voire la Synergie en mer Noire[61], on constate que la tendance est à l'intergouvernementalisme même si, bien sûr, la création du Service européen pour l'action extérieure (SEAE) est assez récente et nécessite l'épreuve du temps pour que des conclusions puissent être tirées sur le moyen terme.

---

58 V. la contribution de Jaidi, L. et Solonenko, I. dans cet ouvrage.

59 V. la contribution de Khader, B. dans cet ouvrage.

60 V. la contribution de Lannon, E. et Van Elsuwege, P. dans cet ouvrage.

61 V. la contribution de Duhot, H. dans cet ouvrage.

A. *La dé-communautarisation progressive du PEM : les effets combinés de la PEV, de l'UpM et du Traité de Lisbonne*

Dans le cadre du processus de Barcelone, la méthode appliquée à partir de 1995 relevait d'une logique à la fois supranationale et intergouvernementale.[62] En effet, si la conférence fondatrice de novembre 1995 semble enclencher un processus essentiellement intergouvernemental, il n'en demeure pas moins qu'au niveau de la gestion du processus, c'est la Commission européenne qui a joué un rôle prépondérant étant donné l'absence de secrétariat conjoint.

La Commission européenne pouvait ainsi faire valoir non seulement l'intérêt communautaire mais aussi, dans une certaine mesure, l'intérêt général euro-méditerranéen. Il faut également noter à cet égard la création d'institutions communes telles que l'Assemblée parlementaire euro-méditerranéenne (APEM[63]) ou encore la fondation Anna Lindh pour le dialogue entre les cultures.[64] La définition d'objectifs *communs* (définir un espace commun de paix et de stabilité, construire une zone de prospérité partagée, développer les ressources humaines, favoriser la compréhension entre les cultures et les échanges entre les sociétés civiles) participait également à la mise en œuvre d'une logique teintée de supranationalisme.[65]

La politique européenne de voisinage, si elle a confirmé l'importance du rôle de la Commission européenne dans la gestion des programmes et des projets et surtout dans l'évaluation des progrès réalisés par les partenaires dans la mise en œuvre des réformes, relève d'une logique beaucoup plus européocentriste. Ce sont en effet les objectifs et les valeurs de l'Union européenne qui sont mis en avant dans le cadre de l'IEVP.[66]

Le Traité de Lisbonne modifie également la donne. Les effets de la mise en place du SEAE et l'implication du haut représentant et du président du Conseil européen restent toutefois encore à déterminer sur

---

62 V. la contribution de Xuereb, P. G. dans cet ouvrage.

63 http://www.europarl.europa.eu/intcoop/empa/default.htm.

64 V. Anna Lindh Euro-Mediterranean Foundation for the Dialogue between Cultures, http://www.euromedalex.org.

65 V. la contribution de Xuereb, P. G. dans cet ouvrage.

66 Aux termes de l'article premier § 1 et 3 de l'IEVP « Le présent règlement crée un instrument de voisinage et de partenariat destiné à fournir une assistance communautaire en vue de l'établissement d'une zone de prospérité et de bon voisinage couvrant l'Union européenne ainsi que les pays et territoires énumérés à l'annexe (...) L'Union européenne se fonde sur les valeurs que sont la liberté, la démocratie, le respect des droits de l'homme et des libertés fondamentales et l'État de droit, et cherche à promouvoir ces valeurs auprès des pays voisins au travers du dialogue et de la coopération ».

le long terme. Les deux Communications publiées en 2011 sur la Méditerranée et la PEV ont été conjointes à la Commission européenne et au haut représentant ce qui donne déjà une idée de la répartition des compétences entre le commissaire Mr Stefan Füle en charge de la PEV mais aussi de l'élargissement et Mme Catherine Ashton en tant que haut représentant et vice président de la Commission européenne. À ce propos Stroß constate que

> the cabinets of HR/VP Ashton and the Commissioner for Enlargement and ENP, Stefan Füle, guided the ENP drafting process. His involvement is remarkable since the competence for the community funding instrument of the ENP (ENPI) was until recently located with the former Commissioner for External Relations. This post was merged into the HR/VP, but control of the fund was transferred to Füle's portfolio by a move of Commission president Barroso, which was considered by observers as a « pre-emptive strike » to defend Commission competences vis-à-vis the direct grasp of EU member states. HR/VP Ashton publicly displayed her commitment to the ENP many times and her cabinet was concerned with the « political » aspects of the review. The cabinet of Commissioner Füle, on the other hand, was intensely involved in the more « technical » aspects, such as coordinating the different policy fields and financial instruments of the ENP. By negotiating directly with other cabinets, for instance on the use of community funds, Füle's team had a greater influence on the actual content of the ENP review. Although the shared responsibility of the two Commissioners for the ENP was not without controversies, the overall coordination worked well.[67]

C'est dire qu'il a fallu du temps pour que la nouvelle répartition des compétences issue du Traité de Lisbonne se mette en place. Il faudrait aussi ajouter le rôle crucial du président de la Commission européenne, Mr Manuel Barroso mais aussi ne pas négliger le rôle joué, dans le cadre de la PEV, par le président du Conseil européen, Mr Herman Van Rompuy, notamment au niveau des sommets[68] ou en cas de crise (printemps arabe[69]). Il faudra ainsi analyser son rôle dans le cadre du second sommet sur le Partenariat oriental.

---

67 Stroß, S., « The review of the European Neighbourhood Policy : Increasing the coherence and coordination of EU external action ? », *TEPSA Brief*, 28 July 2011, p. 2.

68 V. Conseil européen, *Remarques de Herman Van Rompuy, président du Conseil européen, au sommet UE-Maroc*, Grenade, PCE 47/10, 7 mars 2010, http://www.consilium.europa.eu/uedocs/cms_data/docs/pressdata/fr/ec/113201.pdf.

69 V. European Council, *Statement by Herman Van Rompuy, President of the European Council, on the developments in the EU's Southern neighbourhood*, Prague, 23 February 2011, PCE 048/11, http://www.consilium.europa.eu/uedocs/cms_data/docs/pressdata/en/ec/119450.pdf, V. également, European Council, *Declaration on Egypt and the region*, PCE 027/11, 4 February 2011, http://www.consilium.europa.eu/uedocs/cms_data/docs/pressdata/en/ec/119143.pdf ainsi que European Council, *Statement by Herman Van Rompuy, President of the European Council, on the situa-*

B. La prédominance de l'intergouvernementalisme au sein de l'UpM et du Partenariat oriental

L'UpM relève d'une logique beaucoup plus intergouvernementale au point que l'on a évoqué que cette dernière était en réalité un processus de « dé-communautarisation » du PEM. Les acteurs principaux de ce nouveau cadre de coopération sont en effet les États, ceci est évident avec la mise en place du secrétariat et l'institutionnalisation des sommets. La création du système de la coprésidence relève de la même logique.[70]

Le Partenariat oriental est également fondé sur une approche intergouvernementale. Ses promoteurs sont avant tout des États membres situés à la périphérie orientale et septentrionale de l'UE élargie (Pays Baltes, Pologne, Suède) et, dans une moindre mesure, les pays Visegrád. D'autre part le Partenariat oriental n'est pas aussi institutionnalisé que l'UpM/PEM mais les choses évoluent rapidement au niveau parlementaire et de la société civile.[71]

C. Vers une intégration pan-euro-méditerranéenne à géométrie variable

Parmi les objectifs de la PEV figure désormais clairement la volonté de mettre en place une intégration régionale économique que l'on peut qualifier de pan-euro-méditerranéenne. Cette logique « intégrationiste » est, par nécessité, mais aussi volonté politique, à géométrie variable.

1. L'application de la théorie des cercles concentriques

Lorsque Romano Prodi évoque, lors de la mise en place de la PEV, le « cercle des amis » ce n'est bien entendu pas un hasard. Il se réfère ici clairement à la théorie de cercles concentriques.[72] L'idée de base est d'organiser une intégration régionale à géométrie variable selon les ambitions des partenaires et les critères – notamment d'adhésion – définis par l'UE. La limite étant le « tout sauf les institutions », c'est-à-dire la non-participation au processus décisionnel de l'UE, même si des consultations avec les institutions européennes peuvent être envisagées dans le cadre de statuts avancés et autres « relations spéciales » et si la partici-

---

tion in Egypt, PCE 020/11, Brussels, 29 January 2011, http://www.consilium.europa.eu/uedocs/cms_data/docs/pressdata/en/ec/118993.pdf.

70 V. Khader., B. dans cet ouvrage.

71 V. Solonenko, I. et Lannon, E. and Vanelsuwege., P. dans cet ouvrage.

72 V. également la conclusion de l'ouvrage.

pation aux agences et programmes de l'UE est également envisagée, au cas par cas, pour les bénéficiaires de la PEV.[73]

Bien sûr, beaucoup dépend de la volonté politique du partenaire, de ses ambitions mais aussi de facteurs tels que l'intensité des échanges commerciaux avec l'UE, mais aussi de son degré de dépendance vis-à-vis du marché européen ou encore de sa localisation géographique.[74] Afin de mettre en musique cette théorie de l'intégration à géométrie variable, il faut nécessairement se tourner vers les coopérations renforcées induites par le principe de différenciation.[75]

2. *Les coopérations renforcées*

La Synergie en mer Noire, l'Union pour la Méditerranée et le Partenariat oriental ont relancé le débat sur la nécessité de mettre en place des coopérations renforcées dans le cadre des relations extérieures.

La question s'est posée de savoir si le projet initial du candidat Sarkozy, à savoir l'Union *de* la Méditerranée (ou Union méditerranéenne)[76] – qui s'inscrivait, à l'origine, en dehors du cadre du Partenariat euro-méditerranéen – ne pouvait pas prendre la forme d'une coopération renforcée dans la mesure où seuls les États membres méditerranéens étaient censés y participer. On peut aussi légitimement se poser la question de savoir si le Partenariat oriental, les différentes formes et cadre de coopération en mer Baltique ou encore la Synergie en mer Noire ne sont pas tout simplement des formes déguisées de coopération renforcée. Encore faut-il au préalable tenter de définir de manière plus précise ce que l'on peut entendre par ce concept.

Il convient tout d'abord rappeler ce qu'est une coopération renforcée. Il s'agit en réalité d'un concept assez ancien évoqué dès les années 1960 par Willy Brandt et Léo Tindemans sous le signe de la différenciation entre États membres. Le concept est réapparu après la fin de la guerre froide, dans le cadre de la réflexion menée à propos des futurs élargissements de l'Union européenne, la question étant ici de savoir comment intégrer des pays ayant des différences de niveau de développement aussi importantes par rapport aux pays de l'Europe de l'Ouest.

---

[73] V. la contribution de Jaidi., L. dans cet ouvrage.

[74] V. les différentes cartes en annexe.

[75] V. la contribution de Van Elsuwege, P. dans cet ouvrage.

[76] V. à ce sujet la contribution de Khader, B. dans cet ouvrage et Lannon, E., « Le nouveau système institutionnel du Processus de Barcelone : Union pour la Méditerranée : Une co-appropriation en trompe l'œil ? », *Revue Défense de l'Institut des hautes études Défense nationale*, n° 136, Novembre-Décembre 2008, pp. 34-36. Lannon E., « Towards a Union for the Mediterranean : Progress and Challenges in Economic Relations », Brussels, *European Parliament Briefing Paper*, Committee on International Trade, September 2008.

Aujourd'hui on peut considérer, de manière assez schématique, qu'il existe en réalité au moins deux approches relativement distinctes. La première est celle de l'Europe à plusieurs vitesses ou « Europe à la carte ». Elle a plutôt été promue par les eurosceptiques. La seconde, est celle de l'« avant-garde européenne » qui a notamment été défendue par Helmut Kohl et Jacques Delors et qui repose sur l'idée qu'un groupe d'États membres peut aller de l'avant dans un certain nombre de domaines (tels que l'Union économique et monétaire)[77] et créer ainsi un effet d'entraînement, la coopération restant en effet ouverte à l'ensemble des États membres dès que ceux-ci sont considérés comme pouvant satisfaire à un certain nombre d'exigences préalables.

Mis à part des coopérations renforcées spécifiques (du type de l'UEM introduite par le Traité de Maastricht), il existe une série de dispositions introduites par le Traité d'Amsterdam puis réaménagées par le Traité de Nice – en raison de la rigidité de certaines conditions – qui permettaient d'envisager la mise en place de coopérations renforcées institutionnalisées dans le cadre des traités. Cette tendance est largement renforcée par le Traité de Lisbonne qui introduit de nouvelles possibilités en la matière.[78]

L'Union européenne à 27 États membres est donc déjà à géométrie variable. Eurozone, Espace Schengen, « *opt outs* », dérogations en tous

---

77 Il faut toutefois souligner que la question de savoir si l'UEM est une coopération renforcée spécifique fait débat.

78 Le Traité de Lisbonne modifie quelque peu les conditions de mise en œuvre d'une coopération renforcée. On notera notamment que le nombre minimum d'États membres est porté à neuf (Art. 20 § 2 du TUE). D'autres modalités sont prévues aux articles 326 à 334 du Traité sur le fonctionnement de l'Union européenne (TFUE) et reprennent pour l'essentiel les anciens critères du Traité de Nice (l'article 328 du TFUE précise ainsi que « lors de leur instauration, les coopérations renforcées sont ouvertes à tous les États membres, sous réserve de respecter les conditions éventuelles de participation fixées par la décision d'autorisation. Elles le sont également à tout autre moment, sous réserve de respecter, outre lesdites conditions, les actes déjà adoptés dans ce cadre ». De plus, la « Commission et les États membres participant à une coopération renforcée veillent à promouvoir la participation du plus grand nombre possible d'États membres »). L'innovation majeure du nouveau Traité porte sur la politique de sécurité et de défense commune. Ainsi l'article 42 du TUE paragraphe 6 stipule que les États membres qui « remplissent des critères plus élevés de capacités militaires et qui ont souscrit des engagements plus contraignants en la matière en vue des missions les plus exigeantes, établissent une coopération structurée permanente dans le cadre de l'Union. Cette coopération est régie par l'article 46. Elle n'affecte pas les dispositions de l'article 43 ». L'article 46 du TUE précise que « 1. Les États membres souhaitant participer à la coopération structurée permanente visée à l'article 42, paragraphe 6, qui remplissent les critères et souscrivent aux engagements en matière de capacités militaires repris au protocole sur la coopération structurée permanente, notifient leur intention au Conseil et au haut représentant de l'Union pour les affaires étrangères et la politique de sécurité ».

genres par rapport au Traité de Lisbonne et à la Charte des droits fondamentaux. On assiste à une banalisation des « *opt outs* » et cette tendance s'exporte donc nécessairement progressivement dans le domaine des relations extérieures de l'UE.

Pour revenir à l'exemple de l'Union *de* la Méditerranée, la question s'est posée de savoir si en dernier recours il n'était pas possible d'utiliser les mécanismes de coopération renforcée du Traité. L'un des obstacles majeurs au projet originel de « l'Union *de* la Méditerranée » associant tous les riverains de la *Mare Nostrum* est que les coopérations renforcées institutionnalisées ne concernent que les États membres et ne peuvent donc pas inclure, *a priori*, la participation d'États tiers. De plus, ces coopérations renforcées demeurent ouvertes à tous les autres États membres, ce qui était incompatible avec les visées originelles du futur président français.

Rien n'empêchait toutefois de développer dans le cadre de l'Union *pour* la Méditerranée un nouveau type de coopération renforcée euro-méditerranéenne. Pour comprendre le système qui se met progressivement en place, il faut tout d'abord mentionner les six projets identifiés à Paris lors de la conférence de lancement de l'Union pour la Méditerranée en juillet 2008, à savoir :

- dépollution de la Méditerranée ;
- autoroutes de la mer et autoroutes terrestres ;
- protection civile ;
- énergie de substitution : plan solaire méditerranéen ;
- enseignement supérieur et recherche, université euro-méditerranéenne ;
- l'initiative méditerranéenne de développement des entreprises.

La Déclaration de Paris, qui institue l'UpM, précise clairement que « *Les chefs d'État ou de gouvernement soulignent le potentiel qu'offre la coopération renforcée grâce au principe des projets à géométrie variable, conformément à la portée et aux principaux objectifs de l'initiative* ».[79] L'un des problèmes majeurs est qu'il n'existe pas encore de lignes directrices, voire de critères, quant à la mise en œuvre de ces coopérations renforcées euro-méditerranéennes. Il faudrait s'inspirer des dispositions du Traité de Lisbonne tout en préservant une certaine flexibilité. L'établissement d'un nombre minimum de participants peut par exemple poser problème. Par contre, il semble nécessaire de garder toute coopération renforcée ouverte à la participation de l'ensemble des

---

[79] Déclaration commune du sommet de Paris pour la Méditerranée, Paris, 13 juillet 2008, point 30.

membres de l'UpM. D'autre part, la préservation de l'acquis de Barcelone, du PEM et de la PEV demeure une condition *sine qua non*.

Le principal critère devrait certainement être, à l'instar du principe de subsidiarité, la valeur ajoutée de la coopération renforcée et la nécessité de promouvoir les grands objectifs de l'UpM et l'intérêt général plutôt que des intérêts particuliers. Toutefois, la logique qui semble prévaloir actuellement au niveau de la pratique est celle des financements. C'est-à-dire que ce sont avant tout les états partenaires qui sont disposés à contribuer financièrement à tel ou tel projet qui pourront être impliqués.[80] Cette logique risque, une fois de plus, de pénaliser les populations des partenaires les moins avancés ou ceux qui ne sont pas enclins à s'investir dans le cadre de l'UpM pour des raisons diverses.

Autre paradoxe, si l'on examine de plus près les six projets mentionnés dans le cadre de la déclaration conjointe de Paris, on se rend compte que la plupart de ces projets ne sont pas nouveaux mais surtout qu'en l'espèce c'est la Banque européenne d'investissement qui est compétente et qu'il s'agit donc de projets essentiellement financés sur les ressources propres de la Banque et donc régis par les mécanismes décisionnels prévus notamment par le Statut de la BEI.

Dans le cadre de sa Communication de mai 2011, la Commission européenne et le haut représentant précisent, pour ce qui est de l'ensemble de la PEV, qu'une « coopération renforcée peut être mise en place dans l'ensemble des secteurs concernés par le Marché intérieur, de la politique sociale et la santé publique à la protection des consommateurs en passant, entre autres, par les statistiques, le droit des sociétés, la recherche et le développement technologique, la politique maritime, le tourisme et l'espace. La coopération et les échanges seront considérablement renforcés, conformément à l'approche "more for more" (selon laquelle les pays allant plus loin et plus vite dans leurs réformes pourront compter sur un soutien plus important de la part de l'UE) ».[81]

---

80 La déclaration conjointe de Paris précise toutefois que « Le processus de sélection des projets répondra aux objectifs de paix, de sécurité et de stabilité énoncés dans la déclaration de Barcelone. Les partenaires créeront un environnement propice à la mise en œuvre de projets, en tenant compte du caractère régional, sous-régional et transnational des projets proposés ainsi que de leur taille, de leur pertinence et de leur intérêt pour les parties qui y participent, conformément à la portée et aux principaux objectifs de l'initiative. Il sera tenu compte de la capacité des projets à promouvoir un développement équilibré et durable ainsi que l'intégration, la cohésion et les interconnexions régionales et sous-régionales et la faisabilité financière des projets, notamment le recours le plus large possible au financement et à la participation du secteur privé, sera privilégiée. Les hauts fonctionnaires définiront les critères de sélection des projets, qui seront soumis à l'approbation », *op. cit.*, point 29.

81 Les domaines visés sont : « espace commun de la connaissance et de l'innovation », « changement climatique » et « protection de l'environnement », « énergie », « trans-

La tendance d'un renforcement du recours à l'usage des coopérations renforcées est donc clairement confirmée pour la période 2011-2013, mais sans que l'on ait encore clairement défini les critères et procédures nécessaires.

3. *La délégation de la souveraineté en question*

Si, à terme, les pays partenaires européens ont vocation à adhérer, en tous cas en théorie, les PPM n'ayant pas à vocation à adhérer doivent aujourd'hui répondre à une question claire : jusqu'où sont-ils prêts à aller sur la voie de l'intégration avec l'UE ? En d'autres termes, quel degré de délégation de souveraineté nationale sont-ils prêts à consentir ?

En effet, l'intégration de l'acquis communautaire, l'exportation du modèle, des normes et des standards de l'UE impliquent nécessairement un abandon de souveraineté et des coûts – notamment ceux liés à l'alignement législatif – qui sont loin d'être négligeables. La seconde phase de la PEV consiste en effet dans la mise en place d'une zone de libre-échange approfondie qui couvre les produits agricoles et les services. Il est évident qu'un pays comme l'Ukraine peut espérer tirer profit à long terme d'un tel investissement en cas d'adhésion à l'UE. Mais en la matière rien n'est jamais acquis. Il suffit qu'un seul État membre ne ratifie pas le Traité d'adhésion par exemple. Que dire des partenaires PEV qui n'ont pas vocation à adhérer à l'UE si ce n'est qu'ils doivent étudier avec soin cette question du coût-bénéfice de l'intégration profonde à l'UE et de la création par exemple d'un Statut Avancé qui affirme la volonté politique du partenaire et de l'UE d'approfondir le processus d'intégration ?

4. *Le développement d'une PEV fondée sur des principes et des valeurs adaptés aux ambitions et au caractère européen des partenaires*

La PEV est par nature fondée sur le principe de différenciation.[82] Ceci implique que le degré de mise en œuvre des réformes par le partenaire dépend de son degré d'ambition et de ses propres capacités en la matière.[83] Cette approche crée, par effet mécanique, des relations plus

---

ports » et « affaires maritimes ». Commission européenne et haut représentant, *Communication conjointe au Parlement européen, au Comité économique et social et au Comité des régions, Une stratégie nouvelle à l'égard d'un voisinage en mutation*, Bruxelles, 25 mai 2011, COM(2011) 303 final, pp. 11-12.

82 V. la contribution de Vanesluwege, P. dans cet ouvrage.

83 La Commission européenne, dans le cadre de sa Communication de décembre 2007, a tenu à préciser que la PEV « rassemble des pays très divers dans une politique unique. La proposition de l'UE de nouer des relations plus profondes est la même

fortes ou plus lâches entre l'UE et chacun de ses partenaires. Plusieurs groupes de pays se sont ainsi créés depuis la mise en œuvre de la PEV. Schématiquement, les bons élèves de la première phase de la PEV ont été ceux qui ont bénéficié de la facilité bonne gouvernance et d'un accès privilégié aux instruments de la PEV à savoir : l'Ukraine et le Maroc. L'Algérie a refusé d'être intégrée dans la PEV en tant que telle et n'est donc pas soumise aux Rapports pays, Plans d'action et autres Rapports de suivi de la PEV. La Syrie, qui n'a toujours pas signé le nouvel Accord euro-méditerranéen d'association, n'est pas non plus véritablement intégrée dans la PEV et les développements actuels n'augurent aucune amélioration sur le moyen terme, bien au contraire. Au niveau oriental, la Biélorussie demeure bien sûr à l'écart des mécanismes de la PEV étant donné le contexte politique actuel. Un troisième groupe de pays inclut les autres partenaires de la PEV qui sont des pays très divers dont les aspirations et les objectifs vis-à-vis de l'Union européenne peuvent être très différents. Les écarts vont donc *a priori* se creuser progressivement car les mauvais élèves ne progressent pas sur la voie de l'intégration alors que les meilleurs entrent dans une phase d'approfondissement du libre-échange et de l'harmonisation législative. Autre signe de changement pour cette phase 2011-2013, les nouveaux PIN et PIR pour la région orientale soulignent, nous l'avons vu précédemment, le positionnement « pré-préadhésion » de certains de ces pays comme l'Ukraine.

Le principe de la co-appropriation[84], s'il est affiché dans quasiment toutes les Communications de la Commission européenne, reste beaucoup plus théorique au niveau de la PEV que dans le cadre de l'UpM par exemple, qui bénéficie d'institutions communes aux États membres et aux partenaires méditerranéens. Nous avons justement tenté de dé-

pour tous les partenaires. L'approche par pays de la PEV assure toutefois flexibilité et différenciation et il y a autant de réactions possibles qu'il y a de pays partenaires, en fonction de la situation politique de chaque partenaire, de son niveau d'ambitions à l'égard de l'UE, de son programme de réformes et de ses réalisations, et du niveau de son développement socio-économique. L'accord renforcé qui est en train d'être négocié avec l'Ukraine, les discussions en cours avec le Maroc au sujet d'un « Statut Avancé » et avec Israël sur l'amélioration des relations témoignent de cette différenciation. Plus la politique évoluera, plus cette différenciation sera prononcée », COM(2007) 774 final, *op. cit.*, p. 3.

84 La Commission dans le cadre de sa Communication de 2006 précise à propos des atouts et des faiblesses de la PEV et plus précisément de l'appropriation commune que « l'instrument opérationnel de cette politique – le Plan d'action PEV – est entièrement négocié et mutuellement adopté au niveau politique. Ce programme de travail commun n'est imposé par aucune des parties ». Commission européenne, *Communication de la Commission au Conseil et au Parlement sur le renforcement de la Politique européenne de voisinage*, Bruxelles, le 4 décembre 2006, COM(2006) 726 final, point 2.

montrer, au cours de l'analyse de ses instruments, que la PEV était une politique européenne très unilatérale, ce qui va donc à l'encontre d'une véritable co-appropriation.

On ne peut pas dire non plus que l'introduction de la conditionnalité incitative dans le cadre de la PEV – qui consiste à « récompenser » les « bons élèves » ayant accompli des « progrès » sur la voie des réformes prioritaires identifiées dans le cadre des Plans d'action – ait été un succès dans tous les cas.[85] Seuls les partenaires très motivés ont joué le jeu et ce plus par « esprit de compétition » avec d'autres partenaires de la même ère géographique que par respect de la logique de la PEV. Pourtant, nous l'avons vu c'est le « more for more » qui semble aujourd'hui guider les nouvelles orientations en matière de PEV.

En ce qui concerne la question des valeurs, il faut aussi rappeler que le discours, développé par la Commission européenne dans ses Communications de 2003 et 2004 sur les valeurs que devaient « partager » les partenaires pour bénéficier de la totalité des coopérations envisageables dans le cadre de la PEV n'a pas toujours été très clair ou bien perçu.[86] Sans parvenir à définir de véritables « critères de Copenhague de la PEV », les critères se sont progressivement affinés[87] mais il faut noter que le Parlement européen et le Conseil des ministres ont fait finalement clairement référence, dans le cadre du règlement financier d'application

---

85 En 2010, la Commission européenne déclare que « Les dotations de l'IEVP par pays traduisent désormais de manière plus objective et plus transparente le degré de partage effectif des valeurs sous-tendant la PEV. Les objectifs de la Facilité de financement consacrée à la gouvernance (qui récompense les progrès accomplis dans les réformes relatives à la gouvernance) ayant été intégrés, la Commission entend réexaminer le fonctionnement de cette Facilité dès 2011, afin de fournir un soutien plus ciblé à l'amélioration de la gouvernance ». Commission européenne, *Communication de la Commission au Parlement et au Conseil, Bilan de la politique européenne de voisinage*, Bruxelles, le 12 May 2010, COM(2010) 207 final, p. 14.

86 En 2003, dans sa Communication intitulée : « Europe élargie – Voisinage : un nouveau cadre pour les relations avec nos voisins de l'Est et du Sud » la Commission européenne a tout d'abord proposé que l'UE offre « à ses voisins de nouvelles perspectives d'intégration économique en contrepartie de leurs progrès concrets dans le respect des valeurs communes et la mise en œuvre effective des réformes politiques, économiques et institutionnelles, notamment dans l'alignement de leur législation sur l'acquis », COM(2003) 104, *op. cit.*, p. 4.

87 La Commission européenne a toutefois précisé en 2004 que « la relation privilégiée avec les voisins s'appuiera sur un engagement réciproque en faveur de valeurs communes se situant principalement dans les domaines de l'État de droit, de la bonne gouvernance, du respect des droits de l'homme, notamment des droits des minorités, de la promotion des relations de bon voisinage et des principes de l'économie de marché et du développement durable […] Le niveau d'ambition des relations de l'UE avec ses voisins tiendra compte de la mesure dans laquelle ces valeurs sont effectivement partagées », COM(2004) 373 final, *op. cit.*, p. 3.

de l'IEVP aux « valeurs de l'Union européenne » en tant que telles.[88] Dans la pratique, lorsque l'on étudie l'ensemble des instruments utilisés dans le cadre de la PEV, on observe une différenciation assez claire entre les pays voisins européens pour lesquels on se réfère également aux textes du Conseil de l'Europe ou à l'OSCE par exemple et les voisins méditerranéens pour lesquels on fera essentiellement référence aux normes internationales dans le domaine des droits de l'homme en particulier, à l'exception notable du Maroc qui s'intègre progressivement dans les cadres normatifs de l'institution paneuropéenne.[89]

Conclusion

Au terme de cette analyse, il convient de tirer un certain nombre de conclusions. Force est tout d'abord de constater la complexité de la situation. Ces dernières années, contrairement à ce qui était envisagé dans le cadre de la mise en place de la PEV en termes de simplification et de rationalisation de la coopération, nous assistons à la multiplication des cadres de coopération entre l'UE et ses voisins. De plus, la promotion du principe de différenciation à différents niveaux rend la lecture des politiques particulièrement difficile. Il est toutefois clair que nous assistons à l'émergence d'une « PEV à plusieurs vitesses ». La création d'avant gardes vertueuses peut toutefois conduire à des fragmentations pernicieuses si celles-ci ne sont pas bien encadrées. Beaucoup de questions restent à résoudre au niveau sous-régional. Quelles sont les com-

---

[88] Art. 1 § 3 : « L'Union européenne se fonde sur les valeurs que sont la liberté, la démocratie, le respect des droits de l'homme et des libertés fondamentales et l'État de droit, et cherche à promouvoir ces valeurs auprès des pays voisins au travers du dialogue et de la coopération ». Parlement européen et Conseil de l'UE, *Règlement CE du Parlement et du Conseil n° 1638/2006 du 24 octobre 2006 arrêtant des dispositions générales instituant un Instrument européen de voisinage et de partenariat*, JO L 310, 9 novembre 2006, pp. 1-14.

[89] La Commission européenne précise à cet égard en 2004 que « tous les voisins de l'UE sont signataires des conventions des Nations Unies concernant les droits de l'homme. Certains sont membres du Conseil de l'Europe et de l'OSCE, ont ratifié la convention européenne de sauvegarde des droits de l'homme et des libertés fondamentales et se sont engagés à adhérer aux conventions et organismes imposant des normes élevées en matière de droits démocratiques et de droits de l'homme et à accepter des mécanismes solides et juridiquement contraignants pour assurer qu'ils se conforment à leurs obligations en matière de droits de l'homme. Les signataires de la déclaration de Barcelone ont notamment accepté une déclaration de principe aux termes de laquelle ils s'engagent à agir dans le respect de la charte des Nations Unies et de la déclaration universelle des droits de l'homme et à développer l'État de droit et la démocratie dans leurs systèmes politiques, à respecter les droits de l'homme et les libertés fondamentales et à garantir l'exercice légitime et effectif de ces droits et libertés », COM(2004) 373 final, *op. cit.*, p. 13.

plémentarités entre la Synergie en mer Noire[90] et le Partenariat oriental ? Quel rôle jouera le secrétariat de l'UpM au niveau des projets autres que les six projets identifiés à Paris en juillet 2008 ? Le Partenariat euro-méditerranéen coexiste-t-il toujours avec l'UpM ?

Il s'agit de questions cruciales. La création d'un cadre juridique clair fondé sur le respect d'un certain nombre de principes communs semble nécessaire. La géométrie variable doit en effet permettre aux partenaires de coopérer sur des questions techniques qui doivent correspondre à des besoins réels ainsi que le préconise la méthode fonctionnaliste de l'intégration européenne. Les valeurs ne peuvent s'adapter au gré des intérêts bilatéraux, les vagues de soulèvements dans les pays arabes méditerranéens ont eu le mérite de le rappeler. Derrière ces grands principes se cachent des réalités humaines parfois dramatiques, il ne faut jamais l'oublier.

L'asymétrie institutionnelle entre les partenaires PEV et les États membres de l'Union européenne pénalise le développement d'une coopération multilatérale de type supranationale.[91] La création de l'UpM avec sa coprésidence et son secrétariat n'y a rien changé, du moins pour l'instant. Les règles de l'intergouvernementalisme (règles du plus petit dénominateur commun et du consensualisme notamment) et l'absence de transparence, voire l'existence d'un déficit démocratique ont tendance à prévaloir au niveau des nouvelles instances de l'UpM même si l'APEM ou d'autres instances et institutions de la société civile organisée ou autonome continuent de se mettre en place et de développer des coopérations relativement fructueuses. Le problème est que cette tendance est également de plus en plus vraie au niveau de la coopération. L'exemple type est encore une fois celui de l'UpM où des projets sont proposés et avalisés entre États partenaires et où le rôle de la Commission européenne est pour l'instant relativement minimisé par rapport à celui des États membres et des PPM. Le fait que la PEV soit une politique européocentriste n'a pas amélioré les choses. Le constat est pour l'instant le même au niveau du Partenariat oriental mais il faut voir si ce dernier va progressivement s'institutionnaliser, à l'instar de l'UpM, ou conserver un minimum de structures pour plus de souplesse.

Le niveau (uni-) bilatéral demeure prépondérant dans le cadre de la PEV. Il faudrait donc *a priori* rééquilibrer les volets bilatéraux et multilatéraux dans un souci de meilleure cohérence et de complémentarité mais aussi parce que l'objectif est la création d'une vaste intégration régionale économique. D'autres obstacles tels que la persistance des conflits régionaux et bilatéraux, l'extrême hétérogénéité des pays parte-

[90] V. la contribution de Duhot, H. dans cet ouvrage.

[91] V. la contribution de Xuereb, P. G. dans cet ouvrage.

naires – tant sur le plan politique que socio-économique – n'ont fait que renforcer cette tendance d'un déséquilibre entre le volet bilatéral et régional de la PEV. Pourtant, la dimension multilatérale a porté ses fruits. Il faut bien comprendre que les différents réseaux thématiques qui se sont créés et toutes les initiatives socio-culturelles ont permis de créer des liens qui seront cruciaux pour l'avenir. La création d'un grand nombre de réseaux pan-européens et euro-méditerranéens, la poursuite d'un dialogue sur de très nombreuses thématiques sont des progrès immatériels difficiles à évaluer, à mesurer, mais qui ont indubitablement contribué à faire avancer les réformes.

Aujourd'hui, la complexité des cadres et des modes de coopération au sein de la PEV impose une réflexion qui doit prendre en compte la nécessité de clarifier et de rationaliser un certain nombre d'éléments. Il faut progressivement définir une politique de proximité de l'UE englobant tous les voisins mais aussi clarifier les liens existants entre les sous-composantes de la PEV tout en construisant des ponts entre l'Est et le Sud, notamment au niveau des sociétés civiles. Il faudrait également institutionnaliser et codifier les coopérations renforcées dans le cadre des relations extérieures et trouver les moyens pour financer une véritable intégration sous régionale.

Le propre de l'homme est sa capacité à se poser des défis et à les relever. Espérons que tous ceux qui sont concernés par les politiques de proximité de l'UE comprendront l'importance des enjeux et seront à la hauteur de ces défis majeurs.

Variable Geometry in the European Neighbourhood Policy

The Principle of Differentiation and its Consequences

Peter VAN ELSUWEGE

Introduction

The European Neighbourhood Policy (ENP) brings together countries which have divergent legal and political relations with the European Union (EU) under one policy umbrella. From the outset, the European Commission made clear that the ENP would not be a "one-size-fits-all" policy but rather a differentiated framework reflecting the specific situation of various neighbours.[1] This principle of differentiation is expected to become more pronounced in the future. According to José Manuel Barroso, President of the Commission, "we will see a more and more varied landscape, with as many different types of relationship developing as we have partners, but always within the common framework of the ENP".[2] It is, therefore, no surprise that the principle of differentiation is a cornerstone of the EU's revised ENP[3] and its new approach towards the Southern Mediterranean launched in the wake of the 2011 Arab revolutions.[4]

1 European Commission, *Communication from the Commission to the Council and the European Parliament, Wider Europe – Neighbourhood: A New Framework for Relations with our Eastern and Southern Partners*, COM(2003) 104 final, Brussels, 11 March 2003, p. 6.

2 Barroso, J. M., "Shared Challenges, Shared Futures: Taking the Neighbourhood Policy Forward", Opening speech of the ENP conference, Brussels, 3 September 2007, http://ec.europa.eu/world/enp/speeches_en.htm.

3 European Commission and High Representative, *Joint Communication to the European Parliament, the Council, the European Economic and Social Committee and the Committee of the Regions, "A New Response to the Changing Neighbourhood"*, COM(2011) 303, Brussels, 25 May 2011.

4 European Commission and High Representative, *Joint Communication to the European Parliament, the Council, the European Economic and Social Committee and the Committee of the Regions, A Partnership for Democracy and Shared Prosperity with the Southern Mediterranean*, COM(2011) 200 final.

While the development of an explicit neighbourhood policy is a relatively recent phenomenon, the European Union's legal relations with countries of the Pan-Euro-Mediterranean Area have always varied in nature.[5] In the East, Europe Agreements defined the bilateral relations with the Central and Eastern European Countries in the pre-accession period, whereas with the countries of the Commonwealth of Independent States (CIS) less far-reaching Partnership and Co-operation Agreements (PCAs) have been concluded. Contractual relations with the countries of the Western Balkans are based on Stabilisation and Association Agreements. Other European non-Member States have developed a specific legal relationship with the EU, based upon a dense network of sectoral agreements as in the case of Switzerland, a comprehensive agreement on the European Economic Area (EEA) with the remaining EFTA states (Norway, Iceland, Liechtenstein) or far-reaching trade agreements with some micro-states (San Marino, Andorra, Monaco and the Vatican City). In the southern periphery, a network of Euro-Mediterranean Association Agreements (EMAAs) has been developed.

Within the ENP context, a geographical distinction can be made between the eastern European neighbours and the non-European Mediterranean neighbours. Bilateral legal relations with the Eastern neighbours are based on Partnership and Co-operation Agreements,[6] whereas with most Mediterranean partners more developed Association Agreements have been concluded.[7] Differences between both types of bilateral agreements *inter alia* include the legal basis,[8] the institutional framework,[9] and the objectives of the relationship.[10] It is also noteworthy that

---

5 Flaesch-Mougin C., "Differentiation and Association within the Pan-Euro-Mediterranean Area", in Maresceau, M. and Lannon, E. (eds.), *The EU's Enlargement and Mediterranean Strategies. A Comparative Analysis*, Basingstoke, Palgrave, 2001, pp. 63-96.

6 With Belarus, the Partnership and Co-operation agreement did not enter into force. The EU requires clear commitments to democratic values before any steps towards a normalisation of the bilateral relationship can be considered. See Van Elsuwege, P., "EU-Belarus: the Development of a Difficult Relationship", *Belarusian Review*, Vol. 14 (1), 2002, pp. 3-10.

7 So far, Libya and the EU have had no contractual relations. Negotiations on a framework agreement started in November 2008. With Syria, an EMAA was initialled in October 2004 but has not been officially signed and ratified. See http://ec.europa.eu/external_relations.

8 While Art. 310 EC is the legal basis of the EMAAs, the PCAs are primarily based on Art. 133 and 308 EC in combination with a wide range of substantive treaty provisions (Art. 54:2; 57:2; 66; 73c, 2; 75; 84:2; 99, 100; 133; 228:2 and 228:3; 235 EC).

9 In comparison to the Euro-Mediterranean Association Councils, the Co-operation Council, established by the PCAs cannot take legally binding decisions. On the other hand, the PCA with Ukraine provides for annual summit meetings at the highest political level (bringing together the Ukrainian President and, for the EU, the Commis-

for the Eastern neighbours specific European human rights standards apply, developed within the framework of the Council of Europe or the Organisation for Security and Co-operation in Europe (OSCE), whereas for the Mediterranean countries the Universal Declaration of Human Rights is the standard point of reference.[11] The European character of the Eastern neighbours is also of crucial importance as far as potential membership ambitions are concerned. Pursuant to Article 49 of the Treaty on European Union, each European country respecting the Union's foundational values may apply, in principle, for accession. Even though the EU has always carefully asserted that the ENP and the issue of enlargement are disconnected, the option of membership, at least theoretical, for the Eastern neighbours is a key point of differentiation in comparison to the Southern neighbours, which do not have any accession prospect at all.

Apart from the basic geographical distinction between the European and non-European neighbours, four regional sub-groups can be distinguished within the ENP area, namely the "Western Newly Independent States (WNIS)" (Ukraine, Moldova and Belarus) and the countries of the "Southern Caucasus" (Armenia, Azerbaijan and Georgia) in the East; the Maghreb (Morocco, Algeria, Tunisia and Libya) and Mashreq countries (Egypt, Jordan, Lebanon, Syria as well as the Palestinian Authority and Israel) in the South. The PCAs with the WNIS are more developed than the comparable agreements with the Southern Caucasus

sion President, the Head of State or Government of the country holding the EU Presidency and the EU's High Representative for CFSP). No similar high-level meetings exist for other ENP partners.

10 For instance, the establishment of a Free Trade Area regarding industrial products is one of the explicit objectives of the EMAAs. The PCAs with Ukraine and Moldova, on the other hand, only provide for a so-called "evolutionary clause" to the effect that a future establishment of a Free Trade Area between the parties may be considered "*as circumstances allow*". With the three countries of the Southern Caucasus the possibility of establishing a free trade zone is not even mentioned. For a more detailed comparative analysis between EMAAs and PCAs, see Maresceau, M., "Bilateral Agreements concluded by the European Community", *Recueil des cours de l'Académie de droit international. Collected courses of the Academy of International Law*, No. 309, 2006, pp. 311-451.

11 This difference is reflected, for instance, in the "essential element clauses" of the PCAs and EMAAs (*e.g.* Art. 2 of the PCA with Ukraine and Art. 2 of the EMAA with Morocco). The differentiation of human rights standards, particularly in the field of minority protection, is further reflected in the ENP Country Reports and Action Plans. See Lannon, E., Van Bossuyt, A. and Van Elsuwege, P., "Minorities in the Euro-Mediterranean Area: The Prerequisites for Launching a Fruitful Intercultural Dialogue" in Bekemans *et al.* (eds.), *Intercultural Dialogue and Citizenship – Translating Values into Actions, A Common Project for Europeans and their Partners*, Venice, Marsilio, 2007, pp. 365-374.

states,[12] whereas the EMAAs with the Maghreb countries contain more detailed provisions on co-operation in the field of labour in comparison to the agreements with the other Mediterranean countries.[13] A certain level of differentiation can also be observed among the States which are part of each sub-group. While these differences are partly related to specific circumstances in certain countries, the scope of the agreements is also determined by developing EU competences and EU concerns at the time of negotiations. As a rule, agreements that are more recent tend to be broader in scope than older ones.[14] References to counter-terrorism or money laundering are more developed, for instance, in post-2001 agreements. Accordingly, differentiation in the bilateral relations between the EU and neighbouring countries is not necessarily related to the performance of the countries concerned. Among the EMAAs, for instance, the agreements with Algeria and Lebanon have more extensive provisions on Justice and Home Affairs in comparison to the agreements with Morocco, Tunisia or Israel.[15] The agreement with Syria, which still has to be signed and ratified, is considered to be the most advanced on issues such as counter-terrorism clauses or intellectual property rights.[16] It is, therefore, obvious that the inclusion of more specific provisions does not necessarily reflect an Advanced Status of political or economic development in the respective countries.

In addition to what could be called a natural form of differentiation, resulting from the different geographical location of certain countries or the changing legal and political context at the time of negotiations of bilateral agreements, the EU uses the concept of differentiation as a strategic tool in the framework of the ENP. Pursuant to the Commission's 2004 ENP Strategy Paper, "the ambition and the pace of development of the Union's relationship with each partner country will depend on its degree of commitment to common values, as well as its

---

12 There is, for instance, no reference to the objective of free trade in the PCAs with the Southern Caucasus countries, whereas the formulation of the non-discrimination clause as regards labour conditions is different. This has important legal consequences as far as the potential direct effect of the agreements is concerned. See Maresceau, M., *op. cit.*, p. 450.

13 The EMAAs with Algeria, Morocco and Tunisia include a specific non-discrimination clause for workers legally employed in an EU Member State as regards working conditions, remuneration and social security, which is not included in the agreements with Egypt, Israel, Jordan, Lebanon and the Palestinian Authority.

14 Vahl, M., "International Agreements in EU Neighbourhood Policy", *SIEPS Paper*, No. 10, 2006, p. 39.

15 See European Commission, *Euro-Med Association Agreements Implementation Guide*, http://ec.europa.eu/external_relations/euromed/asso_agree_guide_en.pdf.

16 *Ibid.*, p. 42.

will and capacity to implement agreed priorities".[17] This is reiterated in the 2011 Communication "A new response to a changing neighbourhood", which even envisages "a much higher level of differentiation allowing each partner to develop its links with the EU as far as its own aspirations, needs and capacities allow".[18] In other words, the degree of integration with the EU and its policies largely depends on the ability and aspirations of an individual neighbour. As a result, differentiation in the ENP cannot be disconnected from related principles, such as conditionality and joint ownership (I). The application of these strategic principles necessarily implies an increasing pressure for further differentiation among the partner States, which is reflected in the political and legal instruments of the ENP (II). Finally, the question arises to what extent the increasing differentiation of bilateral legal relations can prevent the emergence of new dividing lines in the EU's neighbourhood (III).

I. The Strategic Tools of the ENP: Differentiation, Conditionality and Joint Ownership

A. Differentiation as a Corollary of the EU's Conditionality Approach

The use of (pre-)conditions, incentives and other instruments to ensure that a third country's political, economic and legal development converges with EU values and norms is a key characteristic feature of the EU's external relations.[19] Therefore, it is not surprising that the concept of conditionality is at the core of the ENP. Already in its 2003 Wider Europe Communication, the European Commission offered the prospect of a stake in the EU's internal market "in return for concrete progress demonstrating shared values and effective implementation of political, economic and institutional reforms". Proceeding from a so-called "step-by-step approach", the Commission further asserted that "new benefits should only be offered to reflect the progress made by the partner countries in political and economic reform. In the absence of progress, partners will not be offered these opportunities".[20] The consistent application of this approach necessarily implies a certain level of differentiation: the more a country conforms to EU values, the closer it can co-operate with the EU.

17 European Commission, *Communication European Neighbourhood Strategy Paper*, COM(2004), 373 final, 12 May 2004, p. 8.

18 COM(2011) 303, *op. cit.*, p. 2.

19 See Lannon, E., Inglis, K. and Haenebalcke, T., "The Many Faces of EU Conditionality in Pan-Euro-Mediterranean Relations", in Maresceau, M. and Lannon, E. (eds.), *op. cit.*, pp. 97-138.

20 COM(2003) 104 final, *op. cit.*, p. 16.

While the basic principle that the benefits of closer co-operation are reserved for the best performing countries in terms of political and economic reform is not entirely new,[21] the ENP introduces a specific monitoring mechanism, which is clearly inspired by the recent enlargement experience. The listing of priority areas in individual Action Plans and the assessment of progress in periodic Commission reports resemble the practice of the Accession Partnerships and the regular Commission monitoring of progress towards accession.[22] The close link between the pre-accession strategies and the methodology of the ENP implies that the EU has to address similar problems, such as the gap between internal and external standards or the tension between objective and (geo-)political considerations in the assessment of a country's performance.[23] In the framework of enlargement, the inclusion of all candidate countries in a comprehensive, inclusive and ongoing accession process counterbalanced initial perceptions of discrimination. Based upon the image of a competition where all participants join the race at a different stage and advance on the basis of their individual performance, the EU transformed the idea of differentiation into a strong incentive for domestic reform. The ENP is based upon a similar rationale of positive conditionality and it even includes additional incentives, such as increased financial assistance for the best performing countries (cf. *infra*).

The perception of differentiation as an incentive is based on the assumption that competition between countries, which are part of a common policy framework, enhances the effectiveness of the EU's conditionality. While this might be true in the specific context of the EU's enlargement policy, the different framework of the ENP has to be taken into account. First, the ENP target countries do not share a clear mutually agreed objective. In comparison to the membership perspective, the final goal of the ENP is less tangible and disputed. Second, the candidate countries never seriously questioned the necessity of domestic reforms, whereas the ENP includes a number of authoritarian regimes and reluctant participants who are unable or simply unwilling to pay the price for alignment with the proposed EU model of governance. Hence, the basic preconditions for successful conditionality, such as attractive incentives

21 Reference could be made to the "chronological differentiation" in the conclusion of the EMAAs where the benefits of association were granted first to the countries which are most committed to decisive political and economic reforms. See Flaesch-Mougin, C., *op. cit.*, p. 77. See also annex1 and map 4.

22 See the contribution of Lannon, E. in this volume.

23 With regard to these dilemmas in the framework of the EU's pre-accession strategies, see Van Elsuwege, P., *From Soviet Republics to EU Member States. A Legal and Political Assessment of the Baltic States' Accession to the EU*, Boston-Leiden, Martinus Nijhoff, 2008, pp. 231-253.

and a favourable domestic context, are largely absent in the ENP.[24] The effectiveness of the EU's engagement will depend more, therefore, on "joint ownership" and concrete initiatives rather than on asymmetrically imposed norms and the offer of long-term benefits. Perceived from this perspective, differentiation is not only a corollary of conditionality but also a natural consequence of the different ambitions of each country. This has been explicitly recognised in the Commission's Communication on the first ENP Action Plans: "The intensity and level of ambition of relations with each ENP partner is differentiated, reflecting the degree to which common values are effectively shared, the existing state of relations with each country, its needs and capacities, as well as common interests".[25]

B. Differentiation as a Result of Divergent Ambitions and a Changing (Geo)Political Context

The principle of joint ownership, i.e. the idea that both the EU and a partner state contribute to shaping and implementing a policy,[26] was only gradually introduced in the EU's rhetoric on the ENP. The initial 2003 Wider Europe Communication, for instance, did not explicitly refer to this concept but rather stressed the asymmetrical nature of the envisaged neighbourhood policy. The discourse of "objectives and benchmarks *spelling out the actions the EU expects of its partners*" and the suggestion to adopt Action Plans by the Council, based on proposals from the Commission, and "*whenever possible* with prior discussion with the partner countries concerned" illustrated this approach.[27] Remarkably, the 2004 ENP Strategy Paper introduced an entirely different language. The word "benchmark", for instance, was no longer ubiquitous and was replaced by the softer and more positive term "incentive".[28] In fact, the Commission tried to avoid the impression of unilaterally imposing external conditions on the partner countries by references to "shared values", "common interests" and "joint ownership". This new

---

24 Emerson M., Noutcheva G., Popescu N., "European Neighbourhood Policy Two Years on: Time indeed for an 'ENP plus'", *CEPS Policy Brief*, No. 126, 2007, p. 6.

25 European Commission, *Communication from the Commission to the Council on the Commission Proposals for Action Plans under the European Neighbourhood Policy*, COM(2004) 795, Brussels, 9 December 2004, p. 3.

26 Cremona, M. and Hillion, C., "L'Union fait la force? Potential and Limitations of the European Neighbourhood Policy as an Integrated EU Foreign and Security Policy", *EUI Working Papers*, No. 39, 2006, p. 20, http://www.iue.it/PUB/LawWPs/law2006-39.pdf.

27 COM(2003) 104, *op. cit.*, pp. 16-17.

28 Kelley, J., "New Wine in Old Wineskins: Promoting Political Reforms through the New European Neighbourhood Policy", *Journal of Common Market Studies*, Vol. 44 (1), 2006, p. 36.

approach is also reflected in the procedure for the adoption of the ENP Action Plans and the monitoring of its implementation, which both occur within the bodies established under the Partnership and Co-operation Agreements or Association Agreements. While this is an important evolution in comparison to the initial proposals, it does not alter the essentially unilateral character of the ENP.[29] The agenda of the Action Plans is primarily arranged by the EU and the evaluation of progress remains based upon periodic Commission reports. The increasing focus on joint ownership seems, therefore, more the result of a rhetorical exercise rather than a genuine policy shift in the direction of an equal partnership.

While conditionality and real joint ownership are difficult to reconcile, both concepts lead to increasing differentiation.[30] Apart from the partners' different progress in terms of economic and political reform, the neighbouring countries can be distinguished on the basis of divergent domestic ambitions. In the East, Ukraine and to a lesser extent Moldova, Georgia and Armenia have been very explicit in expressing their European vocation, including the ambition to join the EU in the long term.[31] In the southern periphery, Morocco and Jordan have been granted an "Advanced Status" within the ENP,[32] whereas Tunisia, Egypt, Israel and the Palestine Authority have also indicated an interest in closer co-operation. Other neighbours are either passive (Azerbaijan, Lebanon) or reluctant (Algeria) participants or are simply excluded from full participation because of worrying political circumstances (Belarus, Syria, Libya).[33] It is, however, difficult to divide the ENP partners in separate categories. The legal, political and economic situation of each country is fundamentally different and in permanent evolution. Flexibility is, in other words, a prerequisite for an effective differentiation policy.

Domestic developments in ENP partner countries constantly influence the EU's external policy. The Rose revolution in Georgia, for

29 Cremona, M. and Hillion, C., *op. cit.* pp. 21-22.

30 *Ibid.*, p. 22.

31 It is noteworthy that the EU explicitly acknowledges the "European aspirations" of its Eastern neighbours on the basis of a diplomatic formulation in the respective ENP Action Plans without, however, accepting any commitment towards further enlargement. This approach is clearly inspired by the non-committal reference to accession in the preamble to the old Europe Agreements with the countries of Central and Eastern Europe.

32 Lannon, E., Braga de Macedo, J., de Vasconcelos, A., "Maroc-UE: vers un Statut Avancé dans le cadre du PEM et de la PEV", *IEMED Papers*, Novembre 2007, http://www.iemed.org/documents/paperiemed2.pdf, See also Council of the EU, *Relations with Morocco*, 13653/088, October 2008. With regard to Jordan, see "The EU grants Jordan 'advanced status' partnership", IP/10/1388, 26 October 2010.

33 Distinction based upon: Emerson, M., Noutcheva, G., Popescu, N., *op. cit.*, p. 10.

instance, induced the inclusion of the Southern Caucasus countries into the ENP. Under the newly elected president Mikhail Saakashvili, Georgia received recognition as a regional front-runner, but soon the EU expressed its deep concern after the declaration of a state of emergency.[34] The Georgia-Russia crisis accelerated the launching of the ENP's Eastern Partnership, including enhanced options for differentiation.[35] The tense political situation in the Middle East provides another example of how changing circumstances affect the implementation of the ENP.[36] The conflict between Israel and Lebanon in the summer of 2006 interrupted the progressing ENP relations with the latter. In the Palestinian Authority, the formation of a Hamas-led government provoked the suspension of political contacts and co-operation. In 2009, the Israeli military actions in Gaza raised questions about the appropriateness of deepening bilateral EU-Israel relations.[37] More recently, the Arab Spring inspired the launch of a new "Partnership for Democracy and Shared Prosperity with the Southern Mediterranean", which offers new opportunities for further differentiation.[38] Hence, differentiation in the ENP is a very volatile concept largely depending on the domestic evolution of a partner country.

II. The Instruments of Differentiation: Action Plans, Bilateral Agreements and Financial Support

A. The ENP Action Plans: Differentiation on the Basis of Short-term Political Documents

Differences between the various ENP partners are reflected in "country-specific" and "tailor-made" Action Plans. It is worth mentioning that the adoption of an Action Plan and the timing of this event is already an indication of differentiation between the various neighbours.

34 Council of the EU, *Declaration of the Presidency on behalf of the European Union on the current situation in Georgia*, 14818/07, Brussels, 8 November 2007.

35 See the contributions of Lannon, E. and Van Elsuwege, P. in this volume.

36 Lavenex, S. and Schimmelfennig, F., "Relations with the Wider Europe", *Journal of Common Market Studies*, Vol. 45 (supplement S1), 2007, pp. 156-157.

37 See e.g. Emerson, M., Tocci, N. and Youngs, R., "Gaza's hell: why the EU must change its policy", *CEPS Commentary*, 13 January 2009, http://www.ceps.be/system/files/old/NW/NWatch45.pdf.

38 COM(2011) 200 final, *op. cit.*

Table 10. Chronological Differentiation in the Adoption of ENP Action Plans

ENP partner countries	Entry into force of contractual relations with EC	ENP Country Report	ENP Action Plan agreed	Adoption by EU	Joint adoption with partner country
Ukraine	PCA – March 1998	May 2004	end 2004	21.02.2005	21.02.2005
Moldova	PCA – July 1998	May 2004	end 2004	21.02.2005	22.02.2005
Israel	AA – June 2000	May 2004	end 2004	21.02.2005	11.04.2005
Palestinian Authority	Interim AA – July 1997	May 2004	end 2004	21.02.2005	04.05.2005
Jordan	AA – May 2002	May 2004	end 2004	21.02.2005	02.06.2005
Tunisia	AA – March 1998	May 2004	end 2004	21.02.2005	04.07.2005
Morocco	AA – March 2000	May 2004	end 2004	21.02.2005	27.07.2005
Armenia	PCA – 1999	March 2005	autumn 2006	13.11.2006	14.11.2006
Azerbaijan	PCA – 1999	March 2005	autumn 2006	13.11.2006	14.11.2006
Georgia	PCA – 1999	March 2005	autumn 2006	13.11.2006	14.11.2006
Lebanon	AA – April 2006	March 2005	autumn 2006	17.10.2006	19.01.2007
Egypt	AA – June 2004	March 2005	spring 2007	05.03.2007	06.03.2007
Algeria	AA – September 2005	–	–	–	–
Belarus	–	–	–	–	–
Libya	–	–	–	–	–
Syria	–	–	–	–	–

The adoption of an ENP Action Plan requires an operational contractual relationship with the EU, either a Partnership and Co-operation Agreement (PCA) as in the case of Eastern neighbours or an Association Agreement (AA) for the Southern neighbours. This precondition explains the absence of Action Plans with Belarus, Syria and Libya even though these countries fall within the geographical scope of the ENP and are, therefore, eligible for funding under the European Neighbourhood and Partnership Instrument (ENPI) (cf. *infra*). Algeria, another ENP country without an Action Plan, is a special case. Despite the entry into force of the Euro-Mediterranean Association Agreement in September 2005 and the country's full participation in the Euro-Mediterranean Partnership (EMP), the adoption of an ENP Action Plan is deemed "premature".[39] The Algerian government prefers to pursue the objectives of the Association Agreement on the basis of unilateral initiatives and appears very reluctant to accept any EU interference.

The situation differs significantly for the neighbouring countries that are seeking closer relations with the EU. In the first place, reference can be made to the Eastern neighbours, namely Ukraine and Moldova, which are most affected by the EU's recent enlargement and aspire to join the Union at some point in the future. It is, therefore, not surprising that the first ENP Action Plans were agreed with these countries. The first wave of Action Plans also included partners from the Middle East (Israel, Palestinian Authority and Jordan) and the Maghreb area (Tunisia and Morocco). For these countries, the bilateral framework of the ENP complements the multilateral approach of the EMP. In comparison to the regional inspiration of the Barcelona process – Union for the Mediterranean, the bilateral dimension of the ENP is better suited for the promotion of internal reforms. The idea of closer bilateral ties appeared to be particularly attractive for Israel, given its economic and political isolation in the Arab Middle East as well as its relatively high level of technological development, and for Morocco, which has always defended a stronger differentiation among the EU's neighbours.[40] The early engagement of the Palestinian Authority, Tunisia and Jordan reflects their, mainly economic, interest in close relations with the EU and the fact that the Association Agreements were already in force at the initial stages of the ENP. This was not the case with two other Mediterranean partners, namely Egypt and Lebanon, which explains the late adoption of ENP Action Plans with those countries. Finally, the countries of the Southern Caucasus (Armenia, Azerbaijan and Georgia) were only formally included in the ENP after Georgia's "Rose revolution". The EU's tendency to treat the three Caucasus countries as a specific regional area of the ENP is remarkable. This is illustrated by the joint adoption of the Action Plans[41] and the presence of a special EU representative for

---

39 European Commission, *Algeria Country Strategy Paper 2007-2013 and National Indicative Programme 2007-2010*, p. 2, http://ec.europa.eu/world/enp/pdf/country/enpi_csp_nip_algeria_en.pdf.

40 Lannon, E. and Van Elsuwege, P., "The EU's Emerging Neighbourhood Policy and its Potential Impact on the Euro-Mediterranean Partnership", in Xuereb, P. G. (ed.), *Euro-Med Integration and the Ring of Friends*, ERDC-University of Malta, 2003, pp. 64-65.

41 Council of the European Union, *Main outstanding issues in ENP Action Plans with the South Caucasus countries*, Brussels, 24 July 2006, p. 2.

the region.[42] Be that as it may, the principle of differentiation also fully applies in this case: "[e]ach country will be given the same opportunity to develop its links with the EU, including through action plans, and will be treated in its individual merits in line with the general policy of the ENP".[43]

The network of ENP Action Plans provides a good overview of the EU's increasingly differentiated relations with its neighbours. Even though the structure of each Action Plan is similar, the more detailed list of priority actions reflects the specific circumstances of the countries concerned and builds upon these countries' existing legal ties with the EU. Accordingly, the Action Plans make an already present level of differentiation between the various ENP partners more explicit. To take just one example, the Action Plan with Ukraine aims at establishing a Free Trade Area following Ukraine's accession to the WTO. This ambition mirrors Article 4 of the Partnership and Co-operation agreement. The added value of the ENP Action Plan is based upon the much clearer definition of the reform priorities to ensure the full implementation of this objective. In addition, the ENP Action Plans proceed from a comprehensive approach in order to enhance the coherence of the EU's external action. The inclusion of specific action points on former second and third pillar issues complements the rather general provisions included in the bilateral framework agreements.[44]

In comparison to the rigid procedures for the conclusion of legally binding agreements including EU and Member State competences, the ENP Action Plans are flexible political documents with an ambitious reform agenda. They are adopted for a short-term period, varying between three and five years. Their implementation depends upon the adoption of legal instruments, domestically but also at the bilateral and regional level. In this respect, it has to be recalled that the Euro-Mediterranean Association Councils allow for the adoption of legally

---

42 The nomination of Peter Semneby as EU's special representative for the South Caucasus is based on Council Joint Action 2006/121/CFSP of 20 February 2006, OJ L 49, 21 February 2006, p. 14.

43 Council of the EU, *2590th Council meeting, General Affairs and External Relations, Luxembourg*, 10189/04, 14 June 2004, para. 12.

44 The inclusion of an option for alignment on CFSP EU declarations in the ENP Action Plans with Ukraine, Moldova, Armenia and Georgia is of particular significance, as well as the offered possibilities for closer co-operation in this area, including participation in EU-led crisis management operations. Based on international agreements concluded under Art. 24 EU, Ukraine participated in the Union's police missions in the Former Yugoslav Republic of Macedonia (OJ L 354, 30 November 2004, p. 82) as well as in Bosnia and Herzegovina (OJ L 239, 25 September 2003, p. 38). Morocco participated in the military crisis management operation ALTHEA in Bosnia and Herzegovina (OJ L 34, 8 February 2005, p. 47).

binding decisions,[45] which is not the case for the Co-operation Councils with the Eastern neighbours. Hence, a further development of the bilateral legal framework seems a *conditio sine qua non* for the effective implementation of the ENP reform agenda.

B. The Conclusion of New Bilateral Agreements: Differentiation on the Basis of Long-term Legally Binding Documents

1. Towards a New Generation of Framework Agreements

The perspective to conclude new bilateral framework agreements, going beyond the existing institutional and contractual arrangements, was already included in the 2002 Patten-Solana reflection paper on a new proximity policy. This document envisaged "an upgrading of the PCA relationships with Ukraine and Moldova" under the label of "European Neighbourhood Agreements".[46] The Commission's 2003 Wider Europe Communication clarified that such Neighbourhood Agreements could also be offered to the Mediterranean partners if they would contain provisions going beyond those of the Euro-Mediterranean Association Agreements.[47] Subsequent European Commission papers reiterated the option of new contractual relations but remained vague with regard to their concrete content. The introduction of a specific legal basis for the conclusion of such agreements in the Treaty establishing a Constitution for Europe, which is retained in the Treaty of Lisbon (Art. 8 TEU),[48] did not solve this problem. The new provision refers to the general objectives of the ENP, i.e. "to establish an area of prosperity and good neighbourliness, founded on the values of the Union and characterised by close and peaceful relations based on cooperation", and provides for the possibility to conclude "specific agreements with the countries concerned". As to their potential scope, it is stated that "these agreements may contain reciprocal rights and obligations as well as the possibility of undertaking activities jointly. Their implementation shall be the subject of periodic consultation".[49] The parallels with the traditional provision on the conclusion of Association Agreements (Art. 310

45 Significantly, binding decisions of the Association Council can have direct effect providing they are precise and unconditional. See ECJ, Case C-192/89, *Sevince*, ECR, 1990, I-3461, at para. 24.

46 http://ec.europa.eu/world/enp/pdf/_0130163334_001_en.pdf.

47 COM(2003) 104, *op. cit.*, p. 17.

48 Treaty of Lisbon amending the Treaty on European Union and the Treaty establishing the European Community, signed in Lisbon on 13 December 2007, OJ C 306, 17 December 2007, p. 14. See the contribution of Hanf, D. in this volume.

49 *Ibid.*

EC), which is retained in the Treaty on the Functioning of the European Union (Art. 217 TFEU), are striking.[50]

The frequent use of the association instrument in recent periods, which has resulted in a certain inflation of associated countries,[51] potentially explains the inclusion of a specific clause for the Union's neighbours. The symbolic nature of the envisaged Neighbourhood Agreements is further reflected through the inclusion of the new Article 8 in the Treaty on European Union and not in the Treaty on the Functioning of the European Union. Finally, the loose formulation of the provisions allows for a high level of flexibility, which is a prerequisite to ensure sufficient differentiation in the relations with the various neighbours. As can be derived from the existing practice of agreements on the basis of Article 217 TFEU (ex 310 EC), the established privileged relationship may take several forms, ranging from little more than a free trade agreement to a level of integration that comes close to membership.[52] Article 217 TFEU is, in other words, a very flexible instrument allowing for a variety of ties with states interested in a formal legal relationship with the EU. The actual scope of the association depends on the outcome of the negotiations. The same flexibility applies with regard to the envisaged Neighbourhood Agreements.

The procedure for the conclusion of European Neighbourhood Agreements on the basis of Art. 8 of the Lisbon TEU is not very clear. No procedural requirements are included in the article, which implies the application of Art. 218 TFEU as the general provision for the conclusion of international agreements by the Union. While Art. 218 TFEU proceeds from the principle that qualified majority voting in the Council is the rule during this procedure, a specific number of areas require unanimity in the Council (i.e. when unanimity is required internally, for Association Agreements, Co-operation Agreements with candidate

---

[50] Article 310 EC (Art. 217 TFEU) states that "The Community may conclude, with one or more States or international organisations, agreements establishing an association involving reciprocal rights and obligations, common action and special procedure". See the contribution of Hanf, D. in this volume.

[51] See Gaudissart, M.-A., "Réflexions sur la nature et la portée du concept d'association à la lumière de sa mise en œuvre", in Tchakaloff, M.-F. (ed.), *Le concept d'association dans les accords passés par la Communauté: Essai de clarification*, Brussels, Bruylant, 1999, pp. 3-36.

[52] Walter Hallstein, former Commission president, declared that "association can be anything between full membership minus 1% and a trade and co-operation agreement plus 1%". Cited in Phinnemore, D., *Association: Stepping-Stone or Alternative to EU Membership?*, Sheffield, Sheffield Academic Press, 1999, p. 23.

countries and the agreement on accession to the ECHR). No explicit reference to Neighbourhood Agreements is, however, included.[53]

All ENP Action Plans provide for the possibility of new contractual relations but only with Israel, Jordan, Lebanon, Morocco, the Palestinian Authority and Tunisia the term "Neighbourhood Agreement" is explicitly used. With Ukraine, reference is made to an "enhanced agreement".[54] Negotiations of this agreement have been launched in March 2007. This decision reflects Ukraine's frontrunner status in the ENP.[55] Its long-term European aspirations and the democratic challenges after the Orange Revolution demand an appropriate response from the EU. This is particularly the case since the current PCA reached the end of its initial ten-year period in March 2008. Even though the lifetime of the agreement is automatically extended,[56] many of its provisions have become out of date. The establishment of a new "Enhanced" bilateral framework agreement is, therefore, a prerequisite for deepening EU-Ukraine relations. *Mutatis mutandis* the same logic applies for Moldova and the Southern Caucasus states given that the initial period of ten years in force of the PCA with those countries expired in July 2008 and July 2009 respectively.

After an initial period of uncertainty, the EU and Ukraine decided that the new Enhanced Agreement would be an Association Agreement.[57] An upgrade towards association has also been explicitly included as an objective for the other eastern partners.[58] In the southern periphery, Morocco and Israel seem ready to upgrade their existing legal relationship with the EU.[59] For the Mediterranean partners, however, the difference between an Enhanced Agreement and the current Association

53 On Article 8 TEU, see the contribution of D. Hanf in this volume as well as: Van Elsuwege, P. and Petrov, R. "Article 8 TEU: Towards a New Generation of Agreements with the Neighbouring Countries of the European Union", *European Law Review*, Vol. 36, No. 5, 2011, pp. 688-703.

54 The Ukrainian authorities did not want a reference to "neighbourhood" in the title of the new agreement, which explains the different terminology. On the occasion of the September 2008 EU-Ukraine Summit, it was decided to rename the "enhanced agreement" into an "association agreement". See: Council of the EU, *EU-Ukraine Summit*, 12812/08, 9 September 2008.

55 See Solonenko, I.

56 Art. 101 of the PCA with Ukraine, OJ L 49, 19 February 1998, p. 3.

57 *Second Joint Progress Report. Negotiations on the EU-Ukraine Association Agreement*, http://ec.europa.eu/external_relations/ukraine/docs/joint_progress_report2_en.pdf.

58 European Commission, *Communication from the Commission, Eastern Partnership*, COM(2008) 823 final, Brussels, 3 December 2008, p. 4.

59 European Commission, *Communication from the Commission, A Strong European Neighbourhood Policy*, COM(2007) 774 final, Brussels, 5 December 2007, p. 3.

Agreement will probably be less significant. With regard to trade relations, for instance, the progressive establishment of a classical free trade agreement on industrial goods is already foreseen in the EMAAs. The evolution towards a Deep and Comprehensive Free Trade Agreement (DCFTA) would essentially entail, therefore, the inclusion of services and sensitive goods, e.g. agricultural products, as well as more developed provisions on regulatory convergence. For Moldova, on the other hand, a DCFTA is a long-term option. According to the Commission, this country "does not possess the competitive strength to take on reciprocal obligations of such an arrangement with the EU".[60] Alternatively, a new Regulation gives Moldova additional autonomous trade preferences for imports into the EU.[61] With the Southern Caucasus countries, finally, the ENP Action Plans provide for feasibility studies on the options for enhanced bilateral trade relations, including the possible establishment of a Free Trade Agreement.[62] The level of economic integration will be, in other words, a significant aspect of the further differentiation of bilateral relations with the ENP partners. In addition, co-operation in various policy sectors is expected to become more varied in nature.

2. *A More Differentiated Network of Institutional Links and Sectoral Agreements*

In anticipation of new framework agreements, the existing Partnership and Co-operation or Association Agreements allow for further differentiation between the ENP partners. The first provision leading to the potential development of closer relations concerns a possibility to establish new bodies and special committees.[63] Hence, the creation of sub-committees focusing on specific policy areas is a certain indicator of a country's developing relations with the EU. Even though the effectiveness of bilateral dialogues depends on the commitment of the countries concerned, an increasingly dense network of institutional arrangements can be observed. With Morocco and Tunisia, for instance, new sub-committees on human rights, democratisation and governance have

---

[60] European Commission, *Commission proposal for a Council Regulation introducing autonomous trade preferences for Moldova and amending Regulation (EC) No. 980/2005 and Commission Decision 2005/924/EC*, COM(2007) 705 final, Brussels, 14 November 2007, p. 2.

[61] Council of the EU, *Council Regulation (EC) No. 55/2008 of 21 January 2008 including autonomous trade preferences for the Republic of Moldova and amending Regulation (EC) No. 980/2005 and Commission Decision 2005/924/EC*, OJ L 20, 24 January 2008, p. 1.

[62] The reference to a potential Free Trade Agreement is remarkable because, contrary to the PCAs with Ukraine and Moldova, the PCAs with the Southern Caucasus countries do not include the objective of potential free trade.

[63] See e.g. Art. 84 of the EMAA with Morocco and Art. 88 of the PCA with Ukraine.

been installed. It is the Commission's ambition to further extend the sub-committee structure "to cover the entire scope of issues addressed by an ENP Action Plan".[64]

Table 11. Sub-Committees and Bilateral Dialogues with ENP Partner Countries[65]

	DZA	ARM	AZE	EGY	GEO	ISR	JOR	LBN	MDA	MAR	TUN	UKR
Political dialogue						X				X		X
Economic dialogue						X	X			X	X	
Human Rights and Democracy				X			X	X		X	X	
Trade and Investment		X	X		X				X			X
Economic and Social Affairs, Finance and Statistics								X	X			X
Social and Migration Affairs	X			X		X		X		X	X	
Customs Co-operation	X			X		X	X	X	X	X	X	X
Enterprise Policy, Competition												X
Agriculture and Fisheries	X			X		X	X	X		X		
Internal Market				X		X	X	X		X	X	
Industry, Trade and Services	X			X		X	X	X			X	
Justice and Security	X			X	X	X	X	X		X	X	X
Regional Co-operation							X					
Transport, Energy and Environment	X	X		X		X	X	X	X	X		X
Research and Innovation	X			X		X	X	X		X	X	X

(DZA: Algeria; ARM: Armenia; AZE: Azerbaijan; EGY: Egypt; GEO: Georgia; ISR: Israel; JOR: Jordan, LBN: Lebanon; MDA: Moldova; MAR: Morocco; TUN: Tunisia; UKR: Ukraine).

64 COM(2007) 774 final, *op. cit.*, p. 11.

65 European Commission, 7 July 2007. It has to be mentioned that this table provides a simplified overview of the sub-committee structure. In practice, the name of similar sub-committees can differ slightly from one ENP partner to another. The sub-committee on "Transport, Energy and Environment", for instance, also includes "Nuclear Safety" for Ukraine, whereas the sub-committee on "Research and Innovation" also includes various other issues with several countries (e.g. education, culture, public health, information society and media with Ukraine). Finally, the sub-committees mentioned in the case of Algeria (DZA) had not yet been established at the time of writing but were on the agenda. With the Palestinian Authority the perspective of a political dialogue and sub-committees on "trade" and "social issues and environment" has also been discussed but no decision was taken on completion of this paper. With Israel, the European Commission proposed the establishment of a Sub-Committee on Human Rights in October 2008. See: Proposal for a Council Decision on a Community position in the Association Council on the implementation of Article 73 of the Euro-Mediterranean Agreement establishing an association between the European Communities and their Member States, of the one part, and the state of Israel, of the other part, COM(2008), Brussels, 15 October 2008, 646 final. See also the contribution of Martin, I. in this volume.

The second option to deepen the EU's relations with ENP partners implies a possibility to conclude additional protocols to the existing legal framework agreements. This route is followed in order to allow the ENP countries' participation in certain Union programmes.[66] In the absence of relevant provisions in the PCAs and EMAAs, additional protocols are concluded in accordance with Article 218 TFEU (ex 300 EC) and with reference to the internal legal bases for the various Union programmes concerned. These protocols establish the general terms and conditions for the ENP partner participation and serve as a basis for memoranda of understanding expressing the more specific technical, financial and administrative arrangements. With regard to participation in Union agencies, specific bilateral agreements are prepared between each ENP partner and each agency.

The participation of the ENP partners in Union agencies and programmes is to be decided "on a case-by-case basis".[67] The Commission will take into account a country's long-term commitment to the issue as well as its concrete interests and capacity to participate. In other words, also in this case differentiation will be based on the principles of conditionality and joint ownership (cf. *supra*). Negotiations started in 2007 with Israel, Morocco and Ukraine and take place individually and separately for each ENP partner and agency. Accordingly, an increasingly differentiated framework of institutional co-operation has been emerging in the ENP area.

Finally, legal differentiation is based on an extending network of sector-specific bilateral agreements (see annex 1). The ENP Action Plans all refer to the envisaged conclusion of Agreements on Conformity Assessment and Acceptance (ACAA), readmission, aviation or scientific and technological co-operation. Depending upon the ambitions of the various partners and their commitment to EU values and norms, the ENP thus provides new opportunities for the "flexible integration" of neighbouring countries. A good example is the agreement on scientific and technical co-operation between the European Community and the State of Israel, providing for the association of Israel to the Seventh EU Framework Programme for research, technological development and demonstration activities.[68] The accession of Moldova and Ukraine to the

[66] European Commission, *Communication from the Commission to the Council and the European Parliament on the general approach to enable ENP partner countries to participate in Community agencies and Community programmes*, COM(2006) 724 final, Brussels, 4 December 2006.

[67] *Ibid.*

[68] Agreement on scientific and technical co-operation between the European Community and the State of Israel, OJ L 220, 25 August 2007, p. 5. For other sectoral agreements, see annex 1.

Energy Community Treaty is another indication of this trend. Hence, a form of "variable geometry" is taking shape in the ENP with various neighbours "opting in" certain aspects of the integration and co-operation processes between EU Member States.[69]

C. Differentiation in Terms of Financial Support

The political and legal differentiation reflected in the ENP Action Plans and bilateral agreements goes hand in hand with the availability of financial support for the implementation of the partner's reform agenda. Article 7 (2) of Regulation 1638/2006 establishing the European Neighbourhood and Partnership Instrument (ENPI) states that for the allocation of funds the Commission takes into account "the specific characteristics and needs of the country or region concerned, the level of ambition of the European Union's partnership with a given country, progress towards implementing agreed objectives, including on governance and on reform, and the capacity of managing and absorbing Community assistance".[70] Accordingly, the ENPI plays a complementary role in the differentiation strategy, both in terms of its conditionality and in terms of the joint ownership dimension.

In order to maximise the impact and leverage of EU funding, the Commission has introduced a form of "positive financial conditionality" in addition to the "negative" provision on the suspension of Union assistance when a partner country fails to observe the EU's fundamental values.[71] This positive approach is made explicit with the introduction of a new "Governance Facility", which reserves a specific budget of 300 million euros for rewarding partner countries that report the greatest progress in meeting their reform objectives.[72] In 2007, the first Governance Facility allocations were granted to Morocco (28 million euros) and Ukraine (22 million euros). This additional financial support, which comes on top of the normal country allocations, exemplifies the instru-

[69] Tassinari, F., "Variable Geometries. Mapping Ideas, Institutions and Power in the Wider Europe", *CEPS Working Document*, No. 254, 2006, p. 4. See also Lazowski, A., "Enhanced Multilateralism and Enhanced Bilateralism: Integration without Membership in the European Union", *Common Market Law Review*, Vol. 45 (5), 2008, pp. 1433-1458.

[70] European Parliament and Council of the EU, *Regulation (EC) No. 1638/2006 of the European Parliament and the Council of 24 October 2006 laying down general provisions establishing a European Neighbourhood and Partnership Instrument*, OJ L 310, 9 November 2006, p. 1.

[71] Such a traditional suspension clause is included in Art. 28 of the ENPI Regulation. It is remarkable that Art. 1(3) of the same Regulation explicitly refers to the Union's values and not to "common values" as is the case in the framework of ENP Action Plans.

[72] COM(2006) 726, *op. cit.*, p. 12.

mentalisation of differentiation as an incentive for reform. In combination with the ENPI and the Neighbourhood Investment Fund, including a budget of 700 millions euros over 7 years to support lending by International Financial Institutions to ENP partners, the EU aims "to respond more effectively to ENP partner countries' needs, and *to reflect their different relationships with the EU*".[73] Therefore, it is not a coincidence that the ENP Action Plans operate as "a point of reference for the programming of assistance to the countries concerned".[74] Hence, the tendency towards increased bilateral differentiation is also reflected in terms of ENP financial support.

Significantly, the 2011 ENP revision no longer exclusively deals with positive financial conditionality but also explicitly foresees that "for countries where reform has not taken place, the EU will reconsider or even reduce funding".[75] The decision on country financial allocations for 2014 and beyond will be based on the partners' reform track record (based on the annual progress reports). This implies a reinforcement of the EU's differentiation and conditionality approach.

By contrast to the ENP Action Plans, which are conditional upon the existence of an effective contractual relationship with the EU (cf. *supra*), *all* ENP partner countries are eligible for funding under the ENPI. The explicit inclusion of the Russian Federation, which is not a formal ENP partner country but has a special Strategic Partnership with the EU, is also of particular significance.[76] Moreover, there is a possibility to include other non-ENP third country participants in cross-border and regional co-operation projects.[77] This multilateral and regional dimension of the ENPI is a remarkable difference in comparison to the strictly bilateral ENP Action Plans. Even though the largest share of financial assistance is channelled through country-specific allocations (see Table 3), support for meeting transboundary challenges, e.g. environment, infrastructure networks, organised crime or illegal migration, is based upon multi-country programmes focusing on the Southern Mediterranean area or the region of Eastern Europe and the Southern Caucasus. In addition, an ENP-wide Interregional Programme (IRP) allows for the financing of activities, which are best implemented at the broadest level for reasons of visibility, coherence and administrative efficiency. Hence, a kind of subsidiarity test can be observed for the allocation of the ENPI financial contributions.

---

[73] COM(2007) 774, *op. cit.*, p. 10. Emphasis added.

[74] COM(2004) 373, *op. cit.*, p. 4.

[75] COM(2011) 303, *op. cit.*, p. 3.

[76] See the contribution of Adomeit, H. in this volume.

[77] Art. 27 of the ENPI Regulation 1638/2006, *op. cit.*

Table 12. ENPI Indicative Multi-annual Allocations for the Period 2007-2010 (million euros)[78]

Multi-Country Programmes	
Inter-Regional Programme	260.8
Regional Programme – South	343.3
Regional Programme – East	223.5
Total for Multi-Country Programmes	***827.6***
Country Programmes	
Algeria	220
Armenia	98.4
Azerbaijan	92
Belarus	20
Egypt	558
Georgia	120.4
Israel	8
Jordan	265
Lebanon	187
Libya	8
Moldova	209.7
Morocco	654
Palestinian Authority	632
Syria	130
Tunisia	300
Ukraine	494
Russian Federation	120
Total for Country Programmes	***4,116.50***
Cross-border Co-operation Programmes	**277.1**
Governance Facility & NIF	**400**
Grand Total	**5,621.20**

For its post-2013 EU Multi-annual Financial Framework, the European Commission already announced that the distribution of funding will be "increasingly policy-driven and provide for increased differentiation, more flexibility, stricter conditionality and incentives for best performers, reflecting the ambition of each partnership (e.g. DCFA negotiations)".[79] In other words, the strategy to use financial support as an instrument of a differentiation policy will only be reinforced.

The multi-level approach and the general openness of the ENPI balance the essentially bilateral and conditional nature of the ENP Action Plans. Even though the 2003 Wider Europe Communication referred to

[78] http://ec.europa.eu/world/enp/pdf/country/0703_enpi_figures_en.pdf.

[79] COM (2011) 303, *op. cit.*, p. 20.

the possibility of "country and/or regional Action Plans", preference has been given to a country-by-country approach. This option for more bilateral differentiation within the implementation of the ENP is understandable in the light of the EU's conditionality and joint ownership approach (cf. *supra*). On the other hand, it has been argued that regional Action Plans could provide "the missing link between the overall ENP strategic context and its bilateral substance".[80] It is, in other words, obvious that the EU constantly faces a difficult balancing act between the further differentiation of bilateral relations and the overall coherence of the ENP.

III. Differentiation and the Risk of New Dividing Lines in the EU's Neighbourhood

The increasing differentiation of bilateral relations between the EU and the various ENP partners partly responds to the expectations of the most ambitious participants. On the other hand, the question is to what extent this model of increased differentiation is attractive for less ambitious countries, in particular countries without a formal ENP Action Plan. Perhaps an entirely different strategy is necessary for these countries in order to avoid the creation of new, long-term dividing lines. To give just one example, the application of the EU's conditionality approach, and its corresponding legal differentiation, implies that Belarus is not eligible for the parallel conclusion of visa facilitation and readmission agreements as it has been the case with its neighbours Ukraine and Russia as well as with Moldova. The result of this is that the cost of a visa is much higher for Belarusian citizens, which is problematic in the light of the ENP ambition to promote people-to-people contacts.[81] In this context, it is for the Member States to make use, in individual cases, of the flexibilities allowed in the Common Consular Instructions for issuing visas.[82] A Member State can decide, for instance, to issue visas with limited territorial validity based on humanitarian grounds. Moreover, the visa fee may be reduced or waived in accordance with national law when this measure serves the promotion of cultural interests, foreign policy, development policy or other areas of vital public interest.[83]

---

80 Tassinari, F., "Security and Integration in the EU Neighbourhood. The Case for Regionalism", *CEPS Working Document*, No. 226, 2005, p. 20.

81 European Parliament, *Resolution on strengthening the ENP*, A6-0141/2007, 15 November 2007, para. 28.

82 Common Consular Instructions on visas for the diplomatic missions and consular posts, OJ C 326, 22 December 2005, p. 1.

83 See also European Commission, *European Commission's non-paper on ENP visa facilitation*, http://ec.europa.eu/world/enp/pdf/non_paper_visa_facilitation_en.pdf.

Taking into account the limited impact of the ENP conditionality on authoritarian regimes, the EU's activities in those countries are almost necessarily limited to support civil society development. The adoption of the Commission's non-paper on "strengthening the civil society dimension of the ENP" is certainly a welcome initiative in this respect. However, the main problem remains the assumption of co-operation with the official authorities, which is difficult in countries where the government severely restricts any independent or critical civic action. In addition to the new European Instrument for Democracy and Human Rights, a European Endowment for Democracy promises more flexibility but it is too early to assess the impact of the revised requirements for the delivery of the Union's external assistance.[84] In any event, it seems obvious that differentiation should not be limited to rewarding the best performing countries but also requires a specific approach targeting the more backward countries.

The preoccupation to avoid new dividing lines between "willing" and "reluctant" neighbours is implicitly included in the Commission's December 2007 Communication on "A Strong European Neighbourhood Policy", which ensures the EU's commitment to "deeper relations with *all our neighbours*".[85] The main challenge in this respect is to find an appropriate balance between the differentiation of legal relations at the bilateral level and the ambition to promote regional and sub-regional co-operation. A considerable differentiation in relations between the EU and individual EMP countries might lead, for instance, to a fragmentation of the Barcelona process. This is particularly the case in the Middle East, where an intensification of bilateral EU-Israel relations could potentially weaken co-operation between Israel and its Arab neighbours.[86] A gradual shift from multilateralism to bilateralism could indeed be observed in the EU's Mediterranean policies.[87] On the other hand, new multilateral initiatives are being developed for the East (Black Sea Synergy,[88] Eastern Partnership),[89] whereas in the area of

84 See: *Regulation (EC) No. 1889/2006 of the European Parliament and the Council of 20 December 2006 on establishing a financing instrument for the promotion of democracy and human rights worldwide*, OJ L 386, 29 December 2006, p. 1 and COM(2011) 303, *op. cit.*, p. 4.

85 Emphasis added. COM(2007) 774 final, *op. cit.*, p. 3.

86 Aliboni, R., "The Geopolitical Implications of the European Neighbourhood Policy", *European Foreign Affairs Review*, Vol. 10. (1), 2005, pp. 11-12.

87 Del Sarto, R. A. and Schumacher, T., "From EMP to ENP: What's at Stake with the European Neighbourhood towards the Southern Mediterranean", *European Foreign Affairs Review*, Vol. 10 (1), 2005, p. 22.

88 See the contribution of Duhot, H. in this volume.

89 See the contributions of Lannon, E. and Van Elsuwege, P. in this volume.

trade the ambition of a Neighbourhood Economic Community (NEC)[90] brings together the East and the South. Moreover, the introduction of a "thematic dimension" to the ENP, aiming at synergies and contacts between all 16 ENP partner countries, reveals a commitment to strike a more appropriate bilateral-regional-multilateral balance.

The difficult exercise to reconcile bilateral differentiation, on the one hand, with the inclusion of all ENP partner states in a coherent and multilateral framework, on the other hand, resembles the challenges of the EU's pre-accession strategy. Already at the June 1993 Copenhagen European Council, the EU proposed that, alongside the bilateral Europe Agreements, a framework for multilateral dialogue would be established. This so-called "structured dialogue" involved joint meetings between the Council and the countries of Central and Eastern Europe on issues of common interest in all three pillars. The multilateral consultations appeared not to be very successful and they were quickly abandoned in favour of more bilateral discussions.[91] However, the idea of maintaining a multilateral framework for discussing transnational issues was never completely abandoned and re-emerged with the introduction of "European conference" meetings after the 1997 Luxembourg European Council. This multilateral forum for political consultations with "the wider Europe" included first the EU and its candidate countries but it was later extended to include also the EFTA countries and the Western Balkan countries together with Russia, Ukraine and Moldova.[92] This so-called "enlarged European conference" met for the last time on 17 April 2003, one day after the signature of the Athens Treaty of Accession.[93] In a sense, the organisation of a Pan-Euro-Mediterranean ENP conference in September 2007 can be regarded as the succession of this multilateral initiative. While this initiative certainly has an important symbolic value, it remains to be seen to what extent such multilateral meetings without any political decision-making capacities can bring real added value.

The pre-accession experience revealed a clear predominance of bilateral and unilateral strategies. Even though the EU paid lip service to the aim of close co-operation among the candidate countries,[94] the level

90 See the contribution of Gstöhl, S. in this volume.

91 Lippert, B. and Becker, P., "Structured Dialogue Revisited: the EU's Politics of Inclusion and Exclusion", *European Foreign Affairs Review*, Vol. 3 (3), 1998, pp. 341-365.

92 Maresceau, M., "Pre-Accession", in Cremona, M. (ed.), *The Enlargement of the European Union*, Oxford, Oxford University Press, 2003, pp. 27-30.

93 *Agence Europe*, 18 April 2003, p. 5.

94 The conclusions of the 1994 Essen European Council, for instance, explicitly laid down that "for the success of the [pre-accession] strategy, intra-regional co-operation

of regional integration remained fairly limited.[95] The candidates' preference for advanced relations with the EU and their fear to be caught in an alternative network of regional co-operation explains this evolution. Also within the ENP, the risk of a "hub and spoke" bilateral dynamic undermining regional co-operation efforts should not be underestimated. It is, therefore, of utmost importance that the principle of differentiation as applied in the ENP is compatible with a coherent regional approach.

Conclusion

Differentiation in the ENP is the result of two reinforcing processes: the application of the EU's conditionality approach on the one hand, and the focus on the principle of "joint ownership" on the other hand. The concept of differentiation is difficult to circumscribe and has many dimensions. It is possible to distinguish between bilateral differentiation, based upon a country's legal and institutional relations with the EU, and regional differentiation between the EU's eastern and Southern neighbours. An alternative approach is to distinguish between "willing" and "reluctant" participants. Moreover, differentiation can have a positive or negative connotation. It can, in other words, be perceived as an incentive for reforms or as a potential instrument of discrimination leading to the creation of new dividing lines in the EU's neighbourhood.

In order to avoid the perception of discrimination in the EU's relations with its various neighbours, differentiation in the ENP essentially proceeds from a positive approach. In the Commission's words, the ENP is "a partnership for reform that offers 'more for more': the more deeply a partner engages with the Union, the more fully the Union can respond, politically, economically and through financial and technical co-operation".[96] The result is an increasing level of differentiation as the policy develops. This is clearly reflected through the granting of additional money or the opening of Union programmes to the best performing partners. The potential weakness of this approach is the questionable attractiveness of the process for the least performing countries, in particular the countries without a formal ENP Action Plan, namely Belarus, Libya, Syria and Algeria. Hence, different strategies for different types of ENP partner countries are advisable. For authoritarian regimes, for instance, completely different efforts are required in comparison to countries that are seeking closer relations with the EU.

---

between the associated countries themselves and their neighbours is of particular importance", *Bull. EU* (1994), I.54.

95 The most important regional co-operation initiatives concerned the Central European Free Trade Agreement and the Baltic Free Trade Area.

96 COM(2007) 774 final, *op. cit.*, p. 2.

The further differentiation of bilateral relations also raises questions as to the development of regional and multilateral co-operation among ENP partner states. Taking into account the experience of the pre-accession process, the development of a "hub and spoke" system based upon variable links between the EU and its individual neighbours is balanced with support for regional integration initiatives. In the South, the Union for the Mediterranean strengthened the Barcelona process as the cornerstone for regional dialogue and co-operation. In the East, the Black Sea Synergy and Eastern Partnership aim at transnational co-operation on horizontal issues, such as environment, energy and organised crime. In order to ensure the overall coherence of the ENP, the increasing differentiation of bilateral relations has to go hand in hand with increased efforts at other levels. While this multi-level approach is explicitly acknowledged in the framework of the ENPI, the ENP Action Plans are country-specific. The adoption of Regional Action Plans, in parallel with Regional Strategy Papers and in addition to the current country-specific Action Plans, could be helpful in order to avoid the potential emergence of new dividing lines in the EU's neighbourhood.

What is at Stake in the Internal Market?

Towards a Neighbourhood Economic Community

Sieglinde GSTÖHL

Introduction: "a Stake" in the Internal Market?

The elusive objective of the European Neighbourhood Policy (ENP) launched in 2003 is "to expand the zone of prosperity, stability and security beyond [the EU's] borders".[1] In other words, its *finalité politique* has largely remained an open question. "The European Neighbourhood Policy's vision involves a ring of countries, sharing the EU's fundamental values and objectives, drawn into an increasingly close relationship, going beyond co-operation to involve a significant measure of economic and political integration".[2] But what exactly does a significant measure of integration imply for EU neighbours? Even though there are other important rewards on offer in the ENP, including foreign aid, technical assistance, improved infrastructure interconnections, participation in selected EU programmes and agencies, police missions and political dialogue, it is safe to argue that "the promise of greater participation in the internal market will be the catalyst for any reform momentum that develops within the ENP process".[3]

At the outset, the European Commission proclaimed that "all the neighbouring countries should be offered the prospect of a stake in the EU's Internal Market and further integration and liberalisation to pro-

---

1 Ferrero-Waldner, B., "The European Neighbourhood Policy: The EU's Newest Foreign Policy Instrument", *European Foreign Affairs Review*, Vol. 11 (2), 2006, p. 139. This goal is also highlighted in the European Security Strategy which stresses the need "to promote a ring of well governed countries to the East of the European Union and on the borders of the Mediterranean". See European Council, *European Security Strategy, "A Secure Europe in a Better World"*, Brussels, 12 December 2003, p. 8.

2 European Commission, *Communication from the Commission, European Neighbourhood Policy – Strategy Paper*, COM(2004) 373, Brussels, 12 May 2004, p. 5.

3 Vachudova, M.A., "Trade and the Internal Market", in Weber, K., Smith, M. E. and Baun, M. (eds.), *Governing Europe's Neighbourhood: Partners or Periphery?*, Manchester, Manchester University Press, 2007, p. 98.

mote the free movement of – persons, goods, services and capital (four freedoms)".[4] Its long-term goal was "to move towards an arrangement whereby the Union's relations with the neighbouring countries ultimately resemble the close political and economic links currently enjoyed with the European Economic Area" (EEA).[5] However, these references to both the four freedoms and the EEA have soon been tacitly dropped from the European Union's discourse on the Neighbourhood Policy. In 2004, the ENP offered "neighbouring countries the prospect of a stake in the EU Internal Market based on legislative and regulatory approximation, the participation in a number of EU programmes and improved interconnection and physical links with the EU".[6] The same Strategy Paper considered that the next step in the development of bilateral relations could take the form of "European Neighbourhood Agreements".[7]

In its December 2006 Communication, the European Commission avoided any reference at all to "a stake in the internal market". Instead, it introduced the concept of "a longer-term vision of an economic community emerging between the EU and its ENP partners", which "would include such points as the application of shared regulatory frameworks and improved market access for goods and services among ENP partners, and some appropriate institutional arrangement such as dispute settlement mechanisms".[8] Hence, the ENP's *finalité économique* has been defined in terms of a Neighbourhood Economic Community (NEC). The core of this community would consist of enhanced Free Trade Agreements (FTAs), covering substantially all trade in goods and services as well as "behind-the-border" issues, such as technical, sanitary and phytosanitary standards, competition policy, industrial policy,

---

4 European Commission, *Communication from the Commission to the Council and the European Parliament, Wider Europe – Neighbourhood: A New Framework for Relations with Our Eastern and Southern Neighbours*, COM(2003) 104, Brussels, 11 March 2003, p. 10. Article 26:2 TFEU defines the internal market as "an area without internal frontiers in which the free movement of goods, persons, services and capital is ensured".

5 *Ibid.*, p. 15. This ambition stems from Commission President Prodi's earlier suggestion that it was "worth seeing what we could learn from the way the EEA was set up and then using this experience as a model for integrated relations with our neighbours". See Prodi, R., *A Wider Europe – A Proximity Policy as the Key to Stability*, Speech/02/619, Sixth ECSA-World Conference, Brussels, 5-6 December 2002, p. 7.

6 European Commission, *Communication from the Commission, European Neighbourhood Policy – Strategy Paper*, *op. cit.*, p. 14.

7 *Ibid.*, p. 5.

8 European Commission, *Communication from the Commission to the Council and the European Parliament on Strengthening the European Neighbourhood Policy*, COM(2006) 726 final, Brussels, 4 December 2006, p. 5.

research co-operation, intellectual property rights, trade facilitation measures, company law, public procurement and financial services.[9]

Within a short time span, the "stake in the internal market" has thus gradually been narrowed down to improved market access for goods and services "at the heart of the intensified ENP", and in return "partners must continue opening their economic systems and selectively adopt relevant parts of the EU acquis".[10] In May 2011 the EU reiterated its long-term vision of an economic community: "Such an approach would consider allowing partners that have a fully functioning independent judiciary, an efficient public administration and have made significant progress towards eradicating corruption, into the non-regulated area of the Internal Market for goods".[11]

This chapter examines how the goal of the Neighbourhood Economic Community is supposed to be achieved and what shape it is likely to take. Even though the European Union still lacks clarity with regard to the substantive and institutional features of the NEC, I argue that this economic community is likely to develop into a "FTA plus" or an "internal market minus" based on a system of bilateral associations and that the multilateral EEA may for various reasons, set out below, not serve as a model for the future NEC.

The following section briefly investigates the state of play in the EU's economic relations with the ENP countries. The third part discusses the notion of an economic community and identifies the steps that are envisaged to establish the NEC. The fourth section examines to what extent the EEA can be used as a signpost for the NEC, and the conclusions raise some implications of the findings.

I. The State of Internal Market Access for ENP Countries

The current legal basis of the ENP are the bilateral agreements which the EU has concluded with its neighbours since the mid-1990s, that is, the Euro-Mediterranean Association Agreements (EMAAs) with the Maghreb and Mashrek countries and the Partnership and Cooperation Agreements (PCAs) with the republics of the Commonwealth of Inde-

9 *Ibid.*, p. 4.

10 Council of the European Union, *Strengthening the European Neighbourhood Policy – Presidency Progress Report*, 10874/07, Brussels, 17 June 2007, p. 7.

11 European Commission and High Representative, *Joint Communication to the European Parliament, the Council, the European Economic and Social Committee and the Committee of the Regions, "A New Response to the Changing Neighbourhood"*, COM(2011) 303, Brussels, 25 May 2011, p. 8.

pendent States (CIS).[12] In the framework of the future Association Agreements with the Eastern neighbours, the EU also negotiates Deep and Comprehensive Free Trade Areas (DCFTAs) which will cover all trade-related areas (including goods, services, intellectual property rights, public procurement, energy-related issues, competition, etc.) and tackle behind-the-border issues through deep regulatory approximation with the trade-related EU *acquis*. The agreement with Ukraine will be the first of this new generation of bilateral agreements.[13]

In addition, the ENP countries may benefit from unilateral EU trade preferences. With the Generalised System of Preferences (GSP), the EU grants developing and transition countries non-reciprocal, duty-free access (for non-sensitive products) or tariff reductions (for products considered sensitive by the Community). It expects them to comply with sixteen core UN and ILO conventions in the area of human and labour rights. Algeria, Armenia, Azerbaijan, Egypt, Georgia, Jordan, Lebanon, Libya, Morocco, Syria, Tunisia and Ukraine are full beneficiaries of the GSP.[14] Products or sectors which have proven to be internationally competitive may graduate, that is, tariff preferences will be removed, as has, for instance, been the case for mineral products from Algeria for three years (2006-2008).

A special incentive arrangement for sustainable development and good governance (GSP+) provides supplementary benefits in terms of duty-free access to all the products covered by the general GSP arrangement, without distinction in terms of their sensitivity. GSP+ is targeted at economically vulnerable countries that have ratified and effectively implemented additional key international conventions. Among the ENP countries, only Georgia and Moldova have in the first round benefited from the GSP+, but as of 2009 Armenia, Azerbaijan and Georgia partic-

---

12 Libya and Belarus have not yet negotiated an agreement with the EU, while the signature of Syria's association agreement has been pending since 2004. In November 2008, negotiations were launched for an EU-Libyan framework agreement. They were suspended in February 2011 as a result of the violent events in Libya.

13 See the contributions of Solonenko, I. and Hanf, D. in this volume.

14 Belarus enjoyed full GSP preferences. Since the country did not comply with its ILO obligations relating to the freedom of association for workers, the EU has as of June 2007 withdrawn the trade preferences. See *Council Regulation (EC) No. 732/2008 of 22 July 2008 Applying a Scheme of Generalised Tariff Preferences for the Period from 1 January 2009 to 31 December 2011 and Amending Regulations (EC) No. 552/97, (EC) No. 1933/2006 and Commission Regulations (EC) No. 1100/2006 and (EC) No. 964/2007*, OJ L 211, 6 August 2008, pp. 1-39.

ipate in the scheme.[15] Moldova, the poorest European country, has in 2008 been granted more far-reaching autonomous trade preferences.[16]

A. The Southern Dimension

All the EMAAs provide for free access to the internal market for Mediterranean industrial goods and for a gradual tariff dismantling for EU exports to the region. In 2010, 38.5 percent of the Mediterranean exports were destined to the EU, accounting for 4.0 percent of the EU's imports (while 40.5 percent of Mediterranean imports came from the EU and the EU exported a share of 6.0 percent to the South).[17] These EU imports are dominated by fuels (48.6 percent), whereas the most important EU exports to the Mediterranean countries are machinery and transport equipment (37.6 percent).[18]

Even though the region's exports to the EU's internal market have increased since the launch of the Euro-Mediterranean Partnership (EMP) in 1995, and a Free Trade Area for industrial goods has largely been achieved, "a compelling case cannot be made that the EMP has had a significant economic impact".[19] While the static growth effects of the Euro-Mediterranean free trade in industrial goods are estimated to amount to merely 2 percent of the gross domestic product (GDP), the potential effects of future deeper integration are expected to range from 4 to 20 percent of the GDP, depending on the depth of integration.[20] One study finds that the EU's agricultural protectionism has prevented the Mediterranean countries from exploiting a comparative advantage, while the missing liberalisation of trade in services, the long transition periods

---

15 In addition, Algeria, Jordan, Libya and Syria would have been eligible to apply. European Commission, *List of Countries Considered "Vulnerable" in the Sense of Article 8 of the GSP Regulation 2009-2011*, trade.ec.europa.eu/doclib/docs/2008/july/tradoc_139963.pdf.

16 Council of the European Union, *Council Regulation (EC) No. 55/2008 of 21 January 2008 Introducing Autonomous Trade Preferences for the Republic of Moldova and Amending Regulation (EC) No. 980/2005 and Commission Decision 2005/924/EC*, OJ L 20, 24 January 2008, pp. 1-8.

17 European Commission, *Mediterranean Countries*, DG Trade Statistics, Brussels, 8 June 2011, trade.ec.europa.eu/doclib/docs/2006/september/ tradoc_113485.pdf.

18 *Ibid.* See also annex II.

19 Hoekman, B., "From Euro-Med Partnership to European Neighborhood: Deeper Integration à la carte and Economic Development", *Working Paper*, 103, Cairo, Egyptian Center for Economic Studies, 2005, p. 12.

20 Müller-Jentsch, D., *Deeper Integration and Trade in Services in the Euro-Mediterranean Region: Southern Dimensions of the European Neighbourhood Policy*, Washington, D.C., World Bank, 2005, p. xiii.

for the bilateral FTAs and the limited financial assistance were responsible for the lack of reform incentives.[21]

Since 2006 Euro-Mediterranean negotiations have been ongoing on the liberalisation of trade in services and the right of establishment. In addition, parallel bilateral negotiations in this field have in 2008 been launched with Egypt, Morocco, Tunisia and Israel. More than half of the GDP of countries like Jordan, Lebanon, Tunisia, Egypt, Morocco and Syria is generated by the services sector; the potential benefits from the liberalisation of services, although not all of them are tradeable, are thus considerable.[22] It could be an important vehicle for the implementation of deeper integration, in particular with regard to "backbone services", such as transport, telecommunications, financial markets or electricity. Services trade with the Mediterranean countries only represents 3.5 percent of the EU's total services trade.[23] Moreover, there has so far been very little cross-border establishment with the Mediterranean region. Since 2000 the region has attracted on average only 1 percent of the EU's outward foreign direct investment.[24] A liberalisation of capital movements has the potential for large efficiency gains, as many ENP countries still display relatively high levels of control. The EU wants to facilitate investment for European firms, while the neighbours seek such investment to spur economic growth. However, unrestricted financial capital flows might cause irregular fluctuations of exchange rates.[25] In view of the high mobility of capital, an opening must take place within a sound macroeconomic environment.[26] Liberalising agricultural exports to the EU is expected to play a key role in fostering growth in the Medi-

---

[21] Montanari, M., "The Barcelona Process and the Political Economy of Euro-Mediterranean Trade Integration", *Journal of Common Market Studies*, Vol. 45 (5), 2007, pp. 1011-1040.

[22] Brenton, P. and Manchin, M., "Trade Policy Issues for the Euro-Med Partnership", *CEPS Working Paper*, No. 7, Brussels, Centre for European Policy Studies, 2003, pp. 3-7; Müller-Jentsch, D., *op. cit.*; Hoekman, B., *op. cit.*, pp. 22-25.

[23] European Commission, *Trade and the Barcelona Process*, Memo, Brussels, 19 October 2007, trade.ec.europa.eu/doclib/docs/2007/october/tradoc_136486.pdf, p. 4. See also annex 2 of this volume.

[24] *Ibid.*

[25] Vincentz, V., "The European Neighbourhood Policy: An Economic Perspective", in Varwick, J. and Lang, K.O. (eds.), *European Neighbourhood Policy: Challenges for the EU-Policy towards the New Neighbours*, Opladen, Barbara Budrich Publishers, 2007, p. 123.

[26] Dodini, M. and Fantini, M., "The EU Neighbourhood Policy: Implications for Economic Growth and Stability", *Journal of Common Market Studies*, Vol. 44 (3), 2006, p. 527.

terranean region.[27] The ongoing bilateral negotiations on the further liberalisation of agricultural, processed agricultural and fisheries products as well as on a more efficient dispute settlement mechanism for the trade provisions of the EMAAs and on Agreements on Conformity Assessment and Acceptance of Industrial Products are currently at different stages.[28] The pan-European cumulation system has been extended to the Mediterranean countries, which allows to diagonally cumulate processing in the region in order to obtain preferential treatment.[29] The objective has now become "to establish a deep and fully-fledged Free Trade Area across the Mediterranean, including services and investment, public procurement and regulatory areas".[30]

Based on the principle of differentiation, Israel, Morocco and Jordan have asked for an "Advanced Status" in the ENP. In June 2008, the EU-Israel Association Council launched an "upgrade" of relations which, "in line with Israel's wish for significant integration into the European Single Market", seeks to achieve greater convergence towards the *acquis* in areas such as public procurement, technical regulations, intellectual property rights, competition policy or sanitary and phytosanitary legislation.[31] At the EU-Morocco Association Council in October 2008, the EU granted Morocco an Advanced Status. The economic proposals involve "a progressive integration of Morocco into the EU's internal market" through the further approximation of Moroccan legislation to the *acquis* as well as the conclusion of a Deep and Comprehensive FTA covering new areas such as public procurement, intellectual property rights, capital movements, competition policy, consumer protection and sustainable development.[32] In October 2010, Jordan obtained an Advanced Status and expressed its interest to expand trade ties with

---

27 Brenton and Manchin, *op. cit.*, pp. 2-3. Certain EU agricultural imports from the Mediterranean are subject to tariff quotas negotiated in the framework of individual agreements, but the main imports compete directly with EU products and are marketed during the same seasons. The most sensitive products are also subject to an entry-price system aiming at EU price stabilisation.

28 See "Euro-Mediterranean Free Trade Area: State of Play", Brussels, 11 November 2010, http://trade.ec.europa.eu/doclib/docs/2010/november/tradoc_146863.pdf.

29 Diagonal cumulation means that materials from anywhere in the region that qualify as originating can be used to manufacture a product without losing duty-free access.

30 *Ibid.*

31 Council of the European Union, *Eighth Meeting of the EU-Israel Association Council, Luxembourg, 16 June 2008*, Doc. 10606/08, Brussels, 16 June 2008, p. 4.

32 Council of the European Union, *Seventh Meeting of the EU-Morocco Association Council, Luxembourg, 13 October 2008*, Doc. 13653/08, Brussels, 8 October 2008, pp. 16, 21-22 ("Document conjoint UE-Maroc sur le renforcement des relations bilatérales/Statut Avancé").

the EU through further liberalisation of trade in services and establishment.[33]

The French initiative for a Union for the Mediterranean, launched at the Paris Summit in July 2008, adds an institutional framework and regional projects rather than an economic dimension to the EU's relations with the South.[34]

B. The Eastern Dimension

The EU is an equally important trading partner for the Eastern neighbours. In 2010, 40.1 percent of the eastern ENP countries' exports went to the EU, accounting for 1.7 percent of the EU's imports (and the EU sold 2.2 percent of its exports to the eastern ENP countries).[35] In contrast to the EMAAs, the PCAs grant no preferential treatment for trade. Given the lack of membership in the World Trade Organisation (WTO) at the time, the parties basically apply most-favoured nation status to one another with respect to tariffs.[36] Hence, some industrial products from the Eastern neighbours still face tariffs. "The EU's effective protection is especially high for agricultural goods, textiles, chemicals, and steel – goods that play a particularly large role in the commodity composition of CIS exports".[37]

Each Partnership and Cooperation Agreement has been concluded for a period of ten years. The first negotiations for an enhanced agreement to replace the PCA were launched with Ukraine in March 2007. Following the finalisation of Ukraine's WTO accession process, negotiations on a Deep and Comprehensive FTA were opened in February 2008. They aim, in combination with a large-scale regulatory approximation to European standards, "to contribute to the gradual integration of Ukraine to the EU Internal Market", including "the long-term per-

---

33 Council of the European Union, *Ninth Meeting of the EU-Jordan Association Council, Brussels, 26 October 2010*, Doc. 15539/10, Brussels, 26 October 2008, p. 7.

34 European Commission, *Communication from the Commission to the European Parliament and the Council, Barcelona Process: Union for the Mediterranean*, COM(2008) 319, Brussels, 20 May 2008. See the contribution of Khader, B. in this volume.

35 Based on European Commission, DG Trade Statistics, Brussels, ec.europa.eu/trade/issues/bilateral/data.htm.

36 Moreover, the EU distinguished between "European" and "Asian" PCA countries. The agreements with Russia, Ukraine and Moldova feature a perspective for free trade as soon as circumstances permit, whereas the PCAs with the South Caucasian countries – like those with the Central Asian states that are not part of the ENP – embrace no such free trade perspective.

37 Milcher, S., Slay, B. and Collins, M., "The Economic Rationale of the 'European Neighborhood Policy'", in Åslund, A. and Dabrowski, M. (eds.), *Europe after Enlargement*, Cambridge, Cambridge University Press, 2007, p. 175.

spective of establishing a visa free regime".[38] The negotiations cover, *inter alia*, technical, sanitary and phytosanitary standards, rules of origin, services, intellectual property rights, public procurement, competition policy and sustainable development.

In reaction to the Union for the Mediterranean, a Polish-Swedish initiative aims to enhance project-oriented, multilateral co-operation among the eastern ENP countries. The Eastern Partnership,[39] launched at the Prague Summit in May 2009, foresees the negotiation of bilateral Association Agreements to replace the PCAs, including the goal of establishing deep and comprehensive free trade. They offer perspectives for the enhanced movement of goods (e.g. Agreements on Conformity Assessment and Acceptance of Industrial Products, recognition of equivalence related to sanitary and phytosanitary standards for agricultural products), capital and the supply of services (e.g. mutual recognition agreements, establishment of companies, temporary presence of persons for business purposes).[40] In 2010, negotiations on bilateral Association Agreements with the other eastern partners were launched and, following the example of Ukraine, DCFTAs will follow once the countries are ready to sustain the effects of far-reaching liberalisation. The Eastern Partnership also adds a multilateral framework with a structured approximation process, thematic platforms and selected flagship initiatives. The economic platform also encourages the partner countries to establish bilateral or regional FTAs among themselves. Hence, ultimately the EU's relationship with the East, although less institutionalised, will be rendered more similar to the Euro-Mediterranean Partnership.

C. Other Economic and Financial Issues

Beyond trade, different forms of policy dialogue and sectoral co-operation take place in areas such as energy, environment, transport, social policy, education and research.[41] While a full alignment with the *acquis communautaire* is not required, nor possible, "a certain degree of

38 Council of the European Union, *EU-Ukraine Summit, Paris, 9 September 2008*, 12812/08 (Presse 247), Brussels, 9 September 2008, p. 3.

39 See the contributions of Lannon, E. and Van Elsuwege, P. in this volume.

40 European Commission, *Communication from the Commission to the European Parliament and the Council, Eastern Partnership {SEC(2008) 2974}*, COM(2008) 823/4, Brussels, 3 December 2008, pp. 4-5.

41 See European Commission, *Communication from the Commission, A Strong European Neighbourhood Policy*, COM(2007) 774 final, Brussels, 5 December 2007, pp. 7-9. For the state of affairs see European Commission and High Representative, *Joint Staff Working Paper, Implementation of the European Neighbourhood Policy in 2010: Sector Progress Report {COM(2011) 303}*, Brussels, SEC(2011) 645, 25 May 2011.

acquis compliance is relevant for some sectors linked, for instance, with market access".[42] The ENP countries may also participate in selected Union programmes and agencies.[43]

Financial assistance is in particular provided by the European Neighbourhood and Partnership Instrument (endowed with 11.2 billion euros for 2007-2013) through country or multicountry programmes, thematic programmes or cross-border co-operation programmes.[44] Additional support comes from the Governance Facility for those ENP countries that have made the most progress in implementing the governance priorities agreed in their Action Plans. The Neighbourhood Investment Facility supports since 2008 lending to ENP partners from international financial institutions. Moreover, the ENP countries may benefit from general EU programmes such as the European Instrument for Democracy and Human Rights, TAIEX, twinning and SIGMA (Support for Improvement in Governance and Management). Whereas the Union for the Mediterranean primarily intends to mobilise additional funding for the region from Member States, the private sector, international financial institutions and the Euro-Mediterranean Investment and Partnership Facility, the Eastern Partnership introduced a new Comprehensive Institution-Building programme with additional EU funds to improve the partners' administrative capacity in the relevant sectors of co-operation.[45] In response to the Arab Spring 2011, the EU decided to transfer an extra 1.24 billion euros from other resources to the ENP (2011-2013), and to extend the lending of the European Investment Bank and the European Bank for Reconstruction and Development to the region.[46] Moreover, new initiatives such as a "Partnership for Democracy and Shared Prosperity with the Southern Mediterranean", an

42 Herdina, A., "Approximation of Laws in the Context of the European Neighbourhood Policy – A View from Brussels", *European Journal of Law Reform*, Vol. 9 (3), 2007, p. 502.

43 See European Commission, *Communication from the Commission to the Council and the European Parliament on the General Approach to Enable ENP Partner Countries to Participate in Community Agencies and Community Programmes*, COM(2006) 724 final, Brussels, 4 December 2006.

44 *Regulation (EC) No. 1638/2006 of the European Parliament and of the Council of 24 October 2004 Laying Down General Provisions Establishing a European Neighbourhood and Partnership Instrument*, OJ L 310, 9 November 2006, pp. 1-14.

45 European Commission, *Communication from the Commission to the European Parliament and the Council, Barcelona Process: Union for the Mediterranean*, *op. cit.*, pp. 8-9; and European Commission, *Communication from the Commission to the European Parliament and the Council, Eastern Partnership {SEC(2008) 2974}*, *op. cit.*, pp. 4-13.

46 COM(2011) 303, *op. cit.*, pp. 18-19.

"Endowment for Democracy" and a "Civil Society Facility" have been launched in order to support the democratic transformation process.[47]

In view of this already broad range of tools, the next section considers what the concept of a Neighbourhood Economic Community might mean in practice and what steps the ENP still has to take towards the NEC.

II. Steps towards the Neighbourhood Economic Community

A. The Concept of an Economic Community

Whereas the "neighbourhood" itself is defined in terms of the sixteen partner countries, the notion of an "economic community" escapes a concise meaning. There are, for example, several "economic communities" on the African continent, such as the Economic Community of West African States, the East African Community or the Economic Community of Central African States, and the 1991 Abuja Treaty establishing the African Economic Community plans to build on these existing regional economic communities in order to gradually create a pan-African economic community by 2025.[48] The steps towards such a community closely follow the European experience: from the formation of a Free Trade Area to a customs union, followed by a common market and then economic and monetary union. However, even the European Economic Community is not based on a commonly agreed political, legal or economic definition.

Economists distinguish four well-known forms of regional integration: (1) a Free Trade Area abolishes tariffs and quotas; (2) a customs union involves, in addition, common external tariffs for non-members; (3) a common market removes also restrictions on factor movements; and (4) an economic union harmonises certain economic policies, particularly macroeconomic and regulatory policies.[49] The notion of an economic community seems sufficiently vague as to embrace elements of the first three steps. In 2003, ASEAN agreed to transform its ten member countries into an ASEAN Community, which would include an ASEAN Economic Community, defined as "a single market and produc-

---

47 *Ibid.*, p. 4; and European Commission and High Representative, *Joint Communication to the European Council, the European Parliament, the Council, the European Economic and Social Committee and the Committee of the Regions, A Partnership for Democracy and Shared Prosperity with the Southern Mediterranean*, COM(2011) 200 final, Brussels, 8 March 2011.

48 http://www.uneca.org/itca/ariportal/abuja.htm.

49 Balassa, B., *The Theory of Economic Integration*, Homewood, Richard D. Irwin, 1961, p. 2.

tion base with free flow of goods, services and skilled labour and freer flow of capital by 2020".[50] The proposed ASEAN Economic Community has also been described as a "Free Trade Area plus" or a "common market minus".[51]

In political science, the concept of an economic community has not caught much scholarly attention. European integration has advanced via both a reinforcement of the Union's decision-making authority and processes of market integration. However, it was observed that the collective policy-making capacity has, partly on purpose, not been enhanced to the same extent as the member governments' capabilities have declined since "building up an economic community is, above all, a matter of deregulation and strengthening the market as a central institution of allocation".[52] Indeed, a trade agreement involves a commitment to remove trade obstacles, but in addition "[a] confederation, association, or 'economic community' [...] entails a deliberate banding together of actors to create a centralised political structure with genuine decision-making power. Such arrangements entail a much more formal relationship in which the parties agree to create sophisticated structural apparati to facilitate their co-operation and to constrain independent behaviour".[53]

Finally, European or international law does not offer an established definition of an economic community either. Article XXIV:5 GATT, which defines the types of regional integration exempted from the most-favoured nation principle, refers only to Free Trade Areas and customs unions. Moreover, many lawyers draw a distinction and view the concept of the internal market as being narrower than that of a common market. In particular, the internal market is said not to embrace "a completed external trade policy, a system of undistorted competition within the common market, and the harmonization or co-ordination of legislation for reasons other than the elimination of barriers between

---

50 ASEAN, *Recommendations of the High-Level Task Force on ASEAN Economic Integration*, www.aseansec.org/hltf.htm, attached to *Declaration of ASEAN Concord II (Bali Concord II)*, Bali, Indonesia, 7 October 2003, www.aseansec.org/15159.htm.

51 Soesastro, H., "ASEAN Economic Community: Concepts, Costs, and Benefits", in Hew, D. (ed.), *Roadmap to an ASEAN Economic Community*, Singapore, Institute of Southeast Asian Studies, 2005, p. 23.

52 Kohler-Koch, B., "Catching up with Change: The Transformation of Governance in the European Union", *Journal of European Public Policy*, Vol. 3 (3), 1996, p. 364.

53 Smith, M.E. and Weber, K., "Governance Theories, Regional Integration and EU Foreign Policy", in Weber, K., Smith, M.E. and Baun, M. (eds.), *Governing Europe's Neighbourhood: Partners or Periphery?*, Manchester, Manchester University Press, 2007, p. 12.

national markets".[54] Even though the EU's internal market happens to be a common market with a customs union and a common commercial policy, this "external dimension" is, from such a perspective, not a key element of a generic internal market. The EEA, for example, "is not to be classified as an improved free trade zone – it is to be classified as a less perfect internal market".[55]

In sum, an economic community constitutes most likely a form of WTO-compatible regional integration, located somewhere between a classical Free Trade Area and an internal market, and equipped with a certain, albeit low degree of collective decision-making capacity.

B. The Steps towards the NEC

In a non-paper prepared for the European Council in June 2007, the European Commission presented some ideas on how the long-term vision of the Neighbourhood Economic Community could be developed:[56]

- the first phase would focus on the full implementation of the ENP Action Plans;
- in the medium term, the conclusion and implementation of Deep and Comprehensive Free Trade Agreements would be aimed at;
- in addition, intra-regional integration between the ENP partners themselves should increase;
- and finally, in the long term, the EU Member States and the ENP countries would establish the common NEC.

The implementation of the first three steps has already been tackled. The bilateral ENP Action Plans adopted since 2005 are country-specific political documents which define the reform priorities for the next three to five years. According to the principle of joint ownership, the EU does not seek to impose these priorities on its partners but they are set together. Each Action Plan contains, *inter alia*, chapters on trade-related issues, market and regulatory reform, on economic and social co-operation and

---

54 Gormley, L.W., "Competition and Free Movement: Is the Internal Market the Same as a Common Market?", *European Business Law Review*, Vol. 13 (6), 2002, p. 518. See also Bruha, T., "Is the EEA an Internal Market?", in Müller-Graff, P.-C. and Selvig, E. (eds.), *EEA-EU Relations*, Berlin, Arno Spitz, 1999, pp. 103-105.

55 Bruha, *op. cit.*, p. 127. One should not forget that even the EU's internal market is not (yet) fully completed.

56 European Commission, *ENP – A Path towards Further Economic Integration, Non-paper Expanding on the Proposals Contained in the Communication to the European Parliament and the Council on "Strengthening the ENP"*, COM(2006) 726 final, 4 December 2006, Brussels, June 2007, p. 4., http://ec.europa.eu/world/enp/pdf/non-paper_economic-integration_en.pdf.

development and on sectoral issues such as transport, energy and environment. The EU supports the implementation process with technical assistance (including twinning and TAIEX[57]), financial aid and policy dialogue. Monitoring is carried out in the relevant bodies and (Sub-)Committees set up under the respective bilateral agreements. In addition, the European Commission prepares progress reports with input from the country concerned, the High Representative as well as international organisations.

As a second step, a new generation of tailor-made Deep and Comprehensive Free Trade Agreements is being negotiated. A "comprehensive" FTA encompasses both liberalisation of trade in goods "with respect to substantially all the trade" (Art. XXIV:8 GATT) and liberalisation of trade in services with "substantial sectoral coverage", eliminating "substantially all discrimination" (Art. V:1 GATS). A "deep" FTA entails the reduction of non-tariff barriers to trade and regulatory approximation. Such Enhanced Agreements are negotiated with the eastern ENP partners following the expiry of their Partnership and Cooperation Agreements[58] and their accession to the WTO. The new agreements will be Association Agreements, establishing "an association involving reciprocal rights and obligations, common action and special procedure" (Art. 217 TFEU).[59] The Euro-Mediterranean Association Agreements need to be upgraded to include regulatory areas, such as sanitary and phytosanitary standards, intellectual property rights, public procurement and competition.[60] For this purpose, a Euromed Trade Roadmap has been established.

Surprisingly, the economic dimension of the ENP has not (yet) met with much scholarly attention. This lack of interest "could reflect either that in economic terms it is perceived just as "window-dressing", or that

[57] TAIEX (Technical Assistance and Information Exchange) and twinning are two devices copied from the EU's enlargement toolbox. TAIEX provides short-term technical assistance and advice on the approximation, application and enforcement of legislation by sending experts to a country or organising study visits and trainings. Twinning also provides peer assistance but takes a longer-term approach by seconding experts from EU Member States, who are practitioners in the implementation of the *acquis*, to ENP partner countries.

[58] A PCA will be prolonged if both parties do not request otherwise.

[59] Council of the European Union, *EU-Ukraine Summit, Paris, 9 September 2008*, *op. cit.*, p. 3. The Treaty of Lisbon (Art. 8 TEU) stipulates that the EU may conclude specific Neighbourhood Agreements with reciprocal rights and obligations as well as the possibility of undertaking activities jointly in order to "develop a special relationship with neighbouring countries, aiming to establish an area of prosperity and good neighbourliness, founded on the values of the Union and characterised by close and peaceful relations based on co-operation".

[60] COM(2006) 726 final, *op. cit.*, p. 5.

it embodies too much voluntarism to deserve careful economic analysis".[61] Vincentz, for example, argues that "the economic benefits from the ENP are likely to be moderate, not least because many preferences either were already granted in the past, or are only promises for a distant future".[62] While a removal of tariffs alone would not substantially increase the ENP countries' economic growth, an improvement of the investment climate and the administrative capacity through governance and regulatory reforms is likely to have a significant positive impact.[63] Studies confirm, for instance, that a simple, classical FTA would have only a small impact on Ukraine's economic performance, while a deep free trade scenario could generate substantial welfare gains.[64] Dodini and Fantini expect the ENP to have three interrelated economic effects:[65] first, structural reforms should result in a growth-enhancing upgrade of the regulatory framework in the neighbouring countries; second, the ENP could act as an anchor for sound macroeconomic policies; and third, trade liberalisation both with the EU and between the neighbouring countries themselves should have beneficial effects.

As a third step, intra-regional integration is expected to contribute to the construction of a broader market. Since the mid-1990s, the EU has shown a "propensity to 'export' actively to partner countries its model of regional integration" as a complement to its own relations with a region.[66] The European Union indeed encourages its neighbours to conclude bilateral and regional agreements in order to boost South-South or East-East trade and investment. However, progress has been slow in the ENP area. Intra-regional trade in the Southern Mediterranean is among the lowest in the world for any region of this size (less than 5 percent in 2010),[67] even though the countries are part of various

61 Escribano, G., "Europeanisation without Europe? The Mediterranean and the Neighbourhood Policy", *EUI Working Papers*, RSCAS 2006/19, Florence, European University Institute, Robert Schuman Centre for Advanced Studies, Mediterranean Programme Series, 2006, p. 2.

62 Vincentz, *op. cit.*, p. 127.

63 The extent of the welfare gains will also depend on the degree to which the EU effectively opens its market for services and agricultural products as well as labour.

64 Emerson, M. *et al.*, *The Prospect of Deep Free Trade Between the European Union and Ukraine*, Brussels, Centre for European Policy Studies, Kiel, Institut für Weltwirtschaft, Kiev, International Centre for Policy Studies, 2006; Shumylo, O., *Free Trade between Ukraine and the EU: an Impact Assessment*, Kiev, International Centre for Policy Studies, 2007.

65 Dodini, M. and Fantini, M., *op. cit.*, p. 517. For some countries such as Azerbaijan, integration could also have economic drawbacks, particularly in terms of a further specialisation in the export of energy.

66 Maur, J.-C., "Exporting Europe's Trade Policy", *World Economy*, Vol. 28 (11), 2005, p. 1567.

67 European Commission, *Mediterranean Countries*, *op. cit.*

regional co-operation schemes (e.g. Arab Maghreb Union, Greater Arab Free Trade Area).[68] One of them, the Agadir Agreement, which entered into force in 2006, has been overseen and financially supported by the EU since its inception. The founding members were Egypt, Jordan, Morocco and Tunisia, but any Arab country, member of the Arab League and the Greater Arab Free Trade Area and linked to the EU through an association agreement, can adhere to it.

The Western Balkan states and Moldova have concluded a network of bilateral FTAs which in late 2006 was transformed into a single regional trade arrangement, the Central European Free Trade Agreement (CEFTA), supported by the EU's CARDS programme. The EU also encourages trade liberalisation in the Black Sea region.[69] For the Eastern Partnership the "longer-term goal would be the creation of a network of bilateral [free trade] agreements among the partners, possibly leading to the creation of a Neighbourhood Economic Community".[70] The "new approach" of spring 2011 intends to further strengthen the two regional dimensions of the ENP also in the field of trade.[71]

Growing intra-regional co-operation and the proliferation of DCFTAs would certainly constitute important building blocs for the NEC. The East-South dimension of economic liberalisation still needs to be explored, although the pattern of current trade and investment flows does not suggest that this may become an economic priority for the ENP countries.[72] "With the EU's bilateral network of Free Trade Agreements gradually extending to its entire neighbourhood, it is logical to envisage a multilateral 'basic free trade' area to include potentially all of Europe and the Mediterranean" – eventually not just the ENP partners, but also the EFTA states, the Western Balkans and Russia.[73] This initiative would complement but not replace the present "hub-and-spoke bilateralism" between the EU and its neighbours and help create connections "between the spokes". However, a multilateralisation of deep and

---

68 See Map 2.

69 See European Commission, *Communication from the Commission to the Council and the European Parliament, Black Sea Synergy – A New Regional Cooperation Initiative*, COM(2007) 160 final, Brussels, 11 April 2007, p. 7. The purpose of this initiative is to enhance co-operation with the Organisation of the Black Sea Economic Cooperation, which comprises Albania, Armenia, Azerbaijan, Bulgaria, Georgia, Greece, Moldova, Romania, Russia, Serbia, Turkey and Ukraine.

70 SEC(2008) 2974, *op. cit.*, p. 5.

71 COM(2011) 303, *op. cit.*, p. 2.

72 COM(2006) 726 final, *op. cit.*, p. 4.

73 Emerson, M., Noutcheva, G. and Popescu, N., "European Neighbourhood Policy Two Years on: Time Indeed for an 'ENP plus'", *CEPS Policy Brief*, No.126, Brussels, Centre for European Policy Studies, 2007, p. 3.

comprehensive free trade would go "beyond trade policy issues into overlapping matters of domestic economic governance".[74]

An internal market association such as the EEA would require certain "quasi-supranational" features and institutions in view of the fact that a dynamic and homogeneous market calls not only for continuous far-reaching regulatory alignment but also for credible enforcement mechanisms (see below). Consequently, in terms of substance, the NEC is likely to resemble an "FTA plus" or an "internal market minus" (or a combination thereof, depending on the partner countries' ambitions). In the first case, "an extended access to the Internal Market will almost completely focus on the [...] liberalization of trade" and trade-related issues.[75] The second case will go beyond trade but not constitute "an area without internal frontiers" (Art. 26:2 TFEU) nor cover all the internal policies which have an impact on free trade and competition.

The free movement of persons, for example, has largely been restricted to visa facilitation, migration management and increased people-to-people exchanges (e.g. educational and youth exchanges, mobility of researchers, civil society contacts). Labour migration, fraught with politically sensitive problems, would add flexibility to the labour market and relieve demographic pressures in light of the EU's aging population and the high population growth rates in the Mediterranean countries. In its Communication of December 2007, the European Commission cautiously proposes "facilitation of legitimate short-term travel as well as more ambitious – longer-term – developments in the area of managed migration, potentially involving the opening of Member States' labour markets where this is to the mutual advantage of the sending and receiving countries".[76] Moldova, Ukraine and Georgia already have visa facilitation and readmission agreements in force, and Moldova was chosen as the seat of the first joint EU visa application centre. Furthermore, the Commission is pursuing Mobility Partnerships with the ENP countries in order to improve opportunities for legal migration.[77]

Ultimately, in the fourth phase, the Neighbourhood Economic Community would further eliminate obstacles to trade among ENP partners

---

74 *Ibid.*, p. 17.

75 Vincentz, V., *op. cit.*, p. 121.

76 COM(2007) 774 final, *op. cit.*, p. 5.

77 European Commission, *Communication from the Commission to the European Parliament, the Council, the European Economic and Social Committee and the Committee of the Regions, Applying the Global Approach to Migration to the Eastern and South-Eastern Regions Neighbouring the European Union*, COM(2007) 247 final, Brussels, 16 May 2007, p. 8. The "Global Approach to Migration" brings together migration and external relations to address (legal and illegal) migration with third countries in a comprehensive way.

and create a common regulatory space.[78] "Such a Community would in the longer term offer full access to the single market. It would require the partners to develop the capacity of their economies to be able to fully withstand the competitive pressures of the single market and to demonstrate not only a willingness to adopt all relevant elements of the EU *acquis*, but also a capacity to implement them, with comparable standards and practices".[79] Flanking policies to support the effective functioning of the NEC would need to be developed. The integration of the two geographical dimensions of the ENP may, in addition, be intensified by a sectoral approach. The European Commission indeed points in a non-paper to the potential benefits of enhanced thematic co-operation across the entire ENP neighbourhood.[80] Among the cross-cutting sectors that could be addressed at an overarching ENP level are human rights and the rule of law, justice, freedom and security, trade and regulatory convergence, transport, energy, environment, maritime policy, social policy, education, information society or public health. However, an institutionalisation of horizontal peer contacts and exchange of best practices is not very likely to constitute a political priority for the ENP countries. Instead, the Union for the Mediterranean and the Eastern Partnership favour own sectoral co-operation schemes.

Besides these substantial issues, an institutional framework would have to be explored, including political, legal and budgetary questions. "Any change from the bilateral/regional 'hub-and-spokes' approach to a broader regional approach would need to be supported with appropriate structures, including the possibility to let partners have a voice in policy-shaping".[81] Hence, indirectly the Commission still refers to the EEA: the EFTA countries do have such a limited voice in the EEA's decision-making process. Likewise, Morocco's "Advanced Status" alludes to "a common economic space between the EU and Morocco [...] inspiring itself by the norms governing the European Economic Area".[82] And the Eastern Partnership envisages in the long term that "the EU and its partners may reflect on a broader regional trade approach establishing a

---

[78] COM(2006) 726 final, *op. cit.*, p. 7.

[79] SEC(2008) 2974, *op. cit.*, p. 10.

[80] European Commission, *ENP – Thematic Dimension, Non-paper Expanding on the Proposals Contained in the Communication to the European Parliament and the Council on Strengthening the ENP, COM(2006) 726 final, 4 December 2006*, Brussels, June 2007, ec.europa.eu/world/enp/pdf/non-paper_thematic-dimension_ en.pdf.

[81] *Ibid.*, p. 8.

[82] Council of the European Union, *Seventh Meeting of the EU-Morocco Association Council, Luxembourg, 13 October 2008*, *op. cit.*, p. 20 (author's translation).

Neighbourhood Economic Community, taking inspiration from the European Economic Area where appropriate".[83]

III. The EEA – A Model for the NEC?

The differences between the ENP and the EEA are manifold, in particular with regard to the partners, the policies, and the institutions (polities) and processes. First, the EFTA states are small, rich and highly industrialised democracies with a common intergovernmental organisation. They are all eligible for EU membership. The ENP countries, however, are politically and economically very heterogeneous and (with the exception of Israel) noticeably below the EU average in terms of GDP *per capita* or the degree of democratisation.[84] They face a lower-quality infrastructure and greater political risk and lack the necessary institutional and administrative capacities for an EEA-like internal market association, even in the more distant future.

Second, the EEA is the most advanced arrangement that the EU has with any group of states, reflecting the longstanding relations between very similar countries. It covers the free movement of goods, services, capital and persons, competition rules as well as horizontal policies (e.g. environment, social policies, consumer protection, statistics and company law) and flanking policies (e.g. co-operation in research and development or education). Excluded are the EU's external relations,[85] the common agricultural, fisheries and transport policies,[86] budget contributions and regional policy, justice and home affairs, taxation as well as economic and monetary policy. However, many of these excluded areas are of vital interest to the ENP countries. An EEA-like ENP area would thus partly have to cover other policies. Moreover, the EFTA countries receive no financial assistance from the EU but have created their own cohesion funds to help reduce social and economic disparities in the European Union (the EEA Financial Mechanism and the Norwegian

83 SEC(2008) 2974, *op. cit.*, p. 10.

84 See Gstöhl, S., "Blurring Economic Boundaries? Trade and Aid in the EU's Near Abroad", in Mahncke, D. and Gstöhl, S. (eds.), *Europe's Near Abroad: Promises and Prospects of the EU's Neighbourhood Policy*, Brussels, P.I.E. Peter Lang, 2008, pp. 135-161. Unlike the PCAs and EMAAs, the EEA Agreement does not contain a human rights clause, and there is no political conditionality in EU-EFTA relations.

85 Nevertheless, the EFTA states follow a policy of "shadowing" the EU in concluding trade agreements and are associated with the Schengen and Dublin agreements. Norway and Iceland are also closely linked with the EU on foreign, security and defence policies.

86 The sensitive issues of Alpine transit and Nordic fisheries, like trade in agricultural products, were dealt with separately in bilateral agreements.

Financial Mechanism),[87] whereas the ENP states benefit from extensive EU funds, in particular through the European Neighbourhood and Partnership Instrument.

Third, the structure of the EEA Agreement is multilateral, whereas the legal bases of the ENP are bilateral. Even though the Union for the Mediterranean and the Eastern Partnership intend to develop their respective multilateral dimensions to some extent, an EEA-like set-up for the ENP neighbours (respectively their participation in the EEA) would raise many institutional questions. The EEA Agreement is a dynamic agreement which foresees the continuous adoption of new *acquis* in the relevant fields based on an elaborate two-pillar system (see below). The DCFTAs, however, will be of a more static nature, and substantial changes will require new negotiations. The EFTA states are obliged to accept new *acquis*, but enjoy only limited means of influence in the decision-making process. Full participation in the internal market also requires the application of EU regulatory and competition rules and an arbitrator that enforces compliance. By comparison, the former European Commission President Romano Prodi clearly spoke of a framework for the ENP "in which we could ultimately share everything but institutions".[88]

While the EEA attempts to ensure a homogeneous market and uniform application of the *acquis*, the ENP aims at differentiation and tailor-made solutions. In order to preserve the homogeneity of the European Economic Area, relevant new "mirror" legislation is continuously being added. The Commission retains the exclusive right to initiative, whereas the EFTA countries have the right to raise a matter of concern at the EEA level at any time. In the so-called "decision-shaping phase", EFTA experts are consulted by the Commission in the preparatory stage of new measures (expert committees and comitology committees). During the "decision-taking phase", once the Commission transmitted its proposals to the EU Council and the European Parliament as well as to the EFTA states, negotiations take place in the EEA Joint Committee (or more precisely between Sub-Committees of the EFTA

87 Switzerland, which opted out of the EEA and pursues a bilateral sectoral approach of integration, contributes as well to the EU's cohesion policy.

88 Prodi, R., *op. cit.*, p. 6.

Standing Committee and the European External Action Service).[89] The EEA Joint Committee decides by consensus as closely as possible in time to the adoption of the same rules by the EU Council in order to allow for a simultaneous application. Hence, EFTA representatives participate in the work of the Commission, but not in the work of the Council, the European Parliament or the EU's advisory bodies.[90] EFTA may also send its comments to the EU institutions or lobby through its Secretariat and national missions in Brussels or via EU Member States. In addition, the EEA Council meets at ministerial level twice a year to give political impetus.

In contrast to the ENP Action Plans, the EEA is predominantly based on legally binding acts. The "sticks" are similar to those faced by EU members since infringement procedures (and preliminary rulings) are part of the EEA surveillance mechanisms. On the EFTA side, surveillance and enforcement are carried out by the EFTA Surveillance Authority and the EFTA Court of Justice. In order to secure a uniform interpretation of EEA rules, the EEA Joint Committee reviews the development of the case law of the European Court of Justice (ECJ) and the EFTA Court. Adoption of any EU legislation or other provisions into the EEA requires an agreement in the EEA Joint Committee. In case of an opt-out from new *acquis*, the EFTA countries, which need to "speak with one voice", face the threat of a provisional suspension of related parts of the Agreement if all other solutions (e.g. transitional periods, equivalence of legislation, safeguard measures) fail.

During the EEA negotiations the EFTA countries had to learn very quickly that real joint institutions and decision-making procedures with the EU were not possible.[91] In this context it is interesting to note that even before the launch of the EEA initiative in 1989, the Commission had, at a joint ministerial meeting in May 1987, made clear that EU-EFTA relations should be governed by three basic principles: the priority of the Community's internal integration, the preservation of the

89 Van Stiphout, T., "Homogeneity vs. Decision-Making Autonomy in the EEA Agreement", *European Journal of Law Reform*, Vol. 9 (3), 2007, pp. 431-47. The EFTA Standing Committee, which constitutes the EFTA part of the EEA Joint Committee, is supported by five Sub-Committees: free movement of goods, free movement of capital and services, free movement of persons, flanking and horizontal policies, and legal and institutional matters. These Sub-Committees are in turn supported by various EFTA working groups. In 2011 the powers to adopt EEA Joint Committee Decisions have been transferred from the Commission (DG External Relations) to the European External Action Service.

90 However, they take part in the EEA Joint Parliamentary Committee and the EEA Consultative Committee for the social partners which act as joint advisory bodies.

91 Gstöhl, S., "EFTA and the European Economic Area or the Politics of Frustration", *Cooperation and Conflict*, Vol. 29 (4), 1994, pp. 333-366.

Community's decision-making autonomy, and the maintenance of a balance of benefits and obligations.[92] In other words, co-operation with EFTA must be in conformity with EU rules and not interfere with EU decision-making procedures. These "Interlaken principles" were subsequently enforced in the EEA negotiations. Likewise, the European Court of Justice had in its *Opinion 1/91* objected to the structure and competences of a joint EEA Court of Justice, composed of EFTA and ECJ judges, on the ground that its legally binding interpretations could adversely affect the autonomy and exclusive jurisdiction of the ECJ. This *Opinion* may play a role whenever the ECJ assesses the need to safeguard the autonomy of the Community legal order with regard to international agreements.[93]

As a result, the construction of an EEA-like Neighbourhood Economic Community looks rather unlikely.[94] The Community will essentially cover the free movement of goods, services and (partly) capital, yet only marginally tackle the free movement of persons. Its institutional framework will be based on bilateral associations, without direct participation in the EU institutions, and with a mere thematic multilateral dimension at best. Over time, differentiation between the ENP countries will increase as some are more able and willing to proceed than others. Given the ENP countries' reluctance to further integrate in their own region – and even more so across the eastern and southern dimensions – the NEC might thus result in a patchwork of "FTA plus" for some ENP partners and "internal market minus" for others.

Conclusion: A Dual "Hub-and-Spoke" System?

It is still an open question how strongly the individual ENP countries will be motivated to accomplish reforms by prospects of an eventual "stake in the internal market" but not an EU membership perspective. If the concept is to serve as a useful incentive for the eastern and Mediterranean countries, the EU must clarify the substantive and institutional features of the NEC. The ENP has so far largely been a Commission-driven policy project, yet the more the policy progresses into politically sensitive or "cross-pillar" areas, the more important the support of the EU Member States. In order to deliver genuine incentives for the ENP

---

92 De Clercq, W., Speech at the EC-EFTA Ministerial Meeting, Interlaken, 20 May 1987.

93 Baudenbacher, C., "Was ist aus dem Gutachten des EuGH 1/91 geworden?", in Baur, G. (ed.), *Europäer – Botschafter – Mensch: Liber Amicorum für Prinz Nikolaus von Liechtenstein*, Schaan, Liechtenstein Verlag, 2007, pp. 79-107.

94 See Gould, T., "The European Economic Area: A Model for the EU's Neighbourhood Policy?", *Perspectives on European Politics and Society*, Vol. 5 (2), 2004, pp. 171-202.

countries to continue with the necessary reforms, "the Commission, Council, European Parliament and EU Member States must cooperate even more closely to strengthen the ENP".[95] The EU's credibility will also depend on a consistent and coherent application of the two core principles of conditionality and differentiation. This requires an appropriate "carrot and stick" approach with clear benchmarking as well as close monitoring. Another crucial factor is the political will for change of the ruling elites in the ENP countries. Domestic adaptation costs, above all in authoritarian regimes with strong vested interests, may hamper reforms, in particular since the benefits will materialise only in the longer term. As the events of the Arab Spring in 2011 have shown, the European Union enjoys less political leverage, the less inclined the ENP elites are toward domestic reforms, the less likely an accession, and the less economically dependent a neighbour on the EU. Hence, there are many potential obstacles ahead of the ENP that could make the NEC founder.

Assuming that the ENP will be successful, it is likely that the Neighbourhood Economic Community will develop into a double "hub-and-spoke" system of "FTA plus" or "internal market minus" associations centred around the EU. This dichotomous pattern is likely to be further reinforced by the initatives for an Eastern Partnership and a Union for the Mediterranean. In spite of many references to the European Economic Area, the EEA may for reasons related to policies, institutions and processes, not serve as a model for the future NEC. In the long run, it could be envisaged to include the EFTA countries – as well as Russia and the Western Balkans – in a broader Neighbourhood Economic Community.[96] Such a grand strategy would, however, have significant implications for the multilateral trading system. Besides, the more successful the ENP and the NEC, the greater doubtlessly the pressure for a further eastern enlargement of the European Union.

Lastly, the question remains whether the European Union can and should "export" its economic model to its near abroad. As argued elsewhere,[97] a deep, comprehensive and *acquis*-based form of cooperation, covering many behind-the-border issues and closely following the

---

95 COM(2007) 774 final, *op. cit.*, p. 11.

96 The EFTA countries have already concluded bilateral Free Trade Agreements with many ENP and Western Balkans countries, and Turkey is part of the Euro-Mediterranean Partnership, while Russia had early on opted out of the ENP in favour of a Strategic Partnership with the EU.

97 Gstöhl, S., "The Internal Market's External Dimension: Political Aspects", in Pelkmans, J., Hanf, D. and Chang, M. (eds.), *The EU Internal Market in Comparative Perspective: Economic, Political and Legal Analyses*, Brussels, P.I.E. Peter Lang, pp. 221-246.

evolution of the *acquis*, may raise legitimacy[98] concerns in third countries that are affected by internal market decisions but not represented in their making. The ENP relies closely on the enlargement toolbox which the European Union had successfully developed for Central and Eastern Europe. "EU demands for pre-accession legal and institutional alignment – however onerous, one-sided, and asymmetrical they may be – are legitimized by the prospect of full inclusion and the promise of future equality of participation".[99] However, a membership perspective is officially absent in the European Neighbourhood Policy.

98 Franck defines legitimacy as that quality of a rule "which derives from a perception on the part of those to whom it is addressed that it has come into being in accordance with right process". See Franck, T. M., "Legitimacy in the International System", *American Journal of International Law*, Vol. 82 (4), 1988, p. 706.

99 Magen, A., "The Shadow of Enlargement: Can the European Neighbourhood Policy Achieve Compliance?", *Columbia Journal of European Law*, Vol. 12 (2), 2006, p. 422.

The European Neighbourhood Policy in the Light of the New "Neighbourhood Clause" (Article 8 TEU)

Dominik HANF

Introduction

This contribution outlines the renewed constitutional framework in which the "European Neighbourhood Policy" (ENP) is to be integrated and further developed (I.) and briefly discusses its possible implications for the *finalité* of the neighbourhood relationship in general and of the ENP more specifically (II.). This constitutional perspective reveals three – already well-known – conceptual problems of the ENP (III.).[1]

I. The Renewed Constitutional Framework

The fundamental treaties of the Union did not, until now, contain a clause specifically dedicated to the Union's relationship with its neighbours. The Treaty of Lisbon inserted a new provision – Article 8[2] – into

1 Please note that two substantial contributions on Article 8 TEU could only be considered for a limited revision (mainly of the footnotes) in May 2011: Thym, D., "Artikel 8 EUV", in Grabitz, E., Hilf, M., Nettesheim M. (eds.), *Das Recht der Europäischen Union: Kommentar*, Munich Beck, 2010 and Van Elsuwege, P., Petrov, R., "Article 8 TEU: Towards a New Generation of Agreements with the Neighbouring Countries of the European Union?", *European Law Review*, Vol. 36, No. 5, 2011, pp. 688-703.

2 Article 8 TUE – which reproduces literally Article I-57 of the never ratified Treaty establishing a Constitution for Europe – reads as follows: "1. The Union shall develop a special relationship with neighbouring countries, aiming to establish an area of prosperity and good neighbourliness, founded on the values of the Union and characterised by close and peaceful relations based on co-operation. 2. For the purposes of paragraph 1, the Union may conclude specific agreements with the countries concerned. These agreements may contain reciprocal rights and obligations as well as the possibility of undertaking activities jointly. Their implementation shall be the subject of periodic consultation".

the TEU,[3] thus conferring a constitutional status on the Union's relationship with its neighbours as of 1st December 2009.

A. The New Article 8 TEU

The relevant "neighbourhood clause", figuring prominently in Title I TEU, contains a number of indefinite legal concepts, leaving much scope for interpretation, in particular with regard to its geographical and substantive scope.

First, Article 8 TUE applies to "neighbouring countries". Although a literal reading would suggest that it covers only countries sharing either a land border or a sea border with the Union, it can also be understood in a broader sense[4] as to include "neighbours of the immediate neighbours". The Union practice has taken the latter view.[5]

Secondly, the substantive policy covered by the new "neighbourhood clause" seems to be similarly broad. Its objective is the establishment of an area of prosperity and good neighbourliness. The Union is thus encouraged to take potentially any political or economic measure suitable to achieve that aim. The term "special relationship"[6] suggests two things: on the one hand, it does not exclude – and seems indeed to tend to – "deep" forms of co-operation with neighbouring countries; on the other hand, no specific single "blueprint" model of co-operation is prescribed. "Differentiation" is already current practice in the Union's relations with its neighbours – be it within or outside the ENP developed since 2003.[7]

Thirdly, the area of prosperity and good neighbourliness can[8] be achieved by means of "specific agreements": Article 8 TUE therefore

---

3 Treaty establishing European Union (TEU), lastly modified by the Treaty of Lisbon (entered into force on 1 December 2009), quoted according to the consolidated version published in the Official Journal of the European Union 2010, p. C 83/1 et seq.

4 Although "neighbouring" is generally associated to terms like next, bordering, surrounding, connecting or adjacent, it can also mean "nearby" (not far away). As a noun, "neighbourhood" can mean a nearby region or an area. See Collins English Dictionary, Complete and Unabridged, 6th edition, Harper Collins Publishers, 2003.

5 With the extension of the ENP's geographical scope to the Caucasus: including since the 2007-enlargement of the Union to Romania and Bulgaria, the EU has no direct border with Armenia and Azerbaijan.

6 Plural, compare e.g. with the French ("des relations privilégiées") or German ("besondere Beziehungen") versions. The term "special relationship" is however not further defined; the Treaty lacks also a definition of what could be considered as its opposite ("ordinary relationship").

7 See Van Elsuwege, P.

8 The Union "may" conclude specific agreements, see Article 8:2. TEU. On the "optional character" of Article 8:2 TEU see also Thym, D. (footnote 1), pp. 10-12.

provides a new and specific legal basis empowering the Union to conclude Neighbourhood Agreements. It is modelled upon the wording of Article 217 TFUE[9] which constitutes, since the very foundation of the Community, the legal basis for the Union's Association Agreements with third countries. One can, however, observe one difference: the new legal basis does not explicitly provide for "special procedures", mentioning instead an obligation to monitor the implementation by means of "periodic consultation". It is however recognised that the reference in Article 217 TFUE cannot be understood as a real enabling clause since special procedures are part of many agreements which do not qualify as Association Agreements. It aims thus at making clear that Union law does not allow the participation of third states in the Union's institutions: so-called "internal association" is consequently excluded.[10]

The imposition of periodic consultations throughout the implementation of Neighbourhood Agreements by Article 8.2 TUE suggests therefore that this specific form of Association Agreements shall – or at least can – be subject to closer and frequent inspection.[11]

B. Consequences for the Conclusion of Association Agreements with Neighbouring Countries

On the procedural formal side, the recently reformed Treaty system provides a new – and more specific – instrument to be used by the Union when concluding Association Agreements with one or several of its neighbouring countries.[12] This – read together with Declaration No. 3

9 Ex-Article 310 TEC. The TEC has been modified and renamed into Treaty on the Functioning of the European Union (TFUE) by Treaty of Lisbon. The TFEU is cited according to the consolidated version, OJ C 83, 30 March 2010, p. 1.

10 See Hanf, D. and Dengler P., "Accords d'association", *Commentaire Mégret*, Bruxelles, Publications de l'Institut d'études européennes de l'Université Libre de Bruxelles, 2004, p. 293 et seq., providing further references.

11 Hummer, W., "Artikel I-57 EVV", in Vedder, C. and Heintschel von Heinegg, W. (eds.), *Europäischer Verfassungsvertrag. Kommentar*, Baden-Baden, Nomos, 2007, p. 243 (at 21): "Manuduktionscharakter".

12 Article 216:1 TFUE makes clear that a legal basis for concluding international agreements can also be found in the TUE ("where the treat*ies* so provide"). It is true that Article 8:2 TUE, although based on the wording of Article 217 TFEU, does not explicitly refer to "association" and also uses a somewhat more cautious wording ("*may* contain … as well as the *possibility* …"). However, it allows for concluding "specific" agreements enabling thus the Union to fulfill its task ("shall develop") of establishing "special relationship" (Article 8:1 TUE) with a selective circle of ("neighbouring") countries. The significance of such agreements for the Union is further highlighted by the fact that Article 8 TUE figures prominently in the very first part of the TUE. Article 8:2 TUE can therefore be seen as the specific legal basis (*lex specialis* to Article 217 TFEU) for concluding Association Agreements with neighbouring countries.

annexed to the TEU[13] – implies that Article 8 TEU is not confined to countries included in the current ENP but applies to agreements to be concluded with any neighbouring state. Modifications of existing Association Agreements meeting the substantive criteria set out in Article 8 TEU already concluded with such countries – such as the EEA Agreement – would hence, at least in principle, need to be based on Article 8 TUE, too.[14]

This interpretation of Article 8 TEU as a new legal basis for concluding and adopting specific Association Agreements means that the latter will need to be adopted by the Council acting unanimously[15] after having obtained the Parliament's consent.[16]

On the substantive side, Article 8 TEU allows the Union to conclude Neighbourhood Agreements relating to any policy field falling within

---

13 According to that Declaration on Article 8 TEU annexed to the Treaty of Lisbon, "the Union will take into account the particular situation of small-sized countries which maintain specific relations of proximity with it".

14 Hummer (footnote 11) at 22 seems to suggest a different reading on that point. This is also the position of Thym, D. (footnote 1) who considers – based on the general premise that the legal reach of Article 8 TEU should not be overstretched (at 6) – that the Union remains entirely free in the choice of legal instruments to be adopted in the pursuit of a comprehensive neighbourhood policy (at 12). Since the CJEU does consistently uphold the principle that the choice of a legal basis cannot be left to the discretion of the political institutions but needs to be established on objective criteria, this interpretation comes however close to denying Article 8 TUE a legal value of its own. Van Elsuwege-Petrov (footnote 1) suggest for such cases recourse to a "double legal basis" – a solution which would only be available if "Neighbourhood Agreements" were subjected to the same procedural requirements as "ordinary" Association Agreements (on this see next footnote).

15 The unanimity requirement set by Article 218:8 TFEU for Association Agreements also applies to Neigbourhood Agreements. This follows from the fact that Article 8 TEU provides a *lex specialis* to Article 217 TFEU and from the constitutional significance of such far-reaching agreements – which the Member States recognized explicitly by placing Article 8 prominently in Title I of the TEU. The (somewhat unhistorical) alternative interpretation based on the purely textual argument that the term "association" is not mentioned *expressis verbis* at Article 8 TEU – and which would confine Article 8 TEU to a merely symbolic provision – is discussed by Van Elsuwege, P. and Petrov, R. (footnote 1). Although Thym, D. (footnote 1, at 12 and 20) conceives of Article 8 TEU as a mere alternative to other legal bases (and in particular to Article 217 TFEU), he also considers that both the *genesis* and *ratio* of Article 8 TEU point to extending the unanimity requirement of Article 218:8 TFEU to Neighbourhood Agreements.

16 Article 218:6 lit. a (i.) TFEU, which applies on the basis of the reasoning developed in the previous footnote. At any rate, an agreement based on Article 8 TEU will generally be "establishing a specific institutional framework by organising co-operation procedures" (Article 218:6 lit. a (iii.) TFEU), have important budgetary implications for the Union (Article 218:6 lit. a (iv.) TFEU) and concern matters falling under the EP's co-decision powers (Article 218:6 lit. a (v.) TFEU). See also Thym, D. (footnote 1) at 19.

the realm of its powers. Such agreements could thus in principle range from mere coordination to very advanced – and institutionalised – forms of co-operation. The obvious question is hence whether or not this new model of specific Neighbourhood Agreements would not need to meet more demanding substantive criteria depending on the "deepness" of the relationship they intend to establish.

On the one hand, the vagueness of the terms used in Article 8 TUE[17] does not allow one to infer precise qualitative criteria from the Treaty. A broad interpretation as to the potential content of the agreements would also be supported by the practice developed over the past decades with respect to Article 217 TFEU: Association Agreements frame and organise a great variety of relationships ranging from development co-operation and inter-regional economic co-operation to very advanced integration of non-Member States into core policies of the Union.[18]

On the other hand, the *genesis*[19] and also the wording[20] of Article 8 TEU would suggest that Neighbourhood Agreements should aim at more advanced forms of substantive co-operation along the lines of the most advanced forms of association the Union has already established with some European third countries. Such a reading is not *per se* excluded by the fact that the Treaty refrains from establishing itself – and thus mandates the institutions of the Union to define – the relevant substantive criteria. Since the neighbourhood clause was established against the backdrop of the existing models of advanced co-operation with third countries such as the EEA-Agreement, and is also subject to substantive conditions,[21] it could even be read as "constitutionalising" the concept of "integration without membership".

In sum, Article 8 TEU can be understood as a purely programmatic provision. An alternative, non-compulsory, yet slightly more ambitious, interpretation would consider the neighbourhood clause as a new legal

---

17 Neighbourhood Agreements "may contain" reciprocal rights and obligations etc., see Article 8:2 TEU.

18 For an account see Hanf, D. and Dengler, P. (footnote 10). Van Elsuwege, P. and Petrov, R. (footnote 1) stress rightly that the classification of the agreements concluded by the Union with third countries has hitherto remained to a large extent a matter of politics, not law.

19 Although geopolitical aspects played of course an important role in the birth of the ENP and of the Convention's predecessor of Article 8 TEU, it seems that the latter's main rationale has been to establish a "constitutional" alternative to membership. See on this the text at sub-section 1.4.

20 Article 8:1 TEU qualifies the relationship to be developed both geographically (neighbours) and with regard to intensity ("special", "close") and the specific agreements according to Article 8:2. TEU are to be concluded "for the purposes" of developing such twofold qualified engagements.

21 See below.

basis to be used by the Union for engaging with third countries by means of "advanced" agreements for "deep" forms of institutional and substantive co-operation. The politically responsible institutions of the Union would of course have a wide margin of discretion when assessing which degree of association which might be feasible and desirable with regard to the various third countries of the Union's neighbourhood. This discretion would also extend to the question whether an association is worth being "crowned" by a specific neighbourhood agreement. However, it seems that the Union could use Article 8 TEU as a constitutional tool, and perhaps even recognise it as a duty, to formally distinguish between the "better" neighbours and the others, and to do so in an overall consistent manner.[22]

This implies that the Union is thus free – and having regard to its "cooperation and association taxonomy" perhaps even obliged – to impose e.g. economic conditions before "upgrading" an existing relationship with a given country by means of concluding a more ambitious neighbourhood agreement.

C. Possible Limits: Principle of Co-operation and Union Values

Article 8 TEU imposes two conditions to be respected by the Union when developing its ties with neighbouring countries: the special relationship needs to be "based on co-operation" and also to be "founded on the values of the Union".

The co-operation principle seems to stress the obvious fact that the Union's relationship with the neighbourhood can only be shaped with the consent of the third countries concerned. From a formal point of view, this is already inherent in the fact that international agreements need to be concluded by the Union, on the one hand, and a neighbouring state, on the other hand. In substance, one might ask whether forms of very advanced integration (as opposed to mere co-operation) should be ruled out of the scope of Article 8 TEU. This appears however to be inconsistent with both the programme set out in the neighbourhood clause and the Union's consistent association practice. A sensible interpretation would thus consist in understanding the co-operation principle as an exclusion of "internal associations" – i.e. the formal participation of third countries in the decision-making of the Union institutions.[23]

---

22 In practice, this would be a demanding yet not necessarily unhealthy task – and, given the very nature of the exercise, subject to rather limited judicial review (procedure, motivation).

23 In line with the common understanding of the reference to "special procedures" in Article 214 TFEU.

More difficult to assess is the meaning and the scope of the condition according to which special relationship with neighbouring countries need to be "founded on" the values of the Union.[24] This wording[25] – which is borrowed from ex-Article 6.1 TEU[26] and refers clearly to the political criteria to be met by the Member States of the Union[27] – contrasts clearly with the softer "shall be guided" formula used in the general external action sections of the Treaty.[28]

A strict interpretation of this condition would signify that the Union could only enter into "special relations" with neighbouring countries which do respect democracy, the rule of law, and human rights in the same way as the Union and its Member States. A wider interpretation would accept the neighbours' commitment to the Union's values without actually requiring an equivalent level of protection and/or application for the time being. Wording and context of Article 8 TEU sustain the former, more demanding interpretation. Applying such a standard to neighbourhood relations could however appear to be somewhat overdrawn if one considers that deficiencies in the implementation of Union values can be considered as temporary phenomena and thus should not necessarily qualify as absolute obstacles to the recognition of third countries as candidates for accession to the Union.[29]

Hence, one could argue that Article 8 TEU impedes the Union from entering into special relationship with neighbouring countries refusing to commit themselves to the values of the Union. The same would be the case for countries actively obstructing such a commitment. Finally, the limitation would arguably also apply in an unsatisfactory situation

---

24 These are set out in Article 2 TEU: "The Union is founded on the values of respect for human dignity, freedom, democracy, equality, the rule of law and respect for human rights, including the rights of persons belonging to minorities. These values are common to the Member States in a society in which pluralism, non-discrimination, tolerance, justice, solidarity and equality between women and men prevail".

25 Inserted into the "neighbourhood clause" at the request of several members of the European Convention (see CONV 671/03, 14 April 2003).

26 "The Union is founded on the principles of liberty, democracy, respect for human rights and fundamental freedoms, and the rule of law, principles which are common to the Member States".

27 See Article 49 TEU for candidate states for accession to the EU and Article 7 TEU for Member States.

28 Article 21 TUE ("The Union's action on the international scene shall be guided by the principles which have inspired its own creation, development and enlargement, and which it seeks to advance in the wider world: …") and Article 205 TFEU ("The Union's action on the international scene, pursuant to this Part, shall be guided by the principles, pursue the objectives and be conducted in accordance with the general provisions laid down in…").

29 More recent examples provide the decisions of the Union to grant Turkey and Croatia the status of candidate countries.

where no signs of improvement are shown over time. The conclusion of more advanced Neighbourhood Agreements would require a decent record – or at least a process of considerable improvement – in terms of human rights protection, the rule of law and democracy.

D. The Neighbourhood Clause and Accession

The roots of this new Treaty clause can be traced back to a rather early stage of the institutional reform process of the Union which lasted almost an entire decade.[30] There is nevertheless no clear evidence for the reasons which led to the "constitutionalisation" of the Union's relations with its neighbouring countries.[31] Some suspected that the main purpose of the clause was to confine neighbouring states to a permanent non-member status.[32]

Closer analysis of the relevant Treaty articles does not confirm such fears. Qualifying under the neighbourhood clause does not entail in itself the disqualification of a third country from the accession: all "European" neighbours retain a right to apply for – but not necessarily to obtain[33] – Union membership (Article 49 TEU).[34] For these states, special neighbourhood relationship could in fact indeed constitute a preparation for accession.

Since non-European neighbours were never given the right to apply for membership, Article 8 TEU could not affect any right of theses states with regard to accession.

---

30 The Praesidium of the Convention for the Future of Europe proposed to reflect about a clause "defining a privileged relationship between the Union and its neighbouring States" in its first preliminary draft of 22 October 2002 (see CONV 369/02, p. 16). A subsequent proposal was approved by the Convention without much debate (see the summary of the reactions, CONV 671/03, 14 April 2003) and has been only subject to minor editorial modifications in the subsequent IGCs. Note that a more sober version had been proposed in the so-called "Pénélope project", an interesting yet largely ignored feasibility study worked out by senior Commission officials: "L'Union établit des relations privilégiées avec ses États voisins par des Accords d'association" (see Article 27, Relations avec les États voisins, in Lamoureux, F., "Contribution à un avant-projet de Constitution de l'Union européenne, document de travail", Bruxelles, 4 December 2003, p. 9).

31 It seems that the President of the Convention made sure that the provision was maintained in the Draft Constitutional Treaty because he was personally convinced that EU-enlargement could not be pursued endlessly, see Thym, D. (note 1) at 2 (with reference to Madallon, *Revue trimestrielle de droit européen*, 2005, 493 at 516 et seq.).

32 Originally, the clause constituted a specific section dedicated to "The Union and its Neighbours" neatly separated from the provisions on "Union Membership".

33 Article 49 TEU does not contain a right to accession but only imposes on the Union (i.e. chiefly the Council) to duly examine requests for membership.

34 See also Thym, D. (footnote 1) at 7 (and note 6).

E. Result

The new neighbourhood clause in the Treaty is essentially (but not exclusively) programmatic in nature. It stresses the importance of political and economic stability in the Union's "near abroad" while highlighting the Union's commitment to contribute to such stability by means of co-operation with the neighbouring states.

The clause remains vague as to the content and form of the Union's neighbourhood policy, adding no substance to the existing constitutional provisions. As a result, the institutions of the Union continue to have a great margin of discretion as to policies, methods, instruments and institutional frameworks to be adopted with regard to individual or groups of neighbouring states. The hitherto single traditional limit remains intact: "internal association" – participation of third countries in Union institutions – is precluded. Furthermore, it is possible – yet not mandatory – to infer from Article 8 TUE a duty of the Union to reserve the new instrument of "Neighbourhood Agreements" only to particularly advanced forms of institutionalised and substantive relationship.

The new constitutional framework for shaping the Union's neighbourhood relations does hence not appear to entail major consequences for the ENP as developed since 2003 with regard to the Eastern and Southern neighbouring countries (and recently somewhat "relaunched" by means of the so-called "Union for the Mediterranean" and "Eastern Partnership" respectively).

The new neighbourhood clause could however impact on the current ENP as far as it extends to third countries accounting for questionable records in terms of democracy, the rule of law and human rights since the "special relationship" needs to be founded on the values of the Union. Even if this limit were interpreted cautiously, the Treaty would oppose to the development of closer relations with those neighbours defying – or only paying lip services to – democracy, the rule of law, and human rights as understood by the Union. The Union would also need to make sure that enhancing its relationship with such states would at least need to go hand in glove with a steady improvement in the respect of these values.

In other words, the Treaty seems to impose since 1st December 2009 a constitutional duty on the Union to apply the concept of "conditionality" to the implementation of the ENP by ensuring the respect of its own values by neighbouring states.

II. The "finalité" of the ENP

As already seen, the new neighbourhood clause of the TEU is not overly explicit on the precise form the "special relationship" between the Union and its neighbouring countries should take.

A. "Outer Limits" and the EEA as an "Ideal Type" Model

The main "outer limits" of neighbourhood relationships are however well established: on the one hand, they can include – and should indeed aim at – very advanced and institutionalised forms of association covering potentially all policy fields of the Union, provided that the values of the Union are at least generally respected. On the other hand, the Treaty excludes sharing Union institutions ("internal association") with neighbouring states, be they non-members due to the geographical condition set out in Article 49 TEU or due to an explicit or implicit political decision ("protected" by the same Treaty provision) to keep a European state outside the Union.[35]

The association coming closest in practice to a true "area of prosperity and good neighbourliness" – and hence to the objective of the neighbourhood clause – is the Agreement on the European Economic Area (EEA). Like the ENP, it had originally been conceived as a far-reaching and consequently attractive alternative to Union membership.

One could thus argue that qualified neighbourhood relations should ideally aim at achieving a degree of substantive economic and political integration comparable to the one established by the EEA (or the set of bilateral treaties concluded between the Union and Switzerland).[36]

B. Conditionality and "finalité"

"Special" or "deep" relationships – which in particular in the context of economic integration entail rights and obligations granted to and imposed upon individuals – require the application of a common set of fundamental common principles.

As already observed, the new neighbourhood clause of the Treaty contains one new element: the obligation imposed on the Union to apply a value-based conditionality in neighbourhood relations – which is more demanding than the mere value-orientation generally to be observed in the context of the Union's external action.

---

35 This implies that the creation of a common supranational "EEA-Plus" integrating the EU and its neighbours – an interesting idea *de lege ferenda* mentioned by Peter G. Xuereb during the Natolin Workshop – would require a revision of the EU Treaty. See ECJ, Opinion 1/1991 (EEA I), ECR I-6079.

36 See also the contribution of Gstöhl, S. in this volume.

This would also support the reading that an advanced relationship such as that established by the EEA could be considered as a near ideal model for the programme set out in the neighbourhood clause of the Treaty.

C. Developing the Neighbourhood Area: the ENP as a Transformation Process

If the "finalité" of Article 8 TUE is ultimately to be situated on the upper level of the so-called "Hallstein scale" (i.e. a substantive economic and political integration stopping short of a participation in the Union institutions), the "finalité" of ENP developed since 2003 is thus to organise the process which could one day lead to such result.

The ENP follows a gradual and differentiated approach, taking existing agreements as a starting point and aiming at progressively upgrading the bilateral and multilateral relations. As already observed, this is in line with the largely programmatic character of Article 8 TEU: the provision recognises the admissibility of a pragmatic step-by-step advancement and also underlines that the neighbourhood area should be characterised by relations based on co-operation.

However, the development of a "special relationship" is nevertheless to be subjected to increasing value-based – i.e. far-reaching political – conditionality.

Furthermore, since the ENP is in practice designed as a process which aims to progressively integrate the economically least developed neighbouring countries into a set of Union policies, it also requires that further progress be made conditional on the fulfilment of a set of economic conditions.

Although the ENP can only be based on co-operation between the Union and its neighbours, and also requires efforts and adjustments on the Union side,[37] its development will in practice (for both constitutional and economic reasons) imply in no small measure an alignment of the neighbouring countries to the Union standards and preferences. The *Union*'s ENP is thus in the first place an instrument to encourage and sustain political and economic reforms in the neighbouring countries concerned. This is also recognised in the relevant key documents defining the ENP and translates into the use, by the European Commission, of identical or only slightly modified instruments which had been previously developed within the framework of its pre-enlargement strategies.

---

[37] Suffice to mention visa – and more generally immigration – policy, gradual opening the agricultural markets, technical and financial assistance.

III. Problems of the ENP

Measured against the objective set out in Article 8 TEU, the current ENP faces – even after its latest development following the version following the introduction of the Union for the Mediterranean and the Eastern Partnership[38] – (at least) three well-known fundamental conceptual problems.[39]

A. Process, Not Policy

Although "policy" is a relatively broad concept, the presentation of the current ENP as a "Union policy" suggests a kind of single and coherent framework applying to all neighbouring countries. This is in line with the overarching objective of the Union to progressively define its own geographical borders and at the same time to develop close economic and political ties with its neighbours as a means to safeguard its own security understood in the largest sense of the word.

In reality, the existing ties with the many different neighbouring countries as well as their interests and expectations with regard to the Union (and often also vice-versa) differ greatly. This means in practice

---

38 Most recent assessments by the Union institutions include: European Commission, *Communication from the Commission to the European Parliament and the Council*, Taking stock of the European Neighbourhood Policy, COM(2010) 207 final, Brussels, 12 May 2010; European Commission and High Representative, *Joint Communication to the European Parliament, the Council, the European Economic and Social Committee and the Committee of the Regions, A Partnership for Democracy and Shared Prosperity with the Southern Mediterranean*, COM(2011) 200 final, Brussels, 8 March 2011; European Commission and High Representative, *Joint Communication to the European Parliament, the Council, the European Economic and Social Committee and the Committee of the Regions, "A New Response to the Changing Neighbourhood"*, COM(2011) 303, Brussels, 25 May 2011.

39 On the ENP see e.g. Cremona, M. and Hillion, C., "L'Union fait la force? Potential and Limitations of the European Neighbourhood Policy as an Integrated EU Foreign and Security Policy", *EUI Working Papers*, No. 39, 2006; Cremona, M. and Meloni, G. (eds.), *The ENP: A Framework for Modernisation?, EUI Working Paper*, No. 21 2007, http://cadmus.eui.eu/bitstream/handle/1814/6976/LAW-2007-21.pdf;jsessionid=6231E6827CBD6D49458D7C92F4BE4EEB?sequence=1; Hillion, C., "Mapping-Out the New Contractual Relations between the European Union and Its Neighbours: Learning from the EU-Ukraine 'enhanced agreement'", *European Foreign Affairs Review*, Vol. 12 (2) 2007, pp. 168-182; Petrov, R. "Exporting the *Acquis Communautaire* into the Legal Systems of Third Countries", *European Foreign Affairs Review*, Vol. 13 (1), 2008, pp. 33-52; Albi, A., "The EU's 'External Governance' and Legislative Approximation by Neighbours", *European Foreign Affairs Review*, Vol. 14 (2) 2009, pp. 209-230; Maiani, F., Petrov, R., Mouliardova, E. (eds.) European Integration Without EU Membership: Models, Experiences, Perspectives, *EUI Working Paper*, No. 1, 2009; Kochenov, D. "The Eastern Partnership, the Union for the Mediterranean and the remaining need to do something with the ENP", *CRCEES Working Papers*, No. 1, 2009 and the contributions to the present volume.

that ENP has to be handled flexibly. Differentiation has thus become the key feature of the ENP – to such extent that one wonders whether its qualification as a "policy" is not misleading.

This is not just a matter of semantics. In the long run, misleading labelling – the rebranding of the Barcelona Process as a "Union" for the Mediterranean being the latest example – affects both the intelligibility and legitimacy of a policy regardless its potential or real achievements.

B. Incentives

The ENP does not usually offer very strong incentives for neighbouring countries to undergo painful political and economic reforms which are generally needed in order to engage into close relationship with the Union.

The prospect of membership – which has proved to be a very powerful incentive – is explicitly excluded. This explains why European neighbours such as Ukraine have never really accepted the ENP. They merely use it as the tool which is currently available for their strategy to promote their real objective, which is to join the Union.

The prospects of an advanced economic integration have so far also remained vague (both in terms of objectives and instruments). To provide a real incentive, the ultimate objective of a deep substantive economic, and correspondingly political, integration – i.e. the extension of the internal market as operated by the EEA or the bilateral EU-Switzerland agreements – needs to be more clearly spelled out. This would arguably have to include explicitly aspects which the Union considers to be "too sensitive", in particular free movement of persons, and a more generous use of "hard law" instruments.

This is not to say that the present framework does not already set some incentives, and some neighbouring countries appear in fact to discover and to progressively use the potential presently offered. However, in their present shape they do not provide an overly strong stimulus for third countries willing to integrate with the Union to accept and implement difficult compromises and adjustments. Moreover, depending on their current domestic political and economic structures, even the prospect of a full-blown economic and political integration might prove to be plainly unattractive for some of the neighbouring countries.

The flexible nature of the ENP (differentiation) is also problematic in this respect: it appears not to be the result of any Union policy concept or strategy but the simple consequence of the fact that the Union's offers do not seduce all neighbouring states to the same extent.

C. Conditionality

The new Article 8 TEU imposes upon the Union the obligation to apply a value-based conditionality when engaging in neighbourhood relationships. As already seen, this condition can be considered as being satisfied – in particular as co-operation remains at less advanced stages – when a neighbouring country commits itself to the Union values and produces evidence that it also progressively implementing them in practice.

Putting this obligation into practice is indeed a demanding task. It raises a number of questions relating, on the one hand, to the precise criteria to be used at a given stage in the developing special relationship and, on the other hand, to the evaluation method to be applied. This is especially true in respect of the non-European neighbouring states which are not bound by (and cannot adhere to) the European Convention of Human Rights.

Conditionality is likely to produce the expected results when it supports an existing domestic policy process driving towards the implementation of EU values. It is also likely to work "better" when the Union is able to sustain its support by setting incentives, including those – still suboptimal – incentives offered by the ENP.

Should the domestic conditions in a neighbouring state be unfavourable or outright opposed to the acceptance of EU values, the ENP and its limited incentives alone are unlikely to make conditionality work. As a result of the introduction of the conditionality condition into the Treaty, the Union would be formally impeded from engaging in advanced co-operation with such neighbours, and would be obliged to downgrade or even suspend existing relationships as it has been the case of Belarus and Syria.

Conclusion

As long as relationships with "problematic" neighbouring countries remain at a low level of intensity, the new explicit Treaty-based obligation to "export" the Union values into its vicinity is unlikely to entail major difficulties. Things are different when co-operation – and be it limited to selected sectors – intensifies and does not directly relate to supporting the development of democracy and the rule of law: even a generous interpretation of the "Union values condition" in Article 8 TUE sits uncomfortably with enhanced co-operation between the Union and a neighbouring state with a problematic human rights and rule of law record.

So far, this problem only constituted a credibility gap within the ENP as conceived by the Union institutions, of which many (in the Union) took notice only very recently as a consequence of the Arab Spring. After the entry into force of the Lisbon Treaty, the Union needs to decide whether Article 8 TUE will have the effect of "constitutionalising" that gap or whether it will give real substance to the hitherto rather shallow concepts of "shared values" and "joint ownership".

Part II

Challenges in the Mediterranean and the Middle East

L'Union pour la Méditerranée

Genèse et mise en route d'un projet controversé

Bichara KHADER

Introduction

L'idée d'une Union *de* la Méditerranéenne (ou Union méditerranéenne[1]) a été évoquée, pour la première fois, par Nicolas Sarkozy, lors d'un discours électoral à Toulon, en février 2007.[2] Elle a été réitérée à plusieurs reprises, après l'élection présidentielle, et présentée comme la clé de voûte de la diplomatie française en Méditerranée.

Et pourtant, avant même que la proposition française ne soit portée par un projet aux contours bien définis, elle suscite étonnement, suspicion, grincements de dents, voire opposition farouche. Et à vrai dire, le moment choisi pour la clamer, et l'imprécision de l'idée quant à son contenu, ses objectifs, ses liens avec les politiques européennes en cours, son financement, sa valeur ajoutée, sa mise en œuvre et la délimitation de l'espace qu'elle est censée couvrir, fait problème. J'ai analysé ailleurs[3] les justificatifs français du projet et les différentes réactions émanant des milieux officiels et intellectuels. J'épinglais en particulier l'opposition des institutions européennes et des grands États de l'Union européenne (UE), non riverains de la Méditerranée. Je subodorais les difficultés qu'aurait le président Sarkozy à faire accepter ce projet par ses pairs européens. Aujourd'hui force est de reconnaître que ce projet, présenté d'emblée comme une initiative française, a été si chamboulé qu'il devient presque méconnaissable.

---

1 Les deux expressions on été utilisées par le candidat à la présidence de la République française. Voir notamment le discours de Toulon du 7 février 2007. Sarkozy N., Discours électoral de Toulon, Toulon, 7 février 2007, http://www.u-m-p.org/site/index.php/ump/s_informer/discours/nicolas_sarkozy_a_toulon.

2 *Ibid.*

3 Khader, B., De l'Union Méditerranéenne de Nicolas Sarkozy au Processus de Barcelone : Union pour la Méditerranée, in Allemand F. (ed.), *Union pour la Méditerranée : Pourquoi ? Comment ?*, Paris, Fondation pour l'Innovation Politique, 2008, pp. 25-79.

Les premiers correctifs ont été apportés par un Rapport de la Commission parlementaire présenté à la Présidence de l'Assemblée nationale française en décembre 2007.[4] En réponse aux réactions virulentes de l'Union européenne et de la Turquie, le Rapport propose de maintenir un lien avec l'Union européenne, prônant même une Charte de partenariat entre l'UpM et l'UE, suggère que la Ligue arabe et l'UE soient « membres de droit » de l'UpM, et conseille la déconnexion entre le projet d'UpM et le dossier de l'adhésion de la Turquie.

Ce dernier point est acté par l'Appel de Rome, signé le 20 décembre 2007 par le président Sarkozy, le président du Conseil italien Prodi et le premier ministre espagnol Zapatero.[5] C'est d'ailleurs à l'insistance de ce dernier que l'Union *de* la Méditerranée devient l'Union *pour* la Méditerranée. Ce n'est pas anodin car ce glissement sémantique lève une ambiguïté : il ne s'agit pas d'un « projet d'Union » mais d'une « Union de projets ». Ce faisant, les signataires de l'Appel de Rome cherchent à apaiser les institutions européennes et présentent le projet comme un « complément » des autres procédures de coopération et de dialogue destiné à « leur donner une impulsion supplémentaire ». L'Appel de Rome ne parle plus de « l'échec du Processus de Barcelone », pour ne pas heurter l'UE, et souligne même que le Processus de Barcelone et la Politique européenne de voisinage sont des « dispositifs centraux ». Et enfin, l'Appel de Rome transforme l'Union pour la Méditerranée en une initiative tripartite de la France, de l'Italie et de l'Espagne.

Ces inflexions n'ont pas apaisé les suspicions et les susceptibilités des États européens non riverains de la Méditerranée, notamment l'Allemagne. Celle-ci considère en effet qu'elle est triplement méditerranéenne : par son soutien constant aux politiques méditerranéennes de l'UE, par le fait qu'elle est le premier partenaire commercial des pays sud-méditerranéens et par la présence sur son sol de trois à quatre millions d'immigrés d'origine méditerranéenne, notamment turcs. Aussi, Angela Merkel s'est-elle cabrée contre le projet, à telle enseigne que les commentateurs ont commencé à flairer une véritable crise franco-allemande. Pour désamorcer une crise qui risquait de mettre à mal les relations entre les deux États piliers de l'UE, le président français s'est rendu à Hanovre, le 2 mars 2008, pour s'expliquer avec la chancelière allemande, finissant même par accepter ce qu'il avait toujours refusé, à savoir une Union pour la Méditerranée élargie à tous les pays de l'UE.

---

4 Guibal, J.-C. (Rapporteur), « Comment construire l'Union méditerranéenne ? », *Rapport d'information de l'Assemblée Nationale française*, n° 449, Paris, 5 décembre 2007, http://www.assemblee-nationale.fr/13/rap-info/i0449.asp.

5 *Sarkozy, Prodi et Zapatero lancent « l'Appel de Rome pour la Méditerranée »*, Agence France Presse, 20 décembre 2007, http://afp.google.com/article/ALeqM5i2oWbZthYykMw5AWQITMVY7IUZ-w ?index=0.

I. L'Union pour la Méditerranée et le Conseil européen des 13 et 14 mars 2008

On aurait pu penser, après les âpres tractations franco-allemandes, que le projet d'Union pour la Méditerranée allait figurer en bonne place dans les conclusions de la Présidence du Conseil européen des 13 et 14 mars 2008. Et bien que l'on se détrompe : le projet non seulement n'occupe qu'une annexe et ne comporte que cinq lignes, mais en plus il est présenté sous une nouvelle appellation : « Processus de Barcelone : Union pour la Méditerranée ». Voici, *in extenso*, le paragraphe qui lui est consacré :

> Le Conseil européen a approuvé le principe d'une Union pour la Méditerranée qui englobera les États membres de l'UE et les États riverains de la Méditerranée qui ne sont pas membres de l'UE. Il a invité la Commission à présenter au Conseil les propositions nécessaires pour définir les modalités de ce que l'on appellera « Le processus de Barcelone : une Union pour la Méditerranée », en vue du sommet qui se tiendra à Paris, le 13 juillet 2008.[6]

Ainsi l'UE a eu le dernier mot : l'Union pour la Méditerranée ne sera qu'une relance du Processus de Barcelone. Ce qui était présenté comme une grande vision pour sortir des sentiers battus des politiques communautaires « trop centrées sur le commerce », est tout bonnement transformé en un projet édulcoré. Je subodorais les résistances de l'UE et conseillais d'avoir « l'UE avec soi plutôt que contre soi » dès le lancement du projet. Je rappelais combien l'UE serait rétive à financer un projet qui ne recevrait pas son aval. Après tout, l'adage populaire ne dit-il pas que « celui qui paie l'orchestre, choisit la partition » ?

Le passage d'une Union de la Méditerranée au « Processus de Barcelone – une Union pour la Méditerranée » est plus qu'un glissement sémantique banal. Il réintègre le projet dans le giron européen, il pose le problème du partage du fardeau financier lors de la mise en place des nouvelles institutions, il complique la prise de décision avec le projet d'une présidence bicéphale, d'un comité permanent et d'un secrétariat. Alors, qu'au départ, l'on souhaitait un cadre allégé, et donc efficace, (pays méditerranéens) qui soit plus petit que la Politique européenne de voisinage (PEV) avec ses 43 membres et plus efficace que le Processus de Barcelone avec ses 39 membres (depuis l'intégration de la Mauritanie et de l'Albanie en 2007), nous voilà avec un projet comprenant les 27 pays de l'UE + 10 pays arabes + Israël + 5 pays de la Méditerranée orientale et adriatique, soit 43 pays. C'est donc soit une PEV *bis*, soit

---

[6] Conclusions de la présidence, Conseil européen, 13-14 mars 2008, annexe I, http://www.consilium.europa.eu/uedocs/cms_data/docs/pressdata/fr/ec/99435.pdf.

« Barcelone plus » mais sans aucune garantie que le nouveau-né soit plus vigoureux que les précédents.

Probablement le président français ne pouvait que souscrire à ce compromis, pour ne pas dresser l'UE et ses grands États contre le projet. Mais est-ce une victoire de la diplomatie française, comme le déclare Nicolas Sarkozy lui-même ? Oui, si l'on considère que l'initiative française a permis de relancer le débat autour de la Méditerranée. Non, puisque l'UE a fini par récupérer l'initiative, se l'approprier et l'intégrer au Processus de Barcelone.

II. La Communication de la Commission européenne de mai 2008 sur « Le Processus de Barcelone : Union pour la Méditerranée »

Le Conseil européen des 13 et 14 mars 2008 avait chargé la Commission européenne de présenter des propositions en vue de définir les modalités de la mise en œuvre de ce qui désormais s'appelle : « Processus de Barcelone : Union de la Méditerranée ».[7] La Commission européenne a rendu publique la dernière mouture de sa Communication en mai 2008.[8] Elle servira de base de discussion jusqu'à la tenue du Sommet du 13 juillet 2008 (v. ci-après). La Communication corrige les propositions initiales françaises sur une série de questions, tout en prenant en considération trois éléments d'orientation générale de la diplomatie française : donner une impulsion politique renouvelée au plus haut niveau par la tenue de sommets réguliers euro-méditerranéens ; réviser le mode de fonctionnement sur une base paritaire (codécision et égalité) ; et enfin lancer des projets concrets. Quel est donc le diagnostic que fait la Commission européenne et comment définit-elle les modalités de ce « nouveau projet » ?

A. Le diagnostic

Tout d'abord, la Communication rappelle la centralité du Processus de Barcelone : « En tant que partenariat englobant 39 gouvernements et plus de 700 millions d'habitants, il a offert un cadre favorable à un engagement et à un développement constants ». C'est « l'unique enceinte dans laquelle l'ensemble des partenaires [...] s'engagent dans un dialogue constructif », même si, reconnaît la Communication, « la persis-

---

7 Plus tard, en novembre 2008, les ministres des Affaires étrangères, réunis à Marseille, vont décider d'adopter une nouvelle dénomination simplifiée : « Union pour la Méditerranée ».

8 Commission européenne, *Communication de la Commission au Parlement européen et au Conseil, Le processus de Barcelone : Union pour la Méditerranée*, COM(2008) 319 final, 20 mai 2008.

tance du conflit au Moyen-Orient a cependant soumis le partenariat à dure épreuve ».[9]

Le PEM, poursuit la Communication, a permis de faire avancer les réformes politiques et la démocratie participative, mais cet objectif « a été tempéré par les événements mondiaux et régionaux ». Malgré cela, il y a un acquis non négligeable, la société civile « occupe une place désormais plus centrale dans le processus », ainsi que le dialogue interculturel, dont la Fondation Anna Lindh pour le dialogue des cultures en est l'expression la plus nette.[10]

Sur un autre registre, la Communication rappelle que l'UE reste le « principal partenaire » des pays méditerranéens. La libéralisation progressive a donné un coup de fouet aux échanges et des améliorations ont été constatées sur le plan macro-économique et en ce qui concerne les indicateurs du développement humain. Certes, la question des exportations agricoles pose toujours problème ainsi que la lenteur de la libéralisation des services. Quant à la faible attractivité de la région pour les investissements, elle s'expliquerait, selon la Commission européenne, par une gouvernance économique insuffisante, une faiblesse de la croissance et la poursuite de la croissance démographique. « L'effet combiné de ces lacunes a été un processus plus lent que prévu » qui n'a pas permis de diminuer l'écart de prospérité entre l'UE et ses partenaires. Dans cet état de fait, « le manque de prise de responsabilités de la part des partenaires méditerranéens est une source de préoccupations partagées », peut-on lire dans la Communication. La Commission européenne regrette, cependant, « l'absence d'équilibre institutionnel » entre l'UE et ses partenaires.[11]

Ayant fait ce constat mitigé, la Commission européenne se dit consciente du manque de visibilité du Processus de Barcelone et souligne l'importance d'un engagement accru et de nouveaux catalyseurs pour « transformer les objectifs de Barcelone en réalités concrètes ». Le moment est donc venu d'insuffler un nouvel élan au Processus de Barcelone.[12]

Tout en insistant sur la validité du cadre du Processus de Barcelone, « épine dorsale des relations euro-méditerranéennes », la Commission estime que le nouveau projet sera « un partenariat multilatéral » axé sur des projets régionaux et transnationaux, et englobant tous les pays de l'UE et tous les pays riverains. Ce nouveau projet viendra compléter les relations bilatérales et imprimera un nouvel élan au Processus de Barce-

---

9 COM(2008) 319, *op. cit.*, p. 3.

10 *Ibid.*, p. 3.

11 *Ibid.*, p. 4.

12 *Ibid.*, p. 4.

lone. Le Sommet du 13 juillet sera un moment fort couronné par une « déclaration politique » et la présentation d'une courte liste de projets-phares.[13]

B. Un meilleur partage des responsabilités

C'est sur les aspects institutionnels que la Communication apporte des précisions opportunes à un projet qui, jusqu'ici, restait flou.

1. La coprésidence de l'Union pour la Méditerranée

Il semble que la proposition d'une coprésidence recueille un soutien général car elle « augmentera et améliorera l'équilibre et l'appropriation commune »[14] de la coopération euro-méditerranéenne. Elle s'exercera sur l'ensemble du partenariat. Du côté européen, la présidence doit « être compatible avec les dispositions régissant la représentation extérieure de l'Union européenne »[15], ce qui signifie qu'en principe la France pourra assumer la présidence, du côté européen, jusqu'à fin 2008. Après cette date, et dès l'entrée en vigueur du Traité de Lisbonne, « la présidence du côté de l'Union européenne sera exercée par le président du Conseil européen et le président de la Commission (au niveau des chefs d'État et de gouvernement), et par le haut représentant – vice-président de la Commission, au niveau des ministres des Affaires étrangères ». Du côté des pays méditerranéens, le choix de la présidence se fera par consensus et le mandat sera fixé pour deux ans.[16]

2. Le Comité permanent conjoint

Pour améliorer la gouvernance générale du projet, la Commission européenne propose la création d'un Comité permanent conjoint (CPC), basé à Bruxelles et constitué des représentants permanents des différentes missions concernées présentes à Bruxelles.[17] Ce comité doit :

i) Préparer les réunions des hauts fonctionnaires et du Comité euro-méditerranéen ;

ii) Assister les coprésidents dans la préparation des sommets ;

iii) Servir de mécanisme de réaction rapide.

---

13 *Ibid.*, p. 5.

14 *Ibid.*, p. 6.

15 *Ibid.*, p. 7.

16 *Ibid.*

17 *Ibid.*

3. *Le secrétariat*

La Commission européenne estime que le rôle du secrétariat consistera essentiellement à formuler des propositions d'initiatives conjointes et à assurer le suivi des décisions prises. Le secrétariat « pourrait avoir une personnalité juridique distincte et un statut autonome ». Il sera composé de « fonctionnaires détachés des participants au processus ». Il sera présidé par un secrétaire général et un secrétaire général adjoint. C'est le secrétaire général qui désignera les membres du secrétariat selon les critères de compétence et d'équilibre géographique. La rétribution des fonctionnaires sera à charge des administrations respectives.[18]

4. *La sélection des projets*

Les projets sélectionnés devront favoriser la cohésion et l'intégration régionales et développer les interconnexions entre infrastructures. Ils devraient, selon la Commission européenne, constituer des « projets visibles et pertinents pour les citoyens de la région ».[19] Dans le processus de sélection, les éléments suivants seront pris en compte :

- le caractère régional, sous-régional et transnational ;
- la taille, la pertinence et l'intérêt ;
- le développement équilibré et durable ainsi que l'intégration, la cohésion et les interconnexions régionales ;
- la faisabilité financière ;
- leur maturité pour être lancés rapidement.

La Commission propose 4 projets qu'elle estime prioritaires :

- Autoroutes de la mer ;
- Dépollution de la Méditerranée et gouvernance environnementale ;
- Protection civile ;
- Plan solaire méditerranéen.[20]

C. Le financement de l'Union pour la Méditerranée

La Commission européenne prévient que « les priorités fixées dans le programme indicatif national resteront d'application et aucune contribution communautaire potentielle aux nouveaux projets régionaux ne sera financée au détriment des dotations budgétaires bilatérales provenant de l'Instrument européen de voisinage et de partenariat ou de l'instrument de préadhésion ».[21]

---

18 *Ibid.*, p. 8.

19 *Ibid.*, p. 9.

20 *Ibid.*, pp. 11-13.

21 *Ibid.*, p. 9.

Pour la Commission européenne, il faut trouver des moyens financiers supplémentaires pour financer les nouveaux projets régionaux. L'UE ne prendra en considération que « certains projets répondant aux objectifs des programmes régionaux ».[22] Par conséquent, le financement supplémentaire devra venir du secteur privé, des contributions des partenaires méditerranéens, des institutions internationales, de la Banque européenne d'investissement (BEI) et surtout de la FEMIP (Facilité euro-méditerranéenne d'investissement et de partenariat) et de la facilité d'investissement dans le cadre de la PEV.

Bien qu'un communiqué de l'Élysée ait affirmé que les autorités françaises approuvaient le diagnostic de la Commission européenne, nul doute que la Communication de la Commission ait suscité des grincements de dents. En insistant lourdement sur le cadre de Barcelone, la Commission européenne a vidé l'initiative française de sa force symbolique et l'a réduite à une simple réactualisation du Processus de Barcelone. Cela n'a guère plu aux Français, même s'ils ont affiché un appui de pure forme. De même, alors qu'à l'origine l'Union de la Méditerranée était censée refléter un nouvel activisme français en Méditerranée, la Commission européenne a réduit l'ambition française à un simple complément des relations bilatérales de l'UE. Cela est patent dans toute la Communication. Ainsi, le nouveau projet impliquera désormais tous les États de l'UE et les États riverains.[23] Quant à la France, elle assumera la coprésidence, jusqu'à la fin décembre. Les Français ont toutefois négocié avec les Tchèques, puis avec les Suédois, un arrangement permettant à la France de continuer à coprésider l'Union pour la Méditerranée *de facto*, la coprésidence revenant *de jure*, successivement, à ces deux pays non riverains de la Méditerranée.

Sur la question des financements, l'UE ne mettra pas de nouvelles ressources dans les nouveaux projets au détriment de ses engagements dans les programmes indicatifs régionaux. Certes, certains projets « répondant aux programmes régionaux de l'UE »[24] pourraient être pris en considération, mais l'UE n'ira pas au-delà. En outre, si un projet bénéficie de plusieurs types de financement, qui va en assurer le suivi ? N'y a t-il pas un risque qu'Hervé de Charrette appelle l'« enchevêtrement des procédures »[25] ? Peut-être faut-il songer à une institution financière. Mais les propositions se télescopent beaucoup plus qu'elles ne se complètent : une Banque de développement pour la Méditerranée ? Une BEI

22 *Ibid.*, p. 10.

23 *Ibid.*, p. 5.

24 *Ibid.*, p. 10.

25 De Charrette, H., « Union pour la Méditerranée : le Sud doit se faire entendre », *Arabies*, Paris, juin 2008, p. 4.

méditerranéenne ? Ou de simples agences de conseil, de garantie et d'apport en fonds propres.[26]

Et enfin, s'il faut recourir au secteur privé, aux fonds souverains des États du Golfe persique, aux contributions des États méditerranéens, à la BEI et aux institutions internationales pour assurer l'essentiel du financement des projets sélectionnés, quel serait le rôle de l'UE ? Qui assurerait l'audit financier ? Sur un autre registre, pourrait-on empêcher les Américains, les Chinois, les Russes et d'autres encore de répondre aux appels d'offre ?

Quant aux projets considérés comme prioritaires par la Commission européenne, ils ne recouvrent pas tous les projets identifiés par les conseillers de Sarkozy comme les questions de l'eau (accès, assainissement et gestion), la sécurité de l'approvisionnement énergétique, le transport terrestre, la formation professionnelle et les échanges universitaires, etc. Mais disons, à la décharge de la Commission européenne, qu'il ne s'agissait pas d'une liste exhaustive.

Ainsi, une chose est sûre : la Commission européenne est surtout préoccupée par le souci d'empêcher la division de l'UE. Elle a donc écorné et revu à la baisse le projet initial. Ce qu'elle propose ressemble très peu à l'idée que se faisait Sarkozy de l'Union de la Méditerranée. Ainsi, l'Union européenne, à l'instigation de l'Allemagne, a réussi magistralement à marquer son territoire. Deux jours après la publication de la Communication de la Commission, José Manuel Barroso ne mâche pas ses mots : « La Méditerranée est sans doute la région la plus critique pour l'avenir de l'Europe [...] La France doit donc jouer le jeu européen, sans arrogance, sans hégémonie, y compris dans son intérêt national ».[27]

En ce qui concerne l'architecture institutionnelle, on comprend aisément que la coprésidence, du côté méditerranéen, soit choisie par consensus, car une coprésidence rotative aurait été un casse-tête infernal dans le contexte actuel de pays en situation de conflit. Mais si l'Égypte assure la première coprésidence, où placer alors le siège du secrétariat ? Le Parlement européen estimait, dans sa résolution du 5 juin 2008, que le nouveau secrétariat « devrait être intégré dans les services de la Commission et pourrait comprendre des fonctionnaires détachés par

---

[26] Notamment la proposition italo-espagnole de création d'une agence de conseil, de garantie et d'apport de fonds propres pour les PME-PMI afin de les aider à investir dans la rive Sud de la Méditerranée. V. l'interview d'Alain Leroy publiée en 2008 dans CAIRN Info, http://www.cairn.info/article.php ?ID_ARTICLE=RIS_070_0013.

[27] Barroso, J. M., « La France doit jouer le jeu européen sans arrogance », *La Croix*, 22 mai 2008, http://www.la-croix.com/article/index.jsp?docId=2338514&rubId =1094.

tous les participants au processus ».[28] Au Sud, on ne semblait pas partager cet avis. La Tunisie a proposé sa candidature pour accueillir le siège mais cette proposition n'a pas été retenue par les ministres des Affaires étrangères réunis lors de la Conférence de Marseille des 3 et 4 novembre 2008. C'est en effet Barcelone qui a été retenue pour devenir le siège du secrétariat de l'UpM.[29]

Un autre problème se pose : si l'on intègre le projet d'Union pour la Méditerranée au cadre de Barcelone, comment traiter les pays riverains de la Méditerranée, invités au Sommet de Paris mais qui ne sont pas membres du Processus de Barcelone (Croatie, Monténégro, Bosnie et Libye) ? La Commission ne répond pas à la question. Mais le Parlement européen y répond dans sa résolution du 5 juin 2008. En effet, le Parlement européen « invite les pays qui ne font pas partie du processus de Barcelone à faire leur l'acquis de Barcelone de manière à poursuivre les mêmes objectifs », tout en donnant l'assurance, qu'en sa qualité de branche de l'autorité budgétaire de l'Union, il est « disposé à collaborer à la mise sur pied d'un cadre institutionnel du Processus de Barcelone-Union pour la Méditerranée ».[30] Mais a-t-on consulté ces pays et sondé leurs intentions quant à l'adoption de « l'acquis de Barcelone » ?

On voit bien qu'en dépit des précisions fournies par la Communication de la Commission européenne, beaucoup de questions restent en suspens et notamment la présence dans la nouvelle structure de membres qui ne sont pas partie prenante dans le Processus de Barcelone, ce qui ne manquera pas de poser de sérieux problèmes institutionnels et financiers.[31] Mais il y a une conviction commune : l'accumulation des défis en Méditerranée n'autorise aucune tergiversation. Il faut aller de l'avant. Mais la route ne sera pas semée de pétales de roses.

Plusieurs réactions, émanant de sources diverses, viennent, en effet assombrir le climat. Du côté européen, certains pays européens considèrent que l'intérêt renouvelé porté à l'espace méditerranéen risque de

---

28 Parlement européen, *Résolution du Parlement européen sur le processus de Barcelone : Union pour la Méditerranée*, 5 juin 2008, P6_TA(2008) 0257, http://www.europarl.europa.eu/sides/getDoc.do?pubRef=-//EP//TEXT+TA+P6-TA-2008-0257+0+DOC+XML+V0//FR.

29 Conclusions de la Conférence des ministres des Affaires étrangères de Marseille, 3-4 novembre 2008, http://www.europarl.europa.eu/intcoop/empa/home/final_statement_marseille_04nov2008_fr.pdf.

30 Parlement européen, *Résolution du Parlement européen sur le processus de Barcelone : Union pour la Méditerranée*, 5 juin 2008, P6_TA(2008) 0257, http://www.europarl.europa.eu/sides/getDoc.do?pubRef=-//EP//TEXT+TA+P6-TA-2008-0257+0+DOC+XML+V0//FR.

31 Soler i Lecha, E., Barcelona Process : Union for the Mediterranean, Barcelone, *Documento de trabajo*, No. 28, CidoB, 2008, p. 28.

détourner l'attention des problèmes de l'Est européen. Ainsi, la Pologne et la Suède ont proposé un projet[32] visant à resserrer les liens avec les pays de l'Est et du Caucase (Ukraine, Moldavie, Biélorussie, Géorgie, Arménie et Azerbaïdjan). « Nous pensons que ces pays doivent faire partie de la famille européenne », déclare le ministre polonais des Affaires étrangères, Nikolaj Dowgielewicz, avant d'ajouter : « En Pologne, nous faisons la distinction suivante : au Sud nous avons des voisins de l'Europe, à l'Est, nous avons des voisins européens. Et c'est une grande différence ».[33]

Du côté arabe, la réaction libyenne a étonné par sa sévérité. À l'ouverture d'un mini-sommet (pays maghrébins et Syrie) réuni à Tripoli, le 9 juin 2008, pour traiter de la question de l'Union pour la Méditerranée, le dirigeant libyen, s'est lancé dans une diatribe acérée : « Nous sommes des pays membres de la Ligue arabe et aussi de l'Union africaine et nous ne prendrons en aucun cas le risque de diviser nos rangs [...]. Il faut que nos partenaires (européens) comprennent bien cela ». Avant d'ajouter, sur un ton outragé : « Nous ne sommes ni des affamés ni des chiens pour qu'ils nous jettent des os ».[34] On ne peut être plus tranchant. Mais il ne faut pas trop hâtivement qualifier la position libyenne de fantasque. Ce qui, probablement, a le plus exaspéré le président libyen c'est la récupération du projet français par l'UE, au nom de la solidarité et de la cohésion. En effet, au départ, la Libye ne voyait pas d'un mauvais œil l'initiative française car elle offrait à la Libye un « nouveau cadre », dans un périmètre limité, ce qui présentait, pour elle, un double avantage : la Libye ne se sentait pas contrainte d'accepter l'acquis de Barcelone et elle pouvait espérer jouer un rôle important dans un projet limité aux riverains. Or le nouveau cadre lui impose pratiquement d'accepter, comme le propose le Parlement européen, l'acquis de Barcelone et dilue son possible rôle dans un espace élargi.

La Tunisie reste favorable au projet et cet accueil est d'autant plus enthousiaste que la participation n'est liée à aucune conditionnalité démocratique. Le Maroc, quant à lui, dit appuyer le nouveau projet, mais fondamentalement, ce qui intéresse ce pays maghrébin c'est le Statut Avancé négocié avec l'Union européenne en tant que telle, qu'il a d'ailleurs obtenu à la réunion du Luxembourg le 13 octobre 2008. L'Égypte, tiède au début, semble plus enthousiaste depuis que Sarkozy a

---

[32] V. la contribution de Lannon, E. et Van Elsuwege, P. dans cet ouvrage.

[33] « Varsovie et Stockholm veulent un rapprochement avec l'Est », *Courrier International*, 27 mai 2008, http://www.courrierinternational.com/article/2008/05/23/varsovie-et-stockholm-veulent-un-rapprochement-avec-l-est.

[34] « Kadhafi rejette l'Union pour la Méditerranée », *Euractiv*, 11 juin 2008, http://www.euractiv.com/fr/elargissement/kadhafi-rejette-union-mediterrane/article-173245.

proposé au président Moubarak d'occuper le poste de coprésident du côté des pays du Sud. Quant à la Syrie, elle ne voit le nouveau projet que comme un moyen d'accroître sa respectabilité internationale à un moment où les Américains la cataloguent dans le groupe de « l'axe du mal ».

À dire vrai, malgré les positions officielles affichées, il y a comme un malaise dans tous les pays arabes qui s'expliquerait par l'étonnement devant tant d'initiatives européennes et surtout par le sentiment que ce nouveau projet, comme les précédents, les force à normaliser leurs relations avec Israël, avant la réconciliation. Soucieux de ménager le sentiment populaire, surtout depuis l'évaporation du rêve d'Annapolis et la poursuite de la colonisation israélienne, certains dirigeants préviennent qu'ils refuseraient ce que le *Nouvel Observateur* a qualifié de « chorégraphie du Sommet qui donnerait l'impression d'une normalisation de leurs relations avec Israël ».[35] Le ministre algérien des Affaires étrangères, Mourad Medelci, le rappelle sans détour : « Ce n'est pas l'UpM qui doit faire la normalisation entre Israël et les pays arabes. […] Le processus de normalisation relève d'un autre débat ».[36]

Venant d'un ministre algérien, le propos peut paraître saugrenu car l'Algérie participe depuis 1995 au Processus de Barcelone, aux côtés d'Israël. En réalité, ce qui a beaucoup choqué les pays arabes, c'est de voir en mai 2008 les médias européens, surtout français, commémorer le 60e anniversaire de la création de l'État d'Israël, alors que cette création a signifié, du point de vue arabe, la dé-existence palestinienne et la « Nakba » (la catastrophe) de tout un peuple. En outre, le projet d'un rehaussement des liens entre l'UE et Israël, au cœur des discussions de la Commission mixte UE-Israël, réunie le 16 juin 2008, ne pouvait tomber plus mal. Les Arabes, ainsi que de nombreuses personnalités européennes, ont considéré que le projet était, le moins qu'on puisse dire, inopportun quant à son timing et envoyait un message erroné quant à son principe. Ils auraient été d'autant plus refroidis à l'égard de l'Union pour la Méditerranée qu'ils percevaient la France comme principal avocat de relations renforcées entre l'UE et Israël.

Sur un autre plan, une phrase de la résolution du Parlement européen semble avoir également éveillé leurs soupçons. En effet, dans son point 8, la résolution du Parlement du 5 juin 2008 rappelle que « le pays assurant la présidence devrait inviter aux sommets et aux réunions ministérielles tous les pays participant au Processus de Barcelone :

---

35 Le *Nouvel Observateur*, *version online*, 7 juin 2008, http://tempsreel.nouvelobs.com/index.html.

36 http://www.algeria-watch.de/fr/article/pol/union_mediterranee/besoin_clarifications.htm.

Union pour la Méditerranée ».[37] Est visée clairement dans ce propos la participation d'Israël.

Tout cela semble confirmer aux yeux de certains pays arabes que l'intégration d'Israël dans tout projet méditerranéen prime sur toute autre considération. Le fait que les officiels et les médias européens n'ont de cesse de rappeler qu'Israël « est la seule démocratie de la région » face à des dirigeants arabes qualifiés en privé par certains officiels et en public par les médias de « fantasques », « farfelus », et « corrompus » ne fait qu'aggraver un malentendu profond.

Les journalistes et les intellectuels arabes demeurent partagés quant à l'ensemble du projet. Sans optimisme débordant, sans adhésion franche, mais sans rejet total. Dans ces milieux, la participation d'Israël fait toujours problème. Le professeur Chems Eddine Chitour précise que « le fait de côtoyer (ce pays), le rendrait discrètement et inexorablement fréquentable […] », et « accepter de siéger dans ces conditions cautionnerait la politique d'apartheid et colonialiste contre les Palestiniens ».[38] D'autres reprochent à l'UE d'assigner aux pays du Sud le rôle ingrat de garde-frontières, voient dans le projet de l'UpM une stratégie subtile pour barrer la route aux concurrents chinois, russes et américains, ou simplement regrettent la multiplication d'initiatives en Méditerranée. D'autres encore estiment qu'il faut d'abord promouvoir les contacts et pas seulement signer des contrats, donner la priorité aux liens plutôt qu'aux biens. Jolies formules certes, mais qui mettent en exergue une exigence réelle : l'appropriation du projet par les sociétés civiles. Cela signifie, du point de vue de certains intellectuels arabes, que tout projet euro-méditerranéen doit se fonder sur l'appropriation commune (réelle et non virtuelle) et sur le co-développement. Ceci suppose d'en finir avec des politiques surannées qui ne regardent les pays du Sud que comme des « auxiliaires de police ayant pour charge la protection des sources d'approvisionnement en énergie, l'entretien d'un marché captif pour les produits finis européens et la garde, sur leur territoire, de populations potentiellement candidates à l'émigration ».[39]

Tout aussi fondamentale est la préoccupation de nombreux intellectuels arabes quant à la possible dilution des principes de bonne gouvernance et de démocratie dans le nouveau projet, au nom de la *realpolitik* ou sous l'effet de l'urgence. Déjà, en se rendant en Tunisie, Nicolas

---

37 Point 8 de la résolution du Parlement du 5 juin 2008, *op. cit*.

38 « Union pour la Méditerranée : Pourquoi l'Algérie doit refuser d'y adhérer ? », http://www.millebords.org/spip.php?article 8652.

39 Chafiq Mesbah, M., UPM, utopie ou réalité : un point de vue algérien, in *Défense nationale et sécurité collective : Union pour la Méditerranée*, Paris, Cerem, 2008, p. 43.

Sarkozy a donné le ton : « Personne ne peut se poser en censeur et je ne vois pas au nom de quoi je me permettrais […] de m'ériger en donneur de leçons ».[40]

Naturellement, il ne viendrait à l'esprit d'aucun intellectuel arabe de demander à l'Europe de donner des leçons en matière de démocratie. Mais les intellectuels arabes démocrates souhaitent que dans les projets et dans les structures du « Processus de Barcelone : Union pour la Méditerranée », les sociétés civiles, qui ont un véritable ancrage social dans leurs pays d'origine, soient véritablement impliquées. Un projet qui demeure cantonné au monde des entreprises, aux conférences ministérielles et aux sociétés de conseil, risque de perdre en crédibilité pour les citoyens et finira, comme les précédents, par sombrer dans l'indifférence.

III. Le Sommet de Paris pour la Méditerranée de juillet 2008

Écrivant dans le journal *Le Monde*, deux jours avant la tenue du Sommet, Bernard Kouchner, ministre français des Affaires étrangères, fait siens les aménagements de l'UE apportés à l'initiative française, tout en réitérant que le projet d'Union lancé par le président Sarkozy est « une grande idée, simple mais ambitieuse, audacieuse mais concrète ».[41] Le ministre souligne les efforts de la diplomatie française pour apaiser les craintes des pays du Sud et du Nord et rencontrer leurs préoccupations. Il se réjouit naturellement de la tenue du Sommet, voulu par le président français et préparé en si peu de temps. « Pour qui connaît les ressentiments de ces peuples enchevêtrés, cette rencontre est déjà un succès historique », renchérit-il. Et effectivement, elle l'est, mais surtout pour la diplomatie française. Cependant, il faut reconnaître que la diplomatie française a largement bénéficié d'un faisceau de circonstances positives :

- l'impasse libanaise venait d'être brisée, suite à l'accord de Doha qui a abouti à l'élection d'un nouveau président (Michael Suleiman) ;
- un nouveau gouvernement libanais était formé, à l'arrachée, quelques jours avant le sommet ;
- une trêve entre le Hamas et Israël négociée sous l'égide de l'Égypte, venait d'entrer en vigueur ;

40 Discours de Nicolas Sarkozy, Tunis, 28 avril 2008, http://appablog.wordpress.com/2008/04/29/discours-sarkozy-tunisie-visite-detat-en-tunisie-allocution-du-president-de-la-republique-m-nicolas-sarkozy-lors-du-diner-detat-offert-par-le-president-de-la-republique-tunisienne-m-zin/.

41 « L'Europe, l'avenir passe par la Méditerranée », in *Le Monde*, 11 juillet 2008, p. 18.

- des pourparlers entre Israël et la Syrie étaient engagés grâce à une médiation turque ;
- les négociations sur des échanges humanitaires entre Israël et le Hezbollah débouchaient sur un heureux dénouement.

C'est donc dans un climat apaisé que se réunit le Sommet de Paris. Trois chefs d'État du Sud font cependant défection : le président libyen, et les rois du Maroc et de Jordanie. Bachar El Assad, président de Syrie, y est présent mais les honneurs qui lui sont faits suscitent des grincements de dents : « Ce projet a-t-il été créé afin de contourner les engagements pris en faveur des droits humains ? », s'émeut Amnesty International.[42] À vrai dire, derrière la réhabilitation de la Syrie se dessine un enjeu stratégique : premièrement, amener la Syrie à reconnaître la pleine souveraineté du Liban avec tout ce que cela comporte, notamment un échange d'ambassadeurs, c'est d'ailleurs chose faite depuis juin 2008 et deuxièmement l'inciter à prendre ses distances par rapport à l'Iran, puissance perçue comme le trouble-fête de la région.

En revanche, la présence d'Ehud Olmert, Premier ministre d'Israël, ne suscite pas les mêmes réactions indignées. L'occupation de la Cisjordanie et du Plateau du Golan, la poursuite de la colonisation, et la question des 8 500 détenus palestiniens (dont 300 mineurs) qui moisissent dans les prisons israéliennes, ne sont même pas évoquées, mais tous les médias se réjouissent du fait qu'Arabes et Israéliens se trouvent assis autour de la même table.

Du côté européen, les 27 pays membres de l'UE sont au rendez-vous, au grand complet, ainsi que le président de la Commission, le haut représentant de la Politique étrangère et de sécurité commune, et le président du Parlement européen. L'Allemagne est représentée par la Chancelière, Angela Merkel, qui a droit à des égards particuliers sans doute pour faire oublier la crise du couple franco-allemand sur l'Union de la Méditerranée, qui, aux dires d'un spécialiste, « a été la plus grave depuis l'unification allemande ».[43]

La Déclaration signée par les 43 représentants (des pays, territoires palestiniens et la Principauté de Monaco) est un calque de la Déclaration de Barcelone adoptée en novembre 1995. Elle établit d'abord la philosophie générale de ce « nouveau partenariat multilatéral et renforcé ». Pour les partenaires, il s'agit surtout d'une « ambition stratégique pour la Méditerranée », traduisant « un engagement résolu en faveur de la paix, de la démocratie, de la stabilité régionale et de la sécurité à travers

[42] http://www.algeria-watch.org/fr/article/pol/union_mediterranee/sommet.htm.

[43] Stark, H., *Libération*, 12 juillet 2008, p. 4.

la coopération et l'intégration régionale ».[44] Sur ce registre, sont évoquées :

- les mesures pratiques afin de prévenir la prolifération nucléaire et l'accumulation excessive d'armes conventionnelles ;
- les mesures visant au renforcement de la « démocratie et du pluralisme » et au « plein respect des droits de l'homme, y compris les droits économiques, sociaux et culturels, civils et politiques ». Sont épinglés, ici, « le renforcement du rôle des femmes dans la société », « le respect des minorités » et « le dialogue culturel » ;
- le soutien au processus de paix israélo-palestinien et aux négociations entre la Syrie et Israël ;
- la condamnation du terrorisme sous toutes ses formes et manifestations. Les signataires se disent « déterminés à mettre intégralement en œuvre le Code Conduite en matière de lutte contre le terrorisme » et à « agir sur les facteurs qui favorisent la propagation du terrorisme » et rappellent qu'ils « rejettent totalement les tentatives d'associer une religion ou une culture, quelle qu'elle soit, au terrorisme ».[45]

Puis les 43 partenaires s'accordent sur les principes généraux qui doivent guider l'action collective :

- responsabilité « mieux partagée » ;
- pertinence des projets et meilleure visibilité ;
- partenariat englobant, fondé sur le consensus ;
- implication de la société civile, des autorités locales et régionales, ainsi que du secteur privé.

En ce qui concerne les objectifs principaux, la Déclaration affirme que le nouveau partenariat « s'appuiera sur l'acquis de Barcelone », tout en soulignant que « le moment est venu d'insuffler un élan nouveau et durable au processus de Barcelone », grâce à « des efforts accrus et de nouveaux catalyseurs », notamment le rehaussement du « niveau politique des relations de l'UE avec ses partenaires méditerranéens »[46] (coprésidence, sommets bisannuels se tenant alternativement dans les pays de l'UE et dans les pays méditerranéens, renforcement du rôle de l'Assemblée parlementaire euro-méditerranéenne, mise à contribution de la Fondation Anna Lindh).

---

[44] Déclaration commune du sommet de Paris pour la Méditerranée, Paris, 13 juillet 2008, point 2, http://www.ue2008.fr/.

[45] Déclaration commune du sommet de Paris pour la Méditerranée, *op. cit.*, point 8.

[46] *Ibid.*, point 14.

Un autre objectif est de faire de l'Union pour la Méditerranée une Union de projets. Par conséquent, seront sélectionnés, en priorité, les projets susceptibles de rendre les relations euro-méditerranéennes « plus concrètes et plus visibles »[47] (dépollution, autoroutes maritimes et terrestres, plan solaire, université euro-méditerranéenne, développement des entreprises).

La lecture de la Déclaration de Paris n'apporte rien de fondamentalement neuf, à part la mention des principes généraux d'égalité, de participation, d'appropriation commune et l'insistance sur des projets concrets et visibles. On a le sentiment que la diplomatie française s'est surtout concentrée sur la tenue même du sommet, au point qu'elle a voulu contenter tout le monde, en arrondissant les angles. Ainsi la Déclaration condamne le terrorisme, auquel elle consacre tout un paragraphe, mais pas l'occupation des territoires palestiniens. Certes les signataires affirment être résolus « à mettre fin aux occupations »[48], mais ils ne disent pas explicitement lesquelles. La Déclaration dit « soutenir » le Processus de paix israélo-arabe, mais omet de faire mention du Plan arabe de paix adopté par le Sommet arabe de Beyrouth en 2002 et réitéré lors du Sommet de Ryad en 2007. Pour donner satisfaction à la Turquie, la Déclaration dissocie l'Union pour la Méditerranée des « négociations d'adhésion ou du processus de préadhésion »[49], mais on sait que les Français ont fait cette concession à contrecœur.

Sur un autre plan, la Déclaration consacre plusieurs paragraphes au processus de Barcelone et à la nécessité de prendre appui sur « l'acquis de Barcelone ». On voit dans cette insistance la griffe de la Commission européenne : il s'agit surtout de ne pas faire apparaître l'Union pour la Méditerranée comme un projet « concurrent » ou « nouveau ». Or, dans l'esprit des conseillers de Nicolas Sarkozy, notamment Henri Guaino, il s'agit bel et bien d'une « philosophie nouvelle qui consiste à substituer une logique de projets à une logique bureaucratique où l'on dispose de budgets en se demandant comment les dépenser ».[50] La critique des politiques européennes n'est pas feutrée : elle est bien explicite et même audacieuse. Ainsi l'UpM prend appui sur l'acquis de Barcelone, mais c'est une philosophie nouvelle.

En ce qui concerne le financement, la Commission européenne a fait valoir son point de vue : elle n'est pas prête à fournir des contributions supplémentaires aux nouveaux projets, et certainement pas au détriment des dotations budgétaires bilatérales existantes. À quoi ça sert de rappe-

---

47 *Ibid.*

48 *Ibid.*, point 8.

49 *Ibid.*, point 13.

50 Guaino, H., cité par *Libération*, 12 juillet 2008, http://www.liberation.fr/.

ler que « le Processus de Barcelone : Union pour la Méditerranée » est conçu comme un « partenariat multilatéral » visant à accroître le potentiel d'intégration et de cohésion régionales, si, en même temps, on insiste sur le maintien des « dotations bilatérales existantes » ?

En ce qui concerne la participation, seule la Libye a fait défection, le président Kadhafi considérant que l'UpM divise le Monde arabe et l'Afrique. Venant de lui, l'argument manque de pertinence. En réalité, le dirigent libyen n'a pas apprécié l'extension du périmètre de l'UpM et sa communautarisation car cela signifie, à ses yeux, que la Libye se trouve contrainte d'accepter « l'acquis du Processus de Barcelone », sans en être partie prenante. À cela, il faut ajouter, naturellement, l'aversion libyenne pour tout ce qui peut paraître comme une normalisation des relations avec Israël par la participation à un projet commun.

Certes, la Syrie parvient à sortir de son ostracisme, mais la concentration des feux des projecteurs sur Bachar El Assad, on le sait, n'a plu ni à l'Égypte ni à la Jordanie. Mais alors que le président Moubarak a tenu à être présent, étant nominé pour le poste de coprésident de l'UpM, le roi Abdallah de Jordanie a préféré déléguer son premier ministre, Nader Dahabi. Quant à l'absence du roi du Maroc, elle n'est pas due à une quelconque mauvaise humeur et le pays a été représenté au plus haut niveau. N'oublions pas que le Maroc ne voyait pas de contradiction entre sa quête de Statut Avancé (chose obtenue en octobre 2008) et son accueil favorable à l'Union pour la Méditerranée. Ainsi l'absence du Maroc ne doit pas s'interpréter comme liée aux différends intermaghrébins ou la présence du président Bouteflika au sommet. Après tout, l'Algérie est partie prenante au projet et Bouteflika n'est pas venu à Paris par effraction.

Bien sûr, la Turquie a tenu à être présente, mais après avoir reçu des assurances répétées des émissaires français dépêchés à Ankara que le Processus de préadhésion de la Turquie était totalement dissocié du projet « Union pour la Méditerranée ».

Le premier ministre israélien était manifestement heureux d'être à Paris. Cela lui permettait, un court moment, d'oublier ses démêlés avec la justice de son pays, pour plusieurs affaires de corruption. Plus fondamentalement, la participation d'Israël lui permettait surtout, comme le font remarquer fort judicieusement Nathalie Nougayrède et Gilles Paris, d'engranger une avancée diplomatique « sans pour autant faire un geste particulier dans le cadre du processus de paix qui est mal en point, notamment par la poursuite de la colonisation ».[51]

---

[51] Nougayrède, N. et Paris, G., « Le pari proche-oriental de la France », in *Le Monde*, 12 juillet 2008, p. 2.

Du côté européen, la Commission européenne était satisfaite d'avoir « communautarisé » une initiative française. Dans cette « européanisation » du projet, le rôle de l'Allemagne a été déterminant. La tranquille pugnacité d'Angela Merkel a eu finalement raison de l'entêtement du président français.

Les autres pays européens non riverains ont été moins proactifs, mais pas nécessairement moins désintéressés. Disons, à leur décharge, que ces pays se sentent moins exposés aux turbulences méditerranéennes ou ont d'autres priorités. Les yeux des Polonais sont braqués sur l'Ukraine, ceux des pays baltes sur la Russie proche, et ceux des Bulgares et des Roumains sur la mer Noire et le Caucase. De manière générale, pour les pays scandinaves comme pour les pays d'Europe centrale et orientale les relations avec les voisins immédiats – Russes, Ukrainiens, Moldaves et Biélorusses – sont plus importantes que celles avec les pays méditerranéens.

La Slovénie, qui venait d'achever sa présidence de l'Union, s'est vue, quant à elle, récompensée puisqu'elle a été nommément désignée, dans la Déclaration de Paris, pour accueillir une « Université euro-méditerranéenne ». Mais à quel titre ? se sont interrogés certains journaux espagnols. Est-ce que l'Espagne n'est pas un lieu plus idoine pour accueillir une telle institution, en raison de son histoire, sa géographie, ses nombreuses institutions spécialisées et l'intérêt académique porté par ses universités aux thématiques méditerranéennes et arabes ? Cette réaction me paraît exagérée car elle méconnaît une donnée importante : la Déclaration de Paris ne fait qu'avaliser l'inauguration, à Piran en Slovénie, le 9 juin 2008, d'une Université euro-méditerranéenne (EMUNI) conçue davantage comme un réseau d'universités partenaires. C'est une bonne idée d'autant que la Slovénie a une tradition universitaire bien établie. Rappelons, à titre purement indicatif, que c'est un Slovène qui a traduit le Coran en Latin vers le XIe siècle.

Le problème est ailleurs. Il réside dans la multiplication des réseaux des universités euro-méditerranéennes, dont au moins deux se trouvent en Italie et un Forum interuniversitaire a été lancé à Tarragone en 2006. Pour utiles qu'ils soient, ces réseaux manquent souvent de moyens financiers suffisants pour impulser les coopérations scientifiques. Ma proposition est toute autre et rejoint d'ailleurs la vision slovène : elle consiste à créer des « Collèges d'excellence euro-méditerranéens » dans différents pays. Chaque pays participant pourrait accueillir un collège dans un domaine où il dispose d'une expertise avérée. De tels collèges existent déjà sous d'autres dénominations (Centres, Instituts ou laboratoires). Ainsi, Montpellier et Saragosse peuvent très bien créer un collège d'études agronomiques méditerranéennes. Malte peut accueillir un Collège de formation maritime et de droit maritime ainsi qu'un collège (qui existe déjà au MEDAC) de formation diplomatique, et devenir un « hub éducatif en langue anglaise ». L'Italie peut très bien créer d'autres collèges d'excellence sur l'héritage culturel, les beaux-arts, le design, etc. L'Espagne peut accueillir d'autres collèges dans des domaines où elle a une valeur ajoutée reconnue. Il existe déjà à Grenade un embryon d'Université euro-arabe située dans un bâtiment historique.

Quant aux pays du Sud, ils pourraient accueillir d'autres collèges d'excellence sur l'eau (assainissement, dessalement, gestion), sur les énergies renouvelables (énergie solaire, etc.), sur l'agriculture en terre aride. Ce ne sont pas les domaines qui manquent. Mais dès lors qu'un Collège a été identifié comme Collège d'excellence, il doit pouvoir bénéficier de ressources suffisantes pour financer la mobilité des chercheurs et des enseignants, les rencontres scientifiques, une revue spécialisée de haut niveau et un programme de bourses.

En définitive, bien qu'il fût qualifié de « feu d'artifice » à la gloire du président français, le Sommet de Paris n'en constitue pas moins un réel succès diplomatique. Mais c'est à partir de maintenant que le vrai travail commence, et le chemin ne sera pas semé de pétales de roses. En effet, il y a un vrai risque de confusion entre une « grande vision pour la Méditerranée » et les « gros projets méditerranéens ». Bien sûr, personne ne met en doute l'importance des autoroutes de la mer, de l'exploitation des énergies renouvelables ou de la sauvegarde de l'environnement. Mais si la dépollution environnementale est nécessaire, la « dépollution mentale » est primordiale. Or, à trop insister sur l'Union des projets, ne court-on pas le risque de dissocier l'espace économique de l'espace humain ? Rien n'illustre mieux ce risque que la question du contrôle de l'immigration. En effet, en criminalisant les formes irrégulières de circulation (appelées immigrations clandestines) et en persistant à solliciter les pays méditerranéens comme agents de police auxiliaires, le projet d'Union pour la Méditerranée évacue la question humaine. Pire, il la transforme en problème, éludant ainsi, ce que Bensaad appelle « le besoin premier qui est de gérer la Méditerranée comme un espace humain commun ».[52]

Par conséquent, le premier véritable chantier de l'UpM devrait être la gestion de la mobilité humaine en Méditerranée, comme le rappelle une lettre ouverte d'un groupe de personnalités éminentes dont Romano Prodi, ancien président de la Commission, Chris Patten, ancien commissaire et Fathallah Oualalou, ancien ministre marocain.

> Les pays du Nord doivent comprendre que cette question est essentielle dans les pays du Sud où l'on voit très mal les entraves à la circulation en direc-

52 Benssad, A., « Pour les Européens, s'agit-il de s'ouvrir au Sud ou de le contenir ? », in *Le Monde*, 11 juillet 2008.

tion de l'Europe, pendant que de nouvelles politiques de migration choisie les privent de leurs élites. Comment parler d'Union à des populations à qui l'on imposerait de rester chez elles ? Ces populations ont besoin de ces mobilités sans lesquelles l'intégration régionale resterait une fiction.[53]

Le rapport de la Commission des Affaires étrangères du Parlement européen, du 10 décembre 2008, revient sur cette question épineuse de la mobilité en soulignant l'inquiétude du Parlement européen et en invitant « tous les pays participant au partenariat, la Commission et les futures institutions de l'Union pour la Méditerranée à donner un nouvel élan à la gestion de politiques migratoires partagées afin de valoriser les ressources humaines et de renforcer les échanges entre les populations du bassin tout en renonçant à toute vision exclusivement sécuritaire ».[54]

La résolution des conflits doit être le deuxième chantier. L'intégration régionale, entre voisins, exige qu'on vide la région de tous les abcès de fixation qui constituent de véritables entraves au travail collectif et la circulation des biens, des services, des capitaux et des personnes. L'UE ne peut plus se contenter d'émettre des souhaits, de se complaire dans des vœux pieux, ou simplement de dépêcher des forces d'interposition (au Liban) ou de police à Rafah ou ailleurs. Elle doit prendre les devants et avec le nouveau président américain, convoquer, au niveau du Quartet, une conférence de paix sur le Proche-Orient sur la base du Plan de Paix arabe dont tout le monde (à part Israël) reconnaît l'audace, le réalisme et la générosité. C'est d'autant plus urgent que le rêve d'Annapolis s'est évaporé.

Les négociations indirectes entre Israël et la Syrie, la trêve entre le Hamas et Israël et l'accalmie sur le front libanais offrent des fenêtres d'opportunité. Il faut saisir le moment pour en finir avec un conflit qui non seulement envenime la région mais structure le rapport entre l'Europe et les Arabes. Il y va de la sécurité de la région et de celle de la Méditerranée et de l'Europe. La lettre ouverte, citée plus haut, l'affirme sans détour : « Ce qui menace l'Europe, ce ne sont pas les pauvres, mais les humiliés, les exclus du droit et du développement ». Or l'encerclement de Gaza, la poursuite de la colonisation de la Cisjordanie et du Plateau du Golan, et la construction d'un mur de 700 kilomètres qui éventre la Palestine, non seulement ternissent l'image d'Israël dans le monde, mais jettent un voile de doute sur la cohérence, la crédibilité et l'efficacité de la politique extérieure de l'Union européenne elle-même.

---

[53] Le texte de la Lettre a été rédigé par Akram Belkaïd et Erik Orsenna et signé par une vingtaine de personnalités, *Le Monde*, 11 juillet 2008.

[54] Parlement européen, Napoletano, P. (Rapporteur), *Rapport sur les relations entre l'Union européenne et les pays méditerranéens*, 10 décembre 2008, A6-0502/2008, point 29.

La résolution du conflit israélo-arabe ne va pas, par miracle, assécher, à elle seule, tous les marécages du fondamentalisme, du radicalisme, voire du terrorisme. Mais elle contribuerait, à coup sûr, à réduire l'attrait des mouvements radicaux et leur capacité de recrutement, et à apaiser les relations entre Arabes et Européens, entre les sociétés musulmanes et celles d'Occident. Indirectement, la résolution de ce conflit majeur produirait un bel effet de démonstration qui pourrait enclencher un cercle vertueux et aider à la solution d'autres problèmes moins épineux tels que ceux de Chypre et du Sahara occidental.

Si j'ai tenu à épingler deux chantiers prioritaires pour l'UpM, à savoir la gestion humaine de la mobilité et le règlement des conflits, je ne minimise nullement l'importance du chantier éducatif. Mais je considère que c'est une question qui relève essentiellement de la responsabilité des pays du Sud. Et à vrai dire, des progrès notables sont enregistrés aussi bien au Maghreb qu'au Machrek, tant sur le plan des taux de scolarisation que sur celui de l'alphabétisation des adultes. Mais la situation entre pays est contrastée et des efforts supplémentaires sont nécessaires[55] pour réduire les taux d'analphabétisme (notamment au Maroc et en Égypte), accroître l'éducation des femmes, améliorer le niveau de l'enseignement, offrir une formation qui réponde aux besoins du marché et rehausser la qualité de l'enseignement et de la recherche. C'est à ce niveau que la contribution de l'UpM peut s'avérer nécessaire, voire urgente. Il ne s'agit pas seulement de créer une Université euro-méditerranéenne, mais de multiplier les jumelages d'écoles, d'universités, de laboratoires, de centres spécialisés de recherche et de grandes écoles. Cela nécessite la facilitation de la mobilité des étudiants, des chercheurs et des professeurs, l'octroi de bourses de perfectionnement, la promotion de programmes d'échanges et la création de bibliothèques spécialisées.

Ces propositions ne constituent nullement des alternatives aux grands chantiers de la Méditerranée, mais plutôt le « biocarburant » destiné à humaniser les rapports Nord-Sud pour répondre aux exigences du vivre-ensemble.

Ainsi, et à rebours des Cassandre, l'UpM peut ouvrir un nouveau chapitre dans les relations euro-méditerranéennes et même euro-arabes. Mais au-delà de la question du financement des projets évoqués ci-dessus, c'est la volonté politique qu'il faut d'abord mobiliser pour dépasser les rancœurs héritées du passé, en finir avec les plaintes et les complaintes du présent, afin de construire un avenir partagé.

---

[55] United Nations and the Arab League, *The millennium development goals in the Arab Region 2007 : a youth lens*, ESCWA, Beyrouth, 2007, 36 p. V. la carte n° 6 à la fin de cet ouvrage.

Les jeunes générations du Sud de la Méditerranée, notamment arabes, n'ont connu ni le colonialisme ni les luttes de libération nationale (le cas palestinien mis à part). Elles réclament ouverture et compréhension, plutôt que repentance ou vengeance. Ainsi, plutôt que de cadenasser les frontières et ériger des murs, toujours plus hauts, n'est-il pas temps de multiplier les passerelles ? C'est à cela que l'UpM doit se consacrer : l'histoire l'exige, la géographie l'impose et l'avenir le réclame.

IV. La Conférence ministérielle de Marseille des 3 et 4 novembre 2008

Le Sommet de Paris n'a pas tranché toutes les questions demeurées en suspens, préférant laisser cette tâche ingrate à la réunion des ministres des Affaires étrangères des 43 pays devant se tenir à Marseille les 3-4 novembre 2008. Or, jusqu'à la dernière minute, un doute planait quant à la tenue, puis la réussite, de cette première conférence des 43 ministres des Affaires étrangères. Israël s'opposait à la participation de la Ligue des États arabes à toutes les réunions de l'Union pour la Méditerranée et la question du choix du siège du secrétariat de l'UpM empoisonnait l'atmosphère. Mais comme aucun État ne souhaitait être tenu pour responsable d'un éventuel échec, on finit rapidement par arrondir les angles et trouver un consensus sur ces deux questions, après de laborieuses tractations émaillées de pressions et de marchandages dignes d'un souk oriental.

Longue de 20 pages, la Déclaration de Marseille[56] s'inspire beaucoup de la Déclaration de Barcelone de 1995, mais elle met l'accent sur un meilleur partage des responsabilités, sur une nouvelle architecture institutionnelle qui reflète le principe de l'égalité et de la co-appropriation (*co-ownership*), et sur les projets prioritaires.

Mais les ministres commencent par proposer une énième modification de la dénomination : à compter de la réunion de Marseille, le « Processus de Barcelone : Union pour la Méditerranée » s'appellera désormais « Union pour la Méditerranée ». Mais c'est Barcelone qui est finalement choisie pour accueillir le siège du secrétariat. Les ministres tranchent l'autre question et décident que « la Ligue des États arabes participera à toutes les réunions, à tous les niveaux », de l'UpM.

Puis la Déclaration aborde la question israélo-arabe. À cet égard les ministres « réaffirment leur volonté de parvenir à un règlement juste, global et durable du conflit israélo-arabe, conformément aux termes de

---

[56] *Déclaration finale de la réunion des ministres des Affaires étrangères Euro-méditerranéens*, Marseille, 3-4 novembre 2008, http://ue2008.fr/webdav/site/PFUE/shared/import/1103_ministerielle_Euromed/Declaration_finale_Union_mediterranee_FR.pdf.

référence et aux principes énoncés lors de la Conférence de Madrid, y compris le principe de l'échange de la terre contre la paix, et sur la base des résolutions pertinentes du Conseil de sécurité des Nations Unies et de la feuille de route ».[57] Les ministres soulignent également l'importance de l'initiative de paix arabe et réaffirment leur soutien aux efforts visant à favoriser les progrès sur tous les volets du processus de paix au Proche-Orient. Les ministres « se félicitent du rôle positif joué par l'UE dans le processus de paix au Proche-Orient, notamment dans le cadre du Quatuor », affirment leur soutien « aux pourparlers indirects entre Israël et la Syrie, sous les auspices de la Turquie » et « se félicitent de l'établissement de relations diplomatiques entre la Syrie et le Liban ».[58]

A. L'architecture institutionnelle générale de l'Union pour la Méditerranée

Abordant la question délicate des armes de destruction massive, la Déclaration souligne que les parties s'efforceront de réaliser au Proche-Orient une zone exempte d'armes de destruction massive, d'armes nucléaires, chimiques et biologiques et de leurs vecteurs, qui soit mutuellement et effectivement vérifiable.

Après ces considérations générales sur la paix au Proche-Orient et sur le soutien au processus de paix, la Déclaration de Marseille présente la nouvelle architecture institutionnelle de l'UpM.

La coprésidence. Il y aura un coprésident du Sud, « choisi par consensus pour une période non renouvelable de 2 ans » ; et un coprésident du Nord représentant l'UE « conformément aux dispositions du Traité qui sont en vigueur ». Ces deux coprésidents convoqueront et « dirigeront les réunions » de l'UpM.[59]

Les hauts fonctionnaires sont chargés de traiter tous les aspects de l'initiative. Ils recenseront et évalueront les progrès accomplis dans tous les volets du « Processus de Barcelone : Union pour la Méditerranée », y compris les questions qui étaient précédemment traitées par le Comité Euromed. Les hauts fonctionnaires se réuniront régulièrement afin de préparer les réunions ministérielles et ils soumettront des propositions de projets ainsi que le programme de travail annuel. Ils seront également chargés « d'approuver les lignes directrices et les critères d'évaluation permettant de juger de la valeur des propositions de projets ».

Dans leurs propositions, les hauts fonctionnaires respecteront également le principe selon lequel tout projet doit :

---

57 *Ibid.*

58 *Ibid.*

59 *Ibid.*

- contribuer à la stabilité et à la paix dans l'ensemble de la région euro-méditerranéenne ;
- ne pas porter atteinte aux intérêts légitimes d'un membre du Processus de Barcelone : Union pour la Méditerranée ;
- tenir compte du principe de géométrie variable ;
- respecter la décision des pays membres concernés par un projet en cours lorsque celui-ci doit faire l'objet de développements.

Le comité permanent conjoint. Basé à Bruxelles, il remplacera le Comité Euromed qui sera dissous et ne traitera que des questions ne relevant pas de la compétence des hauts fonctionnaires.

Le secrétariat conjoint occupera une place centrale au sein de l'architecture institutionnelle :

- il donnera un élan au processus, pour ce qui est de l'identification, du suivi et de la promotion des nouveaux projets ainsi que de la recherche de financements et de partenaires pour la mise en œuvre ;
- il assurera une concertation opérationnelle avec toutes les structures du processus, en particulier avec les coprésidences, et élaborera des documents de travail pour les instances de décision ;
- il aura une personnalité juridique distincte et un statut autonome.

Le mandat du secrétariat est de nature technique : il rassemblera les projets, informera le comité permanent et les hauts fonctionnaires de leur mise en œuvre. En ce qui concerne sa composition, outre le secrétaire général, il y aura cinq secrétaires généraux adjoints (pour le premier mandat de trois ans les cinq secrétaires généraux adjoints seront issus de l'Autorité palestinienne, d'Israël, de Malte, de Grèce, et d'Italie). Quant au secrétaire général, il sera issu, quant à lui, d'un pays du Sud. Le secrétariat sera financé par une « subvention de fonctionnement répartie de manière équilibrée entre les partenaires euro-méditerranéens, sur une base volontaire, et le budget communautaire ».[60] En ce qui concerne le siège, le pays d'accueil offrira le bâtiment et un accord de siège entre le pays hôte et le secrétariat garantira à celui-ci un statut autonome.

Outre ces organes, la Déclaration de Marseille souligne la nécessité de renforcer la position de l'Assemblée parlementaire euro-méditerranéenne (APEM), et prend note de la proposition du Comité des régions de créer une Assemblée régionale et locale euro-méditerranéenne (ARLEM).

---

[60] *Ibid.*

B. Les domaines de coopération

S'ensuit un rappel de toutes les réunions prévues pour 2009 sur les sujets les plus variés ainsi que les domaines de coopération. Aucun domaine important n'est délaissé : dialogue politique et de sécurité, sécurité maritime, partenariat économique et financier, énergie, transports, agriculture, développement urbain, eau, environnement, société de l'information, tourisme, zone de libre-échange, dialogue économique, coopération industrielle, statistiques, coopération sociale, humaine et culturelle, santé, développement humain, dialogue entre les cultures et diversité culturelle, justice et droit, renforcement du rôle des femmes, Euromed jeunesse, coopération avec la société civile et les acteurs locaux et migrations.

Puis la Déclaration en arrive à lister les projets prioritaires d'ordre régional : dépollution de la Méditerranée, autoroutes de la Méditerranée et autoroutes terrestres, protection civile, énergies de substitution (Plan solaire méditerranéen), enseignement supérieur et recherche, et développement des entreprises.

Passons outre les premiers paragraphes de la Déclaration de Marseille sur « la paix juste et globale », sur la vision des « deux États vivant côte à côte » et sur la « Feuille de route » et le « rôle positif joué par l'UE dans le Quatuor ». C'est une très belle musique de chambre si souvent entendue qu'elle n'est plus écoutée, tant elle est en total déphasage par rapport à une réalité de terrain qui, elle, n'a rien d'harmonieux : un déni de droit permanent, une colonisation rampante, une violence démesurée et une incapacité de la Communauté internationale à simplement faire respecter et appliquer par Israël les résolutions des Nations Unies et de la Cour internationale de justice. Ce n'est donc pas sur la question de la paix que la Déclaration est la plus originale : elle ne fait que reprendre la Déclaration de Venise de 1980 et celle de Barcelone de 1995.

C. La mise en route de l'Union pour la Méditerranée et le règlement de certaines questions institutionnelles particulièrement épineuses

C'est en ce qui concerne la mise en route de l'Union pour la Méditerranée que la Déclaration de Marseille nous intéresse dans ce texte. Et sur ce plan, reconnaissons d'emblée le travail remarquable de l'ambassadeur Serge Telle, chargé du Partenariat euro-méditerranéen au Quai d'Orsay. Il n'a ménagé aucun effort pour assurer le succès de la conférence de Marseille. Sa tâche a été compliquée par l'obstruction israélienne et les rivalités entre pays pour accueillir le siège du secrétariat. D'abord Israël s'est opposé à la participation de la Ligue des États arabes à toutes les réunions de l'UpM. On connaît l'hostilité traditionnelle d'Israël à l'égard de l'actuel secrétaire général de la Ligue, Mr Amr Moussa, accusé d'être un arabiste anti-israélien. Mais ce que craint Israël, c'est de se trouver constamment sur la brèche, rappelé à l'ordre et mis sur la sellette pour son non-respect des résolutions des Nations Unies. Comment peut-il en être autrement dès lors que le conflit n'est pas encore clos ?

Sur la question de la participation de la Ligue des États arabes, l'Égypte, en tant que coprésidente, et les autres pays arabes, ont fait montre de fermeté : un partenaire ne peut exercer son droit de veto à la participation de la Ligue des États arabes dans la mesure où la plupart des pays du Sud-Est méditerranéen sont arabes et dans la mesure où l'UpM aura besoin du financement d'autres pays arabes non riverains, comme les pays du Golfe persique. Les ministres européens et les autres partenaires se sont ralliés à ce point de vue. Israël a fini par céder, mais ne sort pas bredouille de la conférence de Marseille : un Israélien sera choisi comme secrétaire général adjoint. Mais dans un souci d'équilibre, un Palestinien siégera également en tant que secrétaire général adjoint.

D'autres secrétaires généraux seront choisis : tous venant de pays riverains de la Méditerranée. Ce faisant, les ministres réunis à Marseille ont voulu distribuer les rôles et impliquer dans le nouveau projet surtout les États de la Méditerranée. D'aucuns ont vu dans ce choix, une sorte de « prix de consolation ». Ce n'est pas mon point de vue, dans la mesure où les principaux pays concernés par les problèmes et les enjeux méditerranéens sont d'abord les pays riverains. L'erreur est ailleurs. Il eût été plus judicieux de choisir, au moins un secrétaire général adjoint provenant d'Allemagne ou d'un autre pays européen non riverain. En effet, on ne peut pas accepter d'élargir le périmètre de l'UpM à tous les pays de l'UE tout en déniant aux pays européens non-riverains une part de responsabilité dans la sélection et la gestion des projets futurs.

En outre, les secrétaires généraux adjoints seront en charge de « dossiers thématiques ». Or, il y a un risque évident de nous trouver confrontés à des nominations politiques. C'est la pire chose qui puisse arriver car ce qui importe, en fin de compte, c'est la compétence et non l'allégeance. Un secrétaire général adjoint maltais, pour prendre cet exemple, ne sera pas au secrétariat pour défendre les intérêts de Malte. Une fois nommé, il est censé se mettre au service de l'UpM et non au service de son pays d'origine. Les ministres euro-méditerranéens devront être très attentifs à cette question. C'est toute la crédibilité du dispositif qui est en jeu.

La question du choix du secrétaire général a été un vrai casse-tête. On savait qu'il devait être du Sud mais les options n'étaient pas nombreuses. Le Maroc présidait déjà la Fondation Anna Lindh en la personne d'André Azoulay. Un secrétaire général marocain n'aurait pas été soutenu dans l'état actuel des choses. L'Algérie ne présentait guère de candidat, alors qu'elle pouvait y prétendre. L'Égypte occupait déjà la coprésidence, un secrétaire général libanais ou syrien n'avait aucune chance d'être soutenu, les deux pays affichant, à l'égard de l'État d'Israël, une hostilité notoire à cause de la poursuite de l'occupation. La candidature d'un Jordanien semblait peu probable. Quant à Israël et à l'Autorité palestinienne, ils avaient obtenu, chacun, un poste de secrétaire général adjoint. Restaient dès lors la Turquie et la Tunisie, or la Turquie préparait son adhésion, objectif prioritaire pour elle. Quant à la Tunisie, elle n'avait pas encore digéré le refus d'installer le siège du secrétariat à Tunis, quelque chose que la Tunisie avait considéré comme un camouflet alors qu'elle estimait qu'elle avait été la première à avoir signé un Accord d'association euro-méditerranéen et se targuait d'être le premier élève de la classe en termes de modernisation économique.

V. La mise en route de l'Union pour la Méditerranée (décembre 2008-juillet 2011)

Finalement, contre toute attente, c'est un Jordanien qui a été choisi : le jeune ambassadeur du Royaume Hachémite à Bruxelles : Mr Ahmad Massa'deh. Peu familier des questions euro-méditerranéennes, mais particulièrement ambitieux, le nouveau secrétaire général a été « intronisé » dans son nouveau poste début 2009. D'aucuns se sont d'ailleurs étonnés que les postes de coprésidence de l'UpM et du secrétariat général aient été confiés à deux pays – l'Égypte et la Jordanie – qui sont les seuls pays arabes ayant signé un Traité de paix avec Israël.

La question du siège du secrétariat général n'a pas été moins épineuse, mais elle a fini par être tranchée. C'est Barcelone qui a été choisie pour accueillir le siège dans le Palacio Pedralbes, un monument classé. La candidature de Barcelone s'est imposée après le retrait de celle de la Valette et les objections formulées au Nord comme au Sud à l'encontre de la candidature de Tunis. Mais d'autres facteurs ont joué en faveur de Barcelone :

- toutes les parties concernées (la *Generalitat* de Catalogne, la mairie, le ministère espagnol des Affaires étrangères, et l'Institut européen de la Méditerranée) ont préparé un dossier impeccable et se sont trouvées sur la même longueur d'onde ;
- le Gouvernement de Catalogne a offert un palais magnifique pour accueillir le siège ;
- la candidature de Barcelone, avait, en la personne de Miguel Angel Moratinos, un avocat aguerri et chevronné ;

– enfin, l'Institut européen de la Méditerranée (IEMED) avait fait de Barcelone le tremplin et un carrefour obligé de très nombreuses initiatives et rencontres euro-méditerranéennes, ce qui faisait apparaître Barcelone comme quelque chose de naturel, presque « allant de soi », pour accueillir le siège du secrétariat général.

Ainsi, début décembre 2008, tout semble sur les « rails ». La question de la participation de la Ligue des États arabes, le choix du siège et la nomination du secrétaire général sont réglés. Mais c'était sans compter avec les aléas du conflit israélo-arabe et de l'économie mondiale. En effet, dès la fin décembre 2008, l'offensive israélienne dans la Bande Gaza est venue rappeler combien le conflit israélo-arabe constitue une épée de Damoclès suspendue au-dessus de tout projet de coopération régionale. Comme on le sait, les pays arabes ont décidé de tout geler « jugeant inimaginable de s'asseoir, après tant de morts et de destruction, à la même table que les représentants de l'État juif ».[61] Au Sommet arabe de Doha (fin mars 2009) la question de l'UpM n'est même pas abordée. L'Égypte, coprésidente de l'UpM, avait décidé de boycotter ce Sommet pour des raisons ayant trait aux déchirures interarabes provoquées par l'offensive israélienne à Gaza.

Ce n'est donc que le 21 avril 2009 qu'une réunion des représentants des pays UpM a pu se tenir en Espagne, sans grand enthousiasme. Deux jours plus tard, le 23 avril, Javier Solana convoquait les partenaires pour une réunion informelle à Bruxelles. Comme la réunion précédente, celle-ci n'a pas permis, non plus, de recoller les morceaux, les Arabes ayant exigé qu'Israël reconnaisse les acquis de l'UpM, fixés dans la Déclaration ministérielle de Marseille. Toutefois, fin juin 2009, l'UpM semblait reprendre des couleurs : une réunion sur le Développement durable a été organisée à Paris, le 25 juin, suivie, le 7 juillet, par une réunion de la Facilité euro-méditerranéenne d'investissement et de partenariat.

C'est dans ce contexte morose qu'éclate la crise des « *subprimes* » aux États-Unis, qui fait chuter la bourse américaine, entraînant dans son sillage toute l'Europe et se transmettant à la planète entière. La crise financière se mue en crise économique généralisée. On estime que près de 30 % du PIB mondial est parti en fumée. L'UE est frappée de plein fouet, certains États plus que d'autres. Depuis lors, non seulement les ressources financières de l'UE se sont raréfiées, mais les plans de sauvetage de l'Irlande, puis de la Grèce et du Portugal accaparent l'attention, les ressources et l'énergie des dirigeants européens. L'UpM n'est pas mise « à la trappe », mais n'est plus une priorité.

---

[61] Nougayrède, N., « la difficile relance de l'Union pour la Méditerranée », in *Le Monde*, 30 juillet 2009.

Le secrétaire général, désespérant d'obtenir les ressources pour financer les projets prioritaires, démissionne de son poste fin janvier 2011. Il est remplacé, le 25 mai 2011, par un diplomate marocain, Monsieur Youssef Amrani, fin connaisseur des questions euro-méditerranéennes et politicien aguerri et chevronné.[62] Intronisé en mai 2011, il s'est déjà mis au travail. Mais sa tâche ne sera pas de tout repos. Il devra convaincre les partenaires de s'impliquer davantage, trouver les ressources financières, et se lancer dans la réalisation concrète des gros chantiers. Un premier projet a été déjà adopté dans le cadre de l'UpM, un projet de dessalement de l'eau de mer à Gaza d'un coût estimé à 310 millions d'euros.[63] Il n'a suscité aucune objection, mais on attend le financement dans un contexte économique toujours marqué par la morosité et par la menace que fait peser la crise de la dette de certains pays européens sur l'euro et le projet européen lui-même.

Conclusion

C'est précisément dans cette période troublée qu'un véritable tsunami politique se produit au Sud de la Méditerranée : les révolutions démocratiques arabes. Les régimes du Sud sont bousculés par des révoltes populaires. Deux régimes, en Tunisie et en Égypte, dont on vantait en Europe la solidité et la stabilité, sont secoués et leurs présidents déchus, dont le coprésident de l'UpM, Hosni Moubarak. D'autres présidents tremblent sur leur piédestal. Le Printemps arabe prend l'UE de court et l'interpelle. Elle est contrainte de s'adapter à la nouvelle situation. La Commission et le haut représentant publient une première Communication le 8 mars 2011 intitulée « Partenariat pour la démocratie et la prospérité partagée ». Une deuxième Communication conjointe est publiée en mai 2011 et intitulée « une stratégie nouvelle à l'égard d'un voisinage en mutation ».[64]

---

62 Ministère des Affaires étrangères français, Nomination de M. Youssef Amrani au poste de secrétaire général du secrétariat de l'Union pour la Méditerranée – Déclaration d'Alain Juppé, 25 mai 2011, http://www.diplomatie.gouv.fr/fr/europe_828/union-europeenne-monde_13399/relations-exterieures_853/union-pour-mediterranee_17975/nomination-m.-youssef-amrani-au-poste-secretaire-general-du-secretariat-union-pour-mediterranee-declaration-alain-juppe-25.05.11_92627.html.

63 V. Ministère des Affaires étrangères français, Union pour la Méditerranée – Projet d'usine de dessalement à Gaza, 24 juin 2011, http://www.diplomatie.gouv.fr/fr/europe_828/union-europeenne-monde_13399/relations-exterieures_853/union-pour-mediterranee_17975/union-pour-mediterranee-projet-usine-dessalement-gaza-24.06.11_93643.html.

64 Commission européenne et haut représentant, *Communication conjointe sur un partenariat pour la démocratie et la prospérité partagée avec le Sud de la Méditerranée*, Bruxelles, le 8 mars 2011, COM(2011) 200 final et Commission européenne

Ce n'est pas le lieu d'analyser les deux Communications[65], mais il en ressort que l'UE prend acte des événements en cours, tente de corriger le tir, de renouveler sa politique pour tenir compte du vent de liberté qui souffle aujourd'hui sur le monde arabe. L'UpM devrait bénéficier de cet intérêt renouvelé pour un monde arabe qu'on décrivait volontiers comme figé dans l'immobilisme et la fatalité et rétif à tout changement. Certains, comme le secrétaire d'État français au Commerce extérieur, Pierre Lellouche, proposent même de changer l'UpM en « Union pour la Démocratie en Méditerranée ».[66] Cela rejoint une proposition ancienne du réseau Euromesco portant sur « Une Communauté d'États démocratiques en Méditerranée ».[67] En tout état de cause, l'UpM devrait être un vecteur pour soutenir le changement en cours, y compris financièrement. Au demeurant, le G8, dans sa réunion de Deauville, des 26 et 27 mai 2011, a promis des sommes considérables pour soutenir les « Printemps arabes ».[68] Gageons que tout cela ne se réduira pas à des promesses creuses.

et haut représentant, *Communication conjointe sur une stratégie nouvelle à l'égard d'un voisinage en mutation*, Bruxelles, 25 mai 2011, COM(2011) 303 final.

65 V. les contributions de Coustillière, J.-F., Lannon, E., Martin, I., Van Elsuwege, P. et Xuereb, P. G., ainsi que les conclusions de cet ouvrage.

66 V. « L'Union pour la Méditerranée doit soutenir le printemps arabe », 24 mai 2011, *dépêche AFP*, http://www.afriqueexpansion.com/depeches-afp/2176-lunion-pour-la-mediterranee-doit-soutenir-le-qprintemps-arabeq-ministre-francais-.html.

67 Euromesco, « Barcelona Plus – Vers une Communauté euro-méditerranéenne d'États démocratiques », *Rapport EuroMeSCo*, Lisbonne, Instituto de Estudos Estratégicos e Internacionais, avril 2005, http://www.euromesco.net/media/barcelonaplus_fr_fin.pdf.

68 G8, Déclaration du G8 sur les printemps arabes, Sommet du G8 de Deauville, 26 et 27 Mai 2011, http://www.diplomatie.gouv.fr/fr/IMG/pdf/Declaration_G8_Printemps_Arabes_20110527.pdf.

Infusing the Euro-Mediterranean Partnership with the Supranational Dynamic

A Euro-Mediterranean Community and a Step Towards Global Governance?

Peter G. XUEREB

Introduction

This paper seeks to draw out certain salient points related to the possible future evolution of the Euro-Mediterranean political and legal space, onward from the Euro-Mediterranean Partnership (or Barcelona Process) and the European Neighbourhood Policy (ENP), using as background the evolution of the Euro-Mediterranean Process, the European Economic Area (EEA) experience and above all the development of the enlarged Union itself. The current backdrop is the major events unfolding in the Southern Mediterranean. The Union has moved swiftly to respond to the immediate challenges that these changes have posed, as witness the Communication from the European Commission and the High Representative on "A Partnership for Democracy and Shared Prosperity with the Southern Mediterranean",[1] (hereinafter the "Partnership Communication") and the one of 24 May on "A new response to a changing Neighbourhood".[2] These Communications herald what they call a "new approach" rooted unambiguously in a joint commitment to common values.[3] They herald a new "Partnership", offering support and significant assistance from the EU side. The stated basis is a shared commitment to democracy, human rights, social justice, good government and the rule of law, and to concrete progress in these areas. "At the

1 European Commission and High Representative, *Joint Communication to the European Parliament, the Council, the European Economic and Social Committee and the Committee of the Regions, "A Partnership for Democracy and Shared Prosperity with the Southern Mediterranean", 8 March 2011*, COM(2011) 200 final.

2 European Commission and High Representative, *Joint Communication to the European Parliament, the Council, the European Economic and Social Committee and the Committee of the Regions, "A New Response to the Changing Neighbourhood"*, COM(2011) 303, Brussels, 25 May 2011.

3 *Ibid.*, p. 2.

same time, since no country in the region is the same, (the Union) must react to the specificities of each of them".[4] They call for democratic transformation, a stronger partnership with the people (with emphasis on civil society) and sustainable and inclusive growth and economic development. The Partnership Communication is certainly a welcome response to a crisis situation. It also bodes well for future relations.

In no way does this paper seek to minimize the value of this Union response. However, it calls upon us to consider more boldly and deeply the medium to long term structure of our relations. The recent Communications offer "more for more", but this is essentially "more of the same" for very much more form our Mediterranean partners. Let us not forget that Spain, Portugal and Greece were offered membership of the EEC in not so dissimilar circumstances. The paper asks: just how ambitious are we being? The strong conditionality attached to further and greater EU support is not something that has featured strongly in the past. It is a proper approach for reluctant partners, but here we have willing partners who have proven by their courage and determination that they share our values. Of course, there must be goodwill on both sides, but this exists on the side of Tunisia, Egypt, the Libyan people and others. Also, of course there will have to be differentiation, and significantly so, but that should not be the starting point, in my view. We need to lay down ambitious goals to be pursued together from the first day, maximizing cohesion among all participants, while differentiating as necessary and for a limited period. We need a true partnership of equals, that this must be reflected in a binding "Framework Treaty" that takes us beyond the non-binding Barcelona Declaration, that sets up new institutions reflecting the basic equality of the partners as sovereign states but also reflect the realities, and that sets out our common aims and objectives while employing a full mix of the instruments that have created the Union itself from the modest beginnings of the Communities. I will argue that the Community "model" is what is needed now. For this purpose, the paper looks back some few years and asks whether it be not time to begin to act more determinedly (and effectively) about the evolving dynamics of EU-Mediterranean relations (policy-making) with a view to cementing collaboration and deeper integration, all on the basis of shared values. In my view, joint decision-making at the Euro-Mediterranean level must be ingrained in all we do form now on. This paper does not examine the so-called divergences and specificities but assumes that some of the countries of the Southern Mediterranean will soon be in a position to fully commit, even in legal terms, to these shared values, to the point that it becomes possible to think of joint

4 *Ibid.*, p. 2.

decision-making in all key areas in a Euro-Southern-Mediterranean Community. Only this will instil the dynamic that ensures full cohesion among the partners involved, while offering the strongest incentive to others to work towards an incentive worth aspiring to eventual membership of this Community. This is the dynamic that created the Union itself over the sixty years of its gestation. The paper also looks beyond, in what many will regard almost as a fit of fantasy, and asks whether this is an opportunity to think in terms of a model for even wider (Pan-Euro-Mediterranean, and even global) decision-making and governance.

The thesis is that there are significant lessons to be learned from the evolution of the Union and the impact of Union enlargements themselves. These can be applied in seeking a (Pan) Euro-Mediterranean model of governance, and might even serve as a "model" for evolving global mechanisms. Primary among these is the institutional and decision-making "incrementalism" that have drawn the Member States of the Union ever closer together in a dynamic that has proceeded from close to closer co-operation to the formulation of common policies and a degree of integration that surpasses anything seen in our global experience to date (although it still continues). It will be argued here that while indeed it is surely still the case that differentiation[5] remains the key to the deepening of relations between the EU and each and all Neighbours[6] in many areas, as we take new steps to further our common approach to shared objectives we must be alive to the huge potential of the "supranational dynamic" and seek to employ it at the earliest opportunity. Recent unpredicted events to Europe's South have presented us and some of our neighbours with just such an opportunity. The argument is that we can provide for as much differentiation and forward movement as is necessary, but do so in a more cohesive, coherent and focused manner, ensuring policy coherence, by relying on the tried and tested mechanisms that we are used to employing among ourselves within the Union, namely for example, enhanced co-operation, temporary opt-outs or opt-ins, temporary derogations, unilateral exemptions based on justifications on accepted grounds. In all this, I would argue two things: first, that there would need to be a binding multilateral agreement on the shared values and objectives, and secondly, that institutions are key. It is this second element that provides the greatest challenge perhaps.

---

5 See the contribution of Van Elsuwege, P. in this volume.

6 This is most certainly the basis of all the European Commission's reasoning. See European Commission, *Communication from the Commission, A Strong European Neighbourhood Policy*, COM(2007) 774 final, Brussels, 5 December 2007 and European Commission, *Communication from the Commission to the Council and the European Parliament on Strengthening the European Neighbourhood Policy*, COM(2006) 726 final, Brussels, 4 December 2006.

Writing, when all is said and done, as a lawyer, one seeks to highlight the importance of the rule of law in the development of our relations with our neighbours and beyond. While membership of the European Union is not, and may never be, in prospect for several of our neighbours, the thesis is not that we enlarge the Union, but that the "Community" model of integration – judiciously adapted and applied outside the context of membership – can serve to accelerate the achievement of the objectives of the Euro-Mediterranean Partnership and of the ENP[7] in key common areas, taking us even beyond the "New Partnership". This judicious application of the "European experience" could be deployed, if not across the board (the utopian ideal), at least, as a start, in key policy areas where there was a clear and tangible common interest and the possibility (as well as the need) to identify the common good and focus on a common policy. The key ideas here would be those of heightened multilateralism and supranationalism, common values and general principles of law, common institutions, common mechanisms, dialogue, joint decision-making, binding decisions with differentiation and assistance in solidarity, enforceability and judicial review. I also emphasise here that while an attempt to reduce poverty can involve the taking and adoption of manifold "measures" or initiatives, and taking a thematic or policy-wide approach is of course vital, we lose the real context if we forget that poverty is in no small measure, if not wholly, due to the lack of personal freedom and the possibility to exercise basic and fundamental rights, so that human rights and fundamental freedoms, touchy as this core might be, is indeed just that – the core issue. Yet many of the documents that will be referred to and can be referred to still offer no clear prospect of remedying this central deficit.[8] It remains to be seen how recent initiatives will match up to this requirement. The cry for liberty has rung out loud from the Southern and Eastern Mediterranean in recent weeks. Our response must be clear, swift and deep. While heightened co-operation and assistance[9] is crucial in the short

---

7 For example, the European Commission argued for the extension of aspects of the internal market policy through the ENP, increasing benchmarking of rules against practices in non-EU countries and promoting European standards in ENP Partner countries. European Commission, *Communication of the Commission on a Single Market for Citizens*, COM(2007) 60 final, Brussels, 22 February 2007. In its March 2007 statement, the Civil Society Contact Group emphasized the urgent need for "benchmarks for policy coherence within and between all (the) domains, and a new framework for transparency, accountability and participation of civil society".

8 See, for example, a number of contributions in Bekemans, L. *et al.*, (eds.), *Intercultural Dialogue and Citizenship – Translating Values into Actions, A Common Project for Europeans and their Partners*, Marsilio, Venice, 2007.

9 See the European Commission Plan for Partnership for Democracy and Shared Prosperity for the Union and the Southern Mediterranean at http://enpi-info.eu/medportal/news/latest/24429/European-Commission-launches-ambitious-

term, I argue here that we in the Union must offer far more and as soon as may be, namely participation in joint decision-making under a new "Framework Treaty" that puts in place workable institutions. In my view, only this will cement a stable democratic and prosperous future for Europe and the Mediterranean region in the medium to long term. But we need to act now in order to fashion this future with our partners.

I. The Commission's Non-paper *Expanding on the Proposals Contained in COM (2006) 726 final* on ENP – The Thematic Dimension

It is important to show why I think that the basis of past and recently current reasoning will not suffice in the future. While recognizing that the historical bilateral approach adopted in the ENP was, and certainly remained to date for the Commission essential to take into account the differences in ENP partners' situations, and also to permit deepening for each neighbour without restraint from others, it was argued in this non-paper of 2006[10] that there were numerous cross-cutting themes where the EU and its ENP partners countries, both in the South and in the East, share common interests and concerns and which could usefully be addressed in a wider regional context. Indeed the purpose of this document was to highlight this "thematic dimension of the ENP". It was argued therein that this "thematic approach" "could build on pre-existing thematic co-operation and common mechanisms by which the EU and ENP partners are already co-operating and where they can further intensify their relations".[11] The non-paper refers to existing thematic co-operation and a "large number of common anchors" that sustain this dimension even then – such as regional and multilateral institutions and ongoing work in numerous sectoral fields, while pointing out that "the potential of these existing frameworks is not being fully utilised". Progress has been disappointing and slow, however.

Partnership-for-Democracy-and-Shared-Prosperity-with-the-Southern-Mediterranean.

10 European Commission, *Non-paper Expanding on the Proposals Contained in the Communication to the European Parliament and the Council on "Strengthening the ENP" – COM(2006) 726 final of 4 December 2006, "ENP – Thematic Dimension"*, Brussels, June 2007, http://ec.europa.eu/world/enp/pdf/non-paper_thematic-dimension_ en.pdf. See also European Commission, *Non-paper Expanding on the Proposals Contained in the Communication to the European Parliament and the Council on "Strengthening the ENP", COM(2006) 726 final of 4 December 2006, "ENP – A Path towards Further Economic Integration"*, Brussels, June 2007, http://ec.europa.eu/world/enp/pdf/non-paper_economic-integration_en.pdf.

11 Summary of the non-paper. See also COM(2006) 726 final, *op. cit.*

This raises the following questions: (a) What distinguishes a "thematic" approach from "co-operation" or "common policy" formulation? If we meant to move to "common policies" it needed to be said why aiming explicitly for common policies was ruled out. Otherwise we are open to the accusation of the lack of ambition, and if "thematic dimension deepening" is diplomatic euphemism for common policy formulation then even this coyness can be questioned; (b) What "pre-existing" thematic co-operation formed the model (this casts light on (a)); (c) What "common mechanisms" were we speaking of? (d) What "existing anchors" sustained the "thematic dimension" but were going unutilised? The non-paper answered many of these questions, indicating clearly enough what the Commission intended, except perhaps for the first one, viewed medium to long-term.

A. Regional Co-operation as Meant by the Non-Paper

So how did the non-paper view regional co-operation? What model did it follow, if any? The Summary states that rather than espousing the common perception of regional co-operation being only South-South or East-East, enhanced thematic co-operation makes sense between interested parties across the entire ENP neighbourhood. The Commission was therefore thinking cross-regional, taking the "South" as one region and the "East" as another one. However, it is clear that the Commission was thinking of pan-Euro-Mediterranean co-operation across all axes. On this score, the paper mentioned that "the EU …increasing its own involvement in these existing frameworks, including that they are effectively structured". The vision is of existing South-South and East-East frameworks, as well as South-East frameworks, being invested with stronger EU participation. The Euro-Mediterranean Partnership (the South) and the later Black Sea Synergy (the East) appeared to offer the regional co-operation frameworks and the regional loci for inter-regional enhanced co-operation with stronger EU involvement.[12] Yet surely more is to be contemplated now.

It was further assumed by the non-paper that there already existed an "assured" multilateral/bilateral "balance" in the South *via* the Euro-Mediterranean Partnership, while such balance was lacking in the East.

---

12 See also European Commission, *Communication from the Commission, A Strong European Neighbourhood Policy*, COM(2007) 774 final, Brussels, 5 December 2007, pp. 3-4, which also gives a somewhat muted acknowledgment of the French initiative to give new impetus to relations with countries in the Mediterranean region – that for a "Mediterranean Union" or "Union for the Mediterranean". President Sarkozy of France launched the initiative on the 13th of July 2008. It is not the aim of this paper to examine this initiative, see Khader, B. It assumes that the rather disappointing progress made under it must give way to a more robust system.

The non-paper also stated: "In the South, the Euro-Mediterranean Partnership has been essentially multilateral and the ENP has added a bilateral dimension. Towards the East, the ENP has no multilateral dimension.[13] The thematic dimension can be seen as contributing to optimising the ENP's balance".[14] Indeed. However, it is also rightly said that, for example: "The very nature of economic integration calls for a high degree of regulatory convergence [...] and to reap maximum benefits from the process of regulatory convergence would require the EU and ENP Partners to commit themselves fully to going down the same path".[15] This is precisely the argument in this paper. The rapid progress that is now urgently needed arguably requires that, while retaining policy dialogue forums, we consider whether we should not institutionalize further for the purpose of collective decision-making. Transport, energy and other ministerial conferences producing recommendations and even regional action plans is all very well if that is all that can be done, but we need to ask ourselves whether this is enough.[16] It was at one point being suggested that the Energy Community Treaty might point the way forward? And the Partnership Communication speaks of an EU-South Mediterranean Energy Community. But we should think of going further; we should now ask: Is a "Framework Treaty" covering at least the prime areas for common policy-making at Euro-Mediterranean level not to be envisaged, including entrenchment of the values of democracy, human rights and rule of law – an "EU-Southern Mediterranean Community"? Of course, ministerial meetings and senior officials meetings and so on can and have produced recommendations and even moved us towards some regional policy, but it is suggested here that this basic multilateralism needs to be built upon actively and can be pushed forward through further "lawification" and institutionalisation of the Euro-Mediterranean Partnership (and within the wider ENP context?). The time is certainly right for the EU and the Mediterranean.

The other "given" in the non-paper was that the depth and intensity of ENP thematic co-operation varied depending on the sectoral field, and "this entails some differentiation in the measures proposed to enhance the thematic dimension for each sector". This was elaborate upon sector by sector. For example, it was stated that such co-operation is relatively (to be emphasized) strong in the fields of: human rights,

---

13 Emerson, M., Noutcheva, G. and Popescu, N., "European Neighbourhood Policy Two Years on: Time Indeed for an 'ENP plus'", *CEPS Policy Brief*, 126, Brussels, Centre for European Policy Studies, 2007, http://shop.ceps.be/downfree.php?item_id=1479.

14 *Ibid.*

15 *Ibid.*, p. 12.

16 *Ibid.*, pp. 14-16.

transport, energy, environment, trade, higher education and scientific research, social development and gender equality.

The frameworks, existing and regarded as quite effective, range across:

- Reference mechanisms (human rights);
- International conventions, regional initiatives and policy dialogues (transport);
- Ongoing regional and bilateral initiatives (energy);
- Co-operation processes and multilateral agreements (environment);
- Regional and bilateral negotiations (trade);
- Bilateral dialogues (social development);
- "Co-operation" within the Euro-Med Partnership (employment and gender equality).

This may be considered rather vague and in need of certain rationalisation. In any case, it was stated that "there is the potential for intensified co-operation and coordination" including on "streamlining and implementing existing commitments". Many regarded this as something of an understatement, for example, in the human rights field. Dialogue[17] is then mentioned as having the potential to be strengthened and complemented through gradual involvement in Community programmes and networks.

However, the non-paper then purported to descend to brassier tacks. It suggested that the thematic dimension[18] might be (more) "firmly established" thus:

1. *Human rights and freedoms and the rule of law*: were to be achieved through "open-minded exchanges of views". For this I read peer contacts and dialogue. But what about the core concept of justiciability? Just how core is this goal? How can we permit ourselves to even be perceived as being prepared to sideline one of the core of our own European identity? The new EU treaties commit the Union to promote its values in its external relations. Human rights are the key instruments.

2. *Area of Justice, Freedom and Security*: through "intensified regional co-operation between ENP Partners and beyond". Yes, therefore, intensified co-operation was to be fostered, but how exactly? Is it sufficient to aim for better "implementation"? Surely there will need to be much joint decision-making in the future?

---

[17] Not referred to in the list of frameworks given earlier by the non-paper.

[18] For which I read: the deepening of co-operation and coordination to the point of joint common policy evolution.

3. *Trade and Economic Integration and regulatory convergence*: through the "dedicated pursuit" of ongoing negotiations and ENP action plan-based activities; and this with the "longer-term" aim of "deep and comprehensive FTAs with all willing and able ENP Partners". These would have a "beyond the border" impact on reform measures in the ENP Partner countries.[19] Some asked then: why not more ambition here in favour of a deep multilateral approach when it is this very approach in this very area that led most directly to deeper co-operation and then integration in Europe itself? After all, "the very nature of deeper economic integration calls for a high degree of regulatory convergence".[20] Although there was mention of intensified transversal exchanges of information between ENP Partner countries,[21] making use of "multiple mechanisms for dialogue and exchange of best practices". Presumably this was also a reference to mechanisms ranging from the highly informal through to the Open Method of Co-ordination but lacking more binding measures, such as in the internal market.

4. *Transport*: through streamlining ongoing initiatives, such as the Euro-Mediterranean and Baku processes, into more coherent clusters; with policy dialogue and corridor development being brought closer together.

5. *Energy*: building on existing frameworks in place, through energy policy dialogues, extension of the Energy Community Treaty and other initiatives, but also and more in line with what the author has in mind as a hypothesis, an overall EU-ENP legal framework covering producers, consumers and transit countries. Interestingly listed separately as a "challenge ahead" was optimised co-operation between consumer, producer and transit countries with complementary interests. It seems that one has in mind not only the optimisation of complementary interests, but also the development of a legal regime for policy-making and regulation including the mediation of initially non-complementary (at least apparently conflicting) interests as well. "Bindingness" would certainly be required. The 2011 Partnership Communication now envisages the creation of an EU-South Mediterranean Energy Community. This is described as opening up "a credible perspective for the integration of the Southern Mediterranean in the EU internal energy market based on the differentiated and gradual approach. In the mid to long term this would mean establishing a form of EU-Southern Mediterranean Energy Community. Extending the Energy Community Treaty with the Union's Eastern and South-Eastern Neighbours, or building on

19 European Commission, Non-paper, "ENP – Thematic Dimension", *op. cit.*, p. 11.

20 *Ibid.*, p. 12.

21 As well as to their aims regarding trade and economic integration with the EC.

its experience, this community should cover relevant parts of the EU's energy legislation with a view to promoting a real and reliable convergence of South Mediterranean partners' energy policies with EU policy".[22] But should we not be speaking of a common policy, giving true and lasting stability and helping to further a wider energy governance policy?

6. *Information society*: through dialogue, and also regulatory co-operation; as well as participation in research.

7. *Environment*: Although "the thematic dimension is already very comprehensive on substance as well as being characterised by a broad range of initiatives", there was the need to "strengthen" and/or "streamline" the implementation of existing multilateral agreements and co-operation frameworks, with "clearer prioritisation of activities". The thematic dimension was being examined in order to remedy widespread failures of transposition and/or lack of effective application of multilateral environment agreements on the part of ENP Partners and this through increased peer contacts. Surely more effective, i.e. binding, mechanisms are sorely needed in this area.

8. *Maritime Policy*: objectives to be achieved through conveyance of the new Community maritime policy through the ENP to neighbouring ENP Partner countries, coupled with peer exchanges between the various actors in the Baltic Sea, the Mediterranean and the Black Sea, supported and even initiated by the EU.

9. *Employment, social Policy and equal opportunities*: through "close co-operation" especially in connection with the Euro-Mediterranean Partnership as a key focus, apparently in turn through "exchanges of experience and best practice", "at the most appropriate level". Much remains to be done in this key area, indeed a key area for meeting the ENP's overall objectives.[23] One is in the realm of so-called "shared values" including fundamental social rights, and the non-paper declared that "Some ENP Partners have also agreed to a degree of approximation with EU standards"[24] and practices in this area. Some ENP Action Plans refer to gender equality and the fight against all forms of discrimination. As for the Euro-Mediterranean regional level, co-operation has been established in the social field through dialogue conferences for example. Various Ministerial Conferences have been held. The November 2006 Ministerial Conference, on 'strengthening the

---

22 COM(2011) 200 final, *op. cit.*, p. 10.

23 *Ibid.*, p. 24.

24 Labour law, social dialogue, health and safety at work, gender equality, employment policy, social protection, including social security issues and social inclusion. See the contribution of Martin, I. in this volume.

role of women in society', agreed on an action plan with follow-up structures. But has this led to real gains? The non-paper suggested that the thematic dimension still required 'close co-operation', strengthening promotion of employment and more, exchange of experience and best practices.

10. *Human capital, education*: through EU support, and the strengthening of "various instruments", with further facilitation of policy dialogue and exchanges of experience, between the Bologna Process and the various Euro-Mediterranean education and research initiatives. Just to say here that this was an interesting idea, involving the extension of a European process (Bologna) beyond the confines of the EU Area.

11. *Public health*: through more joint initiatives in turn through strengthening of the public health policy dialogue, with gradual involvement in EU health programmes and networks.[25]

Key ideas therefore include: policy dialogue; involvement in EU processes or programmes and, less commonly perhaps, "participation"; with the possible use of harder measures brought in through the bilateral agreements going beyond heightened use of the softer measures. In general, progress has been too slow. Recent developments in our neighbours to the South now call on us to offer much more, to be achieved together.

B. Law and institutions

The non-paper also answered the following question, namely whether "new" legally binding agreements would be appropriate. Answering its own question, it declared that *multilateral* agreements between the EU and ENP Partners in a small number of key sectors (including energy and certain transport areas) should be considered. One may wish to ask whether "new"[26] legally binding *instruments* might also be appropriate in certain cases at least. This was not asked at the time. As far as institutions are concerned, the non-paper suggested that:

- the southern ENP Partners can build on the multilateral Euro-Mediterranean Partnership; indeed, it underlined that "since 1995, EU Member States and Mediterranean Partners co-operate through the Euro-Mediterranean Partnership framework that seeks to promote governance and sectoral reform in partner countries within a multilateral format". Yet it also accepts that this is a "Community-led" structure;[27]

---

25 European Commission, Non-paper, "ENP – Thematic Dimension", *op. cit.*, pp. 2-4.

26 By which I mean the full range of instruments available to the Union internally.

27 *Ibid.*, p. 28.

- the Black Sea Synergy[28] can activate discussion with and between eastern European and Southern Caucasus ENP Partners; and
- horizontal "peer contacts" enable the "exchange of experiences across the whole ENP Spectrum (Eastern Europe, Southern Caucasus and the Mediterranean region), thus "completing the thematic dimension".[29]

It soon becomes clear that rather than creating new institutions (this was ruled out), the approach suggested by the non-paper was for the (EU and) ENP Partner countries "to utilize and build on existing frameworks" in order to "stimulate common thematic debate, action and co-operation". In other words, bilateral structures, bilateral institutions and informal measures were the chosen means. Moreover it should be left to a potentially emerging network of successor agreements to the current Partnership and Cooperation Agreements (PCAs) or Association Agreements to upgrade legally binding commitments on cross-cutting issues.

Therefore, the message of the non-paper was clear, namely it was too soon to contemplate, not just cross-regionally, but also regionally, a deeper legally binding multilateral structure and order, bolstered by strengthened multilateral decision-making and enforcing institutions. We appeared to need another generation or several generations of (networked) bilateral agreements, revised to take into account "progress", using soft measures and current frameworks – even in the Euro-Mediterranean region – before moving to a multilaterally binding (therefore, supranational) framework that employs more effective mechanisms. And this, despite significant deepening of co-operation in some areas or the perceived need to deliver stronger "policy" (even common policy) in "certain" key areas. The discussion would in many cases remain that of participation or involvement in EU programmes. Indeed, it was clear that the non-paper wanted to emphasise the operational nature of enhanced thematic co-operation, and warned that even this limited approach to strengthening a thematic dimension "inherently risks creating new venues and bodies of uncertain efficacy and addressing known challenges in yet more fora".[30] It is interesting to note that there is no separate mentioning of the Mediterranean partners, who have

---

28 European Commission, *Communication from the Commission to the Council and the European Parliament "Black Sea Synergy – A new Regional Cooperation Initiative"*, COM(2007) 160 final, Brussels, 11 April 2007.

29 Emphasis added.

30 European Commission, *Non-paper Expanding on the Proposals Contained in the Communication to the European Parliament and the Council on "Strengthening the ENP" – COM(2006) 726 final of 4 December 2006, "ENP – A Path towards Further Economic Integration"*, Brussels, June 2007, http://ec.europa.eu/world/enp/pdf/non-paper_economic-integration_en.pdf.

often argued for true common ownership of the Euro-Mediterranean Partnership, actively seeking development of multilateral institutions, however not, perhaps, always acting convincingly enough to prove their ability to make full use of such mechanisms. Arguably, it is this element that we see changing before our eyes at this very moment. In my view, we fail miserably if we fail to see this and to seize the moment.

Nevertheless, in the broader ENP context the 2008 French Presidency had argued for a greater role for the parliamentary dimension, to go hand in hand with the ministerial dimension.[31] The Euro-Mediterranean Parliamentary Assembly was a candidate for further institutionalisation in the Euro-Mediterranean context. The Sarkozy plan was set to utilise the Mediterranean Parliamentary Assembly, a different proposition but working on more or less the same line of thinking.

The thesis that this contribution seeks to put forward is that it was the very multilateralism with proto-supranationalism, even if "intergovernmentally-rooted" at the start, of the European Project that provided the necessary political assent to the development of the binding elements – the common policy, solidarity and integrationist elements – that underpin real and ongoing "order", and that there was, perhaps, more scope than the non-paper suggested for elements of this to be introduced into the equation even then, certainly as far as the Euro-Mediterranean process is concerned. This goes beyond French President Sarkozy's "Union for the Mediterranean".

II. The Council Presidency Progress Report (GAERC) of 18/19 June 2007 on: "Strengthening the European Neighbourhood Policy"

I now turn briefly to the Presidency Report of June 2007 in order to further fill in the background.[32] This Report spoke of the urgent need to intensify the ENP with success; of the clear geopolitical imperative to foster stability, the rule of law and human rights, better governance and economic modernisation of our neighbourhood; of tackling the great challenges of and risks to Europe's energy security, environmental threats and rising flows of migration, to name but a few; of "*creating* shared values" (rather than making the usual assumption that all values are indeed "shared"); and therefore of the need to consolidate the "ring of friends". Former Commission President Romano Prodi used the "ring

[31] This dimension will be discussed below.

[32] Council of the European Union, *Strengthening the European Neighbourhood Policy – Presidency Progress Report*, General Affairs and External Relations Council (GAERC), Brussels, 18/19 June 2007, http://ec.europa.eu/world/enp/pdf/enp_progress-report_presidency-june2007_en.pdf.

of friends" metaphor back in 2001, when at the same time Prodi also declared that the EU should offer neighbours "everything but institutions". It is now clear that our brothers in Tunisia, Egypt, and even Libya and elsewhere actually do share our core values. The European Commission and High Representative Communication of 8th March 2011 on "A Partnership for Democracy and Shared Prosperity with the Southern Mediterranean" declare as much[33] and we cannot ignore this. We must be fully aware of this and recognise it. More importantly, we must act upon this realisation.

The report also declared that there was consensus that the intensified Neighbourhood Policy is a single, inclusive and coherent policy framework applying to all partner countries, "while maintaining an overall balance between the East and the South". Yet, it needs to remain sufficiently flexible to allow partners to "*self*-differentiate" according to capacity, needs and performance. The level of ambition of the bilaterals was clearly to depend on achievement.[34] The same dynamic is stated to underlie the Partnership Communication. Flexibility, differentiation and bilateralism remained the bywords then. However, and this remains a problematic issue, under the mechanism that relates to the preparation of the ENP Action Plans, it is the partner that self-differentiates and sets the level of ambition that will apply to it in the first place. What can be argued is that we now need to begin to devise a system that sets in a binding way a minimum level of ambition for all, while then differentiating as much as necessary but limitedly in terms of time-scale. Cohesion must be the dominant aim.

Yet, importantly, as indicated already, the report did emphasize the need to strengthen the ENP's Parliamentary dimension, at least in order to leverage reforms in the field of democratisation and institution-building. It reported that the Presidency had been having exploratory talks with members of the European Parliament on the possible contribution of the European Parliament, for instance, for an increased focus of inter-parliamentary delegations on "ENP-issues", and "parliamentary twinning".

However, this document, like the non-paper referred to above, did not go into the arguments for or against "supranationalising" the Euro-Mediterranean Partnership, and certainly excluded this for "relations" with the "East", thus achieving balance of approach indeed, but arguably foregoing the option for a long time to come, as it then seemed, of the Union's using its current influence to map out any blueprint for a (Pan-) Euro-Mediterranean construction that might employ supranational

---

33 COM(2011) 200 final, *op. cit.*

34 Read "conditionality" with development of relations linked to achievement.

elements to effect. In the same way, the recent Communications do not do so.

The central platform remained, and has remained in the recent Communications, deep(er) bilateral agreements, focused on trade and access to the Community internal market. Therefore, it remained performance-oriented and differentiated. New impetus was to be given to intra-regional deep and comprehensive free trade among ENP countries, with the southern partners picked out for mention. Otherwise, there was to be a stronger focus on "cross-cutting" sectoral themes,[35] thus providing a multilateral complement to its main bilateral tracks with individual countries" and spanning governance and the rule of law to justice and security issues, and from economic co-operation to transport, energy and environment matters, with intensified "regional" co-operation on border and migration management as well as on energy issues regarded as of special importance. There was to be intensified use of TAIEX, twinning tools, including the opening of Union agencies and programmes to ENP countries helping partners to learn from best practices and to share expertise more effectively. This deepened sectoral co-operation was intended also to build mutual political confidence as this would lead to stronger political co-operation, dialogue and conflict resolution. One dimension would be the better involvement of the citizens of the UE and partner countries. "Ownership by governments is essential but not in itself sufficient to successfully support better governance. Therefore, strengthening the civil society dimension is vital for the ENP's overall success",[36] and this is to take the form of intensified dialogue with civil society in partner countries including on inter-cultural and inter-faith issues according to the Report. The two 2011 Communications also offer "more", and contain some innovative features too, but in essence offer more of the same.

The declared aim was to substantially deepen the ENP in order to support development and reform in the EU's neighbourhood and deepen relations with our partners. A "positive conditionality" strategy combined with applying the arsenal of measures referred to by the European Commission would constitute the essential elements. It seemed, then, that intensification would mean more dialogue, more exchange of information, positive conditionality with differentiation, the use mainly of "soft law" methods, moves towards ministerial and senior official exchanges across the board, inter-parliamentary activity, but not for the moment, or even for the foreseeable future, even attempting to extend to the ENP or even to the Euro-Mediterranean Partnership the "suprana-

35 European Commission, *Non-paper, "ENP – Thematic Dimension"*, *op. cit.*, p. 1.

36 *Presidency Progress Report*, 18/19 June 2007, *op. cit.*, p. 8.

tional" institutional, decision-making and legal order elements of the Community/Union model. The 2011 Communications do not change this approach in essence. Yet, one could underline that the Community and now the Union model are highly differentiated in themselves. The European institutions have always worked differently depending on policy area and the instruments available and used vary from binding secondary legislation and other binding acts to structures of dialogue and exchange of best practice. This is the variegated "European model". The model already offers significant, and in my view, sufficient variable geometry, but crucially does so on the basis of a bias towards cohesion through clear objectives and time-scales, joint decision-making and solidarity mechanisms. The question, to be asked at this point in our history, remains whether the "supranational dynamic" inherent in our institutions and range of mechanisms could not be employed in a similar way cross-regionally in the many sectors identified as candidates for heightened thematic co-operation and in a manner to promote coherence across policy development, internally and externally as well as to build on shared values. I mean by this considering going beyond even what is proposed in the Partnership Communication in the two ways I have highlighted: a multilateral legal underpinning, and some kind of overarching dedicated institutional organisation.

III. The Argument

One might recall here that the idea that the Community/Union model might one day provide institutional and decision-making blueprint for the Euro-Mediterranean, and possibly for other groupings, was mooted by the Group of Policy Advisors, the "*Comité des sages*", asked by the European Commission to report on dialogue between peoples and cultures in the Euro-Mediterranean area.[37]

Some analysts had argued for a sub-regional focus rather than not only for more multilateral supranationalism but for even less interregionalism and even regionalism than the Commission itself proposed.

[37] *Dialogue between peoples and cultures in the Euro-Mediterranean area*, Report by the High-Level Advisory Group established on the initiative of the President of the European Commission, Office for Official Publications of the European Communities, Luxembourg, 2004, p. 32. See Xuereb, P., "Doing With Others As We Do Among Ourselves", in *Dialogue between peoples and cultures: actors in the dialogue*, European Commission Directorate-General for Education and Culture, Report of Proceedings of a Conference held in Brussels on 24th and 25th May 2004, pp. 39-63. See also Xuereb, P. G., "Solidarity and Constitutionalism: Towards a Solidarity Model", *European Law Review*, Vol. 27 (6), 2002, pp. 643-662.

Writing about the Euro-Mediterranean Partnership, Calleya[38] argues that "as the EU becomes a more compact regional actor in international relations, sub-regionalism appears the most realistic type of co-operative framework that can be advanced in the Mediterranean during the next decade, particularly in the Maghreb. The EU should focus more of its 'diplomatic' attention on encouraging sub-regional co-operation within the EMP rather than attempting to implement a Mediterranean-wide action plan as outlined in the Barcelona Declaration of 1995". The Union for the Mediterranean could be seen as fitting into this construct. The 2011 Partnership Communication says that "a fresh view of the regional situation demands that the positive elements of the Barcelona process together with those of the Union for the Mediterranean be integrated in a new approach. The regional co-operation which proved to be most effective was on projects that delivered concrete benefits – in environment, energy, in transport, in trade and in social dialogue".[39] To me, even with this, such a focus would appear to discount the real multilateral Euro-Mediterranean gains achieved until now, and also the real "standardising" potential of a more ambitious role for the EMP, as well as the ENP.

Now a leap forward is required of us in the sense of fostering maximum cohesion among the partners, allowing for the development of true common policy with joint implementation. Even so, the nature of "standards" is that they are non-binding.[40] One I should think twice before turning one's back not only on the potential for an incremental increase in the binding element, but also for joint rule-setting. Ahrne and Brunson note that "Many standardisers try to combine their rules with more elements of organisation. They may try to recruit members and enrol presumptive rule-followers in rule-setting processes in order to secure their commitment".[41] If the "realist(ic)" starting point in EU-Partner relations is EU decisions and EU standards, one nevertheless should see virtue in respecting one's interlocutors enough to make them joint standard-setters. This requires "organisation" – i.e. appropriate institutions – based on the Community (Union) "model" but not within it. Beyond this, in light of the Arab Spring, I see a political and pragmatic imperative in a strong move to joint policy-making in observance of the principle of subsidiarity itself.

---

38 Calleya, S., *Evaluating Euro-Mediterranean Relations*, London, Routledge, 2005, p. 130.

39 *Ibid.*, p. 11.

40 See Ahrne, G., Brunson, N., "Organising the World" in Djelic M.-L., Sahlin-Andersson, K. (eds.), *Transnational Governance – Institutional Dynamics of Regulation*, Cambridge, Cambridge University Press, 2006, p. 81.

41 *Ibid.*

It is only by moving beyond "standards" to binding common "rules" through "organisation" that the necessary cohesion can be achieved. "Standards" denotes voluntarism and opt-out as well as opt-in. The bilateralism of the EMP and the ENP already ensures certain binding elements, but enforcement and sanction require "recognition" of rules, and the acceptance that recognition presumes can ultimately rest only on the fact that the rules are made jointly by equals. As Ahrne and Brunson warn,[42] failure of decision or of implementation is related, in meta-organisations, with significant differences among members. Organisation, however, can be the answer to addressing those differences, especially if those differences are seen to have diminished significantly over time or to have suddenly been "narrowed". I feel that we should seriously consider "organisation" before risking reinforcing our differences by continuing to rest our approach upon them, wide as they have appeared to be, for differentiation can be introduced within a culture and obligation of cohesion.

It is the perceived greatness of the differences that has prompted the EU in the past to emphasise the bilateral over the "organisational". Big differences often result in consensus demands to prevent the large or powerful Member States from dominating. Yet, consensus-building is not incompatible with the cohesion dynamic. Indeed, it must form its basis. It was a consensus, in the form of unanimity, which prevailed at the start of the EEC. However, the all-important further organisational step was taken – eventually. One must seek a similar way in the EMP and then the ENP contexts, and pointing this in the direction of a future global governance model. Voluntarism may underlie the system; "non-bindingness", even when the standards are reached by unanimity, may even continue to feature in many spheres, but "bindingness" based on fundamental consensus on objectives should be "bindingness". The many positive features of "the organisation" appear at the moment to be denied to EU-Mediterranean relations, and also to EU-"other partner" relations because of this lack. Organisation is needed. This, it has been said, is also the model that explains much of the global order that currently exists.[43] It certainly explains the EU itself. Perhaps, it can explain the future of the EMP and the ENP within a model of global governance also. There can be no "order" without "organisational elements"[44] that bind. Certainly, "soft law" (including the EU's type of Open Method of Coordination) has a major role to play where consensus about time-scale is found to be lacking,[45] so that the basis for joint formulation of a

42 *Ibid.*

43 *Ibid.*

44 *Ibid.*, especially at p. 93.

45 At the end of a process that has sought it out.

"common policy" in all its detail does not exist. On the other hand, the existence and functioning of institutions committed to the search for cohesion can be fundamental for the emergence of such a basis. At the same time, the pattern of global regulation (including the one in the EU itself) suggests that new institutional linkages are necessary to take account of the repositioning of the nation state and "societal actors". This besides the urgent need to fully involve civil society, in particular, more directly in "governance".[46] This is now more than ever a crucial factor in the Mediterranean region. It was emphasized by the European Commission in another non-paper[47] and has been re-emphasised in the 2011 Partnership Communication.

Typified by dialogue, the soft law dynamic possesses all to commend it when real differences prevent the adoption of what can be called a "basic agreement on detail". The various modes of regulation interact and reinforce one another, so that agenda-setting, monitoring and auditing can develop through and beyond a basic agreement into integrative rules. Jacobsson and Sahli-Andersson write that it is clear that "we have a case in which the soft approach could be seen as a stage in a development, the end-point of which may be that all actors agree about best practices".[48] With a "basic agreement" on an overarching Treaty, the willingness to bring tighter methods of integration, based on the Community model and methods, can come. A blueprint might well involve a combination of the original and the current EC/Union mix of methods and institutionalisation, depending on the policy area and the state of "agreement". The whole history of the EC/Union institutional and functional development is there for possible input into such a blueprint. The recent events in the Southern Mediterranean may well have compressed the time and gradual effort otherwise needed for circumstances and stances to evolve to the stage where we can truly contemplate a leap forward in terms of organisation.

Nor does this exclude or diminish inter-relation and interlinkage between Pan-Euro-Mediterranean governance and global governance.[49]

---

46 Jacobsson, B. and Sahlin-Andersson, K., *Dynamics of Soft Regulations*, pp. 247-265 at p. 251, in Djelic, M.-L. and Sahlin-Andersson, K. (eds.), *Transnational Governance, Institutional Dynamics of Regulation*, Cambridge, Cambridge University Press, 2006. See also COM(2007) 774 final, *op. cit.*, p. 11.

47 European Commission, Non-paper, "ENP – Thematic Dimension", *op. cit.*, see also http://ec.europa.eu/world/enp/strengthening_en.htm.

48 *Ibid.*, p. 257.

49 See Likosky, M. (ed.), *Transnational Legal Processes – Globalisation and Power Disparities*, London, Butterworths, 2002 and especially the contribution therein by Snyder, F. G., *Governing Globalisation*, pp. 65-97.

Quite the opposite, in the concluding chapter of their book,[50] Djelic and Sahlin-Andersson provide some insights into the question of institutional dynamics in a re-ordering world. They emphasise "transnationalisation" as a phenomenon to explain this global "re-ordering". They emphasise the role of persuasion around the ultimately unifying concepts of the common good and win-win dynamics, thus balancing prosperity for all with sustainable development, and with all that these promise, including peace and security, and equal opportunity for states and people. Therefore, soft rules act either as a buffer from harder rules or as a first step towards harder forms of regulation, the latter often depending on the success of the softly-softly approach as allied to the increasing urgency for effective common action. Their studies show that there is a tendency towards "organisation". They also argue that this re-ordering is marked by what they call "marketisation",[51] a phenomenon that apparently helps in persuading all to play the game but that many see as antithetical to the parallel phenomenon of moral resurgence in what has been described as an "increasingly rationalized global moral order"[52] as well as an order characterised by deliberative and participatory democracy. In any case, they propose the "good news" that we are witnessing "an apparently unstoppable escalation of regulation and governance". After all, it is order and not anomie that is being crave.

Moving beyond international law, one needs to examine more closely the continuum to transnational law and to trans-regional law (soft and hard) and governance. The pieces of the jigsaw are merging. While some law will be hard and some will always be soft, there must in the end be law. There must be right and obligation, and there must be the threat of sanction.[53] Without this, all gains are fragile and apparent order can descend into disorder and worse. This appropriate mix of legal order must be sought actively and purposefully, and one must ask at every stage whether "soft" is the only way after "hard" has been fully attempted, and then whether "soft" has worked to an extent that justifies and calls for harder regulation. In my view, properly-designed institutions that can play both soft or hard as needed, with a range of instruments at

---

50 Djelic, M.-L. and Sahlin-Andersson, K., "Institutional Dynamics in a Re-ordering World", in Djelic M.-L. and Sahlin-Andersson, K., *op. cit.*, pp. 375-397.

51 Take the example of CO_2 emissions trading.

52 On this point see Boli, J. "The Rationalization of Virtue and Virtuosity in World Society" in Djelic, M.-L. and Sahlin-Andersson, K. (eds.), *op. cit.*, pp. 95-118. See also Xuereb, P. G. (ed.), *Business Ethics and Religious Values in the European Union and Malta – For a Moral Level Playing Field*, Malta, EDRC, 2007.

53 On sanctions and "conditionality" generally in the still current context, see Lannon, E., Inglis, K. and Haenebalcke T., "The Many Faces of Conditionality in Pan-Euro-Mediterranean Relations", in Maresceau M. and Lannon, E. (eds.), *op. cit.*, pp. 97-138.

their disposal, and perhaps with ease of movement from the one to the other,[54] are the means to provide the essential supranational dynamic. These institutions would need to be representative, participatory, and transparent. In the "end-game" about which the hypothesis is being formed in this paper (i.e. the wider transregional picture), they would need to gather the EU, its North, its South and its East in the eventual Pan-Euro-Mediterranean construct. Intermediate stages might involve only the EU and the South.

IV. The Blueprint – Some Principles

The key is to develop the optimum institutional and regulatory mix of a model that takes its inspiration from the institutional and decision-making development of the European Union and carries it further to a model capable of wider use. One option may be for the full range of voting possibilities and instruments to be made available to each and every policy area. This would be possible with the use of "*passerelles*" and differentiation and variegation measures to permit progress without the need for complex treaty revision mechanisms, while fully involving all national parliaments. The "basic agreement" would be given in the Treaty. Consensus or unanimity might be the starting point in some areas. Majority voting would be the starting point in others. In an other hypothesis, as a "basic agreement" on the best practice is reached, and soft law produce results, a consensus or a unanimous decision could move that policy area and the institutions into a "hard(er) law" track (e.g. through the use of some measure equivalent to a former Justice and Home Affairs (JHA) "framework decision") or directive and so on pragmatically but effectively. This would mean "bindingness", effectiveness and enforcement with adjudication. Constructive abstention, made available in some areas, would not block progress for those in favour of deeper legal integration as well as policy integration, but would have all the usual consequences for those who ruled themselves out, having had full opportunity to shape the direction. Or the tool of enhanced co-operation could apply, with a self-differentiating group being entitled to go forward on certain conditions that ensure that attempts at full cohesion are first made. Furthermore, the subsidiarity principle would ensure that action in common within the so-called "Euro-Mediterranean Community" is taken only when it is necessary and could not be left to the Union (or, respectively, the Southern Mediterranean States sphere), safeguarding the autonomy of these spheres and of those of the Members of those spheres. Nevertheless, within the

54 This particular technique would mark a departure from the past and current models of the "European" Treaties.

sphere of action of the Euro-Mediterranean Community, solidarity would impose an obligation on all to keep all others within the fold wherever possible, so that never would an "unable-but-willing" party be left to provide for itself. This is to infuse transregional co-operation with the "Community dynamic", something it lacks and has lacked for too long. The above is not a hard and fast blueprint, but some thoughts intended to illustrate the kind of thinking that can go into devising the *modus operandi* of the Community being proposed.

Of course, talking of "supranationalism" and "law" has been perceived to be politically inconvenient or even incorrect in many quarters, and (grossly) premature in others. Hence the recourse to "soft law" and the use of non-hierarchical figures of speech. Yet this perhaps misunderstanding of the nature of the supranationalism discussed in this paper. As our own experience in Europe has shown, one can have democratic multilateral decision-making that can command binding effect if the rule of law applies to safeguard the minority interests not only of people or peoples but also of states. Soft law that in practice is linked to conditionality carries a less obvious "bindingness" with it but also carries less legal and judicial protection, by definition. Yet more integration is proposed, and therefore, at some point, more "bindingness" with cohesion must come. If one was to speak openly and accurately about the Community/Union model and about what is, or will be, needed with regard to the partners, the way forward has to be clarified over the next few years.[55]

Candidate policy areas for the multilateral/institutional soft-law dynamic would be labour and employment, social security. However, they might also include so-called "hard areas" in the current Union *acquis* which are perceived in all our interests as open to "renegotiation" in a (Pan-) Euro-Mediterranean "common strategy" context at this stage. Consumer protection and financial services regulation could also be taken into account for "hard" or at least mixed treatment.[56] A presumption for harder law and even "majoritarianism" with solidarity would arise as the chosen dynamic in these areas where there was "basic agreement" and shared perspectives from the start. Throughout, a normative commitment to mutual solidarity is the key issue. The above is

---

55 Thomas Hugelin has said that "it may be the ideological hallmark of the integration process that it remains embedded in an open-ended conceptual discourse meant to conceal perpetual dissent about goals and means rather than representing consent". Hugelin T., "Government, governance, governmentality: understanding the EU as a project of universalism", in Kohler-Koch, B. and Eising, R. (eds.), *The Transformation of Governance in the European Union*, London, Routledge, 2002, p. 255.

56 For another list see Morth, U., "Soft Regulation and Global Democracy", in Djelic, M.-L. and Sahlin-Andersson, K. (eds.), *op. cit.*, p. 129.

by no means an attempt to elaborate a list. In principle, wherever the European Commission has already envisaged deep integration and a common legal framework, the argument would apply that one could introduce fullest play of the supranational dynamic on the ground that such achieves the common objectives more effectively and fairly than through any bilateral strategy. This is a main plank in the argument. Of course, it remains to be seen what shape the European Commission and High Representative new proposals eventually take as far as the EU-Mediterranean region is concerned. It is hoped at the time of writing that while pragmatism and experience will be reflected, so also will the EU institutions be ambitious, creative and generous in acknowledging the historic opportunity before them.

Writing about Pan-Euro-Mediterranean environmental co-governance, Kirstyn Inglis described multilateralism which exists in the form of various international environmental treaties: "International measures do not carry the weight of the supranational authority of Community environmental law which is monitored and controlled (at EU level).[57] Multilateral or bilateral co-operation has the advantage of tackling environmental protection and sustainable development considerations according to the particular environmental situation of the country concerned. The downside of such co-operation is that it seems to be preferred over binding international treaties".[58] She, however, also emphasised that various pressures exert downward pressure on attempts even within the EU to raise environmental standards and levels of enforcement. At the time, she argued that environmental policy should be a common policy area.[59] The argument here is that environmental policy involves a multitude of issues of direct concern to all states within the EU and in its neighbourhood. Standards and enforcement are crucial so that "bindingness" is crucial and arguably therefore only a supranational dynamic, whatever the starting point is, can deliver on what should in truth be a common policy area, providing deliverables only attainable by work at this level, for the entire (Pan-)Euro-Mediterranean area.

For similar reasons it has always been doubtful whether the bilateral approach, within the framework of the multilateral but non-binding Barcelona Declaration, can properly address the question of migration from the neighbouring countries into the EU. The EU must have a preferred common policy regarding this issue, and such is in evolution,

---

[57] Brackets added, so as not to indicate that this prejudges where monitoring and control would lie in any supranational Pan-Euro-Mediterranean framework.

[58] Inglis, K., "Pan-Euro-Mediterranean Environmental Co-governance" in Maresceau, M. and Lannon, E. (eds.), *The EU's Enlargement and Mediterranean Strategies. A Comparative Analysis*, Basingstoke, Palgrave, 2001, p. 324.

[59] *Ibid.*, p. 322.

however it is equally vital that there is a Euro-Mediterranean common policy in place that fully takes all international law aspects into account. Yet, as Pollet has written.[60] the Barcelona Declaration filed the migration issue under the then-to-be neglected third pillar of the process (social, cultural and human affairs) rather than either or both of the first two pillars (economic co-operation and security co-operation). Nor has the Union always been unequivocally clear as to whether migration, encouraged in the past, is a good or a bad factor, or on what conditions it is good or bad (for the Union) in the context of its wider international and moral obligations. Workers that are needed, as seen from the EU side, are part of a "brain drain" when seen from the neighbours' perspective. The issue is further complicated by other economic, political and social considerations. The recent turmoil in the Mediterranean region has added a new and very complex dimension or even set of dimensions. As Pollet underlined in his study, the third Barcelona pillar (with the Maastricht third pillar on the EU side) foresaw the use of the instrument of dialogue of course. Moreover, Euro-Mediterranean ministerial meetings occurred. The Civil Forums that happened called, *inter alia*, for "harmonisation" of the policies of the Euro-Mediterranean countries on entry conditions, working conditions, family re-unification and access to citizenship and a Charter of Immigrant Rights and free movement. The results of such dialogue were most disappointing,[61] also because not all key players were involved. Migration is seen as a symptom of poverty ("economic disparity" in euphemism) by many, despite attempts to sell the inward migration as a blessing that is culturally enriching as well as economically supportable. The main point has been made by Pollet,[62] namely that in essence past frameworks had led to a distinct lack of concrete proposals in an ever-deteriorating situation at a time when even the EU had not possessed the mechanisms to respond, in a spirit of solidarity, to its own members. Nor did the Association Agreements lead to much results or coherence of action. The same applies to EU's relations with the eastern periphery. The 2011 Communications prioritise the migratory issue of course. Arguably, it is as true that only a common policy, shared with our neighbours, will successfully address this matter of common interest, contrary to a unilateral EU policy of containment or regulation. Common institutions are most probably needed to address the related policy areas of economic development and migration with coherence. In the medium to long-term there

---

[60] Pollet, K., "The EU and Migratory Pressure" in Maresceau, M. and Lannon, E. (eds.), *op. cit.*, p. 335.

[61] *Ibid.*, p. 341.

[62] *Ibid.*, p. 342.

can be no viable EU policy unless a viable (Pan-)Euro-Mediterranean policy. But the medium- to long-term starts now.

The above message may be hard for many European to take. The fear of loss of full control can grip us too, but the logic of our own experience tells us this is true. If only we could draw comfort from our experiences with strong co-operation to the point of common policy formulation and implementation, so as to open this experience out to our neigh-neighbours. Of course, the European Union must be able to coordinate its own members across the various fields of trade policy, development policy, immigration and asylum policy and foreign policy and so on if it is to act credibly. There lies the vital importance of the Lisbon Treaty for the Union's "common policies", including its "external policy". Post-Lisbon, the Union has the strength and the capacity to plan ahead for work with our neighbours. But, as Inglis' and Pollet's studies showed, and as our history shows, the obvious interconnection between all policy areas means that, in logic, one must build a supranational dynamic into framework relations with our neighbours if our urgent common interests and common threats are to be addressed by "common strategies" in real time. From this perspective, it is proposed that we emphasise the relevant provisions of the new treaties that point us in the direction of the multilateral approach going beyond the bilateral approach in our relations with our neighbours. Article 21 of the Treaty on European Union provides, inter alia, that "The Union's action on the international scene shall be guided by the principles which have inspired its own creation, development and enlargement, and which it seeks to advance in the wider world [...] It shall promote multilateral solutions to common problems".

Conclusion

The (Pan-)Euro-Mediterranean Area is replete with regional and sub-regional arrangements.[63] They all serve their purpose at this time, despite the disappointments. Clearly, something has been going very right, even if it was not apparent until the 2011 events that have demonstrated to the entire world that the peoples of the Southern Mediterranean embrace the same fundamental values and aspirations that animate us in Europe. This includes the Union for the Mediterranean. However, as the Union has enlarged and further proven the worth of its supranational dynamic, this experience has been little utilised in the European Union's

---

63 See especially, Lannon, E. and Van Elsuwege, P., "The EU's Northern Dimension and the EMP-ENP: Institutional Frameworks and Decision-Making Processes Compared", in Xuereb P. G., *The European Union and the Mediterranean – The Mediterranean's European Challenge, Volume V*, Malta, EDRC, 2004, pp. 3-70.

relations with its neighbours. In the context of the upheaval in political, social and democratic terms to the South of the Union, the search must be on for a mechanism that will allow the use of the supranational dynamic in a wider context than that of membership of the Union.

The 2011 Partnership communication speaks of reviewing and adjusting the EU Neighbourhood Policy, moving towards Advanced Status in Association Agreements, and enhancing political dialogue.[64] This is, perhaps properly, described as a "fundamental step change" by the document. The "differentiation" element is to be heightened ("more for more", or the "incentive-based approach"). The Advanced Status[65] would allow for "significantly strengthened political dialogue and increased links between the partner country and EU institutions". The "new response to a changing neighbourhood" Communication carries this concept forward.

One has seen regional and sub-regional initiatives launched to the North, the East and the South of the Union. Union policy has encouraged regionalism and sub-regionalism. Any mechanism that promised in some way to improve dialogue, exchange of best practices, co-operation, common projects and even joint action has been supported by the Union for the most part. The *Union* external policy continues to be formulated in the Union, of course, and this will not change. The Union must have its own preferred internal and external policies. There must be at least a preliminary agreement on the latter internally. This has proved hard enough to achieve. Indeed, most of these regional and sub-regional initiatives were essentially dependent on the EU decision-making and funding, and the EU is to be lauded for these efforts. Yet, how real is it for the European Union to play its role in the Pan-Euro-Mediterranean and global context if Europe is the centre of all events and possibilities?

Yet, one has still not found the framework and the instruments to make a reality of our aims, namely the active pursuit together, as real partners with our neighbours, of our common destiny. There was scepticism about the sharing of values, as there was about the nature of those values and even about the future of the European Union itself. Much of the doubt within Europe has been laid to rest by the Lisbon Treaty (for the time being). At the same time, the peoples of the Mediterranean are showing that there is greater universality among human beings than was obvious.

It has been argued in this paper that the supranational dynamic must be built into a new system that allows for and stimulates pan-regional, regional and sub-regional integration, to the North, the East and the

---

64 COM(2011) 200 final, *op. cit.*, p. 5.

65 See the contribution of Jaidi, L. in this volume.

South, but that also brings the whole together. We require such an overarching vision, actuated by overarching principles and institutions operating under the rule of law can do. For many this idea was, no doubt, regarded as being ahead of its time (or even plain wrong!) up to the recent past. Today it immediately seems more necessary and more plausible, albeit very difficult. It may also be unpalatable to many in the European Union, forcing us to think of a future in which the EU will become only one (albeit big) player in a (Pan-)Euro-Mediterranean Area that features many players. The possible dynamics may not be obvious at the moment, but the EU itself is, wittingly or not, working for them to develop. They can develop either outside a (Pan-)Euro-Mediterranean supranational construct or they can do so within one. If they do the latter, the spirit of the Union can perhaps better guide the process, offering its best as a model for the pursuit of the common good. The key elements of such a construct, properly implanting the rule of law, democracy, the protection of human rights in a context of supranationalism with "constitutionalism", and judiciously applying the principles and instruments of cohesion and solidarity, offer the best hope for the (Pan-)Euro-Mediterranean region, and also the blueprint in the longer term for a new system of global governance.

La sécurité en Méditerranée

Un état des lieux à la lumière des politiques de sécurité et de défense de l'UE et de la Politique européenne de voisinage

Jean-François COUSTILLIÈRE

Introduction

L'Union européenne (UE), succédant à l'Union de l'Europe occidentale (UEO) s'est engagée, conformément aux Traités sur l'Union européenne, à développer une Politique européenne de sécurité et de défense (PESD). Elle s'est ainsi dotée d'une stratégie de sécurité, formalisée en décembre 2003 par la Stratégie européenne de sécurité (SES) intitulée « une Europe sûre dans un monde meilleur ».[1] Dans ses objectifs stratégiques elle précise la nécessité de construire la sécurité dans son voisinage soulignant que :

> la zone méditerranéenne reste confrontée à de graves problèmes de stagnation économique, de tensions sociales et de conflits non résolus. Les intérêts de l'Union européenne exigent un engagement continu à l'égard des partenaires méditerranéens grâce à une coopération plus efficace dans les domaines de l'économie, de la sécurité et de la culture, dans le cadre du processus de Barcelone.[2]

La Méditerranée apparaît donc bien comme l'une des zones privilégiée d'application de la politique de sécurité de l'Union européenne. Il convient donc de s'interroger sur l'apport, aujourd'hui, de la Politique européenne de voisinage (PEV) à cette stratégie. Pour cela, il semble utile de rappeler le cheminement et les initiatives de la PESD en Méditerranée avant d'analyser plus précisément les risques et les menaces qui se développent dans cette région au voisinage immédiat de l'UE. Au demeurant, l'UE n'est pas le seul acteur de sécurité en Méditerranée et il importe de tenir compte des autres initiatives avant d'évoquer les axes d'effort de l'UE puis d'évaluer quelles pourraient être les prochaines avancées européennes en la matière.

---

1 Conseil de l'UE, *Stratégie européenne de sécurité, une Europe sûre dans un monde meilleur*, 12 décembre 2003, http://www.consilium.europa.eu/ueDocs/cms_Data/docs/pressdata/FR/reports/76256.pdf.

2 *Stratégie européenne de sécurité*, *op. cit.*, p. 8.

I. La Politique européenne de sécurité et de défense : l'émergence d'une stratégie et son application à la Méditerranée

A. L'émergence de la Politique européenne de sécurité et de défense

L'Union européenne adopte ses premières dispositions concernant une Politique étrangère et de sécurité commune (PESC) à Maastricht en février 1992. Selon l'article J.4.1 du Traité de Maastricht sur l'UE, « la politique étrangère et de sécurité commune inclut l'ensemble des questions relatives à la sécurité de l'Union européenne, y compris la définition à terme d'une politique de défense commune, qui pourrait conduire, le moment venu, à une défense commune ». Dans ce même Traité, à l'article J.4.2 il est déclaré que l'Union de l'Europe occidentale (UEO) était « partie intégrante du développement de l'Union européenne ».

L'Union européenne succédait ainsi, en matière de sécurité, à l'UEO. En effet, celle-ci, dès octobre 1987, lors de la Plate-forme de l'UEO sur les intérêts européens en matière de sécurité, adoptée à La Haye affirmait : « Nous rappelons notre engagement à construire une Union européenne, conformément à l'Acte unique, que nous avons tous signé en tant que membres de la Communauté européenne. Nous sommes convaincus que la construction d'une Europe intégrée restera incomplète tant que cette construction ne s'étendra pas à la sécurité et à la défense ».[3]

En 1992, l'UE à travers l'UEO se dote d'outils nouveaux : les réunions des chefs d'état-major des armées, la Cellule de planification de l'UEO, le renforcement du rôle opérationnel de l'UEO mais surtout la définition des « missions de Petersberg ». Celles-ci recouvrent « des missions humanitaires ou d'évacuation de ressortissants ; des missions de maintien de la paix ; des missions de force de combat pour la gestion des crises, y compris des opérations de rétablissement de la paix ».[4]

Le Traité d'Amsterdam, en 1997 développe encore la démarche de l'UE dans le cadre des affaires de sécurité et de défense en incluant les missions de Petersberg dans le Traité lui-même et en envisageant l'intégration de l'UEO dans l'UE. De plus, la fonction de haut représentant pour la PESC est créée.

---

3 Union de l'Europe occidentale, *Plate-forme de l'UEO sur les intérêts européens en matière de sécurité*, La Haye, 27 octobre 1987, http://www.ena.lu/plate-forme_interets_europeens_matiere_securite_haye_27_octobre_1987-010003523.html.

4 Union de l'Europe occidentale, Déclaration de Petersberg, Bonn, 19 juin 1992, http://www.assembly-weu.org/fr/documents/sessions_ordinaires/key/declarationpetersberg1992.php.

Lors du Conseil européen de Cologne, en juin 1999, l'UE poursuit l'élaboration de sa politique de sécurité en affirmant sa volonté de disposer des capacités (notamment militaires) nécessaires et des structures appropriées lui permettant de prendre des décisions effectives en matière de gestion des crises dans le cadre des missions de Petersberg. Cela peut nécessiter en particulier : des sessions régulières (ou *ad hoc*) du Conseil Affaires générales, avec la participation des ministres de la Défense ; un Comité politique et de sécurité permanent de l'UE (COPS) ; un Comité militaire de l'UE (CMUE) chargé de formuler des recommandations au COPS, un état-major de l'UE (EMUE) avec un centre de situation.[5]

Ces progrès ont été obtenus grâce aux négociations préalables du Sommet de Saint Malo en décembre 1998, dont la déclaration mentionnait la volonté européenne de disposer « d'une capacité autonome d'action, appuyée sur des forces militaires crédibles [...] afin de répondre aux crises internationales ».[6] En contrepartie, il apparaissait que la PESD devait être adossée à l'OTAN.

Le Conseil européen de Nice en décembre 2000, et le Traité de Nice en 2001, conduisent à la création de la force de réaction rapide européenne ; à la mise en place des structures permanentes de la PESD et à l'incorporation dans l'UE des fonctions appropriées de l'UEO à travers :

- le catalogue de forces et de capacités, élaboré lors de la Conférence d'engagement des capacités, à partir des niveaux d'engagement déclarés par chaque pays pour remplir les objectifs de capacités qui ont été fixés ;
- l'instauration des organes permanents politiques et militaires suivants : le COPS, le CMUE et l'EMUE ;
- le transfert, sous forme d'agences, des fonctions de l'UEO qui seront nécessaires à l'Union européenne, en particulier l'Institut d'études de sécurité et le Centre satellitaire de l'UEO.

Les conseils européens suivants compléteront ou aménageront ces dispositions tandis que sera adoptée au Conseil européen de Bruxelles, en décembre 2003, la Stratégie européenne de sécurité (SES) « Une Europe sûre dans un monde meilleur »[7] qui définit les grandes menaces

---

5 Conseil européen, *Conclusions de la présidence, Conseil européen de Cologne*, Cologne, 3-4 juin 1999, http://www.consilium.europa.eu/uedocs/cms_data/docs/pressdata/fr/ec/57887.pdf.

6 *Déclaration franco-britannique sur la défense européenne*, Saint Malo, 4 décembre 1998, http://www.ladocumentationfrancaise.fr/dossiers/europe-defense/declaration-saintmalo.shtml.

7 Conseil de l'Union européenne, *Stratégie européenne de sécurité – Une Europe sûre dans un monde meilleur*, Bruxelles, 12 décembre 2003, http://www.consilium.europa.eu/uedocs/cms_data/librairie/PDF/QC7809568FRC.pdf.

à la sécurité de l'Europe au XXIe siècle et étudie les objectifs stratégiques de l'UE en vue de faire face à ces défis.

L'UE dispose ainsi des outils indispensables à la conduite d'une véritable stratégie de sécurité et d'une capacité d'action. Leur efficacité dépendra de la volonté politique qui accompagnera leur mise en œuvre, mais aussi de la réalité de leur renforcement à l'occasion de la mise en application du Traité de Lisbonne.

B. L'importance stratégique de la Méditerranée pour l'Union européenne

L'Union européenne entretient, depuis l'origine, des relations étroites avec les pays du bassin méditerranéen, qui se traduisent pour l'essentiel par la signature d'accords d'association et de coopération économique et commerciale avec les pays du Maghreb et du Machrek, et d'Accords d'association avec ceux d'Europe du Sud-Est.

Il faut attendre 1989 et l'inquiétude provoquée au niveau communautaire par le ralliement des opinions publiques arabes à Saddam Hussein à l'occasion de la guerre du Golfe, pour que l'Europe prenne conscience de la nécessité de mener une politique plus cohérente et globale dans cette région qui lui est proche et qui revêt un intérêt stratégique. Cette ambition se traduit en 1992 par la mise en place de la Politique méditerranéenne rénovée (PMR) avec un contenu plus ambitieux comprenant notamment un appui à l'ajustement structurel, pour les pays méditerranéens conduisant une politique d'ouverture et de réforme économique. Un véritable Partenariat euro-méditerranéen (PEM) pouvait alors prendre naissance.

Cette coopération a donc été provoquée par une double inquiétude : inquiétude de la dégradation politique et des risques de conflits et de prolifération d'Armes de destruction massive (ADM) et préoccupation d'un effondrement économique généralisé dont les conséquences pourraient à terme affecter la stabilité de l'Union et décupler le phénomène migratoire.

La place de la Méditerranée s'accroît dans le discours. Le rapport de la Commission au Conseil européen de Lisbonne (27-28 juin 1992) sur l'évolution probable de la Politique étrangère et de sécurité commune fait apparaître une forte préoccupation méditerranéenne.[8] Les conclusions du sommet lui-même reprennent cette inquiétude.[9]

---

[8] « La mise en danger des intérêts de l'Union en matière de sécurité. Compte tenu du fait que l'action commune doit être mise en œuvre graduellement, un nombre limité de zones géographiques ont été mises en évidence. Pour chaque zone, un certain nombre de questions horizontales à propos desquelles une action commune pourrait être entreprise à court terme ont été retenues. Il s'agit de l'Europe centrale et orien-

Cette priorité est réaffirmée à chaque Conseil européen, Corfou[10] en 1994, Essen[11] en 1994 et Cannes[12] en 1995, avant que la conférence de Barcelone n'ouvre, en novembre 1995, une nouvelle perspective à travers un Partenariat euro-méditerranéen comprenant trois corbeilles dont la corbeille « politique et sécurité ».[13] La paix, la stabilité et la sécurité de la région constituent l'objectif de cette première corbeille.

Cependant, très rapidement, le Partenariat euro-méditerranéen ne répond pas totalement, du fait de l'exigence de consensus, aux attentes notamment des pays européens. Au Conseil européen de Féria, 20 juin

---

tale, en particulier de la Communauté des états indépendants et des Balkans, de la Méditerranée, en particulier du Maghreb, et du Moyen-Orient », Conseil européen de Lisbonne, Conclusions de la Présidence, 27-28 juin 1992, *Rapport sur l'évolution probable de la politique étrangère et de sécurité commune visant à cerner les domaines se prêtant à une action commune vis-à-vis de pays ou de groupes de pays particuliers*, points 12 et 13.

9 « Le Conseil européen souligne l'importance qu'il attache à ses relations générales avec les pays méditerranéens ; il salue à cet égard la récente conclusion de l'accord sur une nouvelle politique méditerranéenne, élément essentiel d'une plus grande stabilité économique et politique dans la région méditerranéenne. », Conseil européen de Lisbonne, *Conclusions de la présidence*, 27 juin 1992, http://www.ena.lu/conclusions_conseil_europeen_lisbonne_26_27_juin_1992-010007796.html.

10 « Le Conseil européen confirme l'importance qu'il attache aux liens étroits existant déjà avec ses partenaires méditerranéens et son désir de les développer encore davantage de manière à ce que le Bassin méditerranéen puisse devenir une zone de coopération garantissant la paix, la sécurité, la stabilité et le bien-être. » Conseil européen de Corfou, *Conclusions de la présidence*, 24-25 juin 1994, http://www.consilium.europa.eu/ueDocs/cms_Data/docs/pressData/fr/ec/00150.F4.htm.

11 « La Méditerranée constitue pour l'Union européenne une zone prioritaire d'importance stratégique. », Conseil européen d'Essen, *Conclusions de la présidence*, 9-10 décembre 1994, http://www.consilium.europa.eu/ueDocs/cms_Data/docs/pressData/fr/ec/00300.F4.htm.

12 « Le Conseil européen réaffirme l'importance stratégique qu'il attache à ce que les relations de l'Union européenne avec ses partenaires de la Méditerranée prennent une nouvelle dimension. Il souhaite que la Conférence qui aura lieu à Barcelone en novembre prochain jette les bases d'un partenariat euro-méditerranéen pour une coopération ambitieuse, et se félicite du rapport établi par le Conseil du 12 juin », Conseil européen de Cannes, Conclusions de la présidence, 26-27 Juin 1995, http://www.consilium.europa.eu/ueDocs/cms_Data/docs/pressData/fr/ec/00211-C.FR5.htm.

13 « Les participants expriment leur conviction que la paix, la stabilité et la sécurité de la région méditerranéenne sont un bien commun qu'ils s'engagent à promouvoir et à renforcer par tous les moyens dont ils disposent. À cet effet, ils conviennent de mener un dialogue politique renforcé et régulier, fondé sur le respect des principes essentiels du droit international et réaffirment un certain nombre d'objectifs communs en matière de stabilité interne et externe. », *Déclaration de Barcelone*, Barcelone, 27 novembre 1995, http://www.ena.lu/declaration_barcelone_27_28_novembre_1995-010005386.html.

2000, une déclaration[14] est annexée aux conclusions de la présidence. Elle définit une « stratégie commune de l'UE à l'égard de la région méditerranéenne ». Il s'agit de répondre aux carences du Partenariat euro-méditerranéen par une dimension méditerranéenne de la PESD qui propose aux pays amis de coopérer, s'ils le souhaitent, selon des modalités définies par l'UE, sans toutefois avoir la possibilité d'infléchir les décisions ou les choix.

En 2001, ce sont les attentats aux États-Unis. 2003 c'est l'Afghanistan puis l'Irak, en 2004 l'élargissement de l'UE mais aussi de l'OTAN alors que le Bloc de l'Est s'est effondré. La donne de sécurité change profondément en Méditerranée.

La Stratégie européenne de sécurité (SES) élaborée en décembre 2003, réaffirme, dans ce contexte, l'attention de l'UE pour cette région. Elle précise même qu'« un engagement plus large avec le monde arabe devrait également être envisagé ». C'est ce que traduisait déjà un document daté du 4 décembre 2003 et intitulé « Renforcement du partenariat entre l'UE et le monde arabe » qui, répondant à l'invitation des conclusions de la présidence du Conseil européen de Thessalonique en juin 2003, visait à « suggérer des pistes pour mieux organiser et pour renforcer les relations de l'UE avec les pays concernés afin de contribuer davantage à promouvoir la paix, la prospérité et la stabilité dans la région ».[15] Il faisait alors référence au Processus de Barcelone, mais aussi à l'initiative « Nouveaux voisins ».

En 2005, pour le dixième anniversaire du Processus de Barcelone apparaissent à la fois la volonté des pays du Sud et de l'Est méditerranéen de marquer leurs réserves face au Processus suspecté de privilégier les préoccupations de sécurité européennes et celle de nombreux Européens d'afficher leur déception pour le peu de progrès fait au Sud, en dépit d'investissements jugés consistants, alors que leur préoccupation face au risque terroriste est dominante. La Grande-Bretagne, en charge

---

14 « Pour ce qui est des questions de sécurité, l'UE a l'intention de réfléchir, dans le cadre de la politique européenne commune en matière de sécurité et de défense qu'elle met en place actuellement, à la manière de renforcer, dans la région et avec ses partenaires méditerranéens, la sécurité fondée sur la coopération. » Conseil européen de Santa Maria Da Feira, Conclusions de la Présidence, *Annexe V*, 19-20 juin 2000, http://www.consilium.europa.eu/uedocs/cms_data/docs/pressdata/fr/ec/00200-r1.f0.htm.

15 « Le Conseil européen de Thessalonique (19/20 juin 2003) a invité la Commission et le haut représentant à élaborer un plan de travail détaillé avec le monde arabe, en prenant pleinement en compte les politiques et les programmes existants et, en particulier, le processus de Barcelone et l'initiative "Nouveaux voisins" », secrétariat général du Conseil de l'Union européenne, *Renforcement du partenariat entre l'UE et le monde arabe*, PESC 791, 11 décembre 2003, http://register.consilium.europa.eu/pdf/fr/03/st15/st15945-re01.fr03.pdf.

de la présidence du Conseil de l'UE, souhaite inscrire le Processus dans l'ensemble plus vaste du « Broader Middle East and North Africa » (BMENA) cher à la « relation privilégiée » avec les États-Unis.[16]

C'est dans ce contexte que la Politique européenne de voisinage (PEV) a vu progressivement le jour. S'écartant de l'approche partenariale, elle privilégie les accords bilatéraux entre UE et pays du Sud et Sud-Est méditerranéen, intégrant les préoccupations de sécurité. Poursuivant les mêmes objectifs que ceux du Processus de Barcelone, elle s'inscrit dans une démarche différente, fondée sur des Plans d'action bilatéraux.

II. Les enjeux, les risques et les menaces en matière de sécurité en Méditerranée

En matière de sécurité, l'espace méditerranéen constitue pour l'UE à la fois un voisinage immédiat et une zone où ses intérêts sont multiples. Au titre du voisinage, la situation de cet espace influence inévitablement la sécurité de l'espace européen. La prospérité et la paix favorisent des relations sereines et réduisent les tensions. À l'inverse, les conflits et les crises nourrissent la méfiance, les risques et les menaces. Quant aux intérêts, ils recouvrent, par exemple, des aspects patrimoniaux, des flux économiques, des ressortissants, etc., qu'il importe de préserver. Ces intérêts sont, bien sûr, très vulnérables lorsque la situation sécuritaire de la zone se dégrade.

La situation de la sécurité régionale, jusqu'au début de 2011, pouvait schématiquement être décrite comme très perturbée au Proche-Orient et globalement apaisée sur le reste de la région, en dépit des actions terroristes qui frappaient occasionnellement. Janvier 2011 vit l'émergence de révoltes des populations arabes qui firent éclater ce fragile équilibre. La situation est aujourd'hui incertaine, dangereuse et partagée, selon les pays, entre des états de guerre, de subversion, de post-révolution ou tristement réactionnaires.

Il convient donc d'identifier les enjeux de sécurité dans la région, puis d'apprécier les risques et menaces éventuels.

---

[16] V. Jeremy, M., *The Broader Middle East and North Africa Initiative : An Overview*, CRS Report for Congress, February 15, 2005, http://fpc.state.gov/documents/organization/43293.pdf.

A. Les enjeux sécuritaires en Méditerranée

1. Des crises politiques récurrentes ajoutées à des revendications émergentes

La Méditerranée apparaît comme une zone de crises récurrentes dont les fondements sont, le plus fréquemment, la résurgence des nationalismes (Balkans) ou l'occupation de territoires contestés (Territoires palestiniens, Sahara occidental, Chypre).

Depuis janvier 2011, elle est aussi une région de revendications politiques pour une gouvernance plus attentive aux aspirations du peuple, comme en Jordanie, en Libye ou en Syrie. Ces aspirations sont également présentes dans les autres pays arabes de la Méditerranée où le ressort principal des révoltes a pu être autre.

2. Une zone de fractures

Mais la Méditerranée est aussi zone de tensions car elle est une zone de fractures. En effet, de part et d'autre du Bassin méditerranéen se développent des sociétés aux caractéristiques très souvent antinomiques.

Sur le plan religieux, se retrouvent des populations chrétiennes, juives et musulmanes. Au Sud et à l'Est, ces populations tendent à devenir homogènes tandis qu'au Nord de fortes minorités musulmanes s'insèrent dans des populations chrétiennes. Les fractures entre ces communautés tendent à se creuser.

Du point de vue économique les chiffres montrent que la fracture entre l'Union européenne et les Pays partenaires méditerranéens (PPM)[17] est, ainsi que le souligne le rapport du plan Bleu sur le « Suivi de la Stratégie méditerranéenne de développement durable »[18], une réalité :

- Les écarts entre le niveau de PIB par tête des pays de la rive Sud et celui des pays de la rive Nord ne se réduisent pas. En 2006, le revenu moyen par habitant dans les Pays du Sud et de l'Est de la Méditerranée (environ 6 000 dollars) est 4,5 fois inférieur au revenu moyen dans les 7 pays méditerranéens de l'UE-27. En ce qui concerne le PIB, les pays méditerranéens de l'UE-27 représentent plus de 74 % du PIB méditerranéen ;[19]

---

[17] PPM (Pays partenaires méditerranéens) : les pays partenaires de l'UE autrement désignés par « Pays Sud et Est méditerranéens » voire, en abrégé et par facilité dans ce texte, « Pays du Sud ».

[18] Fiches Indicateurs du plan Bleu sur le « Suivi de la stratégie méditerranéenne de développement durable », 10 septembre 2009, http://www.planbleu.org/methodologie/indicateurs_smdd2009/Fr/00_1_PIB_FR.pdf.

[19] V. la carte n° 6.

- pour ce qui est de taux de chômage le rapport FEMISE 2010 précise que « Il existe de larges disparités de statut des marches du travail des 27 pays de l'UE, particulièrement pour quelques indicateurs tels que les taux de chômage qui vont de 3,4 % aux Pays-Bas à 18 % en Espagne (2009) » alors qu'au Sud de la Méditerranée les « marchés du travail souffrent de taux de chômage élevés durables estimés à environ 11,6 %. Ce taux ne prend pas en compte le chômage et le sous-emploi déguisés. En termes absolus, il y a 8,5 millions de personnes actuellement sans emploi dans les Pays méditerranéens ».[20]

Ces fractures se retrouvent également sur le plan des systèmes politiques en vigueur, les pays de l'UE étant le plus souvent démocratiques, alors que les PPM restent soumis à des régimes pour le moins autoritaires, à l'exception de la Tunisie, aujourd'hui engagée dans une démarche révolutionnaire, et de l'Égypte dont les choix demeurent encore incertains.

Les caractéristiques démographiques suivent les mêmes lignes de séparation. Ainsi le rapport FEMISE 2010 souligne que « avec plus de 30 % de la population âgée de moins de 15 ans (81,5 millions pour une population totale de 269 millions) : en Méditerranée au moins une personne sur quatre a moins de 15 ans, et plus de 35 % de la population se situe entre 15 et 30 ans. Cela signifie que la proportion de population active augmentera de manière stable jusqu'en 2035-2045 pour atteindre 65 % ».[21] La conséquence est évidemment une coupure entre une population jeune au Sud et une population vieillissante au Nord.

Mais cette fracture se retrouve aussi sur le plan de l'éducation ou du taux d'alphabétisation étant en général d'environ 99 % dans les pays membres de l'UE contre seulement 52 % au Maroc ou 71 % en Égypte.[22]

Ces diverses fractures, qui se creusent inexorablement, constituent une inquiétude forte. Elles engendrent de nombreuses difficultés liées à la pauvreté et à la frustration, car les populations des PPM sont en mesure d'évaluer, à travers les médias et Internet, l'iniquité de cette situation. Elle entraîne volonté d'émigrer, revendications, rebellions, racisme, rejets, jalousie, haine, etc. Autant de réactions peu propices à la compréhension mutuelle des peuples et à la paix.

---

20 Rapport 2010 du FEMISE sur le Partenariat euro-méditerranéen, Institut de la Méditerranée, Marseille, Novembre 2010, pp. 51-52, http://www.femise.org/PDF/Femise_A2010fr.pdf.

21 *Ibid.*, p. 52.

22 V. carte n° 6.

La Méditerranée apparaît donc comme une zone de forte instabilité où les crises se nourrissent des inégalités insupportables entre Sud et Nord et peuvent conduire à des révoltes populaires déstabilisantes.

Cette situation est d'autant plus critique que la circulation des hommes, des idées (notamment par Internet) ou des images (*via* la télévision par satellite) permet, notamment au Sud, d'avoir une parfaite connaissance de cette inégalité, voire de cette injustice. De plus, l'immigration vers le nord de populations étrangères au système des sociétés d'accueil, démocratiques libérales et le plus souvent laïques, crée des fragilités au sein des sociétés européennes elles-mêmes, engendrant peur et rejet de l'autre.

3. *Des défis vitaux*

Il convient d'ajouter à ce rapide balayage des tensions Nord-Sud, des paramètres dont on a pris conscience plus récemment et qui peuvent accroître encore l'instabilité. Ces paramètres qui touchent plus particulièrement les pays du sud du Bassin, concernent cependant aussi les pays du Nord. En effet, pour qu'un être humain ait une vie digne il doit en avoir les moyens et donc disposer de ressources. Ceci présuppose d'avoir du travail. Mais faut-il encore que ces ressources vous permettent de vous alimenter et que l'eau, indispensable à la vie, reste disponible.

L'emploi est donc le premier défi. En 2010, les moins de 15 ans représentaient en moyenne 28,7 % de la population des PPM.[23] Ainsi que le soulignait le rapport FEMISE 2007 « d'ici à 2020 le simple maintien de taux d'activité et de chômage actuels va nécessiter la création de 22,5 millions de nouveaux emplois (soit un tiers de plus que le nombre actuel), ce qui correspond à un taux de croissance annuel de 1,9 % sur 15 ans ».[24] Déjà en Tunisie et en Égypte les populations, jugeant que leurs dirigeants ne répondaient pas à leurs légitimes aspirations en matière de « droit à exister », ont renversé les pouvoirs en place avant d'ajouter à leurs revendications des exigences plus politiques.

Les prix alimentaires constituent le deuxième défi. En effet, une crise mondiale se développe aujourd'hui qui n'épargne pas la Méditerranée. Les coûts des denrées alimentaires de base[25] atteignent des niveaux qui

---

23 Rapport 2008/2009 du FEMISE sur le Partenariat euro-méditerranéen, Institut de la Méditerranée, Marseille, août 2009, p. 70, http://www.femise.org/2009/10/publications/rapport2008-09/.

24 Rapport 2007 du FEMISE sur le Partenariat euro-méditerranéen, Institut de la Méditerranée, Marseille, août 2009, p. 18, http://www.femise.org/PDF/Femise_A2007fr.pdf.

25 L'indice FAO du coût du riz à l'exportation est passé de 129 en janvier 2007 à 211 en janvier 2008, celui des céréales de 138 à 283, Organisation des Nations Unies pour l'alimentation et l'agriculture, *Suivi du marché du riz*, juin 2009,

rendent de plus en plus difficile la vie quotidienne des plus démunis. La faim est de retour parmi ces populations et ceci entraîne bien sûr des révoltes dont on a déjà pu constater l'émergence au Maroc, en Égypte et en Mauritanie (avril 2008) mais aussi des soulèvements contre la cherté de la vie et notamment des produits alimentaires de base comme en Algérie (Oran, en mars 2008). Des circonstances comparables sont de nouveau apparues entre le printemps et l'été 2010, suite en particulier aux pertes de production subies en Russie et en Ukraine suite à une sécheresse prolongée et des incendies de récolte.

Le troisième défi, concerne l'accès à l'eau et tout d'abord à l'eau de consommation mais également à l'eau d'irrigation. Un grand nombre de pays riverains de la Méditerranée[26] connaissent de très grosses difficultés en termes de ressources en eau. Celles-ci vont encore s'accroître à la fois du fait de l'accroissement de la population, des changements de modes de vie mais aussi du développement du tourisme.

Ces trois enjeux apparaissent bien centraux car ils conditionnent la vie des populations méditerranéennes considérées. Une dégradation de la très médiocre situation actuelle engendrerait fatalement de l'insécurité dans la région. Les événements en Tunisie et en Égypte en début 2011, mais aussi au Maroc et en Algérie, où les revendications pour l'emploi ont pu être temporairement jugulées par des mesures exceptionnelles finançant des recrutements dans le domaine surtout public, l'ont clairement démontré. Face à cette situation, la communauté internationale, et spécifiquement l'UE, fait l'analyse que la paix et la sécurité ne peuvent se développer que si on est capable de créer les conditions d'une coopération. Il était jusqu'alors admis que les pays du Sud et les pays du Nord ne se menaçaient pas militairement. Si cette assertion reste vraie quant à l'absence de menace du Sud vers le Nord, il est évident que les opérations conduites en Libye par l'OTAN au début de l'année 2011, risquent fort de modifier la perception des menaces potentielles par les pays du Sud. Enfin, il semble que si des tensions entre pays du Sud existent, la probabilité d'un véritable engagement majeur entre eux soit faible.

---

http://www.fao.org/ es/ESC/fr/15/70/highlight_71.html. Cette tendance s'est malheureusement confirmée en 2011 : Voir Indice FAO des prix des produits alimentaires, 7 juillet 2011, http://www.fao.org/worldfoodsituation/wfs-home/foodpricesindex/fr/.

26 « En 2000, 130 millions de Méditerranéens (population totale 427 millions, elle n'était que de 285 millions en 1970) vivaient dans des pays « pauvres en eau » (moins de 1 000 m^3/habitant/an), 45 millions vivaient dans une situation de « pénurie d'eau » (moins de 500 m^3/habitant/an). Aujourd'hui, 30 millions de Méditerranéens n'ont pas accès à l'eau salubre, notamment dans les pays dans le Sud et à l'Est de la région et 27 millions sont privés d'un système d'assainissement adéquat ». « Selon des estimations, le nombre de personnes vivant en situation de pénurie d'eau s'accroîtra à 63 millions d'ici 2025 ». Conférence sur l'eau douce en Méditerranée en 2008, Unesco, Paris, 29 mai 2008, http://www.waterconference.org/.

Faisant abstraction du conflit israélo-palestinien et des conséquences encore inconnues de la guerre de Libye, puis considérant que les crises Sud-Sud ne devraient pas entraîner d'affrontements sévères, il est pertinent d'analyser la situation plus en termes de risques que de menaces pour l'Union européenne.

B. Les risques et les menaces en Méditerranée

1. Les risques affectant la sécurité régionale

Le terme de « risques » désigne le résultat défavorable ou dangereux des décisions et des actes de ceux qui agissent au nom des collectivités humaines[27], dans tous les domaines de leurs responsabilités. Plusieurs risques majeurs affectent la sécurité régionale méditerranéenne. Ils peuvent être rassemblés en deux familles, ceux dus à des volontés ou des actions déterminées et ceux découlant de la faiblesse ou de l'incapacité des États. À ce titre, leur réduction constitue de véritables enjeux pour la communauté méditerranéenne et donc pour l'UE.

La première famille recouvre les démarches, étatiques ou autres, visant à développer les arsenaux. L'issue du bras de fer entre les États-Unis, soutenus par l'Union européenne, et l'Iran, dans le dossier de l'accès de ce pays au nucléaire militaire, lui permettant d'émerger comme une nouvelle puissance nucléaire, entraînerait très vraisemblablement d'autres volontés identiques en Égypte ou en Arabie saoudite par exemple. Mais la prolifération des armes de destruction massive parmi les États n'est pas la seule voie d'accroissement des arsenaux. Certains États ont entrepris la modernisation mais surtout l'accroissement des capacités de leur outil militaire. Une grande quantité d'armes se trouve, du fait de l'effondrement de l'URSS et du désordre établi en Irak, hors contrôle étatique. Elles sont proposées à l'écart des circuits normaux de vente et à faible coût, interdisant tout contrôle et toute régulation. Après plusieurs années de stabilité on observe aujourd'hui un fort développement des armements disponibles en Méditerranée qui contribue à nourrir la méfiance, la suspicion et les tensions entre les acteurs.

La seconde famille de risques comprend un ensemble de phénomènes qui ont toujours existé mais qui, par leur ampleur nouvelle peuvent devenir déterminants dans la dégradation de la situation tant interne à un pays que des relations interétatiques. Les paramètres de développement intérieur devenant critiques tels le marché de l'emploi, l'accès aux denrées de subsistance ou à l'eau potable peuvent nourrir le mécontentement au point d'entraîner des troubles et des soulèvements déstabi-

---

27 Tels les collectivités locales, les États, les alliances, etc.

lisants ainsi que l'ont montré les événements tunisien et égyptien, mais aussi en Algérie et au Maroc, même si dans ces pays l'explosion est aujourd'hui encore évitée. Les minorités mal traitées ou marginalisées, du fait d'États imprudents ou faibles, manifestent régulièrement leur opposition au pouvoir en place par des actions plus ou moins violentes et peuvent comme en Libye et en Syrie, conduire à une répression féroce, faisant ainsi le lit de la guerre civile. Les catastrophes d'origine humaine ou naturelle, dans des États incapables d'apporter des réponses satisfaisantes aux sinistrés, bouleversent l'équilibre économique de régions entières et réduisent à la précarité ou à la misère des populations mal secourues. Les flux de migrants illégaux, lorsque le phénomène prend de l'ampleur, présente le danger d'une déstabilisation sociale tant des pays de départ, que de transit ou d'accueil. Des trafics criminels gangrènent la région, profitant de l'incapacité de certains États à contrôler les activités commerciales illicites sur leur territoire. Cette économie souterraine profite au terrorisme transnational qui y trouve les moyens financiers de ses actions, et contrarie les efforts conduits pour établir les conditions d'un développement durable global. Enfin, les actions du terrorisme transnational, les conflits intérieurs ou les ingérences étrangères peuvent fortement affecter l'autorité des pouvoirs en place, avec le risque de l'émergence de zones de non-droit livrées à la loi du plus fort.

Les événements survenus dans le monde arabe, début 2011, ont montré que les populations des PPM peuvent aussi se soulever contre les pouvoirs en place pour des raisons essentiellement politiques. C'est en effet, à partir de revendications liées à la dignité et à une meilleure gouvernance, que se sont développés prioritairement les soulèvements en Jordanie, en Libye et en Syrie. Particulièrement violents en Libye et en Syrie, ils préoccupent la communauté internationale qui a décidé d'intervenir sous mandat du Conseil de sécurité de l'ONU pour protéger les rebelles libyens des agressions des forces du colonel Khadafi, et appliquent des sanctions économiques contre le régime du président Bachar El Assad.

Il apparaît donc que ces différents risques, favorisés par la faiblesse des États, affectent la stabilité tant des pays que des relations internationales. Même s'ils ne relèvent pas de l'intention de nuire et ne visent pas directement l'UE, ils contribuent néanmoins largement à l'émergence, puis au développement de menaces qui peuvent s'appliquer à l'Europe. C'est à ce titre que leur réduction constitue un enjeu stratégique de premier plan.

Les exemples sont nombreux d'États soumis aux coups de boutoirs du terrorisme transnational, des conflits intérieurs (tel le Sahara occidental, la Tunisie, l'Égypte, le Maroc, la Jordanie, l'Algérie, la Syrie ou la Libye) ou des ingérences étrangères (tels l'État libanais ou l'Autorité palestinienne) qui peuvent voir leur autorité fortement réduite. Des États aujourd'hui apparemment forts et dotés de systèmes politico-sécuritaires très développés peuvent aussi se voir ébranlés, telle la Tunisie. La crise connue par l'Algérie dans les années 1990 est, à cet égard, tout aussi démonstrative. Le risque de déliquescence est très déstabilisant pour les pays voisins. Il n'est d'ailleurs pas exclu que les révoltes actuelles des populations arabes de Méditerranée puissent, dans certains cas et spécifiquement dans celui de la Libye, faire ressurgir des circonstances comparables.

2. Les menaces pouvant peser sur les intérêts européens

Le mot « menace » caractérise la volonté de nuire exercée par un État ou un mouvement qu'il soit national ou transnational. À l'égard des intérêts de l'UE la menace peut s'appliquer sur les territoires nationaux des États membres, contre des biens ou des personnes à l'étranger ou sur les flux d'approvisionnement. La menace s'exprime alors selon deux modes d'action : le terrorisme ou l'action militaire.

Le mode d'action terroriste met en œuvre divers moyens dont les caractéristiques communes sont la difficulté à identifier les acteurs et les commanditaires ; la recherche de l'effet de surprise, de l'aspect spectaculaire et anxiogène et enfin de l'impact médiatique. Il serait bien imprudent d'imaginer l'UE à l'abri de telles actions qu'elles soient commanditées par Al Qaïda, par des États ou des mouvements cherchant à infléchir les politiques extérieures nationales des États membres, voire celle de l'Union européenne.

L'action militaire, étatique ou non, peut revêtir différentes formes : à distance et balistique, de proximité et opérative, avec des armes classiques, chimiques, nucléaires ou autres. Ces actions sont le fait de forces armées relevant des États ou de milices. La menace sur l'UE et ses intérêts est faible du fait des fortes capacités de rétorsion. En revanche, la guerre entreprise en Libye en février 2011, démontre aux PPM que ce type de menace peut encore s'exercer à leur encontre. Cette différence n'est évidemment pas favorable à l'établissement de la confiance entre Nord et Sud.

Il apparaît donc que l'UE, faiblement exposée à une agression de type militaire, est en revanche la cible potentielle d'actions terroristes qui viseraient ses intérêts aussi bien sur le territoire européen qu'ailleurs. Elle peut aussi subir les conséquences d'instabilités qui découleraient de la détérioration des relations interétatiques ou du développement de zones de non-droit. Ces risques et menaces sont parfaitement identifiés dans la SES qui analyse les principaux sujets de préoccupation, en son chapitre 1, à travers le terrorisme, la prolifération des armes de destruction massive, les conflits régionaux, la déliquescence des États et la criminalité organisée.

III. Les autres acteurs en matière de sécurité en Méditerranée

L'analyse ci-dessus est bien évidemment partagée par de nombreux pays et organisations internationales qui sont à l'origine de diverses initiatives menées parallèlement à celles de l'UE. Au demeurant, celles-ci peuvent à la fois être concurrentes, redondantes ou distinctes. Elles s'appliquent aussi parfois à des questions particulières. Il semble utile de rappeler par ordre chronologique, les plus importantes d'entre elles ne relevant pas de la stratégie de l'UE (SES), puis d'approfondir celles qui sont destinées à s'appliquer à l'ensemble de la région méditerranéenne, au même titre que la SES, avant d'évoquer la stratégie de « l'acteur américain ».

A. Les initiatives multinationales

Au niveau des initiatives multinationales, il faut mentionner :

Le **dialogue « 5+5 »**, créé en 1990, est un espace de dialogues et de coopérations en vue de favoriser la paix et la stabilité du Bassin méditerranéen dans le cadre d'une enceinte sous-régionale. Il rassemble dix États : France, Espagne, Portugal, Italie, Malte ainsi que Algérie, Libye, Maroc, Mauritanie, Tunisie.[28]

Le **dialogue méditerranéen de l'UEO**, créé en 1992, visait à contribuer à la résolution des conflits dans le Bassin méditerranéen (Déclaration de Petersberg de juin 1992[29]). Il rassemblait les pays membres et associés de l'UEO auxquels se sont joints le Maroc, l'Algérie, la Tunisie, la Mauritanie, l'Égypte, Israël et la Jordanie.

Le **dialogue méditerranéen de l'OSCE**, créé en 1994 à travers son « *Mediterranean contact group* », vise à instaurer un dialogue politique fondé sur l'approche coopérative et globale de la sécurité de l'OSCE. Il réunit les 55 États membres de l'OSCE et six États du sud-méditerranéen (Algérie, Égypte, Israël, Jordanie, Maroc et Tunisie).[30]

Le **Forum méditerranéen**, créé en 1994, il établit un dialogue politique et culturel à travers des échanges de vues sur les questions liées à

---

28 Voir le site internet de l'Élysée concernant le Sommet de 2003 à Tunis, http://www.elysee.fr/elysee/elysee.fr/francais_archives/actualites/deplacements_a_l_etranger/2003/decembre/fiches/sommet_du_dialogue_5_+_5-page_2-2.6514.html.

29 Déclaration de Petersberg de juin 1992, *op. cit.*

30 V. OSCE, *Mediterranean Partners for Co-operation*, http://www.osce.org/ec/13068.html.

la sécurité. Onze États y participent : Algérie, Égypte, Espagne, France, Grèce, Italie, Maroc, Portugal, Tunisie, Turquie et Malte.[31]

Le **dialogue méditerranéen (DM) de l'OTAN**, créé en 1994, il vise à organiser la coopération militaire et le dialogue politique afin de « projeter » de la stabilité en Méditerranée. Les 26 États membres de l'OTAN y participent avec sept pays sud-méditerranéens (Algérie, Égypte, Israël, Jordanie, Maroc, Mauritanie et Tunisie).[32]

Le **Quartet**, créé en 2001, s'emploie à établir les conditions de la paix au Proche-Orient et à régler le conflit israélo-palestinien. Il est composé des États-Unis, de l'Union européenne, de l'ONU et de la Russie.[33]

L'**Initiative des ministres de la Défense « sécurité et défense » dans le format « 5+5 »**, lancée en décembre 2004, constitue une initiative en Méditerranée occidentale visant à renforcer le volet « politique et sécurité » du Processus de Barcelone. Elle réunit France, Espagne, Portugal, Italie, Malte ainsi que Algérie, Libye, Maroc, Mauritanie, Tunisie.[34]

L'Union du Maghreb arabe, lancé en 1989, elle vise à élaborer un cadre pour instaurer une dynamique d'intégration politique et économique afin de déboucher sur un Maghreb uni dans un ensemble économique de libre-échange. Sur le plan de la défense l'objectif de la « sauvegarde de l'indépendance de chacun des États membres »[35] figure en bonne place. Les pays concernés sont : l'Algérie, la Libye, le Maroc, la Mauritanie et la Tunisie.

On constate donc une profusion de tentatives multinationales pour trouver des réponses aux problématiques de sécurité en Méditerranée. Hors UE, le Dialogue méditerranéen de l'OTAN reste la plus dynamique parmi celles couvrant l'ensemble de la région. Ce dialogue, initialement conçu comme un espace d'échange de points de vue, a été successivement renforcé à l'occasion :

---

31 V. *15e Conférence Ministérielle du Forum Méditerranéen*, Alger, 5 et 6 juin 2008, http://www.diplomatie.gouv.fr/fr/europe_828/union-europeenne-monde_13399/relations-exterieures_853/partenariat-euro-mediterraneen_2208/forum-mediterraneen_2976/index.html.

32 OTAN, *Fiche d'information sur le dialogue méditerranéen (DM)*, http://www.nato.int/med-dial/summary-fr.htm.

33 V. European Commission, EU political support for the Middle East peace process, http://ec.europa.eu/external_relations/mepp/political/political_en.htm.

34 V. Ministère de la Défense français, Initiative *5+5 sur la sécurité en Méditerranée occidentale – « 5+5 Défense »*, Paris, 2009, http://www.defense.gouv.fr/europe_de_la_defense/partenariats/initiatives_5_5_defense/initiatives_5_5_defense.

35 Article 3, *Traité constitutif de l'UMA (Traité de Marrakech)*, 17 février 1989, http://www.maghrebarabe.org/images/traite_de_marrakech.pdf.

- du sommet de Washington en 1999, où s'est affirmé, au-delà du simple dialogue, un besoin de coopération ;[36]
- du sommet de Prague en 2002, par la promotion des aspects politiques et militaires. L'accent a alors été mis sur l'intensification de la coopération pratique et une interaction efficace sur les questions de sécurité d'intérêt commun, y compris en rapport avec le terrorisme ;[37]
- du sommet d'Istanbul en 2004, qui confirmera cette volonté avec l'institutionnalisation de « l'Initiative de coopération d'Istanbul » (ICI), pendant du DM pour le golfe arabo-persique, dans le projet de Grand Moyen-Orient (GMO).[38]

Le dialogue méditerranéen est un outil militaire fort utile pour préparer les forces à opérer ensemble en adoptant des standards matériels communs, des procédures identiques ou des méthodes de travail. Ainsi, les différents pays pourront être capables d'agir de concert dans des opérations sous l'égide de l'ONU tel aujourd'hui le Maroc, d'ailleurs aussi bien dans un cadre OTAN que de l'UE comme dans le cadre de l'opération ALTHEA.[39] La formation par le biais de stages, de conférences ou de cours, et l'entraînement à travers des exercices, sont indispensables au développement de ce savoir-faire et de cette connaissance mutuelle. Le DM propose, à cette fin, à ses partenaires un catalogue d'actions et des activités de coopération, regroupées dans un plan annuel de travail du DM (MDWP) – *catalogue d'activités.*[40] Elles sont complétées par quelques activités choisies extraites, au cas par cas, du plan de travail du Partenariat pour la paix (PPP). Aujourd'hui, le DM a voca-

---

36 OTAN, Communiqué du Sommet de Washington publié par les chefs d'État et de gouvernement participant la réunion du Conseil de l'Atlantique Nord tenue Washington le 24 avril 1999, *Une Alliance pour le XXIe siècle*, 24 avril 1999, http://www.nato.int/docu/pr/1999/p99-064f.htm.

37 OTAN, Déclaration du Sommet de Prague diffusée par les chefs d'État et de gouvernement participant à la réunion du Conseil de l'Atlantique Nord tenue à Prague, 21 novembre 2002, point 10, http://www.nato.int/cps/fr/natolive/official_texts_19552.htm?selectedLocale=fr.

38 GMO, devenu depuis BMENA (Broader Middle East and North Africa). OTAN, *Communiqué du Sommet d'Istanbul, publié par les chefs d'État et de gouvernement participant à la réunion du Conseil de l'Atlantique Nord*, Istanbul, 28 juin 2004, point 37, http://www.nato.int/docu/pr/2004/p04-096f.htm.

39 Conseil de l'UE, *Décision 2005/109/PESC du Conseil du 24 janvier 2005 relative à la conclusion de l'accord entre l'Union européenne et le Royaume du Maroc sur la participation du Royaume du Maroc à l'opération militaire de gestion de crise menée par l'Union européenne en Bosnie-et-Herzégovine (opération Althea)*, JO L 34, 8 février 2005, p. 46.

40 Les activités types : cours, observation d'exercices, visites, colloques, séminaires, participation aux conférences de planification d'exercices, etc.

tion, comme cela a été affirmé à Istanbul en 2005, à se renforcer et à s'élargir. Lors du Sommet, il a été obtenu que le DM reste distinct de l'ICI. Au demeurant, ce Dialogue reste, par essence, limité à des domaines militaires et de sécurité sans avoir vocation à traiter d'autres aspects (économiques, sociaux, culturels, industriels, juridiques, alimentaires, formation, etc.) même si ceux-ci sont liés aux questions de sécurité globale.

Il convient de souligner que l'OTAN, ayant reçu la responsabilité de conduire les opérations en Libye, sous mandat de la résolution 1973 du Conseil de sécurité de l'ONU du 17 mars 2011, est aujourd'hui impliquée dans ce conflit, ce qui constituera une nouvelle difficulté à surmonter pour le DM.

B. La stratégie des États-Unis en Méditerranée

Aujourd'hui la seule nation, hors UE, apte à développer une stratégie de sécurité en Méditerranée sont les États-Unis. Cette nation a toujours montré de l'intérêt pour la Méditerranée qui constitue avant tout[41], pour elle, un axe de pénétration au cœur même de l'ensemble euro-asiatique. Elle représente ensuite un important couloir de circulation vers la mer Noire et vers l'océan Indien. Mais les Américains ont, de plus, une approche globalisante qui intègre la Méditerranée dans un ensemble plus vaste s'étendant des Açores au Pakistan, justifiée par deux priorités : tout d'abord la volonté de conserver les ressources pétrolières que recèle cette région dans les mains de régimes amis et ensuite, le souci de contribuer à la sécurité de l'État juif, en raison des liens particuliers qui les lient à ce pays.

La fin du monde bipolaire et la guerre du Golfe en 1991, ont permis aux États-Unis de s'affirmer comme unique superpuissance, ouvrant ainsi de nouvelles possibilités d'étendre l'influence américaine, notamment vers le Moyen-Orient et l'Asie centrale. La « guerre contre le terrorisme » islamiste permet de justifier les actions envisagées tandis que le souci de contenir le développement de la Chine, véritable *challenger* potentiel des États-Unis dans une trentaine d'années, constitue un nouvel enjeu.

Après les attentats du 11 septembre, les États-Unis conditionnent leurs relations avec les pays de la rive sud à leur adhésion à la lutte contre la prolifération des armes de destruction massive et à l'élaboration d'une coalition antiterroriste. Ils s'appuient aussi sur les États qu'ils considèrent comme pivots dans la région, tels l'Égypte qui bénéficie

---

41 Selon Zbigniew Brzezinski, pour l'Amérique, l'enjeu géopolitique principal est l'Eurasie, Brzezinski, Z., *Le grand échiquier*, Hachette Littérature, Paris, 2000.

d'un engagement militaire fort[42], se traduisant plus particulièrement par une aide importante en crédits d'armement, ou la Turquie qui constitue un point d'appui du dispositif de projection de forces américain.[43]

La nouvelle situation internationale a accentué les divisions entre le Nord et le Sud. Dans ce contexte, les États-Unis affirment leur détermination à faire valoir leurs priorités en Méditerranée. L'accès à Israël, au Moyen-Orient et à l'Asie centrale doit rester libre et sécurisé d'autant plus qu'il conditionne, en grande partie, l'approvisionnement énergétique de leurs alliés. Le libre acheminement du pétrole est une condition essentielle du bon fonctionnement de l'économie mondiale de marché, dont ils sont dépendants et qu'il importe donc d'assurer. Aujourd'hui, un réel souci de préserver l'avenir face à d'éventuelles défaillances au Moyen-Orient prévaut à Washington. Dès lors, la maîtrise et la sécurisation des flux énergétiques s'imposent comme des préoccupations majeures dans la politique étrangère des États-Unis.

La diplomatie américaine à l'égard des pays de la rive Sud de la Méditerranée poursuit aussi l'ambition de faciliter l'intégration graduelle de ces derniers à la sphère économique libérale. Cette démarche n'a pas vraiment de justifications économiques pour les États-Unis. Les marchés sont étroits, l'implantation européenne est forte et bénéficie d'atouts importants. C'est bien d'intérêt de sécurité qu'il s'agit dans une région dont l'importance en termes de stratégie et de flux énergétiques a été précédemment soulignée. Si l'objectif affiché de cette politique est d'établir le libre commerce, système qui serait en mesure d'apporter la paix et la stabilité, les États-Unis entendent bien conforter leur présence économique, diplomatique, militaire et commerciale sur la rive sud et est de la Méditerranée, pour protéger leurs intérêts nationaux, spécifiquement pétroliers.[44] Depuis les attentats de septembre 2001 aux États-

---

42 L'Égypte reçoit, depuis mars 1979, date de la signature du Traité de paix de Washington entre l'Égypte et Israël, une importante aide militaire américaine (la deuxième après Israël, soit 1 300 millions de dollars en 2003, près de la moitié de son budget militaire – 3 000 millions). Voir Sharp, J., *U.S Foreign Assistance to the Middle East ; Historical Background, Recent Trends and the FY2008 Request*, Report for Congress RL 32260, Congressional Research Service, 3 July 2007, http://www.au.af.mil/au/awc/awcgate/crs/rl32260.pdf. L'exercice interarmées et multinational biannuel d'envergure, Bright Star, organisé en Égypte par les Américains conforte ce soutien. V. http://www.globalsecurity.org/military/ops/bright-star.htm.

43 Notamment avec la base aérienne d'Incirlik sur la côte méditerranéenne.

44 « Les États-Unis ont trois objectifs globaux – promouvoir la sécurité, la prospérité économique soutenable, et le régime démocratique. En ce qui concerne la sécurité, vous occupez une position stratégique dans la Méditerranée, région qui présente un intérêt vital pour les États-Unis – il n'y a peut-être aucune autre région dans le monde où le risque sécuritaire peut menacer tant d'alliés importants et de ressources naturelles vitales ». Eizenstat, S., *Les États-Unis et le Maroc : commerce et investisse-*

Unis, cette démarche a connu un renforcement spectaculaire, dans le cadre de la lutte contre les menaces transnationales. Au demeurant, la diplomatie américaine continue à porter la plus grande attention à la situation méditerranéenne, ainsi que l'a montré leur engagement aux côtés des Britanniques et des Français dans l'opération *Odyssey Dawn*, de protection des populations libyennes autorisée par la résolution 1973, avant que d'exiger le transfert du commandement de cette opération à l'OTAN, sous l'appellation *Unified Protector.*

Au-delà de cette approche géostratégique, les États-Unis développent également une approche idéologique qui les conduit à rechercher le contrôle de l'espace méditerranéen. La complaisance ou la soumission d'un grand nombre de pays du Bassin méditerranéen, et européens ont beaucoup aidé Washington à déployer et maintenir en Méditerranée un important dispositif militaire dans le passé. Les États-Unis ont su tirer le meilleur profit de l'existence de la menace soviétique pour acquérir et entretenir une position dominante sur les pays qui avaient choisi de se placer dans leur mouvance. De fait, on peut craindre que la menace, certes réelle, du terrorisme, soit aujourd'hui utilisée de la même façon, avec l'objectif supérieur de maintenir l'équilibre mondial sous l'égide des États-Unis. Il est, en effet, important pour les États-Unis, tant en politique intérieure (pour justifier les dépenses de sécurité conditionnant la suprématie militaire américaine), qu'en politique extérieure (pour conserver la solidarité du monde occidental sous leur direction) d'identifier une menace.

Les attentats de 2001 constituent une opportunité pour recréer une coalition autour d'eux. La doctrine dite de l'« axe du mal »[45] est élaborée. Cet axe désigne trois pays (Iran, Irak et Corée du Nord) qui constituent une menace prioritaire à éradiquer au nom d'un interventionnisme démocratique. Les États-Unis, pays en guerre, doivent se mobiliser pour cette lutte contre les réseaux terroristes transnationaux qui suppose une

---

ment, Discours prononcé devant la Chambre de commerce Maroco-Américaine, 17 juin 1998, Casablanca, Maroc, http://doc.abhatoo.net.ma/doc/spip.php?article811.

[45] Le Rapport sur le terrorisme dans le monde 2001 du département d'État américain désignait sept États comme commanditaires du terrorisme : la Corée du Nord, Cuba, l'Iran, l'Irak, la Libye, le Soudan et la Syrie. US State Department, *Patterns of Global Terrorism 2001*, May 2002, http://www.state.gov/documents/organization/10319.pdf. Il actualisait ainsi une liste élaborée depuis 1995. En 2002, dans son discours sur l'État de l'Union, G.W. Bush conservait trois pays Iran, Irak et Corée du Nord qui composaient selon lui un « axe du mal, armé pour menacer la paix du monde », Bush, G.W., *State of the Union Address*, 29 January 2002, http://stateoftheunionaddress.org/2002-george-w-bush.

alliance commune de tous les États. Un ennemi commun[46] est ainsi à nouveau identifié.

La stratégie de sécurité nationale du président George W. Bush rendue publique le 20 septembre 2002[47] était la suivante : « Les États-Unis doivent défendre la liberté et la justice parce que ces principes sont justes et vrais pour tous les peuples à travers le monde ». L'ambition américaine était vaste : remodeler le monde. Aujourd'hui, après l'élection du président Obama de nouveaux horizons s'ouvrent sans qu'il soit possible de savoir exactement jusqu'où les changements seront conduits. L'annonce du retrait prochain des troupes d'Irak, de la priorité donnée à l'Afghanistan, du choix de s'appuyer sur des pays clefs, tel le Pakistan, pour traiter des questions régionales[48] et enfin la plus grande attention accordée au monde musulman, ainsi qu'évoquée dans le discours du 4 juin 2009 au Caire[49], sont autant d'orientations bien différentes de celles fixées par le président Bush. Au demeurant, tant les réalités observées qu'une lecture soigneuse du discours cité, montrent que les faits restent têtus et les grandes lignes de force survivent aux meilleures intentions.

Par ailleurs, les Américains ont longtemps utilisé l'OTAN pour asseoir leur hégémonie. Le général de Gaulle confiait d'ailleurs en 1963 à Alain Peyrefitte : « l'OTAN est un faux semblant, c'est une machine pour déguiser la mainmise de l'Amérique sur l'Europe. Grâce à l'OTAN, l'Europe est placée sous la dépendance des États-Unis sans en avoir l'air ».[50] Ils entendent à titre national ou à travers l'OTAN, spécifiquement en Méditerranée, être présents dans les différentes instances ayant à traiter de sécurité dans cette zone. Il est certain que des événements récents, tant dans les Balkans qu'autour de l'îlot Persil[51], où ils sont intervenus pour trouver des solutions, peuvent légitimement porter les Américains à vouloir suivre de très près la situation méditerranéenne.

---

46 Bush, G.W. : « Cette lutte n'est cependant pas celle de la seule Amérique. Et son enjeu n'est pas seulement la liberté de l'Amérique. Cette lutte est celle du monde entier. C'est une lutte de civilisation. C'est la lutte de tous ceux qui croient au progrès et au pluralisme, à la tolérance et à la liberté ». Bush, G.W., Speech to Congress, 20 September 2001, http://www.historyplace.com/speeches/gw-bush-9-11.htm.

47 Lieber, K., Lieber, R., *La stratégie de sécurité nationale du président Bush*, Revue électronique du département d'État des États-Unis, vol. 7 (4), décembre 2002, http://usinfo.state.gov/jornals/itps/1202/ijpf/flieber.htm.

48 Voir White House, *Defense*, http://www.whitehouse.gov/issues/defense/.

49 Propos du président Barack Obama, *Un nouveau départ*, Université du Caire, Le Caire, Égypte, 4 juin 2009, Bureau du Porte-parole de la Maison Blanche, http://www.whitehouse.gov/files/documents/anewbeginning/SPEECH_as_delivered-French.pdf.

50 Peyrefitte, A., *C'était de Gaulle*, Fayard, Paris, mars 2000, 500 p.

51 Voir Boniface, P., *Persil : une crise révélatrice*, IRIS, 23 juillet 2002, http://www.iris-france.org/Tribunes-2002-07-23.php3.

Ainsi, depuis la fin du monde bipolaire, la maîtrise des rapports internationaux dans la région est un sujet de concurrence entre États-Unis et Union européenne. La prééminence américaine au sein du processus de paix au Proche-Orient, l'initiative Middle East North Africa (MENA) imposée en dépit des réserves de l'UE, la mission dans le cadre des Nations Unies pour le règlement du conflit au Sahara occidental depuis 1997, la revendication d'un siège d'observateur à la conférence de Barcelone en 1995, sont autant de gestes qui marquent leur détermination à conserver leur capacité d'arbitrage politique en Méditerranée.

La stratégie américaine à l'égard de l'Union européenne peut alors se résumer à deux axes : d'une part, éviter que l'Union accède à un rôle prépondérant qui pourrait gêner l'action des États-Unis dans l'espace méditerranéen ; d'autre part, s'assurer que les crises ne conduisent pas l'Europe à abandonner son rôle économique dans la zone, support modérateur indispensable à une stabilité nécessaire aux intérêts américains. Cette stratégie s'inscrit dans celle plus large du « Broader Middle East and North Africa », qui organisait notamment des rencontres visant à promouvoir la démocratisation de l'espace considéré, comme celui du Forum de l'avenir à Rabat au Maroc en décembre 2004.[52] Cette démarche est aujourd'hui, il est vrai, affaiblie suite à l'aventure irakienne, mais peut revenir au centre des priorités américaines. Il est vrai que Barack Obama a laissé entendre qu'il ne reprendrait pas ce projet de BMENA[53] dans sa forme initiale, soulignant le lien entre l'avenir de l'Irak et celui du Moyen Orient élargi, ainsi que la nécessité d'établir un nouveau cadre, entre partenaires, privilégiant la sécurité de l'Irak et de la région concernée. Au demeurant, il est vraisemblable que les fondamentaux de la stratégie américaine en Méditerranée ne subiront pas de modifications majeures, même si les méthodes employées pourront être très différentes et sans doute plus attentives aux équilibres internationaux.

Dans l'espace méditerranéen, la politique américaine fait l'objet d'un projet conscient visant à contrôler les relations internationales au profit prioritaire, légitime, de ses intérêts nationaux, en s'appuyant sur la perception partagée par la plupart de ses alliés de l'existence de menaces communes, le terrorisme transnational et la prolifération. Cette dé-

---

52 Rencontre, décidée dans le prolongement du sommet arabe de Tunis en mai 2004 et du sommet du G8 à Sea Island (USA) en juin 2004, qui a réuni des responsables du G8 et de 23 pays arabo-musulmans, pour débattre du calendrier et de la nature des réformes à engager dans les pays musulmans, initié par la diplomatie américaine.

53 White House, *Remarks of President Barack Obama – As Prepared for Delivery Responsibly Ending the War in Iraq*, Camp Lejeune, North Carolina, Friday, 27 February 2009, http://www.whitehouse.gov/the_press_office/Remarks-of-President-Barack-Obama-Responsibly-Ending-the-War-in-Iraq/.

marche conduit les États-Unis à faire prévaloir leur prééminence politico-militaire. Face à cette attitude, à la fois déterminée et claire de la part d'une nation indépendante et puissante, les pays du Sud ne peuvent opposer que leur désunion et leur absence de projet concerté et crédible. De son côté, l'Union européenne s'efforce de faire preuve de convergence en dépit de la double appartenance, à l'OTAN et au Processus de Barcelone, de plusieurs pays membres qui ne contribue pas toujours à une identification limpide des intérêts spécifiquement européens.

Si, comme le général de Gaulle le disait déjà en 1963 : « Il y a les Américains, dont les intérêts sont spécifiquement américains. Il y a les Européens, dont les intérêts ne se confondent plus avec les intérêts américains », il importe alors de définir clairement une stratégie de l'Union européenne en Méditerranée, forte et déterminée, associée à des démarches politico-militaires démonstratives de cette volonté. De fait, face à une vision américaine appuyée sur une préoccupation d'axe Ouest-Est, l'UE adopte une approche coopérative Nord-Sud. Celle-ci n'est pas forcément opposée à celles du DM ou des États-Unis, mais défend les intérêts proprement européens, quand ces derniers sont communs avec ceux des autres acteurs.

IV. Quelles démarches dans un cadre européen ?

A. Les outils existants

En 2011, l'UE dispose de quatre outils pour traiter des questions de sécurité en Méditerranée et défendre ses intérêts face à la fois aux défis, risques et menaces mais aussi face aux autres acteurs présents dans la région. Ces quatre dispositifs ont globalement le même objectif[54], créer les conditions de la paix et de la prospérité en Méditerranée. Il s'agit de la PESD, du Partenariat euro-méditerranéen, de la PEV et de l'Union pour la Méditerranée (UpM).

La PESD, dont l'émergence du volet méditerranéen a été décrite plus haut, poursuit son approfondissement en proposant, dans la logique de la déclaration de Feira du 20 juin 2000 des occasions de coopération aux pays tiers méditerranéens. Mais cette démarche reste assez peu ambi-

[54] « Le Conseil a confirmé que l'objectif de la politique européenne de voisinage (PEV) est de faire bénéficier les pays voisins de l'élargissement de l'UE, afin de contribuer au renforcement de la stabilité, de la sécurité et du bien-être de l'Union européenne et de ses voisins », Conseil de l'UE, *Conclusions du Conseil sur la politique européenne de voisinage*, 23 juin 2004, http://www.delmar.ec.europa.eu/fr/communiques/print/20040624b_print.htm ; Pour le Partenariat euro-méditerranéen : « l'objectif général consistant à faire du Bassin méditerranéen une zone de dialogue, d'échanges et de coopération qui garantisse la paix, la stabilité et la prospérité », Déclaration de Barcelone, 27 novembre 1995, *op. cit.*

tieuse et aucune action commune en Méditerranée n'a été lancée qui puisse étayer sa crédibilité, même s'il faut désormais signaler celle adoptée en faveur de l'Irak.[55]

Le Partenariat euro-méditerranéen, est comme son nom l'indique, une organisation partenariale que l'UE a proposée à un grand nombre de pays riverains de la Méditerranée. Ce partenariat comprend à la fois des Accords d'association mais aussi des actions régionales de coopération. Même si les Accords d'association contiennent des prescriptions politiques relatives à la sécurité[56] et si la déclaration de Barcelone de 1995 prévoit « la possibilité à terme de mettre en œuvre [...] un pacte euro-méditerranéen », cet outil est resté décevant en matière de gestion des questions de sécurité. Pour autant, les partenaires y restent très attachés ainsi qu'en témoignent les conclusions de la conférence des ministres des Affaires étrangères de Lisbonne du 6 novembre 2007[57], qui effectuent un bilan très riche des actions entreprises dans le cadre du Processus de Barcelone.

La PEV est une politique unilatérale de l'UE qui propose à un certain nombre de pays, dont les riverains de la Méditerranée, un partenariat fondé sur des Plans d'action. La PEV se développe mais avec un succès variable[58] selon les pays concernés. Certains pays, comme l'Algérie, se sont dits non intéressés, d'autres peinent à respecter les conditionnalités de la PEV. Les Plans d'action sont, quant à leur contenu, assez comparables aux Accords d'association mais contiennent des préconisations dans les domaines de « relations étrangères et de la sécurité, prévention des conflits et gestion des crises ». Elles méritent donc d'être analysées pour en saisir les objectifs réels.

---

55 Conseil de l'UE, *Action commune 2005/190/PESC du Conseil du 7 mars 2005 relative à la mission intégrée « État de droit » de l'Union européenne pour l'Iraq, EUJUST LEX*, JO L 62, 9 mars 2005, p. 37.

56 « Le dialogue politique porte sur tous les sujets présentant un intérêt commun pour les parties et plus particulièrement sur les conditions propres à garantir la paix, la sécurité et le développement régional en appuyant les efforts de coopération notamment au sein de l'ensemble maghrébin ». *Accord euro-méditerranéen établissant une association entre la Communauté européenne et ses États membres, d'une part, et la République tunisienne, d'autre part*, JO L 97, 30 mars 1998, pp. 2-183, article 4.

57 Conférence des ministres des Affaires étrangères Euromed, Conclusions de la présidence, Lisbonne, 6 novembre 2007, http://www.eu2007.pt/NR/rdonlyres/FF7CA6E4-5980-4B3A-A3B6-00D072967697/0/9ReuniaoEuromedMNES.pdf.

58 « en dépit du lancement réussi de programmes de réformes dans plusieurs pays du voisinage, la PEV n'a pas encore totalement répondu aux attentes pour ce qui est de déclencher et de renforcer la mobilisation des gouvernements des pays de la PEV en faveur des réformes politiques et économiques », Parlement européen, Tannock, C. et Obiols i Germà, R. (Rapporteurs), *Rapport sur le renforcement de la politique européenne de voisinage*, Commission des Affaires étrangères, A6-0414/2007, 26 octobre 2007, p. 4.

L'Union pour la Méditerranée est une initiative lancée par un discours du candidat Nicolas Sarkozy, en février 2007 à Toulon[59], lors de la campagne pour les élections présidentielles françaises, et concrétisée, alors que la France présidait l'UE, par la déclaration commune de Paris du 13 juillet 2008[60] qui a été en grande partie élaborée par la Commission européenne en concertation avec la diplomatie française mais aussi avec celle des autres pays membres de l'UE. Cette déclaration s'inscrit, pour les questions de sécurité, dans le droit fil de la Déclaration de Barcelone de 1995.[61] Il est encore trop tôt pour connaître les apports de cette nouvelle démarche à l'action de l'UE, même si elle affiche l'ambition d'adopter des méthodes plus pratiques et plus pragmatiques ainsi que le confirme la déclaration de Marseille du 4 novembre 2008[62], qui a statué sur l'emplacement à Barcelone du futur secrétariat de l'UpM. Elle a ainsi donné à cette initiative le premier outil de sa gouvernance mais, en l'état, les questions de sécurité n'apparaissent pas dans la liste des dossiers prioritaires à traiter. De plus, les difficultés rencontrées par l'UpM, notamment depuis l'opération israélienne contre Gaza en décembre 2008, ont gelé la démarche engagée.

Des outils existants, il apparaît donc que la PEV est celui qui propose les axes d'action les plus concrets en matière de sécurité et défense.

B. *Les avancées proposées, en matière de sécurité, par la Politique européenne de voisinage*

La Communication de la Commission au Conseil et au Parlement européen du 11 mars 2003 intitulée : « L'Europe élargie – Voisinage : un

59 Sarkozy, N., *Discours électoral de Toulon, Toulon, 7 février 2007*, http://www.u-m-p.org/site/index.php/ump/s_informer/discours/nicolas_sarkozy_a_toulon.

60 *Déclaration commune du sommet de Paris pour la Méditerranée*, Paris, 13 juillet 2008, point 2, http://www.ue2008.fr/. V. la contribution de Khader, B. dans cet ouvrage.

61 « Cette initiative traduit également une aspiration commune à instaurer la paix ainsi que la sécurité au niveau régional conformément à la déclaration de Barcelone de 1995, qui favorise, entre autres, la sécurité régionale en œuvrant en faveur de la non-prolifération nucléaire, chimique et biologique en adhérant et en se conformant à une combinaison de régimes internationaux et régionaux de non-prolifération, et d'accords de limitation des armements et de désarmement, tels que le TNP, la CWC, la BWC, le CTBT, et/ou à des arrangements régionaux, comme des zones exemptes d'armes, y compris leurs systèmes de vérification, ainsi qu'en respectant de bonne foi les engagements des parties au titre des conventions de limitation des armements, de désarmement et de non-prolifération », *Déclaration commune du sommet de Paris pour la Méditerranée*, *op. cit.*

62 *Déclaration finale de la réunion des ministres des Affaires étrangères Euro-méditerranéens*, Marseille, 3-4 novembre 2008, http://ue2008.fr/webdav/site/PFUE/shred/import/1103_ministerielle_Euromed/Declaration_finale_Union_mediterranee_FR.pdf.

nouveau cadre pour les relations avec nos voisins de l'Est et du Sud », propose à l'Union « d'inscrire sa démarche dans une vision claire des relations plus étroites et plus cohérentes qu'elle souhaite entretenir avec ses voisins à moyen et à long terme ».[63] Pour cela, la Communication préconise d'adopter une « vision nouvelle et une offre nouvelle »[64] qui comprennent notamment, parmi plusieurs priorités, « l'intensification de la coopération en matière de prévention et de lutte contre les menaces communes pour la sécurité » et également « une plus grande implication politique de l'Union dans la prévention des conflits et la gestion des crises ».[65]

Cette démarche est décrite comme devant « accorder la priorité à la coopération, aux actions conjointes et à l'assistance en matière de lutte contre les menaces pour la sécurité que sont le terrorisme, la criminalité organisée transnationale, la fraude douanière et fiscale, les risques nucléaires et écologiques ou encore les maladies transmissibles ».[66] Elle intègre également la nécessité de « participer plus activement à la recherche d'une solution aux différends concernant la Palestine, le Sahara occidental » et de s'impliquer « davantage dans la gestion des crises en cas de menace régionale spécifique ». Ces priorités répondent bien aux défis, risques et menaces identifiés précédemment.

Le document d'orientation de la Commission sur la Politique européenne de voisinage du 12 mai 2004[67], propose, suite à la Communication précédente, de « définir, avec les pays partenaires, un ensemble de priorités dont la réalisation les rapprochera de l'Union européenne. Ces priorités seront intégrées dans des Plans d'action adoptés conjointement ».[68] Il préconise un certain nombre de mesures destinées à nourrir les Plans d'action et plus particulièrement, pour la Méditerranée, soutient la nécessite de s'appuyer sur les acquis du Partenariat euro-méditerranéen. Mais, sur le plan sécurité, il affirme que « la possibilité d'améliorer la coordination à l'intérieur des schémas balisés du dialogue politique devrait être explorée, de même que la possible association des pays partenaires à certains aspects de la PESC et de la PESD, à la prévention des conflits, à la gestion des crises, à l'échange d'informations,

---

63 Commission européenne, *Communication de la Commission au Conseil et au Parlement européen, L'Europe élargie – Voisinage : un nouveau cadre pour les relations avec nos voisins de l'Est et du Sud*, COM(2003) 104 final, Bruxelles, 11 mars 2003.

64 *Ibid.*, p. 9.

65 *Ibid.*, p. 12.

66 *Ibid.*

67 Commission européenne, *Politique européenne de voisinage, Document d'orientation*, COM(2004) 373 final, Bruxelles, 12 mai 2004.

68 *Ibid.*, p. 3.

à la formation et aux exercices communs et éventuellement aux opérations de gestion des crises pilotées par l'UE ».[69]

Ainsi, apparaît une véritable volonté d'aller plus loin en termes de « sécurité-défense » que ce qu'ont permis les initiatives précédentes même si, pour la Méditerranée, le cadre demeure celui du Partenariat euro-méditerranéen. De fait, les Plans d'action, instrument privilégié de la PEV, adoptés individuellement avec chaque partenaire, sont déterminants pour la possibilité ou la volonté d'aller plus loin. De ce point de vue, le Plan d'action de la Tunisie est intéressant. S'inscrivant dans le prolongement de l'accord euro-méditerranéen d'association, il réaffirme en effet la priorité du « renforcement du dialogue politique et de la coopération notamment en matière de démocratie et de droits de l'homme, de politique étrangère et de sécurité, et de coopération dans le domaine de la lutte contre le terrorisme en tenant compte du respect des droits de l'homme ».[70] Mais il va plus loin et fixe, dans son chapitre « Sujets régionaux et internationaux, coopération dans les domaines des relations étrangères et de la sécurité, prévention des conflits et gestion des crises » des axes très précis d'efforts voire même des tâches à accomplir :

Tableau 13. Les dispositions en matière de relations étrangères et de sécurité du Plan d'action UE-Tunisie

(7) Renforcer la coopération dans le domaine de la coopération régionale et internationale, prévention des conflits et gestion des crises.
– Promouvoir le dialogue politique et de sécurité fondé sur des échanges ouverts, au niveau bilatéral et multilatéral ;
– participer activement au dialogue euro-méditerranéen sur la PESD au niveau du COPS et du groupe des hauts fonctionnaires pour la coopération politique et de sécurité du Partenariat euro-méditerranéen ;
– établir des points de contacts et conduire des échanges d'information ouverts en matière de PESD avec le secrétariat général du Conseil et avec la Commission ;
– participer aux activités de formation en prévention des conflits, gestion des crises, protection civile et échanges de vue sur d'éventuelles participations à des opérations de maintien de la paix menées par l'UE décidées dans le cadre des l'ONU ;
– participer à la Charte euro-méditerranéenne de paix et de stabilité dès que les conditions politiques régionales le permettent ;
– approfondir la participation de la Tunisie au partenariat méditerranéen de l'OSCE à travers le groupe de contact et des liens bilatéraux.

[69] *Ibid.*, p. 14.

[70] Commission européenne, Plan d'action Tunisie, http://ec.europa.eu/world/enp/pdf/action_plans/tunisia_enp_ap_final_fr.pdf.

(8) Renforcer le dialogue politique et la coopération sur des questions de politique étrangère et de sécurité ainsi que sur tout autre sujet d'intérêt commun

– Coopérer en vue d'améliorer l'efficacité des institutions et conventions multilatérales de façon à renforcer la gouvernance globale et améliorer la coordination au sujet des initiatives portant sur la lutte contre les menaces et contre la sécurité et traiter des questions de développement connexes.

(9) Continuer à développer la coopération en matière de lutte contre le terrorisme.

– Renforcer la coopération entre l'UE et la Tunisie dans la prévention et la lutte contre le terrorisme, notamment par la mise en œuvre des initiatives identifiées dans le présent Plan d'action et qui seront traitées au sein des sous-comités concernés ;

– Développer la coopération UE-Tunisie sur la prévention et la lutte contre le terrorisme, y compris à travers la mise en œuvre intégrale des résolutions UNSC 1267/99 et 1373/01 et à travers la ratification et la mise en œuvre de toutes les conventions et protocoles internationaux appropriés relatifs au terrorisme ;

– Échange de vues, d'informations et d'expérience en matière de lutte contre le terrorisme ainsi que sur les moyens et les méthodes utilisés y compris en vue d'améliorer les capacités de lutte contre le terrorisme ;

– Garantir le respect des droits de l'homme dans la lutte contre le terrorisme ;

– Non-prolifération des armes de destruction massive et de leurs vecteurs ;

– Coopération en matière de non-prolifération des armes de destruction massive, de leurs vecteurs et des missiles balistiques, notamment via la mise en œuvre de la résolution 1540/04 du Conseil de sécurité des Nations Unies, en veillant à la pleine application et à la mise en œuvre au plan national des obligations internationales en vigueur, et en promouvant l'adhésion et la conformité à d'autres instruments internationaux pertinents, ainsi qu'aux régimes de contrôle des exportations ;

– Poursuite du développement de la coopération en matière de prévention du trafic illégal de matériaux susceptibles d'intervenir dans la fabrication d'armes de destruction massive, et lutte contre ce trafic (…) ;

– Amélioration de la coordination générale dans le domaine de la non-prolifération et examen des menaces spécifiques liées aux armes de destruction massive qui compromettent la sécurité régionale, ainsi que des possibilités de coopération en matière de lutte contre ces menaces ;

– Promotion des dispositions correspondantes du partenariat politique et de sécurité de la déclaration de Barcelone, en particulier celles relatives aux armes de destruction massive, de façon équilibrée et progressive.

Source : Plan d'action UE-Tunisie, 4 juillet 2005, http://ec.europa.eu/world/enp/pdf/action_plans/tunisia_enp_ap_final_fr.pdf

La PEV, même si elle s'inscrit dans le prolongement des initiatives existantes, et spécifiquement du Partenariat euro-méditerranéen, constitue une démarche dont l'ambition est, en traitant les relations pays après pays, d'obtenir en matière de sécurité et défense des progrès plus concrets et plus conformes à la défense des intérêts européens.

Il importe de souligner, suite au soulèvement de la population tunisienne, une originalité qui tient dans le choix des armées non seulement de ne pas « tirer sur les populations civiles » mais également de ne pas tenter de s'imposer comme recours politique, ni même comme acteur économique. De fait, l'armée tunisienne est l'une des rares, pour ne pas dire la seule armée du monde arabe qui puisse être qualifiée de « républicaine ». Non impliquée dans la désignation des décideurs politiques, elle ne l'est pas plus dans les affaires économiques et ses cadres ne sont pas des acteurs de la vie des affaires. Cette particularité, évidemment due aux choix éclairés du président Bourguiba, n'est sans doute pas sans lien avec le contenu et la qualité de la coopération militaire entre la France et la Tunisie depuis l'indépendance de cette dernière. Ce constat unique, à l'occasion des révoltes arabes, montre bien l'importance de l'article 8 du présent Plan d'action qui prévoit « d'améliorer l'efficacité des institutions et conventions multilatérales de façon à renforcer la gouvernance globale ». En effet, le soutien à l'édification de forces armées bien gouvernées, dans le respect du droit et des attributions normales d'une institution militaire nationale, est essentiel pour permettre l'émergence de systèmes politiques démocratiques.

Ces différents outils européens ne sont pas forcément opposés aux démarches du dialogue méditerranéen de l'OTAN ou des États-Unis, mais ont pour vocation de défendre les intérêts proprement européens. Quand ces derniers sont communs avec ceux des autres acteurs, il convient d'envisager une concertation, voire une coopération, très étroite. En revanche, quand il y a divergence, il importe que l'UE puisse faire valoir avec force ses priorités.

En tout cas, la situation de sécurité en Méditerranée est très complexe à la fois du fait des tensions propres à la région mais aussi des interactions dues aux conflits qui se développent sur ses confins. Certes, les initiatives sont nombreuses et parfois enchevêtrées, mais il convient de ne négliger aucune d'entre elles dans la recherche des solutions les mieux adaptées aux situations. C'est pourquoi il paraît indispensable d'accorder la plus grande attention à l'évolution de chacune d'elles et à leurs progrès possibles.

C. Les perspectives et évolutions attendues

Il importe de dresser l'inventaire de ces évolutions avant de s'efforcer d'imaginer les conséquences prévisibles ou les enjeux correspondants en Méditerranée. Du point de vue européen ces évolutions sont liées à la rénovation de la stratégie de sécurité de l'Union européenne, à la perspective de l'application du Traité de Lisbonne et au lancement du

« Processus de Barcelone : Union pour la Méditerranée ». Ces événements s'inscrivent dans le contexte consécutif au « non » irlandais au Traité et celui de la présidence française de l'UE à laquelle le président Sarkozy a fixé le renforcement de la PESD comme l'une des grandes priorités.

1. La stratégie européenne de sécurité

Le réexamen de la stratégie européenne de sécurité avait été programmé dans le cadre du programme établi par les présidences française, tchèque et suédoise de l'UE.

Ce réexamen a donné lieu à un « Rapport sur la mise en œuvre de la stratégie européenne de sécurité » adopté le 11 décembre 2008 à Bruxelles[71] qui est introduit par l'avertissement suivant :

> Le Conseil européen a adopté la stratégie européenne de sécurité en décembre 2003. Pour la première fois, l'UE a établi des principes et fixé des objectifs clairs afin de promouvoir ses intérêts en matière de sécurité, sur la base des valeurs fondamentales de l'Union. Cette stratégie présente une approche globale et conserve toute sa pertinence. Le présent rapport ne se substitue pas à la stratégie européenne de sécurité, mais la renforce. Il permet d'en examiner le fonctionnement dans la pratique et les moyens d'en améliorer la mise en œuvre.

Les « défis mondiaux et principales menaces », prolifération, terrorisme et changement climatique, y sont ainsi actualisés tandis que sont intégrés ou précisés deux aspects novateurs, la cybercriminalité et la sécurité énergétique.

La nécessité d'œuvrer pour « la stabilité en Europe et au-delà » est réaffirmée en s'appuyant sur des illustrations liées à la situation des relations internationales du moment mais en soulignant, de plus, le lien indissoluble entre sécurité et développement, la question de la piraterie qui a pris de l'ampleur depuis 2003 et enfin l'importance de la lutte contre l'accumulation et le trafic illicites d'armes légères et de petit calibre (ALPC) et de leurs munitions.

Le rapport se termine en soulignant les conditions de l'adaptation de l'Europe à l'évolution de l'environnement de sécurité, dans un paragraphe intitulé « L'Europe dans un monde en mutation » qui fixe trois axes d'effort, l'amélioration de ses capacités pour être plus efficace, l'aptitude à développer un dialogue accru avec ses voisins afin d'assurer

---

71 Conseil de l'UE, *Rapport sur la mise en œuvre de la stratégie européenne de sécurité – Assurer la sécurité dans un monde en mutation*, S407/08, Bruxelles, 11 décembre 2008, http://www.consilium.europa.eu/ueDocs/cms_Data/docs/pressdata/FR/reports/104632.pdf.

l'intégration régionale et la volonté d'établir des partenariats pour un multilatéralisme efficace.

De fait, la stratégie européenne de sécurité définie en 2003 reste donc valide.

2. Le Traité de Lisbonne

Le Traité de Lisbonne, signé en décembre 2007 comprend des dispositions qui ont des conséquences sur les questions de sécurité en Méditerranée.

Il s'agit notamment de la création d'un poste de haut représentant pour la politique étrangère et de sécurité, qui est aussi vice-président de la Commission européenne et doté d'un service propre : le Service européen pour l'action extérieure (SEAE). Cette fonction doit donner plus de visibilité et plus de force aux actions extérieures de l'Union. Il est probable que l'image de l'UE en sera renforcée et les pays du Sud trouveront dans le haut représentant un interlocuteur. En contrepartie, il est attendu un investissement plus déterminé de l'UE dans les crises régionales. Par ailleurs, il est très possible que de fortes incitations soient déployées pour transformer le plus grand nombre d'actions existantes de coopérations bilatérales en coopérations multilatérales.

Une clause de solidarité, entre l'Union et ses États membres, est également prévue si un État membre est « l'objet d'une attaque terroriste ou la victime d'une catastrophe naturelle ou d'origine humaine ».[72] Elle prescrit, sur demande des autorités politiques du pays victime, que les autres États membres apportent leur assistance par tous moyens disponibles y compris militaires. Cette clause augmente sensiblement les risques pris par un éventuel agresseur constituant ainsi un facteur dissuasif.

Par ailleurs, les missions dites de Petersberg se voient renforcées par un élargissement de leur champ d'action qui couvre désormais non seulement les missions humanitaires et d'évacuation, les missions de maintien de la paix et les missions de forces de combat pour la gestion des crises, y compris les missions de rétablissement de la paix, mais aussi des actions conjointes en matière de désarmement, les missions de conseil et d'assistance en matière militaire, les missions de prévention des conflits et les opérations de stabilisation à la fin des conflits.

S'ajoute la mention « Toutes ces missions peuvent contribuer à la lutte contre le terrorisme, y compris par le soutien apporté à des pays tiers pour combattre le terrorisme sur leur territoire »[73] qui laisse à

---

72 Article 222 du Traité sur le fonctionnement de l'Union européenne.

73 Article 43 § 1 du Traité sur l'Union européenne.

penser que les pays partenaires méditerranéens pourraient faire appel à l'UE pour les aider, par divers moyens, à combattre le terrorisme chez eux.

Ces trois dispositions modifient sensiblement les capacités européennes à s'impliquer dans les questions de sécurité touchant notamment la région méditerranéenne.

3. L'Union pour la Méditerranée

Enfin, il faut mentionner le lancement le 13 juillet 2008 à Paris de l'initiative UpM voulue par le président Sarkozy. La Déclaration conjointe de Paris reprend les objectifs du Processus visant à créer un « espace de paix et de stabilité en Méditerranée ». Il est même envisagé, à terme, de mettre en œuvre un « pacte euro-méditerranéen ». Pour cela, il est préconisé de renforcer les relations multilatérales, d'accroître le partage de la responsabilité du Processus, de fonder la gouvernance sur l'égalité de toutes les parties et de traduire le processus en projets concrets qui soient davantage visibles pour les citoyens.[74]

L'UpM devait donc permettre de donner un nouvel élan au Processus de Barcelone et pour cela il était envisagé des coopérations renforcées grâce au principe des projets à géométrie variable. Six dossiers ont été désignés comme prioritaires.[75] À l'exception de celui portant sur la protection civile, aucun d'entre eux ne concerne directement une question d'ordre sécuritaire. Au demeurant, cette approche volontaire et pratique est appelée à fonder les éléments d'une confiance indispensable à l'émergence de relations de sécurité en Méditerranée.

La déclaration de Marseille du 4 novembre 2008, n'a pas apporté d'éléments novateurs en termes de sécurité. En revanche, les débats qui ont animé la réunion des ministres des Affaires étrangères qui devait avaliser cette déclaration ont montré combien complexes étaient les relations entre les pays de l'UpM et ont confirmé que le risque de rencontrer les mêmes écueils que ceux auxquels s'était heurté le PB restait présent.[76]

4. Les révoltes arabes : une nouvelle donne ?

L'UE est donc engagée dans un processus d'approfondissement de sa PESD. Dans ce cadre, la Méditerranée reste l'un des points d'application majeur. La PEV en est la première expression. L'Union pour la Méditer-

---

74 Déclaration conjointe de Paris, *op. cit.*

75 Voir l'annexe de la déclaration de Paris et la contribution de Khader, B. dans cet ouvrage.

76 Déclaration de Marseille du 4 novembre 2008, *op. cit.*, V. la contribution de Khader, B. dans cet ouvrage.

ranée confirme à la fois cette volonté et le nouvel axe d'effort privilégiant des actions de coopération concrète.

Mais les événements survenus dans la plupart des pays arabes méditerranéens au début de 2011 créent des circonstances bien différentes de celles qui prévalaient jusque-là. Elles se caractérisent essentiellement par la transformation des situations des divers PPM et donc des interlocuteurs de l'UE en Méditerranée.

Jusqu'à présent, les PPM étaient globalement tous soumis à des pouvoirs autoritaires sans beaucoup d'égard pour le droit des individus ni même vis-à-vis de leurs sociétés civiles. Le plus souvent corrompus, les dirigeants exerçaient leur fonction au profit d'une nomenklatura privilégiée et aux dépens de la population qu'ils méprisaient. L'UE était face à des décideurs homogènes dans leur attitude, leurs priorités et leur absence d'intérêt pour le bien-être des peuples.

Les révoltes arabes ont fait éclater cette homogénéité et aujourd'hui l'UE se trouve confrontée à une situation tout à fait différente car très hétérogène qui comprend des pays en post-révolution, d'autres en état de guerre civile, ou au contraire crispés sur leurs conservatismes en affichant des intentions de modernisation plus ou moins crédibles ou au contraire une intransigeance qui se traduit par une répression très violente.

Face à cette situation inattendue, les décideurs européens, nationaux ou communautaires, éprouvent des difficultés à adapter leurs propositions, notamment en matière de sécurité, à l'intention de leurs interlocuteurs. S'il est possible d'envisager des solutions de continuité avec les décideurs n'ayant pas été chassés, il est certain que les nouveaux pouvoirs demanderont aux Européens de faire preuve d'imagination pour proposer de nouveaux outils qui prennent en compte leurs choix de changer leur gouvernance. L'enjeu est central, il conditionne en partie le succès des démarches démocratiques entreprises par ces pays, auquel l'UE a bien sûr le plus grand intérêt. De fait, la sécurité de l'UE dépend largement, à terme, de l'évolution politique, économique et sociale de ses partenaires du Sud dont il faut espérer qu'elle ira vers plus de démocratie pour plus de bien être de leurs populations. Il conviendrait que l'UE, fidèle à ses propres valeurs, sache offrir à ses partenaires, démontrant leur engagement réel à la retrouver sur ses principes, une véritable « prime » à l'effort qui les distingue des autres et les récompense de façon visible.

L'UE a bien analysé cette nouvelle situation et la Commission européenne et le haut représentant ont proposé, dans leur Communication conjointe intitulée : « Un partenariat pour la démocratie et la prospérité partagée avec le sud de la Méditerranée »[77], « une stratégie différenciée » ce qui « représente un changement fondamental dans les relations de l'Union avec ceux de ses partenaires qui s'engagent dans des réformes spécifiques et mesurables ». Il est également précisé que « la volonté d'organiser des élections libres, régulières et contrôlées de manière appropriée constituera la condition de l'adhésion au partenariat. Cela signifie aussi une coopération plus étroite dans le cadre de la politique étrangère et de sécurité commune (PESC) et un plus grand nombre d'actions conjointes dans les enceintes internationales sur des questions d'intérêt commun. L'UE continuera d'être attachée au règlement pacifique des conflits existant à l'intérieur des États et entre les États de la région et de l'encourager. Le partenariat doit être étayé par un dialogue politique renforcé ».[78]

Mais les actions envisagées en application du nouveau partenariat proposé ne sont pas à la mesure des enjeux et encore moins à celle des attentes de pays du Sud qui ont pris tous les risques d'une véritable révolution. L'UE se contente en effet d'adapter sa stratégie à travers trois éléments :

- « Réviser et adapter la politique européenne de voisinage ;
- Progresser vers un Statut Avancé dans les Accords d'association ;
- Renforcer le dialogue politique ».

Il n'y a là rien de bien novateur, rien qui puisse mobiliser les opinions publiques et les décideurs confrontés à des défis immédiats et des ambitions fortes. Le fait de proposer à ces nouveaux acteurs, impliqués dans le changement, les mêmes outils que ceux qui ont servi aux relations avec les dictateurs déchus, et qui servent encore avec ceux qui n'ont pas fait le pari de la révolution, ne peut qu'être reçu avec réserve par ceux qui attendent de l'UE un vrai soutien à leur démarche vers plus de démocratie.

Ce manque d'imagination dans les propositions de l'UE qui traduit de fait une certaine frilosité et un manque de confiance vis-à-vis des PPM ayant fait le choix de la révolution, et aussi la volonté de ne pas brusquer ceux qui ont prioritairement opté pour le conservatisme, n'est pas de nature à privilégier des avancées démocratiques déterminantes et l'établissement d'un climat de confiance avec les nouveaux décideurs. La nouvelle donne, si elle a bien été analysée par l'UE, ne l'a pas conduit à une modification réellement forte de sa stratégie qui devrait

---

[77] Commission européenne et haut représentant, *Communication conjointe de la Commission européenne et de la haute représentant au Conseil européen et au Comité des régions : un partenariat pour la démocratie et la prospérité partagée avec le sud de la Méditerranée*, COM(2011) 200, Bruxelles, 8 mars 2011.

[78] *Ibid.*, p. 5.

l'amener à définir un véritable « accord de solidarité », ambitieux et généreux, ouvert sur des perspectives, certes à long terme, mais attrayantes et mobilisatrices.

Conclusion

Il apparaît donc bien que les prochaines années seront décisives pour l'UE. Des choix d'orientation de sécurité et de défense en Méditerranée se présentent qui nécessiteront pour l'UE de réévaluer les rapports qu'elle souhaite établir avec les PPM. Ces derniers sont aujourd'hui hétérogènes, la situation est déstabilisée, les risques s'accroissent et l'avenir de chacun de ces pays est très incertain. La Méditerranée, à la fois espace de tensions et de crises, mais aussi voisinage immédiat de l'Europe sera inévitablement un sujet d'attention et de préoccupation.

Les difficultés de la mise en œuvre progressive du Traité de Lisbonne et celle du SEAE ne doivent pas conduire à négliger les enjeux majeurs de sécurité qui s'affirment sur les frontières sud et est. L'UE doit imaginer de nouveaux outils qui complètent ceux déjà en place, pour s'adresser aux démocraties émergentes et ainsi les conforter dans leurs progrès, mais surtout éviter l'échec de leurs démarches. Les anciens outils conservent certes leur pertinence pour les relations avec les pouvoirs inchangés, mais l'UE doit faire preuve d'imagination pour proposer aux nouveaux acteurs des ambitions et des horizons véritablement mobilisateurs, misant ainsi sur l'exemplarité. Le partenariat pour la démocratie et la prospérité partagée avec le sud de la Méditerranée n'est manifestement pas, dans sa version actuelle, à la hauteur des enjeux. Il importe d'imaginer un « accord de solidarité » portant sur l'ensemble des domaines social, économique, politique, migratoire, etc. et aussi bien sûr de sécurité. Dans ce dernier domaine, et en fonction de conditionnalités cette fois respectées, il serait possible d'imaginer une alliance qui apporte de vraies garanties après avoir franchi des étapes de mesures de confiance resserrées puis des accords de sécurité.

Mais ces propositions concernent les seuls pays ayant franchi le pas d'un changement de gouvernance. À l'égard des diverses autres situations existantes, il importe de conserver des outils et des démarches producteurs de paix, de stabilité et de prospérité qui contribueront à la fois à l'amélioration de la situation régionale mais aussi ménageront la possibilité, pour chaque PPM, de briguer le bénéfice de « l'accord de solidarité » dès qu'il aura réuni les conditions nécessaires à cet accès.

Dans ce but, il paraîtrait souhaitable que l'UE annonce avec force, sa volonté :

- de s'investir dans la résolution du conflit israélo-palestinien en s'appuyant sur son analyse propre et des propositions déterminées ;
- d'apporter systématiquement sa contribution autonome dans les négociations visant à résoudre les conflits et crises du Proche-Orient ;
- de proposer sa disponibilité à contribuer à la résolution des différends de la région hors UE par une action de « bons offices » (Sahara occidental ou Libye par exemple) ;
- de déployer systématiquement une action de négociation, aux côtés de l'ONU, dans les cas de crises impliquant un pays de l'UE et un pays hors UE (ex : Chypre, îlot Persil …) ;
- de contribuer résolument au bon déroulement des sorties de crises et des reconstructions.

Bien évidemment ces démarches ne sont ni simples ni sans écueils, mais l'Union européenne doit clairement :

- démontrer l'existence politique de l'UE, si souvent dénoncée, notamment au Sud, pour son manque d'engagement ;
- apporter aux États-Unis la contribution d'un partenaire fort et responsable ;
- défendre les intérêts spécifiquement européens en Méditerranée ;
- donner aux pays partenaires méditerranéens l'assurance qu'il y a d'autres voies que l'alignement sur les États-Unis ;
- démontrer aux pays partenaires méditerranéens qu'elle est résolument aux côtés de ceux qui font le choix d'adopter et de respecter les valeurs universelles en affichant une solidarité déterminée ;
- accompagner et soutenir, selon des conditionnalités claires, les PPM qui hésitent encore à changer fondamentalement leur gouvernance pour les aider à progresser ;
- construire une PESC/PESD complémentaire des missions de l'OTAN et spécifiquement de son dialogue méditerranéen.

Dans cette perspective, la mise en œuvre de l'UpM peut être, au-delà des six dossiers privilégiés et de la confiance qui en émergera, l'occasion d'une relance du volet politique du Partenariat euro-méditerranéen. Certes les choix relatifs à ses institutions et ses modalités de fonctionnement, que l'on peut espérer conduits en réel partenariat, sont importants. Il serait cependant dommageable qu'ils conditionnent excessivement l'essor de l'UpM. Quant au Partenariat pour la démocratie et la prospérité partagée avec le Sud de la Méditerranée, il ne peut susciter l'adhésion des PPM que si la démarche proposée est réellement novatrice, se distinguant ainsi en terme qualitatif des autres démarches, sans doute à travers un « accord de solidarité » qui fixerait un horizon attrayant et mobilisateur.

Les écueils auxquels peuvent se heurter les démarches entreprises sont nombreux. Cependant, les défis et les enjeux sont essentiels dans la mesure où le succès des actions tentées conditionne à la fois l'avenir politique de l'UE et la marche vers la paix et la prospérité dans la région. Cet intérêt commun partagé entre l'UE et les autres riverains de la Méditerranée constitue la meilleure des motivations, il suffit d'adopter une démarche qui permette d'entendre tous les points de vue, de contourner les hostilités et acrimonies particulières, de procéder progressivement et d'éviter l'instrumentalisation politicienne.

C'est pourquoi l'UE doit s'affirmer, en Méditerranée, comme un acteur politique fort et déterminé tout en initiant des voies de coopération plus attentives aux besoins et aux priorités de ses partenaires dans le respect de leur diversité mais aussi avec le souci de valoriser ceux d'entre eux qui font les choix les plus courageux et les plus dynamiques.

The European Neighbourhood Policy Response to the Socio-Economic Challenges in the Arab Mediterranean Partner Countries

Iván MARTÍN

Introduction

Among its objectives for economic and financial co-operation the Barcelona Declaration, which established the Euro-Mediterranean Partnership (EMP) in November 1995, mentioned "the acceleration of the pace of sustainable *socio*-economic development",[1] the "improvement of the living conditions of their populations, increase in the employment level and reduction in the development gap in the Euro-Mediterranean region".[2]

In line with this, Euro-Mediterranean Association Agreements (EMAAs) concluded between the EC and its Member States and Arab Mediterranean Countries (AMCs)[3] set forth as one of their main objectives the sustainable economic and *social* development of partner countries.[4]

1 Emphasis added.

2 Final Declaration of the Barcelona Euro-Mediterranean Ministerial Conference of 27 and 28 November 1995 and its Work Programme, http://europa.eu/legislation_summaries/external_relations/relations_with_third_countries/mediterranean_partner_countries/r15001_en.htm.

3 The present chapter refers to Morocco, Algeria, Tunisia, Egypt, Palestine, Jordan, Lebanon and Syria. Israel is not taken into account in the analysis, given its profile as a post-industrial, developed economy. Syria is included as a member of the Euro-Mediterranean Partnership despite not having signed an Association Agreement with the EU yet (and hence not being part to the European Neighbourhood Policy). Libya, despite being an Arab Mediterranean Country, is neither a Mediterranean partner nor is it included in the ENP.

4 For an exhaustive account of the social provisions in the Association Agreements with AMCs, see Lannon, E., *Vadémécum de la dimension sociale des relations euro-méditerranéennes 1995-2009*, Rabat, Friedrich Ebert Stiftung, 2009, pp. 189-201.

In this contribution we will analyse first of all the socio-economic challenges facing Arab Mediterranean Partner Countries. Then we will turn to how the social and employment dimension of the ENP has addressed those challenges since 2005[5] in the framework of the "export" of the European social model supposedly promoted by the EU. Finally, we will assess to what extent the review of the ENP undertaken in 2010-2011 to adapt it to the political developments in the Southern Mediterranean (Arab Spring) and to the upcoming EU Financial Perspectives 2014-2020 has strengthened the importance and the instruments of the social dimension of the ENP.

I. The Socio-Economic Challenges Facing Arab Mediterranean Countries

As highlighted by the 2011 Arab Spring revolutions, the magnitude of the social challenges in Arab Mediterranean Countries should not be underestimated. AMCs are the group of countries in the world with the most daunting employment challenges in the coming twenty years. Official labour participation rates are the lowest in the world (below 46% of working age population, compared to the world average of 61.2%), reflecting the lowest female participation rate in the world (below 25%, as compared to a 42% world average).[6] Despite that, average unemployment rates (slightly below 15% of labour force before the current economic crisis, a total of over 7 million before the crisis) are higher than in any other region with the exception of Sub-Saharan Africa. Taken together, these figures mean that only one in every four of its 280 million inhabitants has a job, and this figure does not reflect the fact that nearly half of these jobs are of informal nature.[7]

The demographic prospects for the coming ten to fifteen years make all foreseeable scenarios even bleaker: adding together the projected needs for new jobs calculated under conservative assumptions, AMCs

---

5 Our analysis will focus on employment policies, worker's rights and social dialogue as the main elements of the "European social model" (as defined below). Although the social dimension includes many other issues such as poverty, labour relations, education, health and social cohesion at large, employment and job creation are widely and increasingly considered as the main challenges faced by those societies.

6 Martín, I., "Labour Markets Performance and Migration Flows in Arab Mediterranean Countries: A Regional Perspective", in Fargues, P. and Martín, I. (eds.), "Labour Markets Performance and Migration Flows in Arab Mediterranean Countries: A Regional Perspective", *European Economy Occasional Papers*, No. 60, Vol. 3, Brussels, European Commission – Directorate General for Economic and Financial Affairs, April 2010, pp. 29-31, http://ec.europa.eu/economy_finance/publications/occasional_paper/2010/op60_en.htm.

7 *Ibid.*, pp. 47-48.

will need to create more than 1,500,000 additional jobs per year over the coming ten years in order to provide employment opportunities for new labour market entrants and to keep the current number of unemployed unchanged (see Table 14), and this under the (hardly realistic) assumption that there will be constant labour participation rates (the proportion of people working or searching for a job in the working age population). The 15 million new jobs which are needed over the next ten years would mean an increase of 30% in relation to the current level of total employment in those countries, and would amount to between 1/3 and 2/3 more jobs per year than those that have been created over the last five years in the region, a period of marked economic prosperity. Thus, in terms of employment policies and development models, the *status quo* risks putting strains on the social fabric through tensions in the labour market, greatly affecting social cohesion and stability in the region, as shown by extended revolts throughout the region in the first months of 2011. The prevailing unemployment rates for young people also risk causing permanent damage to the development prospects of these countries to the extent that young people will be discouraged from engaging in the labour market and will see their qualifications stagnate or deteriorate as the informal economy spreads (informal employment, translating into under standard wages[8] and lack of any social protection, amounts already to between 35 and 55% of total non-agricultural employment in the region).[9]

Table 14. Estimation of Yearly Job Creation Needs in Arab Mediterranean Countries until 2020

	Morocco	Algeria	Tunisia	Egypt	Palestine	Jordan	Lebanon	Syria	TOTAL
2009-2020*	180,000	225,100	84,600	715,526	45,977	53,501	15,000	221,000	1,540,704
+5% labour participation of women	228,000	317,600	107,077	742,286	70,294	54,845	16,700	247,000	1,783,802

*Assuming unchanged labour participation rates.

Source: Martín, I., "Labour Markets Performance and Migration Flows in Arab Mediterranean Countries: A Regional Perspective", in European Commission, Labour Markets Performance and Migration Flows in Arab Mediterranean Countries: Determinants and Effects, *European Economy Occasional Papers* No. 60, Vol. 3, Directorate General for Economic and Financial Affairs, Brussels, April 2010, p. 34, http://ec.europa.eu/economy_finance/publications/occasional_paper/2010/op60_en.htm.

---

8 The minimum wage tends to act as a salary cap for the informal sector and ranges from 102 euros per month in Egypt to 256 euros per month in Lebanon. *Ibid.*, pp. 40-41.

9 *Ibid.*, pp. 47-48.

As for the comparative development of wage and income levels in purchasing power parity terms (PPP), in the cases of Morocco, Algeria,[10] Tunisia, Syria and Jordan a divergence of average wages with those of the EU is observed, implying a growing deterioration of relative living conditions for those who have a job in AMCs. Thus, the good macroeconomic performance of most AMCs during the last ten years, and in particular during the 2005-2010 ENP implementation period, which has been reflected in a progression of *per capita* GDP, has nor been matched by a corresponding improvement in income distribution or wages neither by a clear convergence path towards EU income levels (see Table 15).

Table 15. GDP *per capita* in Arab Mediterranean Countries 1995-2010 (PPP, current international US Dollar)
(Percentages refer to the ratio to the average Euro Zone income level)

	1995	2000	2005	2010	Years needed to reach 50% of Euro area GDP (b)
Morocco	2,101 (10.6%)	2,580 (10.5%)	3,496 (11.9%)	4,607 (13.5%)	189.6
Algeria	4,577 (23.0%)	5,395 (22.0%)	7,175 (24.5%)	8,332 (24.3%)	291.8
Tunisia	3,594 (18.1%)	4,825 (19.6%)	6,444 (22.00%)	8,535 (24.9%)	54.9
Egypt	2,768 (13.9%)	3,538 (14.4%)	4,318 (14.7%)	6,031 (17.6%)	131.5
Jordan	2,830 (14.3%)	3,182 (12.9%)	4,334 (14.8%)	5,663 (16.5%)	227.5
Syria	3,029 (15.2%)	3273 (13.3%)	3,995 (13.6%)	4,964 (14.5%)	----
Lebanon	6,996 (35.2%)	7579 (30.8%)	9,517 (32.4%)	13,859 (40.5%)	27
AMC (a)	**3,184 (16.00%)**	**3864 (15.7%)**	**4,943 (16.9%)**	**6,436 (18.8%)**	**168.1**
Euro Zone	**19,893**	**24,579**	**29,330**	**34,249**	

a) Weighted average on the basis of 2007 population.

b) At the 1995-2010 convergence pace.

Source: Own elaboration on the basis of World Development Indicators Database, World Bank, 2011, http://data.worldbank.org/data-catalog/world-development-indicators

At the pace of convergence experienced over the last fifteen years since the Euro-Mediterranean Partnership was established, Morocco would take 189 years to reach only the 50% of Euro zone GDP *per capita*, Egypt would need 131 years and Algeria 291 years. Even Tuni-

[10] With a negative average annual increase in PPP wages of -1.7% in 1996-2006, in contrast with the 3% year increase in the EU-15. *Ibid.*, pp. 40-41.

sia would need a full generation to reach the half of the Euro zone income: 54 years. And this despite the acceleration of this catching-up experienced in the last five years due not to a better performance of AMCs, but to the stagnation of EU growth due to the world economic crisis and its mild impact on Arab countries.

This calls for a clear reinforcement of the social dimension of the ENP and, more generally, a review of the economic model adopted by Mediterranean Partner Countries over the last three decades, which has largely neglected the social consequences of economic reforms and the centrality of real income convergence as the main deliverable of regional integration.

II. The European Social Model

On the other side of the Mediterranean, the European Commission has proclaimed that "the incorporation of the European social model into external dialogue and measures at bilateral, regional and multilateral level" is one of the preconditions for the success of the European Social Agenda, and that it seeks cooperation on this issue "with the candidate countries, *neighbouring countries* and other third countries".[11]

However, employment and social policy were largely neglected as direct fields of cooperation, both at the multilateral and the bilateral levels, in the framework of the Euro-Mediterranean Partnership during its first ten years up to 2005, playing a "subsidiary" role therein.[12] In the last couple of years, however, new perspectives have emerged as a consequence of:

- the new emphasis on the social dimension of the Euro-Mediterranean Partnership at the multilateral level (in particular since the Euro-Mediterranean Conferences of Foreign Ministers held in Marseille in November 2008,[13] advocating for the devel-

---

11 European Commission, *Communication from the Commission on the Social Agenda*, COM(2005) 33 final, Brussels, 9 February 2005, p. 5, http://eur-lex.europa.eu/LexUriServ/LexUriServ.do?uri=COM:2005:0033:FIN:EN:PDF. Emphasis added.

12 See Barreñada, I. and Martín, I., "Employment and Social Protection in the Euro-Mediterranean Partnership, Status, Perspectives and Proposals for Action", in Barcelona + 10 Civil Event. Civil Society Proposals for Relaunching the Euro-Mediterranean Partnership, Madrid, Eromed Non Governmental Platform 2005, pp. 29-33, http://www.eco.uc3m.es/immartin/EmpleolargaEnglishrevisada.doc, and Aita, S. (ed.) and Martín, I. (dir.) *et al.*, *Employment and Labor Law in the Arab Mediterranean Countries and the Euromediterranean Partnership*, Madrid, Fundación Paz y Solidaridad Serafín Aliaga, 2008, http://www.ccoo.es/comunes/temp/recursos/1/216566.pdf.

13 Barcelona Process: Union for the Mediterranean, Ministerial Conference, Final Statement, Marseille, 3-4 November 2008, http://ue2008.fr/webdav/site/PFUE/

opment of "a genuine social dimension", "based on an integrated approach combining economic growth, employment and social cohesion" and the first Euro-Mediterranean Conference of Employment and Labour Ministers convened in Marrakesh in November 2008,[14] followed by a second one in Brussels in November 2010);[15]

- The implementation of the European Neighbourhood Policy since 2005, which brought into the field of EU cooperation with its neighbouring countries a whole array of new issues, including a dialogue on social policy;[16]
- The revolts and regime changes experienced in the Southern Mediterranean Partner Countries in the first semester of 2011, triggered to a large extent by the discontent caused by deteriorating living conditions and employment prospects and by the lack of democracy and freedoms.

Admittedly, the concept of "European social model" is far from established, but it can be defined as embracing "Community social law (e.g. worker's rights) and the Charter of Fundamental Rights, […] social dialogue and the open method of co-ordination applied in the framework of the European Employment Strategy".[17] The notion of worker's rights includes labour standards, gender equality, social security protection and employment policy to promote decent work. On these three items, the progress of ENP has been rather discouraging, and it is in any case far from the enlargement level of policy convergence or the conceptualisation of the EU as a norm-promoting international actor or "Normative Power".[18]

---

shared/import/1103_ministerielle_Euromed/Final_Statement_Mediterranean_Union_EN.pdf.

14 Conclusions of the 1st Euro-Mediterranean Conference of Employment and Labour Ministers, Marrakesh, 9-10 November 2008, http://ec.europa.eu/external_relations/euromed/conf/employment_health_conclusions_1108_en.pdf.

15 Conclusions of the 2nd Conference of Ministers of Labour and Employment of the Union for the Mediterranean, 22 November 2010, Brussels, http://www.eutrio.be/pressrelease/conclusions-2nd-conference-ministers-labour-and-employment-union-mediterranean.

16 For a basic description of the ENP, see Martín, I., "European Neighbourhood Policy in the Mediterranean", in Prat y Coll, J. (dir.), *2005, Year of the Mediterranean*, Madrid, Spanish Ministry for Foreign Affairs and Cooperation, 2006, pp. 175-179.

17 Gstöhl, S., "The Social Dimension of EU Neighbourhood Policies", in Orbie, J. and Tortell, L. (eds.), *The European Union and the Social Dimension of Globalization: How the EU Influences the World*, London, Routledge, 2009, p. 62.

18 Pace, M., "Norm Shifting from EMP to ENP: The EU as a Norm Entrepreneur in the South", *Cambridge Review of International Affairs*, Vol. 20 (4), 2007, pp. 659-675.

The following section deals with the social and employment dimension of the ENP and how it has responded so far to the socio-economic challenges summarized above.

III. The European Neighbourhood Policy Social Dimension

Indeed, the ENP integrated into political dialogue and co-operation between the EU and AMCs a whole array of social issues so far ignored in EU-AMCs relations, on the premise that "the EU *acquis* offers a well established model on which to build, *inter alia*, common labour standards".[19] Among the reference criteria (shared values) for a country to benefit from the ENP there is an explicit mention of the international instruments for human rights, the core conventions of the International Labour Organisation and trade union freedoms.[20] Neighbour countries should align their legislations with the EU *acquis*, which, as the Commission specified, established "a common market based on shared norms with regards to industrial goods and services [...] integrating health, consumers and environment protection, working conditions and quality standards. In return the Union neighbourhoods would benefit from a more substantial assistance to development that fosters more effectively the reform, in order to build up the required administrative capacities and reduce the social cost of the transition".[21]

To this end, the strengthening of dialogue and co-operation in the framework of a social dimension (social policies, employment, socio-economic development and structural reform) was already foreseen in the first ENP Strategy Paper, as well as the putting into force of active policies against poverty and exclusion.[22] In fact, in the Action Plans

19 European Commission, *Communication from the Commission to the Council and the European Parliament, Wider Europe – Neighbourhood: A New Framework for Relations with our Eastern and Southern Neighbours*, COM(2003) 104 final, Brussels, 11 March 2003, p. 9.

20 This is something that already features in COM(2003) 104, *ibid.*, p. 16, and more explicitly in European Commission, *Communication from the Commission, European Neighbourhood Policy – Strategy Paper*, COM(2004) 373, Brussels, 12 May 2004, p. 14: "The level of the EU's ambition in developing links with each partner through the ENP will take into account the extent to which common values are effectively shared. The Action Plans will contain a number of priorities intended to strengthen commitment to these values. These include [...], *trade union rights and other core labour standards* [...]."Emphasis added.

21 COM(2003) 104, *ibid.*, p. 10.

22 "The extent to which the ENP is perceived as beneficial depends on its effects on living standards. Participation in the ENP project should be accompanied by active policies to address poverty and inequality. The Action Plans' economic and social component needs to be consistent with partner countries' own strategies. Strengthened dialogue is needed through the relevant Sub-Committees and economic dialogues. [...] Enhanced dialogue and co-operation on the social dimension will cover

these matters are mentioned explicitly, although not with the same relevance and level of detail, for example, as the issue of co-operation in justice and home affairs.

A. ENP instruments

Indeed, the current instruments of the ENP[23] are ill-equipped to promote social policy convergence or employment policy coordination and are not implemented in a consistent way:

The "*stake in the internal market*" offered for those countries which achieve a greater progress in their process of reforms is geared towards trade preferences and participation in Community policies and agencies, but there is no evidence of any correlation between social policy progress (or indeed any other reform field) and trade preferences granted.[24] So, for instance, all neighbouring partners are entitled to participate in the European Foundation for the Improvement of Living and Working Conditions (no one has expressed so far the interest in doing so), but all of them are equally excluded from the new Community Programme for Employment and Social Solidarity, PROGRESS.[25] Even more striking, Mediterranean Partner Countries have been completely excluded from the Europe 2020 Strategy adopted in June 2010, the EU road map to increase European economies' long-term competitiveness and to preserve the European social model ("Where do we want Europe to be in

---

in particular socio-economic development, employment, social policy and structural reforms. The EU will encourage partner governments' efforts aiming at reducing poverty, creating employment, promoting core labour standards and social dialogue, reducing regional disparities, improving working conditions, enhancing the effectiveness of social assistance and reforming national welfare systems. The idea is *to engage in a dialogue on employment and social policy* [emphasis added] with a view to develop an analysis and assessment of the situation, to identify key challenges and to promote policy responses", COM(2004) 373, *op. cit.*, p. 15. "*Dialogue on employment and social policy* [emphasis added] with a view to identify key challenges and to promote policy responses should be enhanced", *ibid.*, p. 25.

23 For a thorough discussion of those instruments in the social policy area, see Gstöhl, S., *op. cit.*

24 Even in the case of Morocco and the Advanced Status agreed with the EU there is no such evidence, as the concrete concessions attached to that status are difficult to identify and other countries which have been explicitly named and blamed by the Commission for their lack of progress, such as Israel, receive even more advantageous offers (see Martín, I., "EU-Morocco Relations: How Advanced is the Advanced Status?", in *Mediterranean Politics*, Vol. 14 (2), pp. 239-245). Besides that, the Advanced Status has been granted despite recurrent naming in the ENP sectoral progress report of Morocco, Jordan and Lebanon as countries having yet to ratify ILO fundamental conventions on freedom of association and collective bargaining.

25 *Decision No. 1672/2006/EC of the European Parliament and of the Council of 24 October 2006 establishing a Community Programme for Employment and Social Solidarity – PROGRESS*, OJ L 315, 15 November 2006.

2020?") along the following lines: employment, innovation and competitiveness, climate change, education, and the fight against poverty.[26] And this despite the remarkable overlapping of the Europe 2020 Strategy Objectives with the ENP and the Union for the Mediterranean objectives.[27] No provision is made to extend this Europe 2020 Strategy at least to the most advanced ENP partner countries, even on a pilot basis.

In sum, no effective positive conditionality regarding any field of employment or social policy seems to be in place in the framework of the ENP.

Regular dialogue on social affairs (working conditions, migration, illegal immigration and equal treatment) has been conducted in the framework of the working parties or Sub-Committees on social affairs foreseen in all Euro-Mediterranean and Association Agreements.[28] Action Plans commit Arab Mediterranean Countries to engage in a dialogue on fundamental social rights and enhance the effective implementation of core labour standards as defined in the 1998 ILO Declaration of Fundamental Principles and Rights at Work,[29] and Morocco and Tunisia did even state explicitly their intention to ensure closer approximation to EU standards in the area of social policy. But sectoral policy dialogue on social issues has been too much focused on migrant rights issues and migration control (indeed, the Sub-Committees for Morocco is called Working Group on Social Affairs and Migration, the same as for Tunisia and Lebanon, and the one for Egypt is called WG on Migration,

---

26 European Commission, Communication *Europe 2020 – A strategy for Smart, Sustainable and Inclusive Growth*, COM(2010) 2020 final, Brussels, 3 March 2010, *http://ec.europa.eu/archives/growthandjobs_2009/pdf/complet_en.pdf.*

27 See, in detail, Martín, I., *The Europe 2020 Strategy and the Mediterranean: Challenges and Prospects for Territorial Cooperation*, Working Document for First Master Class, Medgovernance Project, Junta de Andalucía, Seville, June 2010, pp. 13-19, http://medgov.net/sites/default/files/Workingdocumentfinalfinal.pdf.

28 For a list of Sub-Committee Meetings in 2007 by countries see European Commission, *Sectoral Progress Report.* Commission Staff Working Document accompanying the Communication from the Commission to the European Parliament and the Council, *Implementation of the European Neighbourhood Policy in 2007*, SEC(2008) 403 final, Brussels, 3 April 2008, pp. 28-32. See also the contribution of Van Elsuwege, P. in this volume.

29 This makes it explicit that policy convergence in the social sector is not defined, if at all, on the basis of EU social norms (i.e., the European social model), but rather of international norms (ILO's) (on this type of policy convergence towards international norms, see Barbé, E., Costa, O., Hérranz, A., Johansson-Nogués, E., Natorski, M. and Sabiote, M., "Drawing the Neighbours Closer…to what? Explaining Emerging Patterns of Policy Convergence between the EU and its Neighbours", in *Cooperation and Conflict*, December 2009, Vol. 44, pp. 378-399).

Social and Consular Affairs),[30] and lacks any institutionalised legally binding mechanism allowing for a systematic and structured follow-up and monitoring (in fact, Sub-Committees have no decision power).

Financial cooperation and funding of programmes in the social field. In the Association Agreement with Jordan, to take just one example, article 82 provides as follows:[31]

> "The Parties acknowledge the importance of social development which should go hand in hand with any economic development. They give particular priority to respect of basic social rights. To consolidate social cooperation between the Parties actions and programmes shall be undertaken on any issue of interest for them. Priority shall be given to the following actions:
>
> (a) Reduction of migratory pressures through job creation and the development of training in areas with a high emigration rate;
>
> (b) Reintegration of repatriated illegal immigrants;
>
> (c) Promotion of the role of women in social and economic development, particularly through education and the media, in line with Jordanian policy in this area;
>
> (d) Development and consolidation of Jordanian family planning and mother and child protection programmes;
>
> (e) Improving the social security system;
>
> (f) Improving the healthcare system;
>
> (g) Improving living conditions in underprivileged, densely populated areas;
>
> (h) Implementation and financing of exchange and leisure for mixed groups of young Jordanians and accordance with the appropriate procedures and Europeans residing in the Member States, with a view to promoting mutual cultural understanding and tolerance."

Indeed, an increasing share of EU cooperation funds allocated to AMCs under MEDA Programme between 1996 and 2006 and under the new European Neighbourhood and Partnership Instrument (ENPI)[32] is

---

30 For a complete list of Sub-Committees, see European Commission, *Sectoral Progress Report, Commission Staff Working Document accompanying the Communication from the Commission to the European Parliament and the Council, Implementation of the European Neighbourhood Policy in 2007*, SEC(2008) 403, Brussels, 3 April 2008, pp. 33-35. See also the contribution of Van Elsuwege, P. in this volume.

31 Lannon, E. shows how the scope of cooperation in the social field widened from the first Association Agreement signed with Tunisia in 1995 to the last one agreed with Algeria in 2002 (Lannon E., *op. cit.*, pp. 189-200). It also shows the disparity and weakness of social provisions in the Association Agreements signed with Eastern Mediterranean countries in relation to those included in Association Agreements with Maghreb countries, *ibid.*, pp. 189-200.

32 *Regulation (EC) No. 1638/2006 of the European Parliament and of the Council of 24 October 2004 Laying Down General Provisions Establishing a European Neighbourhood and Partnership Instrument*, OJ L 310, 9 November 2006, pp. 1-14.

directed to projects or budget support in the social area (for instance, 42.37% of financial engagements in Morocco between in 2007-2010 and 54% for Egypt), although significantly so far none of the decent work programmes established by the ILO in some of these countries has been supported by the EU, and there has been no cooperation project to ensure the protection and effectiveness of fundamental rights collected in the core ILO conventions, specifically through measures which ensure the effectiveness of labour law (labour inspection, etc.).

TAIEX and Twining programmes in the field of social affairs or employment policy have been very limited. So far, only 18 twining projects over a total of 279 between 2004 and 2010 for all ENPI countries, East and South have been implemented in the field.[33]

However, the overall size of funds is too limited to have a real impact on social conditions in those countries. Whereas new Central and Eastern European Member States are receiving up to 4.2% of their GDP in structural funds, the AMCs still receive less than 0.4%. So the current level of EU financial co-operation with those countries is not commensurate either with the strategic importance of the Mediterranean for EU stability and economic leadership in the region or with the daunting socio-economic challenges described above. In the same spirit of "exporting" the EU *acquis* which informs the ENP, a true Euro-Mediterranean cohesion structural policy is needed to support their wide-ranging reform programmes undertaken in the framework of the ENP and sustain a process of convergence. The best instrument for this is the regional policy and the corresponding structural funds that the EU has already successfully tested and implemented within its borders. As shown in Table 16, to extend the regional policy to two test countries in the Mediterranean (Morocco and Tunisia, for instance, the two countries which have progressed the most in integration and policy convergence with the EU) would entail a relatively small financial cost, in particular if compared with the costs of not reversing current dangerous trends in the region: 3.3 billion euros a year for a fully-fledged extension to both countries, substantially less if taking into account that this extension would necessarily be gradual. Only so would they receive an amount of annual aid per inhabitant equivalent to the amounts received by Eastern European new Member States since 2004 and by other cohesion countries within the EU such as Portugal or Greece (see Table 16).

---

33 European Commission and High Representative, *Joint Staff Working Paper, Implementation of the European Neighbourhood Policy in 2010, Sector Progress report*, SEC(2011) 645, Brussels, 25 May 2011, p. 63, http://ec.europa.eu/world/enp/pdf/progress2011/sec_11_645_en.pdf.

Only a massive mobilisation of financial resources of this order of magnitude could provide resources for the major investments required in the infrastructures in the region and convey the trust in the economic prospects of these countries and the vision about their long-term integration into the EU economic area required to boost private investment into the region (and hence growth and job creation). In contrast to the argument formulated sometimes by EU officials according to which unconditional aid and unilateral preferences undermine reform, the EU accession record shows that strong financial support under strict administrative procedures (the so-called regional policy methodology), coupled with full market access, acts as a powerful, almost irresistible, incentive for reform (making social consensus on those reforms much easier and overcoming the resistance of political elites to implement them). In the wake of the negotiations for the 2014-2020 Financial Perspectives, European politicians and policy-makers should consider whether the current model of Euro-Mediterranean relations (including the ENP) is sustainable, as well as the strategic implications of their choices for the future of Europe and EU relations with its Mediterranean neighbours at a time when more and more Southern Mediterranean countries are looking elsewhere for strategic partnerships.

Table 16. Theoretical Amounts of Structural Funds to Arab Mediterranean Countries by Transposing the 2007-2013 Community Rules

	GDP (million euros)	GDP *per capita* (euros)	Structural Funds Ceiling (% GDP)	Theoretical Annual Structural Funds Ceiling*	Population (million)	Theoretical maximum annual aid *per capita* (euros)	Current Annual Aid *per capita* (2011-2014) (euros)**
Morocco	54,851	1,779	4.25%	2,331	31.0	75.2	6.2
Algeria	116,408	3,350	4.25%	4,947	34.4	143.8	1.6
Tunisia	24,768⁺	2,446⁺	4.25%	1,052	10.1	104.4	8
Egypt	111,424	1,497	4.25%	4,735	74.4	63.6	1.8
Jordan	11,388⁺	1,872⁺	4.25%	484	5.6	86.4	12.4
Lebanon	18,282	4,863	4.25%	777	3.8	206.7	12.5

Source: Own calculations on the basis of *Pocketbook on Euro-Mediterranean Statistics*, Eurostat, 2010, Luxembourg, http://epp.eurostat.ec.europa.eu/cache/ITY_OFFPUB/KS-32-10-359/EN/KS-32-10-359-EN.PDF.

⁺2006, 2008 not available.

* Theoretical aid obtained by applying the 4.25% of GDP ceiling established in the Note 15915/05 of the Council of the EU of 19 December 2005. These amounts should be adjusted downwards to take account of Purchasing Power differences.

** For comparison purposes, in 2007-2013 the 12 new Member States will receive an average of 223 euros per inhabitant and per year in Structural Funds. In this same period, Portugal and Greece will receive 245 and 223 euros per inhabitant and per year respectively.

In any case, even if the current economic context is not the most propitious for adopting this kind of approach, the discussion is as much about the *model* of cooperation (structural funds are based on a territorial development approach, versus the sectoral or structural adjustment model implemented so far) as about the *amount* of the funds allocated. A well-defined framework for gradual transferability of structural funds to the Mediterranean Partner Countries, regardless of the amounts involved, would contribute to putting convergence at the centre of EU cooperation in the Mediterranean, and hence to stability and integration in the region.

B. Social Dialogue

As far as social dialogue is concerned, the lack of structured consultation with social agents on the priorities and implementation of the ENP in the partner countries[34] is one of the main shortcomings of the ENP and contradicts its very rationale (legislative convergence and the adoption of EU practices) by refusing a practice well established in the EU. In the European experience, the consultative function of social and economic agents has been a mainstay of participative democracy. The European Economic and Social Committee (2008) already pointed out[35] this deficit and proposed a multilateral network of social partners to monitor the social dimension of EU relations with Mediterranean Partner Countries. The Ministers of Labour and Employment themselves underlined, in their first conference, "the key role social dialogue needed to play in managing socio-economic change in the Euro-Mediterranean region", as well as "the crucial importance of an effective social dialogue for enhancing employment, employability and decent work in the Euro-Mediterranean countries".[36] The Euro-Mediterranean Social Dialogue Forum already convened twice in the framework of the new Framework of Actions agreed in the First Euro-Mediterranean Conference of Labour and Employment Ministers (see below) is a first step in this direction, but it should not be limited to a one-off event and it should be replicated at the bilateral level (currently, it is limited to the regional Union for the Mediterranean level). And it does certainly not compensate for the need to promote structured social dialogue (and not only informal public information processes) at the national level in each

---

34 See Aita, S. and Martín, I. *et al.*, *op. cit.*, pp. 139-144.

35 European Economic and Social Committee, The Social Dimension of Relations between the European Union and the Mediterranean Partner Countries, *Information Report*, REX/251, Brussels, September 2008, http://77.241.29.236/resources/docs/pdg-a_ces735_2008_fin_rev_ri_en_2.doc.

36 Conclusions of the First Euro-Mediterranean Conference of Employment and Labour Ministers, *op. cit.*, pp. 1 and 3.

partner country. This should be a prerequisite for any new Action Plan implemented in the region, and the reinforcement of social partners, and in particular trade unions (their specific *mise-à-niveau*) should be part of this consultation process.

C. Employment Policy Co-ordination

National employment policies have received little attention in the framework of the implementation of neighbourhood Action Plans, but the last three years have seen the emergence of encouraging new developments.[37] On the one hand, a new framework for region-wide multilateral employment policy coordination seems to be in the making after the first Euro-Mediterranean Conference of Labour and Employment Ministers. This conference, held in November 2008, addressed "concrete initiatives and proposals to promote employment creation, the modernisation of labour markets, and decent work", committing all partners of the Euro-Mediterranean Partnership to a "Framework of Actions which would contribute to developing a genuine social dimension within the Euro-Med agenda".[38] The Ministers also acknowledged that, in addition to high economic growth rates, the situation calls for a greater investment in human capital, training and employability, as well as concrete job creation measures and an improved environment for said investments. They further emphasised the interdependence between employment, education and training, social cohesion, economic development and growth and sustainable development and called for an integrated approach whereby economic, fiscal, employment, social and environmental policies, as well as education and training policies, would be defined and implemented together.

Having made the diagnosis and defined the framework for political action, the Ministers then committed themselves to a regional framework of actions based on the objectives set out in the Annex to the Conclusions, namely:

- Create more jobs, including through active employment policies;
- Enhance employability and human capital;
- Create better jobs and decent employment opportunities;
- Promote equal opportunities for men and women;

---

37 See Martín, I., "Introduction: What Social Dimension for What Euro-Mediterranean Partnership", in Martín, I. (2010), *20+10. 30 Proposals to Develop a Genuine Social Dimension in the Euro-Mediterranean Partnership*, Friedrich Ebert Stiftung and EuroMed Non-Governmental Platform, Rabat, January 2010, pp. 11-18.

38 Conclusions of the First Euro-Mediterranean Conference of Labour and Employment Ministers, *op. cit.*, p. 1.

- Integrate more young people into decent jobs;
- Design a comprehensive strategy for transforming informal employment into formal employment; and
- Manage labour migration, taking into account the job market needs of both sides of the Mediterranean.

Finally, the Ministers established a follow-up mechanism to monitor the implementation of the Framework for Actions, consisting of a working group that "will collect information and data on national trends and policy developments, identify and exchange best practices, as well as address issues which arise in the implementation of the Framework of Actions. The partner countries will provide the group with the information needed for drawing up during 2010 a follow-up report on progress under the Framework of Actions".[39] These national progress reports have not yet become a standard practice for Mediterranean Partner Countries as it is the case for the EU Member States in the framework of the EU's Lisbon Strategy and Employment Guidelines, and the second Conference of Ministers for Labour and Employment of the Union for the Mediterranean held in Brussels in November 2010 could not complete the planned assessment of progress. It had to limit itself to largely reiterate the commitment to the Framework for Actions,[40] but the process has certainly opened up new perspectives for policy cooperation in this area which might culminate, in time, with a true Euro-Mediterranean Employment Strategy able to address the issue of employment at a regional level as what it really is: a regional challenge.

IV. What Place for Social and Employment Policy in the Implementation and the Review of the ENP?

A. Sectoral Progress Reports

After five years of full operational experience of the ENP, in the sectoral progress reports on the ENP published by the European Commission in December 2006, April 2008, April 2009, May 2010 and May 2011 the references to "social reform and policy" or "social reform and development" stand high in the formal order of priorities, but they merit at most a single page within the reports, against four and a half for "trade, market and regulatory reform", more than four for "cooperation on justice, freedom and security", six and a half for "transport, energy, climate change, environment, civil protection, research and innovation,

39 Conclusions of the First Euro-Mediterranean Conference of Labour and Employment Ministers, *op. cit.*, p. 5.

40 Conclusions of the 2nd Conference of Ministers of Labour and Employment of the Union for the Mediterranean, *op. cit.*

information society and audiovisual sector" and five and a half for "human capital and public health".

Not a single of the several annexes to the report included each year refers to social issues, not even to the state of ratification of ILO core conventions (there is an annex on government-related indicators – governance, freedom of the press and human rights and fundamental freedoms – and another on the state of ratification of selected human rights conventions). The European Commission itself acknowledges that "much remains to be done"[41] in this field. So, it is acknowledged that: "most partners are still faced with a number of challenges such as high unemployment, which particularly affects young people and women, the prevalence of an informal economy, leaving workers without social rights and social protection, as well as the mismatch between education and labour-market needs. Most countries lack an integrated approach combining economic, employment and social objectives. They also suffer from poor administrative capacity in this area. Significant efforts are needed to implement effective labour-market policies and to promote decent work, and aimed at productive employment, rights at work, social protection, social dialogue and equal opportunities for men and women".[42] However, the mobilization of instruments and resources within the ENP does not seem up to these challenges.

B. Country Progress Reports

This continued subsidiary role of cooperation and reform in the social field is reflected also in the national progress report on the implementation of the European Neighbourhood Policy in 2008, 2009 and 2010. References to progress in the employment and social affairs area, beyond a descriptive account of main challenges and policy developments in each country, were as follows:

– *For Egypt*, "limited progress could be noted on labour laws. Significant progress could be seen in promoting access to primary education. Progress was also reported on the reform of the health sector, including access to primary healthcare and the introduction of health insurance for the entire population" (2008); "Challenges remained in finding the right social policy mix that would enable the benefits of growth to be more evenly spread among various social groups and in providing access to education and health to the nearly 40% of the population who live in poverty" (2010);

– *In the case of Jordan*, "a comprehensive poverty reduction strategy has yet to be implemented and the gap between rich and poor has been

41 SEC(2009) 22/2, *op. cit.*, p. 2.

42 *Ibid.*, pp. 2-3.

widening" (2008) and "Jordan's economy has weathered the global economic crisis relatively well and its economic performance gained momentum in 2010, yet Jordan is confronted with important challenges in order to address the expectations of the population in the socio-economic area" (2010);

– *In Lebanon*, "progress [...] in social sector reform [...] was also slow" (in 2008) and "many social reforms which were part of the agenda [...] continued to be delayed because of the political situation" (2010);

– *As for Morocco*, the country for which more attention is paid to social policy and reform in the ENP assessment reports, "in terms of social policies, there are signs of improvement: the proportion of the population living below the poverty line has slightly diminished, and education and health care budget have been raised and there have been substantial improvements in water supply and sanitation infrastructure. But child labour persists and youth unemployment remains a matter of concern" (2008); the tone becomes slightly more critical in the 2010 assessment: "In the social field, budgetary allocations are quite important as a share of the general budget and in GDP terms, but remain below the real needs of the country. Progress as regards enrolment rates, girls school enrolment and fight against school drop-outs have been made thanks to the implementation of different programmes. Illiteracy is diminishing, but remains substantial. Despite an improvement in the poverty rates, social challenges remain immense and will require a sustained and consistent action to lead to a catch-up of the very weak human development indicators and the creation of a system allowing for redistribution of the results of growth based on social rights";

– *In Tunisia*, in turn, in 2008 the Commission noted that it "has continued its efforts in the area of social policy, results in terms of health care, schooling, fight against poverty and the protection of women's rights are encouraging, but more needs to be done", and in 2009 indicated that "results in the fields of health insurance, school enrolment, fight against poverty, protection of women's rights etc. are very satisfactory"; the emphasis changed after the January 2011 Revolution (assessment of 2010): "Social inequalities are still worrying, in particular in less developed regions. Quality jobs creation has remained weak, in particular for young graduates".[43]

C. National Indicative Programmes

At the operational level, the new National Indicative Programmes (NIP) 2011-2013 approved by the European Commission in March 2010, including the indicative bilateral budgetary allocations for that

[43] Author's translation.

period, do not make any substantial change in this framework. Priorities are largely retained in relation to the former 2007-2010 NIP: "development of social policies" is one of the five priorities mentioned for financial cooperation with Morocco in the 2007-2013 period, the "strengthening of social programmes maintaining the budget balance" one of the six priorities in Tunisia, and "ensuring the sustainability of the development process with effective social, economic and environmental policies" is one of the three main objectives for Egypt. But no new projects or programmes are introduced in the social field, with the exception of Tunisia where a large 56 million euros budgetary support programme in the field of the employment policy and social protection was foreseen. Indeed, in the case of Morocco, for instance, where social policy had been the top priority in 2007-2010 (with 43.4% of total financial commitments), the share of allocations to social policy fell to 20% for 2011-2013 (with an absolute decrease of close to 50% per year), whereas institutional support in the framework of the Advanced Status[44] and the legislative convergence increased from 13% of total financial allocations to 40%. A new "Programme for supporting and modernizing the labour market and social dialogue" included in the "preliminary list of programmes" published in the "concept note"[45] circulated for consultation in 2009 was dropped in the final NIP. This was the only such programme designed in the entire region, and the first direct intervention in the core of the Mediterranean Partner Countries employment policies in the framework of the Euro-Mediterranean relations.

For Egypt, three of the thirteen areas of cooperation that "continue to present challenges and could potentially be addressed under the 2011-2013 programme", according to the concept note published in early 2009, were "reversing slowing economic growth and rising unemployment", "reducing poverty levels" and "protecting the rights of workers", but none of them were ultimately retained for concrete programmes (health, education and environment absorb the lion's share of the 46.7% of total financial allocations for the country planned for the sustainable development priority).

As already mentioned, Tunisia was the only Mediterranean Partner Country where employment became a clear priority in the NIP 2011-2013, as one of the four identified cooperation priorities agreed was "support to the employment sector, the labour market reform to improve labour demand and supply matching, support for the improvement of young graduates employability and the development of employment and social protection schemes linked to employment". However, this pro-

44 See the contribution of Jaidi, L. in this volume.

45 See the contribution of Lannon, E. in this volume.

gramme still amounted to not more than 26% of total indicative financial allocations for the period, whereas the "Support to integration" programme (integration into the world economy and trade facilitation, competitiveness, economic governance) will absorb 37% of indicative financial allocations and the "Support to the companies" programme will absorb up to 35% of total indicative allocations. The percentages are even lower in the other countries.

As for Algeria, social affairs are completely absent from the "Road Map" agreed in the 2008 Association Council to accompany the implementation of the Association Agreement with the EU, and no new initiative is foreseen in this field for 2011-2013.

D. 2011 ENP Review

The context of the European Neighbourhood Policy changed completely in the first semester of 2011 as a consequence of the Arab Spring revolts in North Africa, and it is difficult to exaggerate the role of social "malaise" and challenges in the uprisings throughout the region, regime change in Tunisia and Egypt and preventive reforms in countries such as Morocco, Jordan and Algeria. The EU institutions reviewed the ENP as a response to those unexpected developments on the one hand[46] and in anticipation of the 2014-2020 Financial Perspectives on the other hand.[47] The two Communications share a greater emphasis on democracy as a precondition for cooperation with the neighbouring countries – although with some ambiguity on the implications, as the definition of democracy is limited to "adequately monitored, free and fair elections"[48] and a greater stated priority for the social aspects of the cooperation, including in particular employment creation.

Indeed, one of the three main elements of the new "Partnership for Democracy and Shared Prosperity" proposed as a reaction to the Arab Spring revolts was "sustainable and inclusive growth and economic development especially support to Small and Medium Enterprises (SMEs), vocational and educational training, improving health and education systems and development of the poorer regions". However, this "EU

---

46 European Commission and High Representative, *Joint Communication to the European Parliament, the Council, the European Economic and Social Committee and the Committee of the Regions, A Partnership for Democracy and Shared Prosperity with the Southern Mediterranean*, COM(2011) 200 final, Brussels, 8 March 2011.

47 European Commission and High Representative, *Joint Communication to the European Parliament, the Council, the European Economic and Social Committee and the Committee of the Regions, A New Response to the Changing Neighbourhood*, COM(2011) 303, Brussels, 25 May 2011.

48 COM(2011) 200, *op. cit.*, p. 6.

response to the changes taking place in the region [that] needs to be more focused, innovative and ambitious, addressing the needs of the people and the realities on the ground" does not translate into new, concrete instruments or substantially increased resources.

The Communication of the Commission provides the outline of what it understands for "shared prosperity" and "sustainable and inclusive growth" in Section 5.[49] It refers to "Promote Small and Medium Enterprises and job creation", "seek agreement of Member States to increase EIB lending by EUR 1 billion" and "extend the EBRD mandate to the countries of the region" or generally to "promote job creation and training". All these elements were already prominently present in the pre-revolts ENP, and it is not clear how they are supposed to be enhanced. But in any case there is a patent gap between the diagnostics and the EU offer. So, the EU acknowledges that "The unrest in several Southern Mediterranean countries is clearly linked to economic weaknesses. Many of the economies are characterised by an unequal distribution of wealth, insufficient social and economic reform, limited job creation, weak education and training systems which do not produce the skills needed on the labour market, as well as low level of regional trade integration". But when it comes to provide a blueprint to address these challenges, the EU focuses on economic reform, improving business environment and promoting openness and trade integration (Section 6 of the Communication) and sectoral cooperation in the fields of energy, tourism, transport or information technologies which (Section 7), the very instruments which have proven to be insufficient to bring about a process of economic convergence in the last three decades (it is to be recalled that precisely Tunisia and Morocco were among the top economic reformers in the region and received once and again the "satisfecit" from the EU for that). The only innovative instrument is a "European Neighbourhood Facility for Agriculture and Rural Development" which falls short of the ENP "everything but the institutions" motto: instead of offering a framework for gradual integration into the Common Agricultural Policy and a quick schedule for agriculture market liberalization of the EU, it creates yet another specific fund. No instrument is designed, for instance, to reduce inequalities between regions or to tackle the social consequences of economic reform (and to offer compensation to the losers of that process during the transition period).

And the prize for top reformers is far from clear: "Partner countries carrying out the necessary reforms can expect to resume negotiations on Association Agreements with the aim of achieving 'Advanced Status' which allows for significantly strengthened political dialogue and

---

49 *Ibid.*

increased links between the partner country and EU institutions. This will encompass deeper engagement on mobility and improved market access to the EU". Now, the added value of this Advanced Status in relation to the ENP is far from clear, and the experience with the EU-Morocco so far does not call for optimism in this regard.[50]

The Communication on "A New Response to the Changing Neighbourhood", which is the result of a long-standing consultation process of the strategic review of the ENP launched by the European Commission in 2010 in view of the upcoming 2014-2020 Financial Perspectives, does not go much further. After a call for "a new approach [...] to strengthen the partnership between the EU and the countries and societies of the neighbourhood: to build and consolidate healthy democracies, pursue sustainable economic growth and manage cross-border links", it also defines "support inclusive economic development" as one of the three main aims (together with "provide greater support to partners engaged in building deep democracy", "strengthen the two regional dimensions" of the ENP, namely the Union for the Mediterranean and the Eastern Partnership, with no mention to a reinforced social dimension of those regional multilateral processes).

But neither the catalogue of "mechanisms and instruments fit to deliver this objective" nor the concrete actions listed in the Medium Term Programme for a Renewed ENP (2011-2014)[51] contain any novelty for the analysts familiar with the ENP. They lack any level of concretion.[52] In any case, no link to the "immense" "economic and social challenges in our neighbourhood", as acknowledged in the Communication itself: "Poverty is rife, life expectancy is often low, youth unemployment is high and the participation of women in political and economic life is low in several countries of the region. Natural capital is being eroded and the rising food and energy prices have severe effects across the neighbourhood. Most partner countries have weak and poorly diversified economies that remain vulnerable to external economic shocks. The immediate objectives are therefore creating jobs, boosting growth, improving social protection and revitalising sectors affected by recent crises (such as tourism). Tackling these challenges is crucial to ensure the sustainability of political reforms and can also contribute to reaching the Millennium Development Goals. Feeble growth, rising unemploy-

---

50 See Martín, I., "*EU-Morocco: How Advanced is the Advanced Status?*", *op. cit.*

51 European Commission and High Representative of the European Union for Foreign Affairs and Security Policy, *Joint Staff Working Paper A Medium Term Programme for a Renewed European Neighbourhood Policy (2011-2014)*, SEC(2011) 650, Brussels, 25 May 2011, http://ec.europa.eu/world/enp/pdf/progress2011/medium_term_prog_2011_13_en.pdf.

52 See box and Section 2.1. in COM(2011) 303, *op. cit.*, p. 6.

ment and an increased gap between rich and poor are likely to fuel instability".

Conclusion

In the light of this overview, it is hardly possible to infer the existence of a common assessment matrix for social and employment policy in the ENP that would allow for a modulation of incentives across countries, benchmarking and hence the actual implementation of the principles of conditionality and differentiation which are at the base of the ENP. Indeed, one of the intrinsic limitations of the ENP is that incentives for reform, to the extent that they exist, are global and not sector specific, thus penalizing progress in policy areas, such as social policy, not central to the ENP process. The "sectoral differentiation of incentives", i.e. the design of sector specific incentives in the social and employment policy sector (be it through increased access to cooperation funds, better prospects for people mobility enhancement and visa facilitation or enhanced access to EU policies in the social field) could contribute to overcome this flaw.

In any case, so far the instruments and resources devoted to tackle the socio-economic challenges described above remain very generic and modest, despite an increased rhetorical emphasis on them in the aftermarth of the Arab Spring revolutions. The review of the ENP has not led to a fresh push in the field of employment and social policy in practice, and judging by the blueprints for the ENP in the coming years published so far by the European Commission, no major innovation is to be expected in this field in the following years in the bilateral relations between the EU and Arab Mediterranean Countries. For example, no region-wide programmes to support public employment services, review and modernize employment policies or establish an unemployment insurance scheme are foreseen.[53] Indeed, in the framework of the ENP social policy would seem to be still considered as a "soft area" in which cooperation does not lead to institutionalised and legally binding standard mechanisms for policy convergence and/or coordination, but is reduced to loose, unsystematic incentives for *ad hoc* reform. Such incentives are of a mainly deliberative, not financial nature. As such, the ENP approach in this field is fragmentary rather that differentiated, and

---

53 See, to this effect, the proposals for a "Euromed Employment" Programme and a "Euromed Social Standards" Programme made by Lannon, E., *op. cit.*, pp. 83-84, as well as the "Euro-Mediterranean Strategy for Employment and Mobility", the "Euro-Med Programme Job Access for Youth" or the "Road Map" to advance towards a "Euro-Mediterranean Social Area" in the framework of the European Neighbourhood Policy proposed in Martín, I. (2010), *20+10. 30 Proposals to Develop a Genuine Social Dimension in the Euro-Mediterranean Partnership*, *op. cit.*, pp. 129-147.

it clearly plays a subsidiary role in comparison with other objectives such as internal market integration, legislative convergence or political stability.[54] So the economic model exported by the EU in its Mediterranean neighbourhood (focused on economic liberalisation, structural reform and transposition of the internal market *acquis*) lacks so far a genuine social dimension and is at odds with the economic policies implemented within the borders of the EU in accordance to the European social model.

It has been argued that the European Union is stronger at exporting policies in its own fields of competence where there are common policies and a long experience (i.e., trade and economic policy, internal market regulation or development cooperation) and less so in other fields where competences remain largely at the national level, such as social policy, energy policy or conflict resolution. However, despite the difficulties to define a common migration policy at EU level, it has proved very effective in imposing migration control measures and policies to third countries, in particular in the Mediterranean. Inversely, in the field of social policy it has not undertaken so far a transposition to its neighbouring countries of the rich experience of multilateral policy coordination gained through the European Employment Strategy process, precisely in a field where the EU as such lacks exclusive Community competence.[55] Another EU policy experience that could greatly benefit neighbouring countries is precisely the regional and cohesion policy.

So the inconsistency of the EU's promotion of the "European social model" through the ENP would rather indicate that, despite rhetorical statements,[56] and even after the evidence and experience of the 2011 social revolts in the Mediterranean neighbourhood, the EU does not consider social policy (and by extension also social justice) as a key dimension of stability and security in its neighbourhood, which admittedly are the main goals of the ENP. And that its norm-promoting capacities are weak precisely where they are most needed: in relation to the "human face" of its economic model.

---

54 Gstöhl, S., *op. cit.*, p. 62.

55 See, on the EU Open Coordination Method in the employment policy sector, Jaidi, L., "A Monitoring System for the Euro-Mediterranean Partnership", in Martín, I., *20+10. 30 Proposals to Develop a Genuine Social Dimension in the Euro-Mediterranean Partnership*, *op. cit.*, pp. 149-179.

56 The European Commission stated in the founding document of the ENP that "democracy, pluralism, respect for human rights, civil liberties, the rule of law *and core labour standards* are essential prerequisites for political stability, as well as for peaceful and sustained social and economic development", emphasis added, COM(2003) 104, *op. cit.*, p. 7.

Le « Statut Avancé » Maroc-Union européenne

Quelle valeur ajoutée par rapport à la Politique européenne de voisinage ?

Larbi JAIDI

Introduction

Dans un document conjoint adopté en octobre 2008, lors de la septième session du Conseil d'association UE-Maroc[1], l'Union européenne et le Maroc ont annoncé leur décision de renforcer substantiellement leurs relations de partenariat dans la perspective d'un Statut Avancé demandé par le Maroc. Cette décision a entériné les séries de propositions présentées et discutées à l'occasion des réunions régulièrement tenues par le groupe de travail *ad hoc* constitué lors de la session précédente et qui visaient à donner corps au « Statut Avancé » en allant dans le sens de la concrétisation de cette ambition.

Une question légitime peut être posée à titre préliminaire. Le Maroc a adopté et mis en œuvre un Plan d'action dans le cadre de la Politique européenne de voisinage (PEV). Pourquoi plaider donc en faveur d'un Statut Avancé ? Le cadre actuel ne suffit-il plus à l'ambition du Maroc ? Le cheminement partenarial Maroc-UE s'est développé de manière dynamique. Il s'est caractérisé par l'adaptation continuelle des relations, la capacité à rénover, de manière évolutive, le cadre contractuel qui les régit. Il a cherché à appréhender les évolutions de l'Union européenne, à travers ses élargissements successifs et rester à l'écoute des évolutions géostratégiques qui ont caractérisé la région. La proposition marocaine part de la volonté politique de consolider les acquis, d'ouvrir des perspectives. Un retour sur le bilan de l'Accord d'association, surtout sur son volet commercial, celui prédomine encore dans les relations milite pour un réajustement des relations de partenariat. Le projet de Statut Avancé réaffirme le double ancrage du Maroc dans la politique de

---

[1] *Document conjoint UE-Maroc sur le renforcement des relations bilatérales/Statut Avancé*, Octobre 2008, http://eeas.europe.eu/morocco/docs/document_conjoint-fr.pdf.

voisinage renforcée et dans la politique euro-méditerranéenne revitalisée par le Plan quinquennal de Barcelone II.[2] Les deux dynamiques se renforçant dans une plus grande synergie d'action. Le référentiel est constitué par les expériences les mieux réussies de l'Espace économique européen (EEE) et des stratégies de préadhésion. Ses principes fondateurs consistent à tendre vers une convergence réelle et institutionnelle avec l'Union européenne et à agir sous le signe de la coresponsabilité et de la codécision et ce dans le cadre d'un partenariat multidimensionnel.

Les deux partenaires ont donc décidé de revisiter le cadre contractuel qui les lie et d'anticiper sur la trajectoire future du partenariat et ouvrir ainsi des perspectives plus ambitieuses. Une telle ambition puise sa légitimité politique et sa pertinence stratégique dans la recherche d'une convergence entre le projet de société que le Maroc est en train de construire et les ambitions de l'Union européenne qui consistent à promouvoir, à l'échelle de son voisinage, les valeurs d'ouverture, de progrès et de prospérité. Cette convergence devrait aider aujourd'hui à se projeter vers un « partenariat privilégié » qui soit en mesure de contribuer utilement à l'émergence d'un ordre euro-méditerranéen rénové.

Le Statut Avancé ne procède point d'une tentation de singularisation ou d'un quelconque réflexe d'exclusivité. Il se veut plutôt une contribution, modeste et lucide à la fois, du Maroc à la nécessaire inflexion que devra connaître la gouvernance de l'espace euro-méditerranéen. Car, la nouvelle géo-économie telle qu'elle est en train de se développer, les enjeux sécuritaires qui émergent, l'imbrication croissante des intérêts stratégiques interpellent les partenaires pour concevoir, au sein de l'espace euro-méditerranéen, une approche rénovée du concept de voisinage, de manière à maîtriser les impératifs de la mondialisation, à en capitaliser les atouts et à affronter les défis et menaces à la sécurité collective.

Les développements en cours du Printemps arabe confortent la volonté du Maroc de s'engager plus profondément dans le processus des réformes institutionnelles entamé depuis la mi-décennie 1990. Ce processus, inauguré dans le cadre de ce que l'on avait désigné par le vocable de la « transition démocratique marocaine »[3] s'essoufflait sous le règne du nouveau roi Mohammed VI. Des grands projets de réformes institutionnelles, notamment ceux de la justice et de l'administration peinaient à se mettre en œuvre contrastant avec les avancées enregistrées

2 Disponible *via* http://eeas.europa.eu/euromed/summit1105/five_years_en.pdf.

3 En 1996, sous le règne de Hassan II une réforme constitutionnelle avait ouvert la voie une « alternance politique consensuelle » qui s'est manifestée par l'arrivé à la gestion des affaires du pays du gouvernement Abderrahman Youssoufi dirigé par le leader de l'opposition socialiste.

dans les libertés publiques et les droits de l'homme. L'engagement de la plus haute autorité du pays à répondre à la demande sociale et politique d'une réforme constitutionnelle ouvre la voie à une perspective de rééquilibrage des pouvoirs politiques concentrés entre les mains du roi au profit des pouvoirs exécutifs et législatifs. Les capacités des acteurs politiques et de la société civile à influencer le cours du changement seront déterminantes dans la transformation de cette opportunité de réforme en une consolidation effective de l'État de droit et du processus démocratique.

I. Les limites de la zone de libre-échange bilatérale

La mise en place de la zone de libre-échange inscrite dans l'Accord d'association UE-Maroc signifiait essentiellement le passage progressif d'un régime préférentiel fondé sur des concessions commerciales unilatérales et asymétriques octroyées par l'UE aux exportations manufacturées marocaines à un Accord d'association de nouvelle génération devant déboucher sur la mise en œuvre de concessions commerciales réciproques. Une telle réciprocité – en l'absence d'une libéralisation plus significative des échanges des produits agricoles – ne signifie en définitive rien d'autre que l'ouverture programmée, sur une douzaine d'années, du marché marocain aux productions industrielles en provenance de l'Union européenne. Le démantèlement tarifaire s'est effectué sur une période de 12 ans, sur la base de quatre listes de produits. Le Maroc a supprimé progressivement tous les droits et taxes d'effets équivalents pour la totalité des marchandises industrielles en provenance de l'UE. 58,3 % des importations marocaines totales ont été touchées par le démantèlement.[4]

L'impact de cet accord sur la création de nouveaux flux de commerce entre le Maroc et l'UE dépendra – toutes choses étant égales par ailleurs – du comportement de l'élasticité des importations des partenaires en relation avec la croissance de leur PIB.

A. Un déficit commercial accentué

Le Maroc cherchait à tirer un gain potentiel de la croissance des économies européennes et du courant d'échange qu'elle génère. Mais, sachant que la Communauté européenne était un marché déjà relativement ouvert pour les exportations marocaines, il fallait s'attendre à ce que la croissance du marché européen bénéficie surtout aux entreprises concurrentes par le double effet de l'érosion du système préférentiel et de la généralisation progressive du libre-échange. Par contre, la réduc-

---

4 La liste des catégories de produits et le rythme de réductions tarifaires à l'intérieur des calendriers ont été définis en fonction de la sensibilité des branches industrielles.

tion des coûts d'accès des producteurs de l'UE sur le marché marocain induite par le démantèlement progressif du système tarifaire risquait de causer un détournement des flux au profit de l'UE et ce au détriment des approvisionnements externes réduisant ainsi le courant des échanges avec les partenaires.

Le marché européen représente en moyenne 65,6 % des exportations et plus de la moitié des importations marocaines (52 %).[5] L'analyse de la situation des échanges extérieurs avec l'UE, neuf ans après l'entrée en vigueur de l'Accord de libre-échange, fait ressortir les principales conclusions suivantes :

- les importations globales à destination de l'UE ont enregistré une augmentation de 6,5 % par an, portant le montant des importations de 70 milliards de dirhams (MM.DD) en 2000 à 131,4 MM.DH en 2009 ;
- les exportations globales à destination de l'UE ont évolué à un rythme moins important que les importations. La hausse a été de l'ordre de 2 % par an, le volume des exportations a passé de 59 MM.DH en 2000 à 71,2 MM.DH en 2009 ;
- compte tenu de ces évolutions, le déficit commercial avec l'UE a été multiplié par 5,3 au cours de cette période en passant de 11,3 MM.DH en 2000 à 60,3 MM.DH en 2009 ;
- la contribution de l'UE à la dégradation globale du déficit commercial est de 37 %.[6]

En dépit du ralentissement récent, le Maroc a enregistré une légère augmentation de sa part du marché de l'UE pour ses exportations de produits manufacturés. Les effets de l'accord sur la dynamique des exportations marocaines ont été substantiellement différents selon les types de produits exportés. La croissance du marché européen a été plus favorable aux exportations à élasticité de la demande élevée. La part de marché du Maroc dans l'Union européenne sur les quinze principaux points forts à l'exportation ne dépasse 10 % que dans les secteurs de l'habillement. En réalité sa part de marché n'est relativement forte que sur les secteurs à faible intégration de valeur ajoutée. Dans les secteurs de la construction mécanique et électrique, de l'automobile, du bois et de la chimie, il n'occupe à ce stade qu'une place très faible, loin derrière ses concurrents méditerranéens et asiatiques.

La concurrence sur le marché européen est très vive. Les principaux concurrents de l'industrie marocaine demeurent sur le court terme les

---

5 Ministère de l'Économie et des Finances, Rapport Économique et Financier 2011 – Projet de loi de finances pour l'année budgétaire 2011, Rabat, 2011, p. 37.

6 *Ibid.*

partenaires méditerranéens de l'UE. Il s'agit de la Tunisie (textiles et engrais) et de la Turquie (articles de bonneterie, vêtements confectionnés). Le champ de la concurrence s'élargit dans la durée. Il est utile de rappeler que nombre de pays qui ne disposent pas de relations privilégiées avec l'UE ont d'ores et déjà enregistré des performances sur le marché européen plus substantielles que des pays qui ont bénéficié de régimes préférentiels dans le cadre d'Accords de coopération. La disparition du régime préférentiel a nivelé les conditions d'entrée des concurrents. Il s'en est suivi une redistribution des parts de marché en faveur des pays les plus agressifs.

La première manifestation de l'intensification de la concurrence est venue de la plus large ouverture du marché européen aux entreprises des Pays de l'Europe centrale et orientale (PECO) avant leur adhésion et de l'Asie. L'Union européenne s'est engagée dans le cadre des Accords d'association avec les PECO et de l'OMC pour les pays asiatiques à ouvrir son marché aux concurrents des Pays du sud et de l'est de la Méditerranée. Dans plusieurs secteurs sensibles, le Maroc a subi un effet de ciseau entre les pays d'Asie et les PECO, qui ont vu progresser leurs parts de marché. Cette situation s'est particulièrement vérifiée dans le cas de l'habillement et des cuirs et chaussures. La forte progression relative des PECO par rapport au Maroc sur le marché de l'Union européenne a résulté essentiellement des nombreux avantages comparatifs de ces pays (formation et qualification de la main-d'œuvre, existence d'un tissu industriel, proximité géographique. disponibilité de services d'accompagnement). Le maintien de la spécialisation actuelle du Maroc aura des conséquences particulièrement négatives sur son économie.

D'autre part, la concurrence a encore été plus accentuée par les efforts déployés par les entreprises européennes pour défendre leurs parts de marché. Ces entreprises déstabilisées ont misé non seulement sur l'innovation et la qualification de la main-d'œuvre mais aussi sur les restructurations et rapprochements pour résister à une concurrence de plus en plus vive sur les prix. Les stratégies adoptées par les entreprises européennes consistaient à accroître leur croissance externe par le biais de coopération entre concurrents dans des domaines d'intérêt commun et ce par le moyen de fusions et d'absorptions.

La concentration des débouchés de l'industrie marocaine sur quelques pays européens est un handicap à l'élargissement de la pénétration des produits marocains dans le Marché unique. Les entreprises marocaines restent encore passives face à la dimension « européenne » de l'UE que ce soit par une plus grande pénétration des produits dans des marchés de grande taille (Allemagne, Angleterre, Italie) ou par une plus grande insertion dans des marchés de moindre envergure mais fortement porteurs. Le remodelage de la carte de consommation européenne déjà entamée sera certainement et progressivement accentué par l'élargissement de l'Union européenne. Les entreprises marocaines devraient saisir les opportunités qu'offrent les perspectives de croissance de ces marchés à fort contenu en importations.

Un autre aspect de la dimension du marché européen consiste dans la diversité des produits en circulation dans ses différents segments. Or, une observation de la structure des exportations marocaines indique une faible diversification. Les vêtements constituent près de 33,8 % des ventes de produits manufacturés y compris les demi-produits (engrais et acide phosphorique).[7] Les produits finis de consommation restent dominés par la confection, la bonneterie, les articles chaussants et les tapis. Les produits alimentaires sont composés en majorité d'agrumes et de poissons. Peu de biens nouveaux ont intégré le panier d'exportation durant ces dernières années. C'est là aussi une autre source de vulnérabilité des entreprises nationales dans un marché aux potentialités immenses et largement diversifiées.

Sur la base de la réciprocité, le Maroc a ouvert progressivement le marché local aux produits industriels européens. Le niveau de couverture de la demande nationale en produits manufacturés importés est de 35 %. Les produits en provenance de la Communauté représentent une très large partie de ces importations, variant entre 62,2 % pour les produits finis de consommation, et 67,6 % pour les produits finis d'équipement.[8] Certes, on peut considérer que la libéralisation du commerce extérieur, entamée depuis le milieu de la décennie quatre-vingts, prédisposait l'économie marocaine à évoluer progressivement vers une zone de libre-échange avec l'Union européenne. Selon les données disponibles, la moyenne des taux de protection tarifaire des secteurs industriels varie de 10 % à 45 % selon les activités.[9] Mais, l'établissement de la zone de libre-échange a augmenté le potentiel de pénétration des produits européens dans le Marché intérieur. Cet élargissement de la pénétration a concerné plus sérieusement les secteurs où la part des importations de l'Union européenne était limitée (les produits alimentaires finis), où le taux de protection tarifaire des industries nationales –

---

7 Haut Commissariat au Plan, Annuaire statistique du Maroc, Rabat, 2009, http://www.hcp.ma/.

8 *Ibid.*

9 Globalement, la protection tarifaire est plus élevée que la moyenne nationale dans l'agroalimentaire où certains produits sont « surprotégés » (farines, sucre). Les produits textiles se caractérisent aussi par une protection tarifaire plus élevée que la moyenne (notamment pour le fil et le tissu en coton). Dans la chimie et la parachimie, la protection est en général modérée. Quant aux industries métalliques, métallurgiques, électriques et électroniques, la protection élevée est limitée à quelques produits.

qui était élevé – s'est réduit et où le degré de compétitivité des industries nationales est faible.

B. L'inadaptation de la politique industrielle au contexte de l'ouverture

Les effets de la zone de libre-échange sur le tissu industriel et l'estimation de ses avantages nets pour l'économie marocaine, ont varié en fonction des secteurs, de leur degré d'ouverture préalable et de leur niveau de compétitivité. On s'attendait à ce que la progressivité de mise en application de ce projet et les dispositions générales et particulières qui ont accompagné sa mise en œuvre (Programme MEDA, notamment) permettraient d'envisager une ouverture sans heurts à la condition évidemment que les politiques d'accompagnement soient efficientes et que les choix opérés s'inscrivent dans la perspective d'une stratégie industrielle à moyen terme. Ce ne fût pas le cas. Il a fallu attendre 2005 pour voir le Maroc s'engager dans une nouvelle politique industrielle en mettant en place un programme volontariste, ciblant des secteurs porteurs et mettant en place des dispositifs transversaux pour relever la compétitivité de l'industrie marocaine.[10] Ce programme ne pourra avoir des retombées effectives que sur le moyen terme. Dans le cadre de cette phase de transition, le système productif national atomisé en petites unités et spécialisées dans les séries courtes ou de ré-assortissement, demeurait exposé aux chocs de l'ouverture et ne disposait pas d'une capacité compétitive élevée face à l'intensification de la concurrence interne et externe.

Au-delà du comportement des indicateurs de performance (croissance moyenne à un rythme de 3,4 par an entre 2000 et 2009)[11] et en dépit de la diversité de ses activités, l'industrie marocaine continue de souffrir de profonds déséquilibres qui l'handicapent face à l'ouverture de ses frontières. La compétitivité ne requiert pas seulement une capacité à s'insérer dans un processus d'ouverture dans une phase donnée mais aussi l'existence d'un appareil de production diversifié capable de générer une croissance de longue durée. Dans cette perspective, la composition du tissu industriel, sa densité et sa répartition harmonieuse dans l'ensemble des secteurs et des tailles sont également des facteurs d'efficacité.

L'inégal développement entre les différentes activités est un des aspects des distorsions du tissu industriel. Les industries de transformation

---

10 Le Programme « Émergence » a été adopté par le Ministère de l'Industrie en 2004. Sa mise en œuvre est plutôt lente, http://www.emergence.gov.ma/Pages/Emergence.aspx.

11 Haut Commissariat au Plan, *Comptes Nationaux*, Rabat, 2010, http://www.hcp.ma/.

restent principalement axées sur la production de biens de consommation qui concerne près de 50 % de la production totale, alors que les biens d'équipement comptent pour moins d'un dixième. Dans leur grande majorité, les produits fabriqués reçoivent un faible degré de transformation et le taux de valeur ajoutée ne progresse pas suffisamment. La diffusion du tissu industriel dans l'ensemble du territoire est trop lente. Le manque d'intégration de l'industrie nationale est un autre aspect des déséquilibres qui la caractérisent. Il se manifeste dans la non-articulation de la croissance industrielle avec celle des mines et de l'agriculture. La faiblesse de l'intégration apparaît aussi dans la médiocrité des échanges croisés ou intra-industriels.

La croissance de l'industrie nationale demeure une croissance à faible productivité. De plus, les indices d'évolution de la productivité réelle dans l'industrie nationale montrent une régression dans huit branches sur quinze entre 1999 et 2005. Il s'avère que les secteurs traditionnellement exportateurs ne font pas preuve d'innovation dans l'organisation du travail et enregistrent des pertes de productivité. Une des causes de cette régression est le vieillissement de l'appareil productif dans certaines branches. La deuxième raison est le sureffectif dans certaines branches et dans les entreprises publiques. Enfin le bas niveau des salaires ne stimule pas le rendement.

C. Des stratégies d'entreprises peu évolutives

Parallèlement à la nécessaire amélioration de l'environnement national, tâche qui interpelle plus fondamentalement les pouvoirs publics, l'entreprise nationale est aussi appelée à relever les défis qui la concernent plus particulièrement pour espérer un positionnement favorable dans la dynamique du marché européen. L'examen du tissu industriel national face aux mutations de l'environnement révèle sa profonde hétérogénéité. La densification du tissu industriel par les nouvelles créations d'entreprises cache un déséquilibre entre les unités qui le composent. D'un côté, il y a une prédominance des petites et moyennes entreprises (PMI) (moins de 50 employés) qui forment plus de 70 % du total des unités industrielles. D'un autre côté, un petit noyau de grandes entreprises dont la plupart sont des sociétés publiques ayant des effectifs dépassant les 500 personnes. Il s'agit de distorsions structurelles qui freinent la réalisation d'une croissance soutenue et régulière. Du fait des limites liées à leur taille, ces entreprises mènent moins d'actions dans les domaines essentiels de la compétitivité : formation, organisation et technologie. La raison de cet état de fait est liée à la faible technicité du management, les équipes dirigeantes étant naturellement peu importantes. La compétitivité intrinsèque des entreprises dépend de la compétence accumulée pour traiter ces fonctions stratégiques.

Les entreprises nationales devaient donc répondre au changement de l'environnement par des stratégies adaptées. Or, les entreprises nationales n'ont pas encore assimilé que les avantages comparatifs, les structures du marché et les comportements ne peuvent être considérés comme des données. Elles n'ont pas encore compris que la compétitivité est un jeu séquentiel résultant d'une série d'interactions entre des acteurs actifs. Un jeu dans lequel la mise en œuvre des nouvelles formes d'organisation, l'ouverture de nouveaux marchés et l'introduction de nouveaux produits et procédés mettent continuellement en cause les positions acquises et modifient les règles du jeu.

La reconnaissance généralisée des normes constitue des acquis de discipline visant à la qualité régulière des produits. Une inquiétude semble persister auprès de quelques producteurs nationaux de voir ces instruments utilisés pour faire obstacle à un accès libre au marché. Ceci est surtout vrai en ce qui concerne les normes externes c'est-à-dire l'emballage, les conditions de commercialisation, de transport et de manutention. On observe ainsi un retard de l'entreprise marocaine à mettre sur le marché des produits conformes aux normes internationales.

Il était donc particulièrement recommandé de renforcer la taille des offres et de consolider les positions acquises par des économies d'échelle pouvant conduire à des effets susceptibles, dans les secteurs concernés, de déboucher sur des gains importants : un accroissement de la production, une nouvelle répartition de la production entre les entreprises et une réallocation des actifs. Cette perspective appelait une restructuration des entreprises dont l'avantage est d'accélérer l'entrée sur de nouveaux marchés ou de nouvelles productions à moindre coût. De plus, la mise en commun de ressources pouvait fournir des financements à des conditions plus favorables ; elle peut également répartir les coûts fixes élevés et améliorer le savoir-faire technologique. Or, de ce point de vue, le programme de mise à niveau des entreprises marocaines a accusé un retard particulièrement handicapant. Ses dispositifs, ses mécanismes d'appui (financement), son ciblage ont souffert de grandes insuffisances et ont accentué la réticence des entreprises à adhérer à ce programme.

La dynamique du Marché unique a eu des implications sur le secteur de la distribution de l'UE. Ont ainsi été mises en œuvre des associations se concrétisant par des prises de participation croisées, voire des fusions. La collaboration entre distributeurs (achats groupés, marques communes, etc.) est aussi une méthode de plus en plus suivie pour affronter le grand marché dans de bonnes conditions. Ces modes de collaboration renforceront la puissance d'achat face aux producteurs notamment des petits pays comme le Maroc. Plus précisément, le regroupement des approvisionnements a permis à ces grands distributeurs de rechercher des fabricants nationaux susceptibles de produire à façon et de favoriser l'obtention de grandes séries. Les entreprises exportatrices marocaines ne sont pas parvenues à renforcer leur pouvoir de négociation face aux grands distributeurs, elles n'ont pas initié des actions en commun qui auraient permis de répartir les risques et d'explorer davantage de pistes. Elles ont souffert d'un manque d'effets de complémentarité par la combinaison d'informations sur les marchés et de capacité en matière de marketing.

L'entreprise marocaine avait un grand avantage à gérer les changements impulsés par la réalisation du marché européen et les Accords d'association (dimension, concurrence, normalisation des produits, etc.) en développant une stratégie de coopération multiforme avec les entreprises européennes (commerciale, productive, technologique) l'objectif étant de créer et de valoriser des relations communes denses et variées en vue de maîtriser à long terme la présence sur les marchés. Il est généralement admis que l'impact favorable de l'accord de libre-échange sur le solde commercial ne se produit qu'à long terme lorsque des investissements étrangers auront permis de renforcer les structures productives de l'économie récipiendaire. Les délocalisations vers le Maroc ne représentent actuellement selon toute vraisemblance, qu'une part limitée des délocalisations européennes vers l'ensemble du monde. Elles sont principalement le fait de PME investissant sur place ou recourant à la sous-traitance, dans des secteurs bien précis et limités : textile-habillement, cuirs, construction électrique et biens de consommation courante. Quelques grandes entreprises sont pour leurs parts présentes dans des secteurs tels que l'électronique (SGS Thomson au Maroc) ou la construction mécanique (Merlin Gérin).

L'encouragement de la délocalisation appelle une identification des conditions et des secteurs dans lesquels pourraient se développer à moyen terme des partenariats industriels plus étroits avec le Maroc, permettant aux entreprises européennes de demeurer compétitives par rapport à leurs homologues occidentales et aux entreprises marocaines de conquérir des parts de marché dans ces pays et de maîtriser ainsi une situation concurrentielle de plus en plus marquée.

II. Le Statut Avancé : une feuille de route ancrée sur le Plan d'action

Les engagements réciproques qui figurent dans ce document conjoint tracent une feuille de route pour le développement progressif et soutenu des relations bilatérales dans de nombreux domaines. Les actions et propositions retenues couvrent les dimensions politique, économique, financière et humaine ainsi que la participation du Maroc à certains programmes et agences communautaires. Les partenaires considèrent que le Statut Avancé devra se traduire par un raffermissement de la coopération politique entre le Maroc et l'Union européenne en vue d'une plus grande prise en compte de leurs priorités stratégiques respectives, par une intégration progressive du Maroc au Marché intérieur de l'UE avec notamment un soutien financier approprié et en phase avec l'ampleur et le caractère ambitieux de cette nouvelle évolution. Le Statut Avancé a également pour vocation une plus grande implication des entités territoriales, des acteurs économiques et des partenaires sociaux des deux parties dans l'objectif de promouvoir les synergies entre ces intervenants et de concrétiser l'appropriation commune de ce partenariat.

Le Statut Avancé permet de donner une nouvelle impulsion à la coopération de l'UE avec le Maroc et demain avec les autres pays impliqués dans la PEV notamment en relevant le dialogue politique et en renforçant les mécanismes de décision conjoints et en augmentant la visibilité du partenariat. D'un point de vue plus concret, les actions retenues tracent une « feuille de route » évolutive pour le développement des relations bilatérales UE-Maroc. On peut s'interroger sur la valeur ajoutée du Statut Avancé par rapport aux engagements pris dans le cadre de la PEV et des Plans d'action ont été établis à cet effet.

A. Le dialogue politique et stratégique : une dimension supplémentaire

Le Statut Avancé apparaît dans un premier temps comme un appui aux réformes politiques réalisées par le Maroc ces dernières années pour faire progresser la démocratisation et la modernisation de la société. Le Maroc bénéficie de l'appui de l'UE, notamment par la mise en œuvre du programme de modernisation du système judiciaire qui vise à instaurer davantage d'indépendance et d'impartialité.[12] Le programme de modernisation de l'administration a quant à lui été lancé afin de renforcer les capacités de l'administration et pour la rendre plus transparente et plus accessible pour les citoyens tout en favorisant la décentralisation en augmentant les pouvoirs des collectivités locales.[13]

Le Maroc joue un rôle de pointe à cet égard. Des progrès importants ont été accomplis grâce à la mise en place d'un mécanisme législatif de protection et de promotion des droits de l'homme, notamment par l'adoption d'une loi réactualisée contre le recours à la torture, en conformité avec les critères des Nations Unies. Les réserves relatives à un certain nombre de conventions sur les droits de l'homme ont été levées. Des progrès ont été réalisés dans le domaine de la liberté de la presse. La réforme du code de la famille en 2004 a permis de grandes avancées

[12] Programme MEDA. Projet de modernisation des juridictions au Maroc, http://www.Justice.gov.ma/fr/Ministère/presentation.aspx.

[13] http://doc.abhato.net.ma/IMG/doc/medaII.doc.

concernant l'élaboration d'un cadre juridique garantissant l'égalité entre les hommes et les femmes. Le Maroc a aussi renforcé sa politique sociale à travers les objectifs poursuivis par l'INDH[14], qui accorde la priorité aux investissements dans les zones les moins développées du pays et vise à fournir les services de base qui font cruellement défaut tels que l'eau potable et l'enseignement.

Toutefois, si des avancées concrètes ont été réalisées en matière de démocratie et de droits de l'homme, les réformes restent encore à consolider ou à entreprendre. Des entraves à la liberté subsistent, les dysfonctionnements du système judiciaire risquent de vider de leurs effets les réformes législatives entamées. La réforme de la justice, annoncée comme prioritaire, est ainsi un défi essentiel qu'il est urgent de relever pour asseoir durablement l'État de droit, assurer une protection efficace des citoyens et améliorer le climat des affaires.

C'est la dimension politique des engagements prévus par les deux parties et consignés dans le document conjoint qui apporte un « plus » aux initiatives et programmes déjà lancés. Dans ce document conjoint, les deux parties attachent au dialogue politique et stratégique du partenariat une importance primordiale. Le Maroc et l'UE envisagent également une série de dispositions de concertation : il en est ainsi de la possibilité d'organiser un sommet Maroc-UE ; de tenir des réunions à New York entre le ministre des Affaires étrangères du Maroc et le haut représentant de l'UE ; d'organiser des réunions informelles entre le ministre des Affaires étrangères du Maroc et ses homologues européens ; de prévoir une participation des ministres des départements sectoriels du Royaume du Maroc avec leurs homologues européens ; d'envisager une participation de l'ambassadeur et/ou haut(s) fonctionnaire(s) du Royaume du Maroc aux réunions des comités et groupes du Conseil de l'Union européenne.[15]

Toutefois, cette série de propositions n'a fait l'objet que d'un accord de principe en ce qui concerne la tenue de ces réunions sur une base *ad hoc*, en marge des réunions régulières du Conseil des ministres de l'UE et des enceintes multilatérales du système des Nations Unies et d'autres organisations internationales. L'objectif d'assurer une meilleure coordination des positions des deux partenaires est retenu mais les modalités de la concertation restent à définir d'un commun accord et ce au cas par cas.

Un appel a été adressé aux institutions parlementaires pour la création d'une commission mixte Parlement marocain-Parlement européen. Ces institutions seront formellement saisies pour l'obtention pour le

---

14 Initiative Nationale pour le Développement Humain, http://www.indh.gov.ma.

15 Document conjoint UE-Maroc, *op. cit.*, p. 2.

Parlement marocain du statut d'observateur à l'Assemblée parlementaire du Conseil de l'Europe. Un autre engagement a été prévu dans les dispositifs annoncés en vue d'assurer une cadence régulière des réunions du dialogue politique renforcé. Des réunions thématiques entre le Maroc et l'UE (secrétariat général du Conseil/Commission européenne) seront programmées mais les champs de ces réunions thématiques n'ont pas été arrêtés. Ils devraient concerner la question de la démocratie, des droits de l'homme et de la sécurité collective.

Par ailleurs, la coopération sur les questions régionales et internationales ainsi que les menaces communes est un axe majeur des relations entre les deux partenaires et vise à promouvoir la paix et la stabilité et à contribuer à la prévention et à la résolution des conflits. Il en est ainsi du conflit du Sahara occidental qui demeure un obstacle majeur sur la voie d'une plus grande stabilité régionale et de la coopération et de la prospérité. Il en est de même de la gestion commune de la pression migratoire sur les frontières méridionales de l'UE en convenant que l'immigration clandestine doit être traitée dans le contexte plus large d'un dialogue et la coopération transfrontalière avec tous les pays d'Afrique du Nord, car l'immigration clandestine est une question qui relève d'une responsabilité commune et nécessite une approche régionale.

Le principe d'un accord-cadre pour la participation du Maroc aux opérations de gestion des crises (civiles et militaires) avec l'UE a été retenu dans la perspective de renforcer la coopération du dialogue Maroc-UE dans le cadre de la PESD.[16] Le Maroc apporterait son soutien aux déclarations PESC au cas par cas. La coopération au sein du programme régional Euromed sur la prévention, la préparation et la réponse aux désastres naturels sera poursuivie. Il en est de même du développement du partenariat pour la paix et la sécurité en Afrique : notamment à travers une contribution du Maroc à la Facilité de la Paix pour l'Afrique.

En ce qui concerne le volet de la coopération sécuritaire, la feuille de route propose d'approfondir la coopération par la conclusion d'accords (entre le Maroc et le CEPOL) ; entre le Maroc et l'Office européen de police (Europol). L'UE et le Maroc ont choisi de renforcer leur coopération en matière de lutte contre le terrorisme international. Le Plan d'action avait amorcé la coopération dans ce domaine par des dispositions antiterroristes approuvées dans le contexte de la Politique européenne de voisinage et qui dessinent le cadre d'un dialogue structuré et stratégique sur la lutte contre le terrorisme. Les deux parties avaient retenu huit axes de coopération portant essentiellement sur la formation

16 *Ibid.*, p. 2.

et l'assistance technique.[17] Toutefois, le Maroc considère que le terrorisme ne doit pas détourner l'attention des véritables enjeux et défis de la région qui demeurent l'instauration d'une paix durable, le développement socio-économique, la consolidation démocratique et la promotion du rapprochement culturel et humain. Dans le domaine de la coopération judiciaire et de la promotion des droits de l'homme, le document conjoint prévoit un agenda d'actualisation et d'harmonisation du cadre conventionnel et la création d'instituts spécifiques, le développement des mécanismes de contrôle des frontières.

B. L'intégration profonde ou l'affirmation d'une volonté politique

Le Maroc attend de l'évolution vers le Statut Avancé avec l'Union européenne une opportunité qui permettrait d'approfondir son accès au Marché intérieur de l'Union européenne et franchir ainsi un « jalon » additionnel dans la perspective d'une intégration approfondie de son économie au marché unifié européen. La feuille de route du document conjoint UE-Maroc affirme la volonté de mettre en place un espace économique commun entre les parties, caractérisé par une intégration poussée de l'économie marocaine à celle de l'UE. Cet objectif doit être atteint par la mise en œuvre d'actions conjointes portant sur quatre axes complémentaires : le rapprochement du cadre législatif du Maroc à l'acquis communautaire, la conclusion d'un Accord de libre-échange global et approfondi, la coopération économique, sociale et sectorielle et l'adhésion du Maroc aux réseaux transeuropéens.

L'intégration du Maroc au Marché intérieur constitue un objectif ambitieux qui ne peut être atteint qu'à travers un processus graduel et séquencé, basé sur la reprise progressive de l'acquis communautaire. Il faut observer que l'effet positif du démantèlement tarifaire a été freiné par l'augmentation des obstacles non tarifaires mis en place sur le Marché intérieur européen. Ce mouvement est un processus continu qui vise la protection du consommateur et la protection de l'environnement. La législation d'accès au marché européen repose sur un dispositif constitué par un ensemble de quelque 2 000 directives et de 650 000 normes. Compte tenu de l'importance du marché européen pour les exportations nationales (60 % des exportations en moyenne), la question de la transposition des normes européennes est donc un sujet prioritaire.

La reprise de l'acquis communautaire sera probablement un processus long et coûteux. Elle implique des investissements notamment dans le domaine de l'environnement, de la santé et de la sécurité au travail et

---

[17] Plan d'action UE-Maroc, http://www.ec.europa.eu/world/enp/pdf/actions_plans/morocco.

de la santé publique. Elle suppose une modernisation dans nombre de secteurs. Des structures administratives efficaces et du personnel formé sont nécessaires pour mettre en œuvre la réglementation communautaire dans ces domaines ainsi qu'en matière de protection des consommateurs, de normes phytosanitaires et vétérinaires et de contrôle des frontières extérieures. L'ampleur de la tâche sur le plan législatif, administratif ou financier, les obstacles d'ordre politique expliquent les demandes de coopérations techniques et de périodes transitoires formulées par le Maroc.

Dans le cas des pays adhérents, la Commission européenne avait défini un cadre pour les périodes transitoires. En s'inspirant de ce modèle, le Maroc pourrait mieux identifier les domaines liés à l'approfondissement du Marché intérieur et cibler ceux pour lesquels des mesures réglementaires pourraient être mises en place rapidement. Pour les domaines de l'acquis dans lesquels des adaptations considérables sont nécessaires et qui exigent un effort substantiel, et notamment d'importantes dépenses financières (environnement, énergie ou infrastructures par exemple), des régimes transitoires pourraient être étendus sur une période déterminée.

Il semble nécessaire de s'appuyer en priorité sur les structures de l'Accord d'association (sous comités et groupe de travail) et sur les instruments de la coopération en matière de jumelage, en leur donnant une nouvelle impulsion afin de systématiser l'approche dans tous les secteurs.

C. L'Accord de libre-échange approfondi et global : tout sauf la mobilité du travail

Le document conjoint fait référence à la nécessité de la conclusion d'un « Accord de libre-échange approfondi (ALEA) » qui doit permettre à terme « d'instaurer la libre circulation des marchandises (mesures tarifaires et non tarifaires), des services, des capitaux et de la présence temporaire des personnes physiques à des fins professionnelles ».

Les négociations commerciales sur la libéralisation du commerce des services et du droit d'établissement d'une part et libéralisation du commerce des produits agricoles, produits agricoles transformés et produits de la pêche seront complétées par de nouvelles négociations sur d'autres aspects de l'accord. Les nouvelles négociations devraient prendre en considération la sensibilité de certains secteurs et prévoir une asymétrie des engagements et une progressivité de leur mise en œuvre.

Un ensemble de mesures, formant un ensemble indivisible et cohérent, sont suggérées dans le document conjoint pour concrétiser l'ALEA d'un point de vue opérationnel : il s'agit notamment de l'accès aux marchés publics, de la facilitation de l'accès au marché pour les produits industriels, des mouvements de capitaux et paiements, des mesures sanitaires et phytosanitaires, des droits de la propriété intellectuelle et industrielle, de la politique de concurrence, de la protection du consommateur. Cette liste n'est pas exhaustive et elle sera accompagnée d'un mécanisme d'alerte ou de consultation rapide pour les mesures ayant un impact sur le commerce et l'investissement.

Dans ce cadre, lors des négociations Maroc-UE en matière de libéralisation des échanges agricoles, le Maroc avait réitéré son engagement dans ce processus en vue de mettre en place d'un partenariat réel fondé sur une ouverture progressive et maîtrisée des marchés et adaptée aux réalités socio-économiques du Maroc. Le chapitre agricole représente une part importante du commerce total entre l'Union européenne et le Maroc. Les importations agricoles communautaires en 2009 se sont élevées à plus de 18,8 % du commerce bilatéral et les exportations agricoles de l'Union vers le Maroc ont représenté 8,3 % des exportations totales vers le Maroc.[18] Depuis l'entrée en vigueur de l'Accord d'association en 2000, les échanges agricoles sont soutenus et font preuve d'un dynamisme constant. Cette tendance devrait connaître un saut quantitatif et qualitatif, à l'issue des nouvelles négociations que les deux parties ont entamées en 2006 sur la base de la feuille de route agricole élaborée à la suite des recommandations de la rencontre des ministres euro-méditerranéens des Affaires étrangères qui s'est tenue à Luxembourg le 31 mai 2005.[19]

Dans la perspective d'une libéralisation des échanges agricoles, le Maroc propose une approche par produit et l'aménagement de périodes de transition. La libéralisation ne peut être que modulée, progressive et asymétrique. Durant la période de transition, des aides sociales ou structurelles pourraient en outre favoriser la modernisation des exploitations et l'emploi, dans le cadre de programmes de développement agricole et rural. Un autre volet et non des moindres dans cette approche serait l'appui au développement rural fondé sur la multifonctionnalité. Un appui qui tendrait à maintenir une agriculture dans les zones en difficulté, par le développement des infrastructures et services de base, la promotion d'une agriculture diversifiée et porteuse de valeur ajoutée et le développement d'activités alternatives comme l'artisanat et le tourisme.

L'offre marocaine obéit à deux principes : d'une part assurer un meilleur accès au marché communautaire pour les produits marocains et d'autre part fixer des délais suffisants pour gérer les transitions et l'accompagnement de l'UE dans le cadre de l'ouverture du secteur

---

18 Annuaire Statistique du Maroc, 2009, *op. cit.*

19 Rencontre des ministres euro-méditerranéens des Affaires étrangères, Luxembourg, 31 mai 2005, http://www.eu2005.lu/presidence/dossiers.

agricole marocain. Toutefois, force est de constater que les négociations sur cette libéralisation portent essentiellement sur la vitesse et la méthode pour y parvenir et ce au détriment des enjeux et des limites liés à une ouverture brutale des marchés agricoles. Pour le Maroc ces enjeux sont liés à une dimension économique, sociale et environnementale. En revanche pour l'UE, les enjeux se posent en termes de concurrence exercée par les pays méditerranéens et gérée par une régulation et une gestion des marchés.

La libéralisation des services est un autre défi de l'accès au marché. Les services représentent ainsi 39 % du PIB du Maroc et 23 % de ses recettes en compte courant.[20] Une ouverture plus grande et efficiente des activités de services permettrait des gains sensibles en termes de PIB et pourrait revigorer le partenariat. Dans le cadre de l'AEMA conclu avec le Maroc, il n'existe pas de liste séparée pour la libéralisation du commerce des services au-delà de celles mentionnées par l'Accord général sur le commerce des services (AGCS) lui-même. La question de la libéralisation des services s'annonce plus complexe que celle des biens. La fourniture est généralement peu transfrontalière et elle implique la proximité du fournisseur au client et le déplacement des personnes. Les imperfections de marché sont nombreuses et il existe des difficultés au niveau de la mise en place des régulations concurrentielles. L'hétérogénéité des services rend également difficile l'adoption d'un cadre commun. Il y a d'abord les « services produits » (le tourisme), la construction, les professions indépendantes, le petit commerce. Il y a aussi les « services facteurs de production » qui agissent sur les prix ou sur l'investissement (les banques, les assurances), il y a ensuite, les « services réseaux » à fortes externalités. On peut distinguer entre les services à la personne (moins mobiles : le coiffeur, l'infirmière) et les services qui ne sont pas liés à la personne (comptabilité, consulting, centres d'appels). Les deux partenaires estiment que la libéralisation des services doit être adaptée à la situation particulière de chaque sous-secteur, afin de ménager les transitions nécessaires. Si elle doit être compatible avec les règles fixées par l'OMC, elle doit aussi être envisagée dans une perspective de co-développement entre le Maroc et l'Union européenne, en privilégiant les activités de service les plus créatrices d'emploi étant donné le nombre élevé de jeunes chômeurs diplômés.

D'autre part, il faut souligner que le document conjoint précise qu'en « conformité avec la vocation et les principes de la PEV, le Plan d'action voisinage UE-Maroc et les conclusions du Conseil d'association de juillet 2007 » le groupe de travail poursuivra la « réflexion concernant la nature et la forme de l'instrument qui prendra le

[20] Annuaire Statistique du Maroc 2009, *op. cit.*

relais du Plan d'action et éventuellement, du lien contractuel qui remplacerait l'accord d'association ».[21] La politique européenne de voisinage avait effectivement offert de nouvelles perspectives de partenariat dont la perspective de progresser au-delà des relations existantes vers un degré significatif d'intégration.[22] Le Plan d'action a prévu une panoplie de priorités dans des domaines qui rentrent dans la perspective de l'accord d'association aussi bien au niveau politique qu'au niveau économique et social.

C'est lors de la réunion du septième Conseil d'association, qu'un groupe de travail *ad hoc* a été chargé de conduire cette réflexion. Il est spécifié que la mise en œuvre de ces propositions se fera à court et à moyen terme mais aucun calendrier n'a été retenu dans cette perspective. Le Conseil d'association a donné des instructions aux différents sous-comités et groupes de travail mis en place d'assurer le suivi des différentes mesures techniques qui ont été identifiées dans le document conjoint.[23] C'est la réflexion commune entamée dès le début 2009 qui spécifiera la nature et la forme que pourrait prendre l'instrument qui prendra la suite du Plan d'action et éventuellement, de l'Accord d'association : Maroc actuel. À date d'aujourd'hui, les spécifications de ce nouvel instrument ne sont pas encore stabilisées.

D. La migration : le domaine évacué

La coopération dans la mise en œuvre de l'approche globale dans le domaine de la migration est assurément la partie la moins approfondie de la feuille de route. Tout en reconnaissant l'importance de la coopération dans ce domaine, l'UE affirme qu'elle ne serait prête à la développer que lorsque les négociations relatives à l'accord de réadmission auront été achevées avec succès.[24] Sur cette question, l'UE maintient sa position sur la présomption de la nationalité marocaine pour demander la réadmission et le Maroc n'accepte pas la clause du « silence vaut consentement » de réadmission dans le cas de dépassement du délai de

---

21 V. la contribution de Hanf., D. dans cet ouvrage.

22 Et ce y compris en offrant au Maroc une participation au Marché intérieur ainsi que la possibilité de prendre progressivement part aux aspects clé des politiques et des programmes de l'UE. Il faut également mentionner l'approfondissement des relations économiques et commerciales, une revalorisation de l'étendue et de l'intensité de la coopération politique à travers le dialogue politique renforcé, la perspective d'une ouverture graduelle ou d'une participation renforcée à certains enceintes et programmes communautaires notamment dans les domaines couverts par le Plan d'action.

23 7e réunion du Conseil d'association UE – Maroc, voir le Communiqué officiel, http://www.maec.gov.ma.

24 Document conjoint UE-Maroc, *op. cit.*, p. 13.

réponse. Le Maroc demande aussi que « le paquet » de l'accord de réadmission soit accompagné d'un accord de facilitation de visa, d'actions de réinsertion dédiées aux réadmis, d'un mécanisme de promotion de la migration légale et d'un appui technique et financier pour la mise en œuvre de l'accord. L'UE n'a pas encore donné d'indications sur ce paquet de l'accord de réadmission. Dans ce contexte, le Maroc considère qu'il ne peut faire davantage de concessions à ce stade des négociations dont la partie la plus difficile reste encore à mener sur la question du contenu et des procédures, d'autant plus que l'accord sera lourd de conséquences, notamment financières, pour le Maroc et nécessite par conséquent des mesures d'accompagnement pour la réussite de sa mise en œuvre. Dans la mesure où il n'y a pas de vide juridique à l'heure actuelle, puisque les accords bilatéraux sont en place avec les États de l'UE qui accueillent les plus forts contingents de la communauté marocaine, donner le temps au temps semble être le point de convergence des deux parties sur cette question.

Faut-il néanmoins rappeler que l'UE propose à travers le concept de « partenariat de mobilité », une nouvelle démarche pour la coopération avec les pays tiers qui collaborent dans la lutte contre la migration clandestine et ce selon un paquet de mesures qui pourrait comprendre des possibilités de migration légale, une assistance pour développer les capacités de gestion des flux migratoires légaux, des mesures contre la fuite des cerveaux et l'assouplissement des procédures de délivrance de visas de court séjour. Le Maroc est déjà pleinement engagé dans la lutte contre la migration clandestine, notamment à travers les négociations en matière de réadmission, le renforcement des contrôles des frontières (11 000 hommes dont 5 600 affectés à la surveillance du littoral), les échanges d'informations et la lutte contre les trafics des migrants et la traite des êtres humains.[25] Mais, à ce jour, les choses ne sont pas claires en ce qui concerne ce nouveau concept. Les négociations devraient concerner les questions de fond notamment pour définir les contours du partenariat pour la mobilité et éventuellement voir quels sont les pays avec lesquels il est souhaitable d'initier des projets. Plusieurs pays européens ne sont pas très convaincus de l'opportunité de ces partenariats pour la mobilité. Certains pays tels que l'Espagne, le Portugal, l'Italie et éventuellement l'Allemagne sont toutefois disposés à offrir des possibilités de réalisation de projets-pilotes en matière de migration légale avec les pays tiers.[26]

---

25 Le Maroc a adopté en 2006 un projet de loi instituant la carte d'identité nationale biométrique permettant de vérifier l'authenticité du document.

26 http://www.mre.ma.

Le Maroc est bien placé en Afrique du Nord pour coopérer à la réalisation d'un projet pilote dont la réussite permettra d'assurer la viabilité de ce nouveau concept de partenariat pour la mobilité. Le « paquet réadmission » demandé par le Maroc lors des négociations en matière de réadmission avec l'UE pourrait-il trouver certains éléments de réponse dans le partenariat pour la mobilité ?

E. Les programmes et agences de l'Union européenne : une participation sélective et conditionnée

Le Maroc, à l'instar des autres pays partenaires de la PEV, peut participer aux agences et organismes associés à la gestion des politiques européennes ou aux programmes de mise en œuvre des politiques communautaires. La PEV prévoit cette possibilité dans les Plans d'action PEV et le Maroc a manifesté son intérêt à cet égard. C'est la Commission européenne qui a établi un inventaire des agences et des programmes auxquels les pays PEV pourraient participer et définit, sur cette base, les modalités à suivre.[27] L'objectif est d'encourager le renforcement des institutions et des capacités administratives et d'appuyer les processus de réformes et l'alignement sur les normes européennes, conformément aux objectifs et aux Plans d'action de la PEV.

Le Conseil européen de juin 2007 a permis à la Commission européenne d'ouvrir, de manière officielle, les négociations avec un groupe pionnier de pays, en vue de leur participation aux travaux des agences et programmes de l'UE.[28] Le Maroc faisait partie de la première vague des trois pays (Israël, Moldavie, Maroc) avec lesquels la Commission européenne a commencé à négocier des protocoles-cadres régissant le cadre juridique de leurs participations et les modalités financières y afférentes.[29] Cette participation du Maroc reflétait le niveau d'avancement de la mise en œuvre du Plan d'action et la capacité institutionnelle de l'administration marocaine à s'inscrire dans cette logique novatrice. L'ambition marocaine était de rentabiliser au mieux cette nouvelle perspective.

---

27 L'opportunité et l'intérêt d'une participation aux agences et aux programmes communautaires était identifiée sur la base de l'expérience acquise dans le cadre du processus d'élargissement de l'Union européenne. Commission européenne, *Communication de la Commission européenne, Concernant l'approche générale visant à permettre aux pays partenaires PEV de participer aux travaux des agences communautaires et aux programmes communautaires*, Bruxelles, 4 décembre 2006, COM(2006) 724 final.

28 Conseil européen de Bruxelles, 21 et 22 Juin 2007, Conclusions de la présidence, http://www.consilium.europa.eu/ueDocs/cms_Data/docs/pressData/en/ec/94932.pdf.

29 Le premier des protocoles a été conclu avec Israël en avril 2008.

La Commission européenne a arrêté la liste des programmes auxquels les pays partenaires sont invités à participer[30] mais aussi mentionné les autres programmes communautaires qui n'étaient pas ouverts aux pays de la PEV. Cette participation est assujettie à l'acquittement d'une contribution financière, variable selon l'agence ou le programme et reposant sur différents facteurs. Cette contribution s'effectue par un apport au budget général de l'Union européenne. Une aide générique peut être prévue, au cas par cas, lors de la programmation nationale régulière de l'aide de l'UE.[31]

Dans d'autres cas, la participation peut consister en une simple coopération. Certaines agences envisagent une coopération sélective avec des pays tiers pour des activités spécifiques[32], alors que d'autres[33] prévoient une collaboration informelle. D'autres, enfin, offrent des perspectives de coopération intéressantes qui existent déjà avec d'autres pays tiers.[34] En revanche, le Maroc, comme les autres pays PEV ne peut pas participer à certaines agences dont les activités consistent à aider les États membres à mettre en œuvre les politiques européennes.

---

30 Il s'agit du programme-cadre pour la compétitivité et l'innovation, des programmes Douane 2013, Périclès, IDABC, SESAR, MEDIA 2007 et Marco Polo ainsi que les programmes sur la santé publique (2007-2013) et la protection des consommateurs (2007-2013). Certains programmes prévoient des modalités de coopération spécifiques comme le programme Culture, le programme d'éducation et de formation tout au long de la vie, le 7e programme-cadre de recherche, le programme Hercules II, certains projets relevant du programme-cadre « Droits fondamentaux et justice » ainsi que les programmes de coopération transfrontalière, transnationale et interrégionale du Fonds européen de développement régional (FEDER).

31 Afin de stipuler les conditions générales de leur participation, des protocoles aux Accords de partenariat et de coopération et aux Accords d'association avec les pays partenaires PEV sont établis. Ces protocoles prennent la forme d'accords-cadres. Ils peuvent être négociés avec les partenaires ayant déjà conclu des Plans d'action PEV. Des mémorandums d'entente propres à chaque programme fixent ensuite les règles régissant la participation de chaque pays individuel. Cette procédure permet une simplification du format d'accord sur les conditions spécifique de leur participation. Commission européenne, *Communication de la Commission européenne, Concernant l'approche générale visant à permettre aux pays partenaires PEV de participer aux travaux des agences communautaires et aux programmes communautaires*, Bruxelles, 4 décembre 2006, COM(2006) 724 final.

32 Comme La Fondation européenne pour l'amélioration des conditions de vie et de travail (EUROFOUND), http://eurofound.europa.eu/.

33 Telles que le Centre européen de prévention et de contrôle des maladies (ECDC), http://www.europa.eu :agencies/regulatories_agencies_bodies/index.fr.htm.

34 C'est le cas l'Agence européenne pour la gestion de la coopération opérationnelle aux frontières extérieures des États membres de l'Union européenne (Frontex), l'Office européen de police (Europol) et l'Unité de coopération judiciaire européenne (Eurojust).

L'intégration du Maroc aux travaux des agences devrait s'effectuer de façon progressive et sélective et prend en compte les intérêts des deux partenaires, les avantages mutuels, les conditions à remplir ainsi que la capacité d'absorption des agences concernées. Avant de conclure les Accords de participation, une phase de familiarisation avec les agences concernées est mise en place. Cette phase préparatoire permet notamment d'adapter les législations et les institutions pour pouvoir effectivement participer à l'agence.[35] Dans la phase de transition, le Maroc ne peut agir qu'en qualité d'observateur.

Des pourparlers exploratoires ont déjà permis d'avancer sur les modalités opérationnelles de participation et d'identifier un intérêt mutuel pour de telles participations Le Maroc a suggéré de promouvoir, dans ce cadre, une démarche progressive qui puisse lui assurer une participation équilibrée au niveau des trois piliers (Marché intérieur/Justice, Liberté et Sécurité/PESC). De même, il a suggéré de concevoir des mécanismes de financement novateurs, qui pourraient, par exemple, s'inscrire dans le cadre de la coopération thématique mise en place par l'IEVP.

La feuille de route considère que la participation du Maroc à certains programmes et agences communautaires constitue « une opportunité importante pour pérenniser les réformes visant notamment à une meilleure intégration du Maroc au marché communautaire ».[36] Le choix de ces programmes et agences obéit à un critère de progressivité eu égard à l'avancée du partenariat Maroc-UE. Le Maroc doit, selon la feuille de route, participer aux agences suivantes : Agence européenne de la sécurité aérienne (AESA), Observatoire européen des drogues et des toxicomanies, Eurojust et l'Institut d'études de sécurité de l'UE. Une participation vraisemblable mais sous réserve des procédures de décision prévues par les statuts de ces agences. En outre, l'intégration progressive du Maroc, sur la base de réciprocité et de confidentialité des données, au système d'alerte rapide (RASFF) est prévue. De même que l'idée d'établir une relation de coopération entre le Maroc et l'Agence européenne pour l'environnement (AEE) et l'Agence européenne pour la sécurité maritime (AESM).[37]

Quatre programmes semblent mobiliser plus particulièrement l'attention du Maroc : le programme SESAR, le programme Marco Polo, le

---

[35] C'est le cas pour pouvoir participer aux agences européennes dans les domaines de la sécurité des réseaux et de l'information (ENISA), de la sécurité aérienne (AESA), de la sécurité maritime (AESM) et de l'environnement (AEE) ainsi qu'à l'Agence ferroviaire européenne (AFE) et l'Autorité européenne de sécurité des aliments.

[36] Document conjoint, *op. cit.*, p. 13.

[37] *Ibid.*, pp. 13-14.

programme compétitivité et innovation (CIP) et finalement le programme « Douane 2013 ».

Le programme SESAR concerne la gestion du trafic aérien. Il vise à assurer la sécurité et l'efficacité des opérations aériennes, aussi bien au sol qu'en vol. Les transports aériens au Maroc sont actuellement confrontés à des défis majeurs : politique des tarifs, efficacité, sécurité, convivialité et modernisation technique sont au centre du développement de ce secteur. Ce sont aussi des questions auxquelles est confrontée la gestion du trafic aérien européen. Le programme SESAR de l'UE prévoit le développement d'une nouvelle génération de systèmes de gestion du trafic aérien pour permettre à l'industrie européenne de rester à la pointe du développement technologique. Ce programme peut faire faire école dans la région méditerranéenne. Le Maroc souhaite à travers ce programme relever les défis auxquels il est confronté dans ce secteur.

Le programme Marco Polo vise, quant à lui, à déplacer les marchandises acheminées par la route vers des modes plus compatibles avec l'environnement. Dans ce contexte, un recours plus fort à l'intermodalité est nécessaire afin de contribuer à une meilleure utilisation des infrastructures existantes et des ressources de service grâce à l'intégration du transport maritime à courte distance, du rail et du transport fluvial dans la chaîne logistique. L'intermodalité est une composante du plan stratégique que le Maroc met en œuvre dans le secteur de la logistique.

Dans le cadre de la stratégie de Lisbonne renouvelée, le programme-cadre pour l'innovation et la compétitivité (CIP) a été adopté pour la période 2007-2013 afin de stimuler la croissance et les emplois en Europe.[38] Le programme-cadre soutient des actions en faveur de la compétitivité et de la capacité d'innovation au sein de l'Union européenne. Il encourage en particulier l'utilisation des technologies de l'information, des écotechnologies et des sources d'énergie renouvelables. Les actions soutenues par ce programme-cadre sont susceptibles d'appuyer les initiatives et politiques prises au Maroc en faveur du développement de la société de la connaissance ainsi que le développement durable reposant sur une croissance économique équilibrée.

Enfin, le programme « Douane 2013 » (2008-2013) a pour but de favoriser la mise en place d'une douane informatisée pan-européenne qui garantit que les activités des douanes correspondent aux besoins du Marché intérieur, qui assure la protection des intérêts financiers de l'Union et qui renforce la sécurité. Le programme est susceptible d'aider l'administration douanière du Maroc à renforcer le processus de sa

---

[38] Programme-cadre pour l'innovation et la compétitivité (CIP), http://www.ec.europa.eu/cip/index_fr.htm.

modernisation ainsi qu'à simplifier et à accélérer les procédures douanières pour favoriser les échanges.

La participation du Maroc à ces programmes et agences est tributaire des modalités opérationnelles et budgétaires convenues à cet effet. Le Maroc souhaite bénéficier de l'appui financier de l'UE pour sa participation à ces programmes et agences. L'UE pourrait prendre en charge une partie des coûts financiers dont les modalités devraient être discutées dans le cadre de la négociation sur le protocole. Plus fondamentalement, la participation du Maroc à ces agences et programmes dépend de la mise en œuvre par le Maroc des politiques et législations sous-jacentes compatibles avec les objectifs de ces programmes et agences. Dans cette perspective, les négociations entre la Commission européenne et le Maroc concernant le protocole à l'Accord d'association seront accélérées pour permettre la participation du Maroc aux programmes communautaires.

III. Le « Statut Avancé » : une approche extensible à souhait ?

Le « Statut Avancé » ne repose pas sur la tentation de la singularisation ou ne procède d'un quelconque réflexe d'exclusivité. Il s'inscrit dans la perspective d'une extension de la coopération à l'ensemble des pays de la Méditerranée du Sud et de l'Est et aux autres pays impliqués dans la politique européenne de voisinage. Différentes initiatives prises dès 2008 tendent à le confirmer.

A. La Jordanie et la Tunisie sur la voie du Maroc

La Jordanie, dont l'AEMA est entré en vigueur en mai 2002, veut aujourd'hui passer à une vitesse supérieure.[39] En novembre 2008, elle a demandé de bénéficier d'un Statut Avancé dans la perspective de nouer une coopération plus étroite avec l'UE. Le Statut Avancé a été obtenu en octobre 2010.[40] La Jordanie souhaite ainsi devenir plus « euro-compatible » dans certains secteurs (transports, énergie ou environnement). Amman espère ainsi accéder aux financements européens pour développer ces secteurs. La Jordanie s'inscrit donc dans une démarche similaire à celle du Maroc.

---

39 Accord euro-méditerranéen établissant une association entre les Communautés européennes et leurs États membres, d'une part, et le Royaume hachémite de Jordanie, d'autre part, OJ L 129, 15 mai 2002, p. 3.

40 V. European Commission, *The EU agrees to grant Jordan "advanced status" partnership*, IP/10/1388, Brussels, 26 October 2010, http://europa.eu/rapid/pressReleasesAction.do?reference=IP/10/1388&format=HTML&aged=0&language=EN&guiLanguage=en.

La Jordanie a conçu un plan national pour faire avancer les réformes politiques afin de consolider la démocratie, la responsabilité de l'administration, la transparence et la justice dans le pays et pour forger un modèle de pays moderne islamique et arabe fondé sur la connaissance. La politique européenne de voisinage a contribué au Plan d'action économique et social du gouvernement jordanien (2004-2006), qui visait à lancer un processus de réforme socio-économique durable. Ainsi que le précise la Commission européenne, le degré d'ambition des relations entre les deux partenaires dépendra du niveau d'engagement de la Jordanie en faveur des « valeurs communes », ainsi que de sa capacité à mettre en œuvre les priorités définies d'un commun accord.[41]

Pour l'instant, l'Accord d'association demeure le fondement essentiel de la coopération entre l'UE et la Jordanie. De nouvelles perspectives de partenariat ont toutefois été ouvertes par la PEV. Il s'agit notamment de la perspective d'une intégration économique plus approfondie, du renforcement de la portée et de l'intensité de la coopération politique, de la possibilité d'une convergence de la législation économique, de l'approfondissement des relations commerciales et économiques[42], de la poursuite de la réduction des obstacles commerciaux et de la participation au Marché intérieur de l'UE. Il faut bien sûr aussi mentionner la possibilité d'une ouverture progressive de certains programmes communautaires ou le renforcement de la participation jordanienne à d'autres programmes et « actions de jumelage ».

Le Plan d'action négocié avec la Jordanie, qui définit tout un ensemble de priorités dans les domaines relevant du champ d'application de l'Accord d'association, constitue l'une des premières étapes de ce processus. Parmi ces priorités, l'accent est mis sur :

- la démocratisation de la vie politique dans le cadre du plan national pour le développement politique ;
- le développement de la liberté des médias et de la liberté d'expression et la mise en place d'une magistrature indépendante et impartiale ;
- la coopération dans le processus de paix au Moyen-Orient et la lutte contre le terrorisme ;
- l'adoption de mesures pour une plus large libéralisation des échanges de marchandises, de produits agricoles, du commerce des services ;
- la gestion efficace des flux migratoires ;

---

41 Plan d'action UE-Jordanie, p. 1, http://ec.europa.eu/world/enp/pdf/action_plans/jordan_enp_ap_final_fr.pdf.

42 Notamment au niveau des secteurs de l'agriculture et des services.

– le développement des secteurs et des réseaux de transport, de l'énergie et de la société d'information.[43]

Le Plan d'action soutient les objectifs de réforme nationale et favorise la poursuite de l'intégration de la Jordanie « dans les structures économiques et sociales européennes ».[44] La Jordanie souhaite donc clairement aligner sa législation et ses normes sur celles de l'Union européenne afin de poser les fondations qui devraient lui permettre de mettre en place à terme une intégration économique plus poussée et susceptible de stimuler les échanges, les investissements et la croissance. C'est aussi en fonction de la réalisation des objectifs du Plan d'action, du Statut Avancé, et de l'évolution globale des relations entre l'UE et la Jordanie que la possibilité d'établir une nouvelle relation contractuelle pourra prendre forme. L'opportunité de conclure de nouvelles dispositions contractuelle sera examinée en temps opportun. Il pourrait s'agir, à l'instar du Maroc, d'un accord européen de voisinage dont la portée sera définie en fonction des progrès accomplis dans le respect des priorités fixées dans le Plan d'action.[45]

L'Accord euro-méditerranéen d'association conclu avec la Tunisie est entré en vigueur le premier mars 1998.[46] Le démantèlement tarifaire tunisien et la libre circulation des produits industriels avec l'UE ont pris fin depuis janvier 2008, deux années avant l'échéance initiale de 2010. La Tunisie est ainsi le premier pays à avoir franchi cette étape importante vers l'objectif d'établir une zone de libre-échange euro-méditerranéenne en 2010.[47] Les négociations ont démarré sur la poursuite de la libéralisation progressive du commerce des services et du droit d'établissement, ainsi que des produits agricoles, les produits agricoles transformés et les produits de la pêche. La finalisation de ces négociations, qui s'accompagne d'avancées dans le domaine de l'harmonisation réglementaire, constitue ainsi une nouvelle étape dans les relations UE-Tunisie notamment vers l'intégration de l'économie tunisienne au Marché intérieur.

La coopération institutionnelle qui prend place au niveau du Conseil d'association, des sous-comités et groupes de travail de l'accord d'association a permis de progresser dans la mise en œuvre du Plan d'action

43 Plan d'action Jordanie, *op. cit.*

44 *Ibid.*

45 V. la contribution de Hanf, D. dans cet ouvrage.

46 Accord euro-méditerranéen établissant une association entre les Communautés européennes et leurs États membres, d'une part, et la République tunisienne, d'autre part JO L 97, 30 Mars 1998, p. 2.

47 En matière commerciale, la Tunisie a été le premier partenaire de la région à entrer en zone de libre-échange pour les produits industriels.

PEV.[48] Si des progrès ont été enregistrés dans de nombreux domaines de coopération[49], les objectifs fixés en matière de démocratie n'ont pas été atteints. L'approfondissement du dialogue politique n'a pas permis de lever les points friction sur la question des droits de l'homme et plus particulièrement en matière de liberté d'association et d'expression et d'indépendance de la justice.[50] Avant la chute du président Ben Ali ce sont donc certains des défis qui restaient encore à relever pour asseoir durablement l'État de droit, élément essentiel d'un véritable rapprochement vers l'UE, et ce afin de bénéficier des dispositions d'un « Statut Avancé » ou plutôt d'un « partenariat renforcé ».

La Tunisie avait en effet manifesté son intérêt pour un partenariat renforcé avec l'UE dans le même esprit que le « Statut Avancé » qui a été mis en place avec le Maroc. La Tunisie est le pays le plus avancé dans la mise en œuvre de la zone de libre-échange puisque, depuis le 1er janvier 2008, tous les tarifs pour les produits industriels ont été abolis et ce, deux années en avance par rapport l'échéance initiale. Une intense coopération institutionnelle a permis aux deux parties de progresser dans la mise en œuvre de l'Accord d'association et du Plan d'action qui a été adopté en juillet 2005. Les négociations bilatérales portant sur la poursuite de la libéralisation progressive du commerce des services et du droit d'établissement ont quant à elles été lancées en mars 2008 parallèlement à celles concernant les produits agricoles, les produits agricoles transformés et les produits de la pêche.[51]

C'est dans ce contexte que lors de la 7e session du Conseil d'association Union européenne-Tunisie qui s'est tenue en novembre 2008, que la Tunisie, en commun accord avec l'UE a décidé de constituer un comité *ad hoc* chargé d'engager une réflexion pour définir le cadre et les objectifs d'un « partenariat renforcé » pouvant permettre à la Tunisie d'accéder à un Statut Avancé.[52] Le ministre des Affaires étrangères M. Abdelwaheb Abdallah en a fait l'annonce devant la Chambre des conseillers en soulignant la satisfaction de la Tunisie quant aux progrès accomplis dans la mise en œuvre du Plan d'action commun. La chute du

48 Le Plan d'action entre l'UE et la Tunisie a été adopté en juillet 2005, pour une période de trois à cinq ans, http://ec.europa.eu/world/enp/pdf/action_plans/tunisia_enp_ap_final_fr.pdf et http://www.eeas.europa.eu/tunisia/eu_tunisia.

49 Réformes économiques et réglementaires, politique sociale, protection des droits de la femme, coordination en matière de lutte contre le terrorisme, gestion des frontières, coopération sur les questions migratoires…

50 V. le premier rapport de suivi adopté en décembre 2006 et le deuxième en avril 2008, http://www.europa.eu/world/enp/pdf.

51 Source : Délégation de l'UE en Tunisie, http:/www.deltun.ec.europa.eu/.

52 7e session du Conseil d'association Union européenne-Tunisie, novembre 2008, http://www.eu2008/fr/UE_tunisie/compte_rendu_conseil_association.

régime de Ben Ali début 2011 a bien sûr changé la donne mais il est utile de rappeler les étapes franchies entre fin 2008 et début 2011. Tout d'abord en matière de démocratie et de droits de l'homme, le dialogue dans le cadre du sous-comité compétent a été poursuivi et approfondi mais les objectifs fixés, notamment en matière des libertés d'association et d'expression, n'ont pas été atteints. Madame Benita Ferrero-Waldner, qui était à l'époque le Commissaire en charge des relations extérieures et de la PEV a précisé à cette occasion : « *nous avons également réussi à établir un dialogue constructif au sujet des droits de l'homme et nous sommes confiants qu'il sera développé davantage afin qu'il puisse produire des progrès* ».[53]

Début 2009 la Tunisie et l'UE ont ensuite entamé des discussions pour élaborer une « feuille de route » destinée à rehausser le niveau de leur partenariat et lui conférer un « Statut Avancé ». Cette réflexion devant se dérouler dans le même esprit que celui qui a conduit à la mise en place d'un partenariat renforcé entre l'UE et le Maroc. La Tunisie s'apprêtait à adhérer à la Commission de Venise qui se compose actuellement des 47 pays membres du Conseil de l'Europe et de quelques autres pays non européens.[54]

La situation actuelle est toujours incertaine mais il est clair que les autorités tunisiennes entendent poursuivre les négociations pour aboutir à la conclusion d'un « partenariat renforcé » ou d'un « Statut Avancé ». Ces négociations doivent nécessairement porter sur le large éventail des actions prioritaires défini par le Plan d'action qui correspondent au champ d'application de l'Accord d'association. Parmi ces priorités qui gardent toute leur importance, figurent notamment :

- les réformes garantissant la démocratie et État de droit ;
- le renforcement du dialogue politique et de la coopération notamment en matière de démocratie et de droits de l'homme, en matière de PESC, et la coopération dans le domaine de la lutte contre le terrorisme ;
- l'amélioration de l'environnement et des conditions pour le développement d'entreprises compétitives et de l'esprit d'entreprise ;
- la facilitation du commerce des biens et des services, y compris par la négociation d'accords de libre-échange ;

---

53 Ferrero-Waldner B., *Politique européenne de voisinage – Tunisie*, *Memo*, No. 09/178, Bruxelles, 23 avril 2009.

54 L'adhésion à la Commission européenne de Venise, qui est un organe consultatif du Conseil de l'Europe sur les questions constitutionnelles, constitue le prélude pour bénéficier d'un statut plus renforcé au Conseil de l'Europe puis au Conseil parlementaire de l'Europe.

- le rapprochement de la réglementation technique, des normes et les procédures d'évaluation de la conformité ;
- le développement des secteurs du transport et de l'énergie ;
- la gestion efficace des flux migratoires, y compris la possibilité de conclure un accord de réadmission avec l'UE.

C'est bien entendu sur la base d'une évaluation commune des progrès accomplis dans la réalisation des objectifs contenus dans ce Plan d'action que l'UE et la Tunisie pourront prendre des décisions concernant l'étape suivante du développement de leurs relations bilatérales, y inclus la possibilité de nouveaux liens contractuels.

B. la confirmation de la dimension stratégique des relations euro-israéliennes

Fin 2007, le gouvernement israélien a transmis à l'Union européenne un document non officiel demandant l'octroi d'un « statut spécial » dans le cadre de la PEV. L'État d'Israël voulait ainsi participer à plusieurs politiques et programmes communautaires, afin notamment de renforcer la coopération technologique et commerciale, mais également pour pouvoir éventuellement participer aux réunions du Conseil de l'UE relatives à l'économie, l'environnement, l'énergie ou à la sécurité. Certaines demandes ont été examinées et accueillies favorablement lors du huitième Conseil d'association entre l'UE et Israël tenu le 16 juin 2008. Il faut ici souligner que les négociations autour du contenu possible de ce « rehaussement » des relations se sont déroulées dans la plus grande opacité et ce jusqu'au Conseil d'association (CA). Le texte du Conseil, qui précise que les intérêts et objectifs communs des parties incluent « *notamment la résolution du conflit israélo-palestinien par la mise en œuvre de la solution à deux États* », prévoit le renforcement des relations politiques, stratégiques, de sécurité et de défense, économiques, commerciales, scientifiques et technologiques.[55]

La position du CA a suscité une vive critique des parlementaires européens tant sur le fond que sur la méthode et l'absence de transparence de ce processus. Tous les groupes politiques confondus, concluaient à l'inopportunité d'ouvrir de telles négociations étant donné la dégradation de la situation et du non-respect des engagements d'Annapolis. Le 3 décembre 2008, le Parlement européen a repoussé le vote sur la participation accrue d'Israël aux programmes communautaires, au motif que

---

[55] V. Statement of the European Union, EU-Israel Association Council – EU statement, Eight meeting of the EU-Israel Association Council, Luxembourg, 16 June 2008, http://www.europarl.europa.eu/meetdocs/2004_2009/documents/dv/association_council/association_council.pdf.

la situation humanitaire à Gaza ne se prêtait pas à un rehaussement des relations avec Israël.[56]

Pourtant, contre toute attente, la proposition du Conseil d'association a été examinée par le Conseil « Affaires étrangères et relations extérieures » du 8 décembre 2008, qui a affirmé, en guise de conclusion, « la détermination du Conseil à rehausser le niveau et l'intensité de sa relation avec Israël, à la faveur de l'adoption du nouvel instrument qui succédera à l'actuel Plan d'action PEV »[57], sans toutefois, il faut le souligner, définir quel serait cet instrument. Certes, ce rehaussement des relations bilatérales a été *de facto* gelé, fin avril 2009 mais cela n'a pas empêché une coopération étroite de se poursuivre, tant sur le plan économique et commercial qu'au niveau politique voire même stratégique.

L'annexe des conclusions du Conseil définit les lignes directrices en vue du renforcement des structures du dialogue politique avec Israël. Elles consistent en l'ouverture du champ des négociations ministérielles, l'ouverture à Israël du Comité politique et de sécurité de l'Union européenne, la facilitation de l'audition d'experts israéliens par les groupes et comités du Conseil, la systématisation et l'élargissement des consultations stratégiques informelles, l'approfondissement des échanges thématiques, notamment sur les droits de l'homme, l'encouragement d'Israël à s'aligner sur la Politique étrangère et de sécurité commune, la mise en œuvre d'une coopération de terrain en matière de Politique européenne de sécurité et de défense (PESD), l'insertion et l'implication d'Israël dans les enceintes multilatérales et enfin l'approfondissement du dialogue interparlementaire.

De fait, l'État d'Israël demandait un partenariat politique qui n'a jamais été accordé à ce jour à aucun pays au titre de la Politique européenne de voisinage. Cette coopération renforcée prévoit trois réunions annuelles UE-Israël au niveau des ministres des Affaires étrangères, et la possibilité pour chaque présidence tournante de l'UE d'inviter un responsable de la diplomatie israélienne à une réunion des ambassadeurs de l'UE sur les questions de sécurité. L'UE se dit prête aussi à envisager « la possibilité d'inviter Israël à participer aux missions civiles » menées

---

[56] V. à ce propos, Sénat français, *Proposition de résolution européenne présentée en l'application de l'article 73 bis d règlement sur les relations entre l'Union européenne et l'État d'Israël*, présentée par Mme Nathalie Goulet, session ordinaire 2008-2009, http://www.senat.fr/leg/ppr08-366.html.

[57] Conseil de l'UE, *Conclusions du Conseil sur le « Renforcement des relations bilatérales de l'Union européenne avec ses partenaires méditerranéens » et annexe sur les « Lignes directrices en vue du renforcement des structures du dialogue politique avec Israël »*, Bruxelles, 8 et 9 décembre 2008, http://www.eu2008.fr/webdav/site/PFUE/shared/import/1208_CAGRE/Conclusions_Conseil_Renforcement_relations_UE_partenaires_mediterraneens_FR.pdf.

dans le cadre de sa politique de défense et de sécurité, « au cas par cas et lorsque l'intérêt commun s'y prêtera », et à avoir avec Israël, « au moins une fois par an, un dialogue informel sur les grandes questions stratégiques ».[58]

Sur le fond et eu égard au respect des normes du droit international et de l'UE, il est déplorable que l'État d'Israël puisse se voir ainsi octroyer comme récompense un « statut spécifique » qui le rapproche de manière significative des membres à part entière de l'Union européenne alors même que sur le terrain, Israël accélère la construction des colonies, maintient le bouclage des territoires palestiniens – notamment dans la bande de Gaza – et pratique de nombreuses formes de violation des droits de l'Homme.

C. Le Partenariat oriental : le statut le plus avancé ?

Les partenaires d'Europe orientale et du Caucase méridional souhaitent aussi intensifier leurs relations avec l'Union européenne. La politique de l'Union européenne à leur égard doit en principe être proactive et sans équivoque. Le Conseil européen des 19 et 20 juin 2008 a invité la Commission à élaborer une proposition relative à un « partenariat oriental » en soulignant la nécessité d'une approche différenciée qui respecte la nature de la PEV en tant que cadre stratégique cohérent et unique.[59]

La Communication de la Commission européenne a formulé des propositions porteuses d'un message politique fort en insistant sur la mise en œuvre du Partenariat oriental sur la base d'un engagement politique profond et sans faille des États membres de l'Union européenne. Aux termes de la Commission européenne : « *L'Union doit être ouverte à ces aspirations en offrant un niveau d'association politique plus élevé et en intensifiant progressivement les relations dans des domaines essentiels* ».[60]

De nouveaux Accords d'association devraient à terme remplacer les Accords de partenariat et de coopération (APC) actuels[61] et permettre de renforcer les relations de ces pays avec l'UE l'un des objectifs étant

---

58 Conseil de l'UE, *Annexe sur les « Lignes directrices en vue du renforcement des structures du dialogue politique avec Israël », op. cit.*

59 Conseil européen de Juin 2008, V. la contribution de Lannon E. et Van Elsuwege P. dans cet ouvrage.

60 Commission européenne, *Communication de la Commission sur le Partenariat oriental*, COM(2008) 823, Bruxelles, 3 décembre 2008.

61 V. à ce sujet la contribution de Solonenko, I. (pour le cas de l'Ukraine) ainsi que celles de Hanf, D. (pour le fondement juridique), de Lannon, E. et de Van Elsuwege, P. (pour le partenariat oriental) dans cet ouvrage. Pour les références des différents accords voir l'annexe n° 1.

d'instaurer progressivement une zone de libre-échange complet et approfondi avec chacun des pays partenaires.

Trois domaines donnent à ces négociations une dimension plus profonde que les relations qui caractérisent celle du Statut Avancé conclu avec le Maroc. Tout d'abord, la question de la mobilité : les pays partenaires insistent sur le fait qu'elle représente un test décisif du nouveau partenariat qui devrait avoir pour priorité de promouvoir la mobilité dans un environnement sûr. L'Union devrait offrir aux partenaires des pactes de « mobilité et sécurité ». L'UE s'est engagée, une fois les accords d'assouplissement et de réadmission effectivement mis en œuvre, à entamer le dialogue avec l'ensemble des partenaires au sujet des déplacements sans obligation de visa. L'Union européenne pratiquera ainsi une ouverture ciblée du marché du travail de l'Union aux citoyens des partenaires et prendrait des mesures pour faciliter la migration circulaire, dans le cadre des partenariats pour la mobilité.

Le second élément concerne le soutien au développement régional des pays partenaires. Certains de ces partenaires européens sont en effet confrontés à des problèmes structurels résultant de fortes disparités économiques entre leurs régions et groupes de population. Ils souhaitent donc pouvoir tirer parti de l'expérience et des mécanismes des politiques économiques et sociales de l'UE. La Commission européenne a proposé des protocoles d'accord sur la politique régionale avec les partenaires, pour servir de base de dialogue. Une coopération au moyen d'un financement supplémentaire, dans le cadre de programmes pilotes de développement régional répondant aux besoins locaux en termes d'infrastructures, de capital humain et de petites et moyennes entreprises, s'inspirant de la politique de cohésion de l'UE ; une coopération directe entre les régions de l'UE et les pays partenaires, notamment la participation des partenaires concernés aux programmes transnationaux existants en Europe du Sud-Est, centrale et septentrionale ; l'extension aux frontières entre les partenaires de la coopération transfrontalière, financée au titre de l'IEVP et actuellement mise en œuvre aux frontières extérieures de l'UE.

L'UE a également proposé la création d'un programme global de renforcement des institutions visant à améliorer les capacités administratives dans tous les secteurs de coopération concernés, programme cofinancé par l'Instrument européen de voisinage et de partenariat.

Le cadre multilatéral du Partenariat oriental repose sur quatre éléments essentiels. Tout d'abord trois types de rencontres rythment le calendrier :

- des réunions bisannuelles des chefs d'État ou de gouvernement ;
- des réunions annuelles de printemps des ministres des Affaires étrangères ;
- des conférences ministérielles sectorielles.

Ensuite, quatre plateformes thématiques ont été créées :

- démocratie, bonne gouvernance et stabilité ;
- intégration économique et convergence avec les politiques de l'UE ;
- mécanismes mutuels de soutien et de sécurité énergétiques ;
- contacts interpersonnels.

Chaque plateforme adopte un ensemble d'objectifs-clés réalistes et régulièrement actualisés – avec un programme de travail correspondant – et évalue les progrès réalisés.

L'un des signaux les plus clairs quant à l'engagement concret de l'UE vis-à-vis de ses voisins européens est celui du financement qui semble conforme au niveau d'ambition politique du Partenariat oriental. Des ressources financières sensiblement plus élevées sont en effet nécessaires pour réaliser les objectifs définis dans la proposition de la Commission européenne. Le financement au titre de l'IEVP s'élevait à un environ 450 millions d'euros en 2008. La Commission européenne a donc proposé, dans le cadre de cette Communication, son augmentation progressive afin d'atteindre 785 millions d'euros en 2013.[62]

Conclusion

Le Statut Avancé peut être considéré comme la mise en œuvre d'une approche dynamique jalonnée de repères dans la progressivité des relations entre les deux partenaires. L'adhésion à l'Union européenne n'est ni un point de départ, ni une promesse mais elle n'est pas non plus à exclure sur le long terme. Entre un non actuel et un oui qui ne peut relever que d'un futur encore assez éloigné, il reste la possibilité de créer une dynamique vertueuse, un « scénario win-win » dans lequel chacun des partenaires serait gagnant.

Quel est l'intérêt d'une telle proposition ? Que peuvent y gagner les deux partenaires ? La réponse est simple : stabilité, sécurité et prospérité partagée. La région est devenue un foyer de crises. L'Union européenne ne peut résoudre seule les sources de déstabilisation : immigration clandestine, trafic de drogue, blanchiment d'argent, ou encore terrorisme. La pierre angulaire de cette perspective est l'ancrage d'une alliance stratégique, condition du succès des deux autres volets.

---

62 Commission européenne, *Communication de la Commission sur le Partenariat oriental*, COM(2008) 823, Bruxelles, 3 décembre 2008, p. 15.

Le Maroc réaffirme sa position d'acteur des relations euro-méditerranéenne et de médiateur dans les relations de voisinage élargies vers l'Afrique sub-saharienne. S'il est d'abord l'expression d'une volonté politique, le Statut Avancé possède aussi une dimension économique financière d'égale ambition. Ce qui signifie faciliter l'accès des biens et services au marché européen, négocier au mieux le transfert de l'acquis communautaire, harmoniser les politiques communes et intégrer le Maroc dans les programmes, réseaux et agences européens. Enfin, la dimension culturelle, sociale et humaine est aussi fortement réaffirmée pour faire en sorte que la frontière ne fasse pas obstacle aux échanges culturels et humains.

Le Statut Avancé est-il un modèle unique ou favorise-t-il une différenciation de plus en plus poussée entre les partenaires de la Politique européenne de voisinage, et ce au risque de qui menace sa cohérence ? La cohérence de la Politique européenne de voisinage ne serait-elle pas davantage menacée par le développement d'une différenciation de plus en plus individualisée entre les partenaires ? Chaque partenaire aspirerait ainsi à la détermination d'un statut *ad hoc* afin de renforcer ses relations bilatérales avec l'Union européenne et ce au détriment de la coopération régionale à laquelle est censée aboutir la PEU.

La multiplication de ces statuts *ad hoc* risque donc de poser quelques problèmes. L'UE doit-elle les encourager et créer une sorte de politique d'accords à la carte ? Dans ce cas, la politique de voisinage a-t-elle encore une raison d'être ? Peut-elle encore apporter une valeur ajoutée substantielle ? Le risque d'encourager la différenciation et l'individualisation des statuts consiste à diluer la solidarité qui peut exister entre l'ensemble des pays voisins et à compromettre définitivement l'objectif de coopération régionale. Or, la coopération régionale peut-être un outil de développement et d'autonomie précieux pour le voisinage de l'Union européenne tout comme elle peut contribuer à résoudre les conflits gelés. La négociation de statuts *ad hoc* tend aussi à rendre les pays voisins plus dépendants de l'Union européenne, ce qui ne correspond pas forcément à l'objectif de développement visé par la Politique européenne de voisinage.

Au total, si elle est un signe de réussite – dans la mesure où elle traduit l'adaptation à la situation de chaque partenaire – la différenciation est aussi porteuse de risques d'éclatement pour la Politique européenne de voisinage qui, au fur et à mesure de sa mise en œuvre risque de ressembler de plus en plus à une mosaïque d'accords et d'instruments reflétant un voisinage à plusieurs vitesses. Tout ceci posera inévitablement, à terme, un problème d'arbitrage entre la différenciation et la cohérence de la Politique européenne de voisinage.[63]

[63] V. à ce propos la contribution de Van Elsuwege, P.

Part III

Challenges in Europe and Eurasia

The Eastern Partnership

Prospects of a New Regional Dimension within the European Neighbourhood Policy

Erwan LANNON & Peter VAN ELSUWEGE

Introduction

On 3 December 2008, the European Commission initiated a new regional dimension within the European Neighbourhood Policy (ENP).[1] The so-called Eastern Partnership (EaP) offers an ambitious programme for enhanced co-operation between the European Union and the former Soviet Republics in Eastern Europe and the Southern Caucasus, namely Armenia, Azerbaijan, Belarus, Georgia, Moldova and Ukraine. The EaP, to be pursued "in parallel" with the EU's Strategic Partnership with Russia and the Black Sea Synergy, has clearly been inspired by other regional initiatives, mainly the Euro-Mediterranean Partnership (EMP).

The creation of the Eastern Partnership is remarkable in view of the initial discussions on the geographical scope of the EU's neighbourhood policy. Already in November 2002, the Council stressed the need for "an ambitious, long-term and integrated approach" towards the East European neighbours Ukraine, Moldova and Belarus.[2] The Patten-Solana paper on "Wider Europe" also suggested that "a new proximity policy initiative" should initially focus on the Eastern neighbours.[3] This so-called "New Neighbours Initiative" gradually made place for the broader concept of a European Neighbourhood Policy including all neighbouring countries in a single framework.[4] As a result, the idea to

---

1 European Commission, *Communication from the European Commission to the European Parliament and the Council, "Eastern Partnership"*, COM(2008) 823, 3 December 2008.

2 Council of the EU, *New Neighbours Initiative*, 14078/02, 12 November 2002.

3 *Joint Letter on Wider Europe by Commissioner Chris Patten and High Representative Javier Solana*, http://ec.europa.eu/world/enp/pdf/_0130163334_001_en.pdf.

4 On the formative years of the ENP, see Lannon, E. and Van Elsuwege, P., "The EU's Emerging Neighbourhood Policy and its Impact on the Euro-Mediterranean Partnership", in Xuereb, P. G. (ed.), *Euro-Med Integration and the Ring of Friends*, University of Malta, Malta, 2003, pp. 21-84.

focus the new policy on the Eastern neighbours disappeared from the Union's agenda, notably because of Romano Prodi's warning that "to build the new Europe but neglect the Mediterranean, Europe's cradle, would clearly be a grave mistake".[5] However, the continuous pressure for more differentiation between the eastern and Southern neighbourhood has brought the issue back to the fore.[6]

In the wake of the proposals to create the Union for the Mediterranean,[7] advocated by the French President Sarkozy, Poland and Sweden jointly proposed a working paper on the EaP to the General Affairs and External Relations Council (GAERC) meeting in Brussels on 26 May 2008.[8] The European Council endorsed the initiative on 20 June 2008 and invited the European Commission to elaborate a more concrete proposal.[9] The military conflict between Russia and Georgia in the summer of 2008 accelerated the Commission's work. On 7 May 2009, a special "Eastern Partnership Summit" was held in Prague. The EU Member States and the East European partner countries adopted on this occasion a Declaration outlining the general features of the new initiative.[10] This so-called "Prague Joint Declaration" is a political declaration and is, therefore, not legally binding. Nevertheless, it is, just as the Barcelona Declaration for the EMP, the founding act of the partnership[11] as it elucidates its main objectives, principles and framework for action.

Based upon a combination of bilateral and multilateral components, the EaP intends to foster reform in line with the ENP Action Plans and the ENP principles of conditionality, joint ownership and differentiation. The main objective of the EaP is, in other words, to substantially rein-

5 Prodi, R., "Europe and the Mediterranean: time for action", Louvain-la-Neuve, 26 November 2002, *Euromed Report*, No. 52, 28 November 2002. See also Prodi, R., *A Wider Europe – A Proximity Policy as the key to stability*, Speech/02/619, 6 December 2002, Sixth ECSA-World Conference, Brussels, 5-6 December 2002.

6 On the concept of differentiation, see the contribution of Van Elsuwege, P.

7 On the Union for the Mediterranean see the contribution of Khader, B. in this volume.

8 Council of the EU, GAERC, 9868/08, 26-27 May 2008.

9 Presidency Conclusions, Brussels European Council, 19-20 June 2008, *Bull. EU* 6 (2008), I.22.68.

10 *Joint Declaration of the Prague Eastern Partnership Summit*, Prague, 7 May 2009, 8435/09 (Presse 78), (hereinafter Prague Joint Declaration). It is noteworthy that a unilateral EU Declaration on the Eastern Partnership was issued on the occasion of the 19/20 March 2009 European Council (Annex 2 to the Presidency Conclusions, *Bull. EU* 3 (2009) I.17).

11 See Lannon, E., "La déclaration interministérielle de Barcelone, acte fondateur du Partenariat euro-méditerranéen", *Revue du Marché Commun et de l'Union européenne*, No. 398, mai 1996, pp. 358-368.

force the ENP in the East.[12] At the same time, this new Partnership faces important challenges. Of particular significance is the EaP's relation to the other regional neighbourhood policies, namely the Black Sea Synergy, the Union for the Mediterranean and the Northern Dimension as well as the EU enlargement strategy and, last but not least, the Strategic Partnership with Russia.

I. The Origins of the Eastern Partnership Proposal

The EaP is the latest in a number of new neighbourhood strategies. The concept, however, is not as new as it might appear at first sight. Former Polish Minister of Foreign Affairs Bronislaw Geremek already referred to the necessity of a new EU *Ostpolitik* in his statement on the opening of the accession negotiations on 31 March 1998.[13] In the summer of 2001 the Polish Ministry of Foreign Affairs published an extensive document on the future eastern policy of the enlarged EU.[14] It proposed a new strategy and the establishment of "uniform criteria and identical standards to all states established in the post-Soviet space". The ultimate objective being to develop good-neighbourly relations on the basis of further co-operation and integration into a common European economic and social area. The document did not offer an elaborated view on the content of the "criteria" or "standards" to be applied and the means to achieve the strategic objectives. It only vaguely referred to "new economic relationships" and "direct neighbourhood strategies". A later document, entitled "The Eastern Policy of the European Union – The Visegrád Countries' Perspective", suggested more specific incentives, such as increased financial support, free trade and, in the long term, a perspective of EU membership.[15]

It is striking that the design of the ENP, as proposed by the European Commission in 2004, completely disregarded the Polish/Visegrád suggestions. The ENP includes both the Union's eastern and southern partners in a single framework, essentially proceeds from a country-

---

[12] European Commission and High Representative, *Joint Communication to the European Parliament, the Council, the European Economic and Social Committee and the Committee of the Regions, A New Response to a Changing Neighbourhood*, COM(2011) 303, Brussels, 25 May 2011.

[13] *Statement of Minister of Foreign Affairs of the Republic of Poland Bronislaw Geremek on Opening of Poland's Negotiations on Membership in the European Union*, http://www.zbiordokumentow.pl/1998/1/2.html.

[14] Polish Ministry of Foreign Affairs, *The Eastern policy of the European Union in the run-up to the EU's enlargement to include the Countries of Central and Eastern Europe-a Polish view*, Warsaw, 2001.

[15] *The Eastern Policy of the European Union – The Visegrád Countries' Perspective*, http://www.msz.gov.pl/start.php.

specific approach and is disconnected from the process of enlargement. In stark contrast to the EU's relations with the Eastern neighbours, where only in 2007 a specific policy was launched in the form of the Black Sea Synergy, the Mediterranean partners have benefited since 1995 from a structured and ambitious multilateral framework for dialogue and co-operation supplemented by regional networks and institutions in the context of the so-called "Barcelona Process", a key element of the Euro-Mediterranean Partnership.

The European Commission Communications on "Strengthening the European Neighbourhood Policy" (December 2006),[16] "A Strong European Neighbourhood Policy" (December 2007)[17] and "A New Response to the Changing Neighbourhood" (May 2011)[18] stressed the importance of differentiation and the need for a better balance between the EU's bilateral and regional strategies. In this context, the ENP further developed into a "multi-layered" policy combining a common methodology for all neighbouring countries with more specific regional and sub-regional strategies.

The implementation of (sub-)regional policies essentially depends upon the leadership role of certain EU Member States, in particular the Member States holding the Presidency of the Union. The Finnish Presidencies of 1999 and 2006 were very instrumental for launching and reorienting the Northern Dimension, Germany used its 2007 Presidency to support the Black Sea Synergy initiative after the EU accession of Bulgaria and Romania, whereas the 2008 French Presidency was devoted to the launching of the "Union for the Mediterranean".[19] The Polish government strategically used this momentum to announce its own proposal on the Eastern Partnership. The plan for the Eastern Partnership was presented as a joint Polish-Swedish proposal after preliminary discussions with major partners, such as Germany, Great Britain, Denmark and the Czech Republic. At the same time, support for the French-inspired Union for the Mediterranean was made conditional upon approval of the Eastern Partnership initiative. It is, therefore, no coincidence that the June 2008 European Council endorsed both the Barcelona

16 European Commission, *Communication from the Commission to the Council and the European Parliament on Strengthening the European Neighbourhood Policy*, COM(2006) 726 final, Brussels, 4 December 2006.

17 European Commission, *Communication from the Commission, A Strong European Neighbourhood Policy*, COM(2007) 774 final, Brussels, 5 December 2007.

18 COM(2011) 303, *op. cit.*

19 See the contribution of Khader, B. in this volume.

Process: Union for the Mediterranean and the EaP as specific regional policy frameworks within the ENP.[20]

While the European Commission planned to prepare a proposal on the modalities of the Eastern Partnership by Spring 2009, the outbreak of violence in South Ossetia and Abkhazia in August 2008 significantly accelerated the drafting of the proposals.[21] A Commission Communication bluntly entitled "Eastern Partnership" was delivered in December 2008.[22] Arguably, the risk that strained relations with Russia could paralyse the entire eastern policy of the Union contributed to a growing support for a new EU initiative in the Eastern neighbourhood. In comparison to the Union for the Mediterranean, which caused major discussions between the Member States, mainly between France and Germany, the EaP was accepted rather smoothly. After an internal agreement was reached on the occasion of the March 2009 European Council, the Joint Declaration of the 7 May 2009 Prague Eastern Partnership Summit officially launched the EaP.[23]

II. The Main Characteristics of the Eastern Partnership: a Combination of Bilateral and Multilateral Elements

A. A "Lasting Political Message of EU Solidarity" as well as a "Strategic Imperative and a Political Investment for the EU"

The political significance of the new partnership was clearly emphasised by the European Commission as the EaP should "bring a lasting political message of EU solidarity, alongside additional, tangible support" for the "democratic and market-oriented reforms" and consolidation of the "statehood and territorial integrity"[24] of the eastern partners.

20 European Council, *Presidency Conclusions of the Brussels European Council, 19/20 June 2008*, "*Barcelona Process: Union for the Mediterranean*" and "*Eastern Partnership*", http://www.consilium.europa.eu/ueDocs/cms_Data/docs/pressData/en/ec/101346.pdf.

21 The extraordinary European Council meeting of 1st September 2008, which was exclusively devoted to the Georgia crisis, considered that for the European Union "it is more necessary than ever to support regional cooperation and step up its relations with its Eastern neighbours, in particular through its neighbourhood policy". Presidency Conclusions, *Bull. EU* 9 (2008), I.2.7., http://www.consilium.europa.eu/ueDocs/cms_Data/docs/pressData/en/ec/102545.pdf.

22 European Commission, *Communication from the European Commission to the European Parliament and the Council, "Eastern Partnership"*, COM(2008) 823, Brussels, 3 December 2008.

23 The official text of the Prague Joint Declaration on the Eastern Partnership is available at http://www.consilium.europa.eu/uedocs/cms_data/docs/pressdata/en/er/107589.pdf.

24 COM(2008) 823 final, *op. cit.*, pp. 1-2.

The last point was apparently related to the war in Georgia[25] and to the remaining frozen conflicts and territorial disputes in the region. Moreover, according to the conclusions of the December 2008 European Commission Communication, the deepening of relations with the partners is both a "strategic imperative and a political investment for the EU". The EaP, therefore, aims at "energizing reforms, integrating markets and societies, projecting stability and counteracting the risk of the emergence of new borderlines" across the European continent. A few months later, the partners emphasised in Prague, noticeably in a more neutral way, that: "the main goal of the Eastern Partnership is to create the necessary conditions to accelerate political association and further economic integration between the European Union and interested partner countries".[26]

Conditionality is a key characteristic of the new partnership. This is most obvious with regard to Belarus[27] but also to the other partners since a "sufficient level of progress in terms of democracy, the rule of law and human rights, and in particular evidence that the electoral legislative framework and practice are in compliance with international standards, and full co-operation with the Council of Europe, OSCE/ODIHR and UN human rights bodies" is considered by the European Commission as a precondition for deepening relations. The role of the ENP progress reports in evaluating the progress achieved by the partners will therefore be crucial.

B. A Double Track Approach

The EaP combines the ambition of deeper bilateral engagement with new initiatives for multilateral co-operation. The need to achieve a bilateral/multilateral balance in the eastern dimension of the ENP was one of the recommendations formulated by the European Commission in December 2006.[28] In contrast to the EU's regional approach *vis-à-vis* the southern periphery, the EU's relations with its eastern partners lacked a comparable framework for stimulating regional co-operation. The Black Sea Synergy was a first initiative to balance the essentially bilateral

---

25 See Fischer, S., Worst case: escalation of the unresolved conflict in Georgia, *ISS Analysis*, EU Institute for Security Studies, Paris, August 2008, http://www.iss.europa.eu/.

26 *Prague Joint Declaration, op. cit.*, point 2.

27 The European Commission stressed that the level of participation of Belarus in the EaP "will depend on the overall development of EU-Belarus relations", COM(2008) 823 final, Brussels, 3 December 2008, p. 4.

28 European Commission, *Non-Paper Expanding on the Proposals contained in the Communication to the European Parliament and the Council on "Strengthening the ENP"*, COM(2006) 726 final, Brussels, 4 December 2006.

nature of the ENP Action Plans in the East (cf. *infra*). The EaP further attempts to overcome a rigid distinction between bilateral and multilateral strategies by linking both dimensions in a single policy framework for the Eastern neighbourhood as it is the case for the Euro-Mediterranean Partnership.

The *bilateral track* is designed to "create a closer relationship between the EU and each of the partner countries to foster their stability and prosperity".[29] This includes:

- The upgrading of contractual relations towards Association Agreements with a view to establish a network of "Deep and Comprehensive Free Trade Areas" that can, in the longer term, develop into a "Neighbourhood Economic Community";
- Progressive visa liberalisation in a secure environment;
- Deeper co-operation to enhance the energy security of the partners and the EU;
- Support for economic and social policies to reduce disparities within each partner country and across borders;
- A new Comprehensive Institution-Building (CIB) programme to improve the capacity of each partner to undertake the necessary reforms.[30]

The *multilateral track* will, for its part, provide a "new framework where common challenges can be addressed". This track will advance "through a number of flagship initiatives supporting the aims of the EaP".[31]

1. A Deeper Bilateral Engagement: From Partnership and Co-operation Agreements to Association Agreements

The main instruments to be used in promoting bilateral relations will be new Association Agreements (AAs). These agreements will create a "strong political bond and promote further convergence by establishing a closer link to EU legislation and standards". Moreover, they should advance co-operation on the Common Foreign and Security Policy (CFSP) and the European Security and Defence Policy (ESDP). This raises interesting legal questions as far as the procedural requirements

[29] COM(2008) 823 final, *op. cit.*, p. 3.

[30] The CIB programme will be implemented bilaterally and co-financed, through the ENPI. See Solonenko, I.

[31] These Flagship Initiatives are to be funded "through multi-donor support, IFIs and the private sector".

for the conclusion of such ambitious comprehensive agreements are concerned.[32]

According to the European Commission, the EU should offer a "higher level of political association and progressive intensification of links in key areas". Even though "association" is very flexible and may include different levels of engagement, it is the most advanced form of bilateral relations providing for "special, privileged links with a non-member country, which must, at least to a certain extent, take part in the Community system".[33] Notwithstanding the absence of any automatic link between association and accession, the conclusion of an association agreement with a European country is often perceived as a stepping-stone to EU membership.[34] This connotation may explain to a certain extent why the EU and some of its Member States have been so reluctant to accept Article 217 TFEU (ex 310 EC) as the legal basis for the post-PCA agreement with Ukraine.[35] Only after an initial period of uncertainty about the legal status of what was diplomatically called an "enhanced agreement", a Joint Declaration of European Commission President Barroso, the French Presidency and the Ukrainian President Yushchenko adopted on the occasion of the 9 September 2008 EU-Ukraine summit made an end to the speculations.[36] The EaP extends the offer of association to all eastern partners. This will, in the long term, reinforce the coherence of the ENP in the sense that all partners will be contractually linked to the EU by an Association Agreement aiming to create a Deep and Comprehensive Free Trade Area (DCFTA) thus providing the first foundations of the "Neighbourhood Economic Community" (NEC).[37]

---

32 See Hillion, C., "Mapping-Out the New Contractual Relations between the European Union and Its Neighbours: Learning from the EU-Ukraine 'enhanced agreement'", *European Foreign Affairs Review*, Vol. 12 (2), 2007, pp. 177-179.

33 ECJ, Case C-12/8, *Meryem Demirel* v. *Stadt Schwäbisch Gmünd*, ECR, 1987, I-3719, at para. 9.

34 Phinnemore, D., *Association: Stepping-Stone or Alternative to EU Membership?*, Sheffield, Sheffield Academic Press, 1999.

35 *Agence Europe*, No. 9349, 23 January 2007, p. 5. See the contribution of Solonenko, I. in this volume.

36 Council of the EU, *EU-Ukraine Summit*, 12812/08, 9 September 2008.

37 It is noteworthy that with regard to the southern partners, the progressive establishment of a classical Free Trade Area on industrial goods is already foreseen in the EMAAs. A deepening of these agreements is provided in the context of the ENP in order to extend the liberalisation of services and the right of establishment as well as on trade in agricultural products. Moreover, regulatory approximation will include other areas such as sanitary and phytosanitary practice (SPS), intellectual and industrial property rights (IPR), customs and taxation. See European Commission, *Communication from the Commission, A Strong European Neighbourhood Policy*, COM(2007) 774 final, Brussels, 4 December 2007, pp. 4-5.

a. The Establishment of Deep and Comprehensive Free Trade Areas and the Creation of a "Neighbourhood Economic Community"

One of the key objectives of the new generation of Association Agreements (AAs) will be to promote deeper trade and economic integration between the EU and its neighbours. The prospect of a DCFTA, which is presented as one of the essential features of the EaP,[38] fits within the general strategy of the ENP to build a NEC in the long term.[39] In a non-paper of December 2006, the Commission laid down a step-by-step approach leading to the creation of "a common EU-ENP area of economic integration". The first phase implies the full implementation of the ENP Action Plans, in particular the chapters on "trade-related issues, market and regulatory reform". In a second stage, DCFTAs will be negotiated and concluded with all "willing and able ENP partners". In parallel to deeper economic integration between the EU and the partner States, intra-regional integration between the partner countries is promoted. Finally, a NEC based upon the elimination of both tariff and non-tariff barriers and the establishment of a common regulatory space is a long-term objective.[40]

The EaP aims at creating the political and legal framework for the implementation of this ambitious agenda in the Eastern neighbourhood. A *comprehensive* Free Trade Area covers "substantially all trade in goods and services", excluding only a limited number of sensitive agricultural products from full liberalisation,[41] in order to be compatible with the provisions of Article XXIV GATT and Article V GATS respectively.[42] Significantly, the principle of "asymmetry in the pace of liberalisation" is retained given the weaknesses of certain economies of the eastern partners. *Deep* free trade, on the other hand, entails the reduction of non-tariff barriers and regulatory approximation.

---

38 *Prague Joint Declaration*, *op. cit.*, point 5.

39 European Commission, *Communication to the European Parliament and the Council on Strengthening the ENP*, COM(2006) 726 final, Brussels, 4 December 2006, pp. 4-5. On the NEC, see Gstöhl, S.

40 European Commission, *Non-paper expanding on the proposals contained in the Communication to the European Parliament and the Council on Strengthening the ENP*, http://ec.europa.eu/world/enp/pdf/non-paper_economic-integration_en.pdf.

41 According to the European Commission, the DCFTAs aim at "the highest possible degree of liberalisation", thus "limiting the number of agricultural products excluded from full liberalisation". COM(2008) 823 final, *op. cit.*, p. 5.

42 See Lannon, E., "The compatibility of the Euro-Mediterranean regional integration with the multilateral rules", *in Regionalism and multilateralism after the Uruguay round: Convergence, Divergence and Interaction*, Demaret, P., Bellis, J.-F., Garcia Jimenez, G. (eds.), Brussels, European Interuniversity Press, 1997, pp. 771-802.

Accession to the World Trade Organization (WTO) is a specific pre-condition on the road towards the establishment of the DCFTA.[43] In August 2011, the situation was as follows:

Table 17. Eastern Partners WTO Accession Status

Country	WTO Accession Status
Armenia	Accession to the WTO on 5 February 2003
Azerbaijan	Azerbaijan's Working Party was established on 16 July 1997. Multilateral work is proceeding on the basis of a Factual Summary of Points Raised since December 2008. The Factual Summary was last revised in September 2010.
Belarus	Belarus' Working Party was established on 27 October 1993 and held its first meeting in June 1997
Georgia	Accession to the WTO on 14 June 2000
Moldova	Accession to the WTO on 26 July 2001
Ukraine	Accession to the WTO on 16 May 2008

Source: http://www.wto.org/english/thewto_e/whatis_e/tif_e/org6_e.htm

The AAs will provide the necessary legal structures for the establishment of the DCFTAs as they will contain "legally binding commitments on regulatory approximation in trade-related areas such as competition policy and public procurement" and are expected to create real perspectives for enhanced movement of goods,[44] capital and the supply of services.[45] In addition, sectoral measures will be adopted to facilitate market access in the field of agriculture and intellectual property. Geographical indications will be negotiated and an agricultural dialogue is envisaged on a case by case basis whereas intellectual property protection could be strengthened through an "enhanced dialogue and by validation agreements between partners and the European Patent Office".[46]

b. Mobility and Security

One of the major incentives for the eastern partners to contribute actively to the partnership is to increase the mobility of their citizens. For

---

43 European Commission, *Non-paper expanding on the proposals contained in the Communication to the European Parliament and the Council on Strengthening the ENP*, http://ec.europa.eu/world/enp/pdf/non-paper_economic-integration_en.pdf, p. 6. On Ukraine see Solonenko, I.

44 According to the Communication this could include: "Agreements on Conformity Assessment and Acceptance of Industrial Products and the recognition of equivalence achieved by partners related to sanitary and phytosanitary standards for agricultural and food products", COM(2008) 823 final, *op. cit.*, p. 5.

45 "Inter alia through provisions on mutual recognition of legal and institutional frameworks in certain sectors, better conditions for establishment of companies, and more opportunities for persons to be temporarily present in the territory of the parties for business purposes", COM(2008) 823 final, *op. cit.*, p. 5.

46 *Ibid.*, pp. 5-6.

the EU, on the other hand, security and the management of migration streams are key priorities. The EaP therefore combines, in line with the Global Approach to Migration and the European Pact on Immigration and Asylum,[47] the ambition to facilitate legal migration with a though policy on illegal immigration. Both elements are clearly present in the so-called "Mobility and Security pacts" that are offered to the eastern partners and which could include, apart from improving the mobility of people, the following elements:

- The fighting of illegal migration;
- The upgrading of the asylum systems to EU standards;
- The setting up of integrated border management structures aligned to the EU *acquis*;
- The enhancement of the abilities of police and judiciary.

The main instrument of the "mobility side" of the pacts would be the so-called "Mobility Partnership". A pilot Mobility Partnership was already concluded in June 2008 in the form of a Joint Declaration between the Republic of Moldova, the European Union and a select number of participating Member States.[48] It is noteworthy that this document is not designed to create legal rights or obligations but rather operates as a long-term political framework including a wish-list of proposed activities, such as the monitoring of migration flows, training sessions on border controls and assistance for returning migrants. It remains to be seen to what extent they can provide an answer to the eastern partners' expectations of concrete visa liberalisation. The parallel conclusion of visa facilitation and readmission agreements, which have already entered into force with Ukraine and Moldova,[49] provides a first step in this direction. In the long run, visa-free travel is contemplated "on a case-by-case basis provided that conditions for well-managed and secure mobili-

47 The "Global Approach to Migration" was launched on the occasion of the December 2005 European Council (*Bull. EU* 12 (2005), I.6.8). The "European Pact on Immigration and Asylum" was endorsed by the European Council in October 2008 (*Bull. EU* 10 (2008), I.14).

48 Bulgaria, Cyprus, the Czech Republic, France, Greece, Germany, Hungary, Italy, Lithuania, Poland, Portugal, Romania, Slovakia, Slovenia and Sweden. *Joint Declaration on a mobility partnership between the European Union and the Republic of Moldova*, Brussels, 9460/08, 21 May 2008.

49 *Agreement between the European Community and Ukraine on readmission of persons*, OJ L 332, 18 December 2007, p. 48; *Agreement between the European Community and Ukraine on the facilitation of the issuance of visa*, OJ L 332, 18 December 2007, p. 68; *Agreement between the European Community and Moldova on readmission of persons*, OJ L 334, 19 December 2007, p. 149. *Agreement between the European Community and Moldova on the facilitation of the issuance of visa*, OJ L 334, 19 December 2007, p. 169.

ty are in place".[50] Progress made in this field is rightfully regarded a "litmus test" for the credibility of the EU's engagement in the Eastern neighbourhood.[51]

The developments devoted to the visa policy in the Communication of the Commission are very detailed but can be summarised as follows: within the framework of the Mobility and Security Pacts the EU should:

- Initiate talks on visa facilitation with partners. Visa facilitation agreements would be accompanied by readmission agreements and, where necessary, by technical assistance;
- Revise these agreements to introduce additional facilitations, e.g. waiving the visa fee for all citizens;
- Develop a co-ordinated plan to improve Member States' consular coverage in the region and establish Common Visa Application Centres;
- Once visa facilitation and readmission agreements are implemented, open dialogues on visa-free travel with all co-operating partners should establish roadmaps leading to visa waiver;
- The Commission will launch a study to quantify the costs and benefits for the EU and for partners with regard to labour mobility and possible labour-matching measures and the EU could pursue a targeted opening of the EU labour market to citizens of its partners, as well as measures to facilitate circular migration;
- Reinforced technical co-operation and financial assistance is envisaged in the justice and law enforcement areas;
- Support the partners to establish high-standard border management procedures at the external borders;
- Assist partners in establishing an effective data protection regime to share operational information with Europol and Eurojust;
- Grant partners special status in relevant EU agencies;
- Support partners in implementing national strategies in line with EU standards to fight organised crime, trafficking and high level corruption, and to prevent money laundering and financing of terrorism.[52]

In May 2011, the European Commission and the High Representative stressed in their Joint Communication that "the Commission will seek to conclude negotiations [for Mobility Partnerships] with Armenia and prepare for the launch of negotiations with e.g. Morocco, Tunisia

---

[50] *Prague Joint Declaration*, *op. cit.*, point 7.

[51] Speech by Ferrero-Waldner, B., *Ambitious New Partnership for the East*, Polish Parliament, 27 November 2008, http://ec.europa.eu/commission_barroso/ferrero-waldner/speeches/index_en.htm.

[52] COM(2008) 823 final, *op. cit.*, pp. 6-7. See also COM(2011) 303 final, *op. cit.*, p. 13.

and Egypt". Moreover "the EU will continue to assist Ukraine and Republic of Moldova in their efforts to implement visa liberalisation action plans". In other words, Ukraine and Moldova are a sort of laboratory in terms of mobility but it remains to be seen how this strategy is going be implemented in the Southern Caucasus (not so populated but located at a crossroad between Asia and Europe) and the Southern Mediterranean.

c. Energy Security

Apart from facilitated mobility, energy security is another strategic priority of the EaP.[53] The main objective is to "strengthen the energy security of the EU and of the partners with regard to long-term energy supply and transit".[54] Better regulation, energy efficiency and the use of renewable energy sources were put forward by the partners in Prague as well as the need to include provisions on energy interdependence within the framework of the new AAs or "other bilateral arrangements between the EU and the partner countries". Moreover energy co-operation should "take into account the EU's Second Strategic Energy Review and each partner country's energy policy".[55]

A number of bilateral measures have been identified by the European Commission:

- Inclusion of "energy interdependence" provisions in the AAs;
- Swift completion of negotiations on Ukraine's and Moldova's membership in the Energy Community;[56]
- Conclusion of a Memoranda of Understanding on energy issues with Moldova, Georgia and Armenia;[57]
- Enhanced support for the full integration of Ukraine in EU's energy market;
- Enhanced political engagement with Azerbaijan as the only EaP hydrocarbon exporting partner to the EU, based on Azerbaijan's gradual convergence with the EU energy market and infrastructure integration;
- Finalisation of a European Commission-Belarus declaration on energy;
- Encouragement to participate in the Intelligent Energy Europe Programme.

---

53 See Map 5.

54 COM(2008) 823 final, *op. cit.*, p. 8.

55 *Prague Joint Declaration*, *op. cit.*, point 8.

56 "When appropriate, an extension of observership to other partners should be considered".

57 Including measures to support and monitor the security of energy supply and transit.

Apart from the objective of legal approximation of the *acquis* related to energy, which is organised at the bilateral level, the energy dimension is also predominant in the EaP's multilateral track (cf. *infra*). The long-term ambition is to create an integrated market in natural gas and electricity. The Energy Community Treaty concluded in 2006 between the European Community and the countries of the Western Balkans could provide an interesting model in this respect.[58]

d. Supporting Economic and Social Development

The basic idea is that the "EaP partner countries should be able to draw on the experience and mechanisms of EU economic and social policies". In this respect, the Commission proposed:

- A Memoranda of Understanding on regional policy, as a basis for Dialogue;
- Additional funding and co-operation on pilot regional development programmes addressing local needs for infrastructure, human capital and SMEs modelled on EU cohesion policy;
- Direct co-operation between the regions of the EU and of the partner countries, including participation in existing transnational programmes in South-Eastern, Central and Northern Europe;
- Extending ENPI-funded cross-border co-operation, currently implemented at the external borders of the EU, to the borders between partners.

It is noteworthy that these initiatives are not restricted to the traditional economic and social development measures but rather focus on integrating the eastern partners into the EU policies and frameworks for co-operation with a strong emphasis on cross-border co-operation and cohesion policy.

2. *The Multilateral Track*

The creation of a specific multilateral framework for the EU's relations with its partners in Eastern Europe and in the Southern Caucasus is a real innovation within the ENP. The Prague Joint Declaration emphasised that the multilateral dimension of the EaP will "operate on a basis of joint decisions" and "facilitate the development of common positions and joint activities". Moreover, like in the Euro-Mediterranean Partnership, the idea is to add a horizontal process of co-operation and integration as the "multilateral framework is aimed at fostering links among partner countries themselves".[59] Accordingly, the multilateral track "will

---

[58] The Energy Community Treaty, OJ L 198, 20 July 2006, p. 18.

[59] *Prague Joint Declaration*, *op. cit.*, point 9.

provide a forum to share information and experience on the partner countries steps towards transition, reform and modernisation and give the EU an additional instrument to accompany these processes".[60]

The new multilateral framework will "provide the setting for the systematic organisation of dedicated sessions involving the relevant European Commission services and, where appropriate, Member State experts, devoted to the presentation and explanation of the EU legislation and standards as well as its comparison with national policy and legislation. In this way the EaP will initiate a structured approximation process, supported by the CIB".[61]

For the European Commission, the multilateral track is designed to "support progress in partners" bilateral relations with the EU, which will continue to be governed by the principle of differentiation".[62] In other words, Association Agreements and the three main ENP instruments, namely Action Plans, Country and Progress Reports, will remain the driving force of the overall reform strategy. Hence, the multilateral dimension of the EaP will accompany the bilateral efforts.

a. The Four Thematic Platforms: Working *Fora* Promoting the Objectives of the Eastern Partnership

Discussions will occur, in principle, at least twice a year in Brussels,[63] on the basis of the four thematic platforms identified by the European Commission,[64] namely:

- Democracy, good governance and stability;
- Economic integration and convergence with EU policies;
- Energy security;
- Contacts between people.

The Prague Joint Declaration gives more details about the methodology to be followed:[65]

---

60 *Ibid.*

61 COM(2008) 823, *op. cit.*, p. 10.

62 On differentiation see the contribution of Van Elsuwege, P. in this volume.

63 European Commission, *Eastern Partnership Multilateral Platforms General Guidelines and Rules of Procedure*, http://ec.europa.eu/external_relations/eastern/platforms/rules_procedure_en.pdf.

64 See COM(2008) 823, pp. 11-13 and European Commission, *Commission staff working document accompanying the Communication from the Commission to the European Parliament and the Council, Eastern Partnership*, SEC(2008) 2974/3, Brussels, 3 December 2008, pp. 4-8.

65 See also *Eastern Partnership Multilateral Platforms General Guidelines and Rules of Procedure*, http://ec.europa.eu/external_relations/eastern/platforms/rules_procedure_en.pdf.

- Each platform will adopt a set of core objectives to be updated periodically, with a corresponding work programme, and will review the progress achieved;
- Meetings will be held at the level of senior officials;
- The platforms will report to the annual meetings of Ministers of Foreign Affairs;
- The work of the platforms may be promoted through sector-specific Ministerial meetings;
- Panels will support the work of the thematic platforms in specific areas;[66]
- Ad hoc participants, including third states, will be eligible for the participation on a case-by-case basis in concrete projects, activities and meetings of thematic platforms;[67]
- Activities within the multilateral framework of the Eastern Partnership should be voluntary and based on the principles of a co-operative approach.[68]

The first platform, entitled "*democracy, good governance and stability*", deals with the necessity to develop "democratic institutions and effective state structures". The need to promote a "stronger participation of civil society to enhance oversight of public services and strengthen public confidence" is clearly highlighted by the European Commission.[69] Three main axes have been identified: "Democracy and Human Rights", "Justice, Freedom and Security" and "Security and Stability".[70] Activities identified under the theme "Democracy and Human Rights" include, for example, best practices in the field of electoral standards. As far as Justice, Freedom and Security is concerned, one can mention the support to establish integrated border management systems. Interesting proposals are also put forward in the field of the promotion of "stability

---

66 According to the Document: *Eastern Partnership Multilateral Platforms – General Guidelines and Rules of Procedure*, *op. cit.* The Panels are "expert-level working groups attached to a platform". These can be "permanent or temporary" and have to be "established and abolished by a joint decision of full participants of a platform".

67 "Case-by-case decisions on *ad hoc* participation based on proposals submitted by any full participant will be taken prior to the respective meeting, project or activity either by the platform sessions or by way of written procedure involving all full participants. A wide range of stakeholders can become ad hoc participants, including inter alia, third countries, international organisations, financing institutions and representatives of civil society", European Commission, *Eastern Partnership Multilateral Platforms – General Guidelines and Rules of Procedure*, *op. cit.*

68 *Prague Joint Declaration*, *op. cit.*, point 12.

69 COM(2008) 823, *op. cit.*, p. 11.

70 SEC(2008) 2974/3, *op. cit.*, pp. 2-3.

and multilateral confidence-building with the goal to consolidate the sovereignty and territorial integrity of partners".[71] In this respect, three elements are being proposed:

- The pooling of information and resources to facilitate prevention of and response to natural and man-made disasters, including a link with the EU Civil Protection Mechanism;
- Contacts among Civil Society Organisations to improve their capacity for advocacy and promote confidence building in areas of protracted conflict;
- Co-operation on specific CFSP and ESDP issues.[72]

The parallels with the initiatives developed in the framework of the Euro-Mediterranean Partnership are striking. Of particular importance are the so-called "Partnership building measures", such as the Euromesco Network (a network of foreign policy institutes), the Euro-Mediterranean Diplomats Seminars held in Malta, or co-operation among civil protection authorities on natural and man made disasters.[73] In the field of CFSP and ESDP, the promotion of political dialogue and of the participation of partner countries in ESDP missions and exercises is highlighted together with the possibility to establish "early-warning arrangements" with particular focus on conflict areas. The EaP thus clearly builds on this Barcelona *acquis* that has been transposed into the ENP framework.

The second platform focuses on "*economic integration and convergence with EU policies*". The main elements identified by the European Commission in its December 2008 Communication are the following:

- The conclusion of DCFTAs among the partners or "regional Free Trade Agreements based on the bilateral commitments undertaken in the DCFTAs with the EU";
- The adoption of the diagonal cumulation of origin;[74]
- The support of customs reforms in Partner countries;

---

71 COM(2008) 823, *op. cit.*, p. 11.

72 "Participation of partner countries in ESDP missions and exercises, and coordination of diplomatic activities. A mechanism to involve partner countries in consultations concerning ESDP operations could be considered. Security-related early-warning systems should be enhanced, with particular focus on conflict areas. Closer co-operation on arms export practices and non-proliferation could also be envisaged". SEC(2008) 2974/3, *op. cit.*, pp. 2-3.

73 See Lannon, E. and Van Elsuwege, P., *op. cit.*, p. 45.

74 See Inama, S., "Pan-European Rules of Origin and the Establishment of the Euro-Mediterranean Free Trade Zone", in Maresceau, M. and Lannon, E. (eds.), *The EU's Enlargement and Mediterranean Strategies: A Comparative Analysis*, Basingstoke, Palgrave, 2001, pp. 199-216.

- The promotion of a "broader regional trade approach" with a view to establish the Neighbourhood Economic Community, and offer full access to the single market in the longer term;
- The increase of private sector involvement and focus on enhancing employment, decent work, social cohesion and equal opportunities;
- The extension of multilateral co-operation to environment policy and climate change;
- The facilitation of the interconnection of partners' transport and telecommunications networks and the harmonisation of the regulatory environment;
- The deployment of advanced research and communications networks.[75]

The European Commission staff working document accompanying the December 2008 Communication is more precise. For instance, it regrouped a number of proposals under four headings, namely: "Trade and Regulatory Approximation"; "Socio-economic development"; "Environment and Climate Change"; and "General Issues". The Commission proposed the "identification of partners' interests regarding participation in or co-operation with Community agencies and programmes" and the "establishment of a programme of secondment to Member States' administrations and to the Commission of civil servants from partner countries responsible for particular areas of EU approximation".[76]

The third platform dealing with "*energy security*" is, as already mentioned, of specific importance. Three main axes will shape the platform. First of all the platform will promote co-operation and solidarity,[77] then it will give support for infrastructure development, interconnection and diversification of supply[78] and, finally, it will contribute to the harmoni-

---

75 COM(2008) 823, *op. cit.*, p. 11.

76 SEC(2008) 2974/3, *op. cit.*, pp. 4-5.

77 Including: "mutual energy support and security mechanisms, including early warning mechanisms and joint security actions. Establishing an EaP energy security panel".

78 Including: "Development of an Energy Infrastructure Action Plan – Support for the rehabilitation the Ukrainian gas transit network and similar infrastructure in Belarus and Moldova – Better integrating the Southern Caucasus regional market – Political and practical support for the realisation of the Southern energy corridor, the extension of the Odessa-Brody oil pipeline to Plock – Promotion of the development of Liquified Natural Gas (LNG) facilities in Black Sea – increase partners' gas, oil and oil products storage capacities, hydrocarbon processing and transportation infrastructures, upgrade electricity interconnections. – Support for the acceleration of Moldova's and Ukraine's accession to the UCTE (Union for the Co-ordination of the Transmission of Electricity) network".

sation of energy policies.[79] The overall strategy is based on the willingness to develop "mutual energy support and security mechanisms", to harmonise the partners' energy policies and legislation with EU practice and *acquis* and to create, in the medium term, an "interconnected and diversified energy market". The development of public-private partnerships and the diversification of supply and transit routes are considered as other crucial elements in the field of energy.[80] Obviously, a number of the envisaged multilateral projects are based upon already existing initiatives. For instance, the INOGATE (Interstate Oil and Gas Transport to Europe) programme was launched already in 1995 and aims at the integration of pipeline systems for the transport of oil and gas to Europe. In this context, the so-called "Baku initiative" was launched in 2004 with the aim to harmonise the legal and technical standards needed for an integrated pan-European energy market.[81] The EaP intends to provide additional impetus to these projects.

The fourth platform[82] concentrates on "*contacts between people*". Three main components have been identified:

- In the field of culture, a specific "EaP Culture Programme" will be launched, a window to complement the Youth in Action Programme in the six partner countries will be opened[83] and the Council of Europe's Kiev Initiative on cultural heritage will be supported;
- In the field of education and research the funding for Erasmus Mundus and TEMPUS programmes will be increased and partners will be supported to implement reforms in line with the Bologna Process in order to integrate the European Research and Higher Education Area. Finally, initiatives are foreseen in the framework of the Jean Monnet Programme and the 7th Framework Programme for Research and Development;
- Regarding information society and media, the objective is to "foster cooperation among the partners' regulatory authorities for electronic communications as well as between them and the regulators of the EU Member States and to promote co-operation be-

---

79 Including: "seminars, workshops and training sessions on the EU energy *acquis* – Twinning and networking, and as appropriate the establishment of associations, between EU and EaP energy institutions – Development of an energy dialogue with participation of EU and partners' industry". SEC (2008) 2974/3, *op. cit.*, pp. 6-7.

80 COM(2008) 823 final, *op. cit.*, p. 12.

81 See http://www.inogate.org/.

82 See the contribution of Solonenko, I. in this volume.

83 The objective is to "promote youth mobility and exchanges to enhance intercultural dialogue and mutual understanding. It would also support the role of youth NGOs and other actors to strengthen civil society in the partner countries."

tween the partners' and the EU Member States' authorities in charge of the development of the Information Society". It is also envisaged to promote "co-operation and circulation audio-visual goods and services in compliance with Council of Europe and EU standards" and to create joint media projects.[84]

b. The Five Selected Flagship Initiatives

The main idea of the "selected flagship initiatives" concept is to provide more visibility to the multilateral track of the EaP and to "mobilise multi-donor support, funding from different IFIs and investment from the private sector".[85] The European Commission proposed five initiatives:

- An Integrated Border Management Programme to combat customs fraud, trafficking and illegal migration, and promote progress in "key policy areas such as trade, customs and visas";
- A SME Facility to "support the needs of SMEs, and provide external stimulus to growth and employment" notably via risk capital and loans;
- Regional electricity markets, improved energy efficiency and increased use of renewable energy sources to develop "an appropriate regulatory framework and financing mechanisms";[86]
- A southern energy corridor to "strengthen the 'Baku initiative' into a genuine energy partnership and to work with the countries concerned, including third countries,[87] with the objective of rapidly securing firm commitments for the supply of gas and the construction of the necessary energy infrastructure";
- Prevention of, preparedness for, and response to natural and man-made disasters.[88]

Significantly, due to a lack of consensus among the partner countries, the politically sensitive flagship initiative on the diversification of

---

84 European Commission, *Commission staff working document accompanying the Communication from the Commission to the European Parliament and the Council, Eastern Partnership*, SEC(2008) 2974/3, *op. cit.*, p. 8.

85 COM(2008) 823 final, *op. cit.*, p. 3. See also the *Prague Joint Declaration*, *op. cit.*, point 13.

86 Support is to be provided through different programmes and notably the Intelligent Energy Europe and INOGATE.

87 E.g. Turkey and Caspian littoral states.

88 Notably by establishing co-operation between the "EU (the Community Civil Protection Mechanism) and the partner countries, and also among the partner countries themselves and by concluding "agreements on a formal co-operation framework". SEC (2008) 2974/3, *op. cit.*, pp. 9-10.

energy supplies has been postponed and replaced by a more neutral programme on environmental governance.[89]

The EaP's multilateral track has clearly been inspired by the EMP but nevertheless retains its own characteristics. First, the EaP, contrary to the EMP, is not structured on the basis of the three partnerships of the Barcelona Declaration (Political-Security/Economic-Financial/Social-Cultural-Human). Second, the four thematic platforms are specific to the EaP and seem to be more pragmatic and result-orientated compared to the Mediterranean initiatives. On the other hand, the five selected flagship initiatives are quite similar, at least to the aims but also occasionally to the substance, of the six projects identified in Paris in July 2008 for the launching of the Union for the Mediterranean.[90] Obviously, one of the major differences between the two partnerships is the number of participants: only six partners in the EaP compared to sixteen partners of the Union for the Mediterranean.

C. The Institutional Framework of the Eastern Partnership

Two dimensions if not three have to be taken into account as far as the institutional framework is concerned. First of all, there is the bilateral dimension still to be created in the framework of the new Association Agreements. Second, the multilateral dimension includes a framework for the organisation of the thematic platforms and the implementation of the flagship initiatives (cf. *supra*). Finally, a sub-regional dimension including specific organisations and initiatives for regional co-operation around the Black Sea and Baltic Sea play an important role in the EU's Eastern neighbourhood. They are, however, not formally included within the EaP.[91]

---

89 Implementation of the Eastern Partnership: Report to the meeting of Foreign Affairs Ministers, 13 December 2010, http://eeas.europa.eu/eastern/docs/eap_meeting_foreign_affairs_131210_en.pdf.

90 The six projects of the UfM are the following: De-pollution of the Mediterranean, Maritime and Land Highways, Civil Protection, Alternative Energies, Higher Education and Research/Euro-Mediterranean University, Mediterranean Business Development Initiative. See *Joint Declaration of the Paris Summit for the Mediterranean*, Paris, 13 July 2008, http://www.ue2008.fr/.

91 This is an important difference with the Northern Dimension, where the regional organisations of the Baltic Sea region are considered as key stakeholders of the EU's policy. See Lannon, E. and Van Elsuwege, P., "The EU's Northern Dimension and the EMP-ENP: Institutional Frameworks and Decision-making Processes Compared", in Xuereb P. G. (ed.), *The European Union and the Mediterranean: The Mediterranean's European Challenge*, Malta, EDRC University of Malta, 2004, pp. 7-24.

1. The Institutional Dimension of the Future Association Agreements

At the bilateral level, the envisaged Association Agreements will create the main institutional bodies for the follow-up of the eastern partner countries' progress.[92] Traditionally, an Association Council is established at the ministerial level to supervise the implementation of the agreement and to discuss issues of mutual interest. To assist the Association Council in the performance of its duties, an Association Committee operates at senior official level. In addition, the Association Council can decide on the creation of specialised Sub-Committees. In some cases a Parliamentary Committee consisting of members of the European Parliament and the Parliament of the partner country is endowed with the democratic supervision of the bilateral relationship.[93] The committee may also make recommendations to the Association Council. For the time being, the largely comparable institutional bodies of the Partnership and Co-operation Agreements (PCAs): Co-operation Council, Co-operation Committee, Sub-Committees and Parliamentary Co-operation Committee fulfil these tasks.[94] An important difference is, however, that within the current legal framework of the PCAs it is not possible to adopt legally binding decisions.[95] An upgrade of the bilateral

---

92 It can be expected that the institutional framework of the envisaged AAs with the eastern partners will follow, in broad lines, the classical multilevel structure, which could also be found in the Europe Agreements (EAs) concluded with the Central and East European Countries before their accession to the EU and in the still applicable Stabilisation and Association Agreements (SAAs).

93 Such a Parliamentary Committee already exists in the framework of the PCAs (see e.g. Art. 91 of the PCA with Ukraine). It was also a common practice in the old EAs (see e.g. Art. 188 of the EA with Lithuania) and is still the case in the SAAs (see e.g. Art. 116 of the SAA with Croatia). With regard to the EMAAs, however, no concrete bilateral parliamentary dialogue is established on the basis of the agreement. It is only provided that the Association Council shall take all appropriate measures to facilitate co-operation and contacts between the European Parliament and the parliamentary institutions of the partner country (see e.g. Art. 85 of the EMAA with Morocco, OJ L 70, 18 March 2000, p. 2). Only the most recent EMAA, concluded with Lebanon in 2006, includes the more straightforward provision that "a political dialogue shall be established between the European Parliament and the Lebanese Parliament" (Art. 5:2, OJ L 143, 30 May 2006, p. 2).

94 It is noteworthy that the PCA with Ukraine also provides for annual summit meetings at the highest political level, bringing together the Ukrainian President and, for the EU, the Commission President, the Head of State or Government of the country holding the EU Presidency and the EU's High Representative for CFSP. No similar high level meetings exist for other ENP partners except Morocco.

95 The Co-operation Council can adopt non-binding recommendations, see e.g. Art. 85 of the Partnership and Co-operation Agreement between the European Communities and their Member States, and Ukraine, OJ L 49, 19 Feb. 1998, p. 3.

relationship to the level of association would make a crucial difference in this respect.

2. *The Institutional Structure of the Multilateral Dimension of the EaP*

At the outset, the Polish-Swedish proposal suggested that the institutional structure should be "as light-weight and goal-oriented as possible".[96] In contrast to the Union for the Mediterranean, which includes a Permanent Secretariat, a Joint Permanent Committee and a rotating Co-Presidency,[97] the EaP does not provide for new permanent institutions. The focus is rather on the organisation of meetings at different political and technical levels, which is run by the European External Action Service (EEAS).

At the highest political level, the EaP Heads of State or Government come together every two years to discuss the main strategic guidelines. The founding summit was held in Prague and on this occasion the principle was accepted that the following summits "should take place in the EU and in the partner countries".[98] The common practice should be to hold the summits alternatively in one EU Member State and then in one of the partner countries but, as in the EMP, the political and security context might often change initial expectations. This was already the case of the founding conference held in Prague where a quite important number of countries was not represented at the level of Head of State or Government (cf. *infra*). Contrary to the initial proposals, the second EaP summit will not take place in an EaP partner country but in Warsaw on the occasion of the Polish EU Presidency in the second half of 2011.

The second level of multilateral political dialogue is constituted by annual spring meetings of Ministers of Foreign Affairs. The Ministers review progress and provide policy guidance. In 2010, for instance, they discussed possible areas of activities for the EaP and had preliminary discussions on co-operation in the energy and transport sectors, the participation of partner countries in EU programmes, the co-operation

---

96 *Polish-Swedish Proposal, Eastern Partnership*, 23 May 2008, http://www.tepsa.eu/docs/draft_proposal_eastern_partnership.pdf.

97 On the institutional structure of the Union for the Mediterranean see Khader, B. in this volume and Lannon, E., Le nouveau système institutionnel du Processus de Barcelone: Union pour la Méditerranée: Une co-appropriation en trompe l'œil? *Revue Défense de l'Institut des hautes études Défense nationale*, No. 136, Novembre-Décembre 2008, pp. 34-36, Aliboni R., Joffe G., Lannon E., Mahjoub A., Saaf A., de Vasconcelos Á., "Union pour la Méditerranée: Le potentiel de l'acquis de Barcelone", *European Union Institute for Security Studies Reports*, No. 3, Paris, novembre 2008.

98 *Prague Joint Declaration*, *op. cit.*, point 10.

on conflict prevention and resolution, the role of civil society and the opportunities for cross-border mobility.[99] Sector-specific ministerial conferences on issues such as energy and migration are organised to elaborate those initiatives.

More original is the idea to establish four thematic platforms according to the main areas of co-operation (cf. *supra*). Meetings are held at senior official level twice a year and reports will be presented to the Ministers of Foreign Affairs. Sector-specific ministerial meetings also promote the work of these platforms. It is noteworthy that, according to the European Commission, "Member States with an experience of transition have a particular contribution to make to the process". The EEAS organises and co-ordinates the platform meetings in close co-operation with the EU Presidency and the Eastern partners.[100] Finally, so-called "panels" will support, at a more technical level, the work of the thematic platforms.

3. *Participation and Ownership: the Creation of an "EaP Civil Forum" and "EU Neighbourhood EAST Parliamentary Assembly"*

Participation is a crucial element of a strategy that pursuits the objective of co-ownership. The European Commission would like to go beyond pure intergovernmental co-operation and involve in the process not only international organisations such as the OSCE and the Council of Europe or International Financial Institutions such as the EIB and EBRD, but also "parliaments, business representatives, local authorities, and a wide range of stakeholders in the fields covered by the thematic Platforms". In this regard, it is envisaged to establish an EaP Civil Society Forum to promote "contacts among CSOs and facilitate their dialogue with public authorities".[101] The idea to establish the EaP Civil Society Forum is clearly inspired by the Mediterranean experience and reflects the example of the Euromed Civil Forum.[102]

---

[99] European Commission, *Joint Staff Working Paper, Implementation of the European Neighbourhood Policy in 2010, Report: Eastern Partnership*, SEC(2011) 641, Brussels, 25 May 2011, p. 12.

[100] The first multilateral platform meetings took place in June 2009; see *The Eastern Partnership: getting down to work*, IP/09/872, Brussels, 4 June 2009.

[101] See the *Prague Joint Declaration* and *Results of the consultations with CSOs and NGOs on the creation of the Eastern Partnership Civil Society Forum*, http://ec.europa.eu/external_relations/eastern/civil_society/docs/consult_results_cs_en.pdf as well as *Eastern Partnership Civil Society Forum Concept paper*, http://ec.europa.eu/external_relations/eastern/civil_society/docs/concept_en.pdf.

[102] A first gathering of eastern civil society organisations (CSOs) was held in the margins of the Prague EaP Summit. On this occasion, the guidelines for a more institutional-

In parallel to the establishment of a multilevel executive structure for the EaP, the European Parliament took the initiative to set up an "EU Neighbourhood EAST Parliamentary Assembly" (EURONEST-PA).[103] The influence of the European Mediterranean Partnership is obvious. Already in the 1995 Barcelona Declaration the establishment of a Euro-Mediterranean parliamentary dialogue was announced. After a long process of institutionalisation, the Euro-Mediterranean Parliamentary Assembly (EMPA) was finally established in Naples on 3 November 2003.[104] According to the European Commission, an additional "Parliamentary Troika comprising the European Parliament, the OSCE and the Council of Europe Parliamentary Assemblies could underpin the multilateral aspects of the EaP".[105]

Moreover, the European Commission invited the Committee of the Regions and the European Economic and Social Committee to participate in the EaP "particularly in the work under thematic platforms on "democracy, good governance and stability" and on "contacts between people". The Committee of the Regions has also been incited to establish an "Eastern Europe and South Caucasus Local and Regional Assembly",[106] thus mirroring the "Euro-Mediterranean Regional and Local Assembly" (EMRLA).[107]

---

ised civil society forum were adopted. See http://www.amo.cz/novinky/konference-eastern-partnership-towards-civil-society-forum.html. In the South, a Euromed Civil Forum was held for the first time in Barcelona in 1995, see: http://www.euromedplat form. org/spip and Akrimi, N., "Places les sociétés civiles au coeur du Partenariat renouvelé: des défis et des pistes pour l'avenir", in Bekemans, L., *et al.* (eds.), *Intercultural Dialogue and Citizenship*, Venice, Marsillio, 2007, pp. 277-296.

103 *Background note on Eastern Partnership and its Parliamentary Assembly – EURONEST*, http://www.eppgroup.eu/policies/afet/docs/090505euronest.pdf, see also *Prague Joint Declaration*, *op. cit.*, point 15. At the time of writing, the first meeting of the EURONEST-PA was postponed in the absence of an agreement on the representation of Belarus. See: "Eastern Parliamentary Assembly delayed but on track", *EurActiv.com*, 26 March 2010.

104 On the EMPA, see Lannon, E. and Van Elsuwege, P., "The EU's Northern Dimension and the EMP-ENP: Institutional Frameworks and Decision-making Processes Compared" in Xuereb P. G. (ed.), *The European Union and the Mediterranean: The Mediterranean's European Challenge*, Malta, EDRC, 2004, pp. 47-50.

105 COM(2008) 823, *op. cit.*, p. 14.

106 *Ibid.*, p. 14.

107 See Lannon, E. and Martín, I., *Report on the status and progress of the Euro-Mediterranean Partnership*, European Institute of the Mediterranean, May 2009, Barcelona, p. 11, http://www.mcrit.com/iemed/EMP2009/Status%20en%20PDf_doc%2008juliol.pdf.

III. Challenges and Opportunities of the Eastern Partnership

A. Implications for the European Neighbourhood Policy

The creation of a specific policy framework for the EU's Eastern neighbourhood is both an asset and a threat for the ENP. On the one hand, a more targeted approach for the eastern partner countries is a logical result of differentiation. The prospect of deeper bilateral relations based on far-reaching Association Agreements providing for deep and comprehensive free trade, legal approximation and facilitated mobility for citizens is an important opportunity for strengthening the ENP in the East. The parallel multilateral track can potentially reinforce the EU's role in promoting a regional approach to transnational problems such as energy security and environmental protection. On the other hand, there is a risk that the creation of yet another regional policy might lead to a fragmentation of the ENP into a bundle of competing policies, each supported by a small group of Member States. France and the southern EU Member States focus on the Union for the Mediterranean; for Romania and Bulgaria the Black Sea Synergy is of particular importance; Sweden, Poland and the other Visegrád countries have a specific interest in the Eastern Partnership whereas Finland is the main promoter of the EU's Northern Dimension. The question arises as to what extent a coherent European Neighbourhood Policy can be established given the constant fight for funding and the shifting focus of the EU's attention depending on the countries holding the Presidency of the Union.

The success of the EaP largely depends on the political support for this policy, both inside the EU and among the eastern partner countries. The observation that the highest political leaders of big EU Member States, such as France, Spain, the United Kingdom and Italy did not attend the Prague Eastern Partnership Summit could be perceived as a signal of limited interest in the initiative. In fact, nine Member States were not represented at the highest level.[108] Moreover, two partners out of six were also not represented at the highest level. Belarus was represented by the first deputy Prime Minister Vladimir Semashko and Moldova by the deputy Prime Minister and Minister of Foreign Affairs

---

108 Cyprus: Minister of Foreign Affairs; – France: Prime Minister; – Italy: Minister of Welfare; – Lithuania: Minister of Foreign Affairs; – Luxembourg: Deputy Prime Minister and Minister of Foreign Affairs of and Immigration; – Malta: Deputy Prime Minister and Minister of Foreign Affairs; – Portugal: State Minister and Minister of Foreign Affairs; – Spain Minister of Foreign Affairs; – United Kingdom Secretary of State for Foreign and Commonwealth Affairs.

and European Integration Andrei Stratan. The desire not to provoke Russia in the aftermath of the Georgia crisis seems obvious (cf. *infra*).

By comparison, the first Euro-Mediterranean Summit, organised on the 10th anniversary of the Barcelona Declaration in 2005, was not attended by an important number of leaders of the southern partners, given the difficult political context at that time. The second summit, held in Paris in July 2008 for the launching of the Union for the Mediterranean was, on the contrary, a real political success in terms of the participation of partners[109] and Member States. However, the forthcoming summit is already in the shadow of the current crisis of the Union for the Mediterranean. Hence, uncertainties regarding the regular participation of all partners are an issue that should not be underestimated in the context of the EaP.

In the longer term, internal backing for the EaP will largely depend upon the activism of the European Commission and the countries holding the Presidency of the EU. The system of rotating EU presidencies traditionally leads to a varying attention for different parts of the EU's neighbourhood. In this respect, the practice of the so-called "team presidencies" ought to guarantee a better balance of the EU's geostrategic interests.[110]

B. The Russia Factor

With regard to the external political context, the position of Russia is of key importance. In his first reaction, Russian President Medvedev expressed a concern that the EaP could evolve into "a Partnership against Russia".[111] Obviously, the EU's rhetoric that the EaP is a positive project promoting prosperity and stability in Europe, and as such it is also in the interest of Russia, is not convincing.[112] In Russia's political mindset, the EaP is rather perceived as a threat to its traditional sphere of influence. The recent experience of "colour revolutions", which were largely based on anti-Russian sentiments, and tensions with the new political leadership in Ukraine and Georgia partly explains Russia's

109 Jordan, Morocco and Libya were, however, not represented at the highest level. See the contribution of Khader, B. in this volume.

110 The Final Act of the Intergovernmental Conference, which adopted the Treaty of Lisbon provides in Declaration No. A.9 that the Presidency of the Council shall be held by pre-established groups of three Member States for a period of eighteen months. Significantly, the groups take into account the geographical balance within the Union (OJ C 115, 9 May 2008, p. 341). For the period 2010-2011 for instance, Spain, Belgium and Hungary jointly prepared the Council Presidency.

111 "Press-conference following EU-Russia Summit" in: *CEPS European Neighbourhood Watch*, No. 49, 2009, p. 7, http://www.ceps.eu/files/NW/NWatch49.pdf.

112 See the contribution of Adomeit, H. in this volume.

critical attitude. Moreover, the EU's parallel condemnation of Russia's behaviour during the Caucasus crisis and the announcement of deeper relations with the eastern partners on the occasion of the extraordinary European Council meeting of 1 September 2008, which was exclusively devoted to the situation in Georgia, at least created the impression that this initiative was directed against Russia. Hence, Russia's scepticism about the EaP is not too difficult to understand. On the other hand, however, the intensity of Russia's reactions might be surprising. Ultimately, the EaP is only a continuation and intensification of the ENP to which Russia has never been deeply opposed.[113]

At least two specific characteristics might explain Moscow's uneasiness with the EaP. The first issue concerns the position of Belarus. While EU-Belarus relations have been characterised by a long-term *status quo*, meaning the absence of official contacts and only a marginal impact of EU efforts to stimulate democratic reforms, the EaP presents a new attempt to establish normalised relations. In comparison to previous offers on the part of the EU,[114] the geopolitical context is now completely different. After Lukashenko's presidential re-election in 2006, Belarus-Russian relations significantly deteriorated after Russia's state-owned gas supplier *Gazprom* announced higher prices for the Belarusian market. When Lukashenko opposed this price hike, *Gazprom* threatened to cut gas supplies to Belarus. Both parties finally agreed on a compromise in January 2007 providing for a gradual increase of gas prices and, most importantly, the transfer of fifty per cent of *Beltransgaz*, the Belarusian national gas network, to *Gazprom*.[115] Arguably, the Russia-Belarus gas row formed the beginning of a relative thaw in EU-Belarus relations illustrated by the release of political prisoners in August 2008 and the suspension of EU sanctions against Belarusian officials shortly afterwards.[116] The refusal of the Belarusian government to recognise the independence of South-Ossetia and Abkhazia, partly under pressure on the part of the EU, stirred Russia's frustrations. The renewed dialogue

---

[113] Steward, S. "Russia and the Eastern Partnership. Loud Criticism, quiet Interest in Cooperation", *SWP Comments*, May 2009, Berlin, http://www.swp-berlin.org/en/common/get_document.php?asset_id=6000.

[114] On several occasions, the EU offered Belarus a perspective of normalised relations in response to concrete steps towards democratisation, respect for human rights and the rule of law. See e.g. the November 2006 European Commission non-paper: *What the EU could bring to Belarus*, http://ec.europa.eu/external_relations/belarus/intro/non_paper_1106.pdf.

[115] "Belarus, Russia sign last-minute gas deal", *Radio Free Europe/Radio Liberty*, 1st January 2007, http://www.rferl.org/content/article/1073763.html.

[116] Council of the EU, *Council Common Position 2008/844/CFSP amending Common Position 2006/276/CFSP concerning restrictive measures against certain officials of Belarus*, OJ L 300, 11 November 2008, p. 56.

between the EU and Belarus, symbolised by the official invitation of Lukashenko to the Prague Eastern Partnership Summit,[117] implies that the relationship between Russia and Belarus is becoming increasingly strained. One of the major challenges for the EaP will be to engage Belarus on the path of democratisation without undermining the Strategic Partnership with Russia.

A second point of attention concerns the question of energy security. The EaP's strategic objective to develop a southern energy corridor bypassing Russia as well as initiatives to connect the Ukrainian and Moldovan energy infrastructure to EU standards is perfectly understandable from the EU point of view. For Russia, however, it implies the end of its dominant position in the energy sector in the post-Soviet space. This prospect is perceived as particularly threatening to Russia's influence in the region. Russia's inclusion in specific EaP projects is certainly a positive option but it is questionable whether such project-based co-operation will be sufficient to prevent a further deterioration of EU-Russia relations as long as zero-sum thinking in terms of spheres of influence is dominating the political debates.[118] Hence, the success of the EaP will not only depend on the implementation of its strategic objectives but also on the parallel investment of good relations with non-participating neighbours.

C. The EaP – Black Sea Synergy Complementarity at Stake

Significantly, the EaP's multilateral track almost naturally interferes with the largely comparable ambitions of the Black Sea Synergy initiative. The latter, which was launched in 2007, essentially aims to create a framework for sub-regional co-operation within the Black Sea basin.[119] The European Commission Communication on the EaP and the Prague Joint Declaration bluntly observe that both processes are complementary to each other. For instance, in Prague, the partners stressed that "complementarity with regional initiatives between the European Union and relevant partner countries, in particular the Black Sea Synergy, will be ensured" whereas "interaction with other regional initiatives should be considered on a case-by-case basis".[120]

---

117 Despite an official invitation to take part in the Eastern Partnership Summit, Belarusian President Lukashenko ultimately decided not to come to Prague. He was replaced by First Deputy Prime Minister Vladimir Semashko.

118 Steward, S., "Russia and the Eastern Partnership. Loud Criticism, quiet Interest in Cooperation", *op. cit.*

119 See the contribution of Duhot, H. in this volume.

120 *Prague Joint Declaration, op. cit.*, point 14.

While the Black Sea Synergy essentially focuses on the regional problems of the Black Sea area, the EaP is more oriented towards the partner countries' "alignment with the EU and/or their aspiration for European integration".[121] In the words of the European Commission, the centre of gravity of the Black Sea Synergy is the Black Sea whereas for the EaP it will be Brussels.[122] This distinction, which was confirmed by the March 2009 European Council,[123] appears to be somewhat artificial. For instance, the objective of the Black Sea Synergy "to provide a clear, transparent and non-discriminatory framework, in line with the EU *acquis*, for energy production, transport and transit"[124] is also a key objective of the thematic platform on energy security. There is, in other words, an obvious overlap regarding the issues and sectors for regional co-operation and legal approximation.

A crucial difference between the EaP and the Black Sea Synergy concerns the position of regional organisations. The multilateral track of the EaP does not provide a role for regional partners such as the Organisation for Black Sea Economic Co-operation (BSEC). In contrast, the Black Sea Synergy is essentially based upon a strong dialogue at the regional level. The European Commission's observer status in the BSEC and the adoption of a Joint Statement of the Ministers of Foreign Affairs of the EU Member States and of the wider Black Sea area on the occasion of a BSEC meeting in Kiev on 14 February 2008 clearly illustrate the importance of this regional connection.[125] On the other hand, the role of the BSEC in the EU's Black Sea Synergy is not unambiguous. While the biggest BSEC members Turkey and Russia seek to maximise the role of this organisation, the EU seems reluctant to offer the BSEC a

---

[121] SEC(2008) 2974/3, *op. cit.*, p. 11.

[122] European Commission, "Eastern Partnership, Why are the EU and partner countries launching the Eastern Partnership?", *Memo*, No. 9/217, 5 May 2009, http://europa.eu/rapid/.

[123] In a declaration on the EaP, the European Council underlined the "effective complementarity" between the EaP and the Black Sea Synergy, noting that "the focus [of the latter] is on regional co-operation in the Black Sea, whereas the Eastern Partnership focuses on approximation and will strengthen the links of partner countries with the EU." Presidency Conclusions, Brussels European Council, 19-20 March 2009, *Bull. EU* 3 (2009), I.17.3.

[124] European Commission, *Communication from the Commission to the Council and the European Parliament, Black Sea Synergy – A New Regional Cooperation Initiative*, Brussels, 11 April 2007, COM(2007) 160 final, Brussels, 11 April 2007, p. 5.

[125] *Joint Statement of the Ministers of Foreign Affairs of the countries of the European Union and of the wider Black Sea area*, http://ec.europa.eu/external_relations/blacksea/doc/joint_statement_blacksea_en.pdf.

monopoly position within the framework of the Black Sea Synergy.[126] Notwithstanding the interest of the BSEC in a further institutionalisation of relations with the EU, including regular ministerial meetings in different formats and the establishment of joint working groups for project implementation, the EU also remains "open to all appropriate co-operation possibilities provided by other regional bodies and initiatives".[127] From this perspective, the EaP can be perceived as a new initiative which counterbalances the predominant role of Russia and Turkey in the Black Sea area.

While the EaP focuses on six countries in Eastern Europe and the Southern Caucasus, namely Ukraine, Moldova, Belarus, Georgia, Armenia and Azerbaijan, the Black Sea Synergy also includes the two regional powers Russia and Turkey but not Belarus. Significantly, the different geographical scope of the EaP and the Black Sea Synergy does not exclude the participation of other partners. Pursuant to the Prague Declaration, third countries can participate in EaP actions "on a case-by-case basis" and "in concrete projects, activities and meetings of thematic platforms".[128] Conversely, it has been suggested to include Belarus, and potentially other third countries, in projects related to the Black Sea Synergy.[129] Hence, the expediency of two regional policy frameworks for *de facto* similar geographical area can be put into question. Perhaps a rationalisation could occur with either the Black Sea Synergy or the EaP thematic platforms developing as the regional dimension of the ENP in the East.

Given the EaP's strong focus on differentiation and conditionality it could be expected that the multilateral track of this policy will always be subordinated to the ambition of closer bilateral relations. A comparison can be made with the experience of the pre-accession process of the Central and Eastern European Countries (CEECs). Despite subsequent attempts on the part of the EU to promote a form of regional co-operation among, at that time, candidate countries, the prospect of European integration undermined the efficiency of regional initiatives such as the "structured dialogue" or the "European conference".[130] Even

---

126 Emerson, M., "The EU's New Black Sea Policy. What kind of regionalism is this?", *CEPS Working Document*, July 2008, No. 297, 2008, p. 9. http://shop.ceps.eu/BookDetail.php?item_id=1680.

127 COM(2007) 160 final, *op. cit.*, p. 9.

128 http://www.consilium.europa.eu/uedocs/cms_data/docs/pressdata/en/er/107589.pdf.

129 European Commission, *Communication from the Commission to the Council and the European Parliament, Report on the first year of implementation of the Black Sea Synergy*, COM(2008) 391 final, Brussels, 19 June 2008, p. 7.

130 Maresceau, M., "Pre-Accession", in Cremona, M. (ed.), *The Enlargement of the European Union*, Oxford University Press, Oxford, 2003, pp. 20-30. See also

though a prospect of accession is currently not an issue in the context of the EaP (cf. *supra*), it is obvious that for the eastern neighbours closer bilateral relations with the EU are more important than platforms for regional co-operation.

D. Additional Financial Resources

The discussion about the financing of the EaP clearly illustrates the difficulties in balancing the interests of the various ENP stake holders. Aware of the sensitivity of the budgetary question, the Swedish-Polish proposal originally concluded that "strengthening the Eastern dimension will be neutral for the EU budget".[131] On the other hand, and as stressed by the European Commission, "one of the clearest signals the EU can give of a concrete commitment to its partners is to bring funding levels in line with the Partnership's level of political ambition".[132] The main new initiatives to be financed are the CIB programmes,[133] the four thematic platforms and the five selected flagship initiatives. New funds are also needed to "support the establishment of partners' regional policies, fostering stability through the promotion of internal cohesion and the reduction of socio-economic disparities".[134]

In December 2008, the European Commission proposed to increase the level of funding from 450 million euros (in 2008) to 785 million euros in the year 2013 therefore supplementing the ENPI financial envelope with 350 million euros of new funds. Moreover, 250 million euros of the current envelope could be, in the words of the European Commission, "re-programmed for the period 2010-13". Accordingly, the European Commission expects to have 600 million euros at its disposal for implementing the new initiatives.[135] Without questioning the significance of the EaP, France responded that the general rule that two thirds of the total ENP budget was reserved for the Southern neighbourhood and one third for the eastern neighbourhood had to be respected.[136] The European Council in March 2009 implicitly confirmed this gentle-

---

Maresceau, M. "The EU Pre-Accession Strategies: A Political and Legal Analysis", in Maresceau, M. and Lannon, E. (eds.), *op. cit.*, pp. 6-7.

131 *Polish-Swedish Proposal, Eastern Partnership*, 23 May 2008, http://www.tepsa.eu/docs/draft_proposal_eastern_partnership.pdf.

132 COM(2008) 823 final, *op. cit.*, p. 14.

133 They will mainly concentrate on advice and training to administrations and therefore be implemented through the twinning and TAIEX programmes.

134 COM(2008) 823 final, *op. cit.*, p. 14.

135 *Ibid.*, p. 15.

136 *Agence Europe*, 20 March 2009, p. 3.

men's agreement about the geographic division of the ENP financial resources.[137]

Apart from the EU budget more financial means will be provided through the European Investment Bank[138] (EIB) and the European Bank for Reconstruction and Development (EBRD). Within the framework of the Neighbourhood Investment Facility (NIF) six projects concerning eastern neighbours have already been approved.[139] As additional resources will be needed to support economic and social policies, the partners also invited "other international financial institutions to establish an appropriate joint small and medium-sized enterprise facility".[140] The private sector is also to be involved in this process.[141]

The question arises as to what extent the creation of a new financial envelope for the EaP can generate a competition among southern and eastern ENP partners. It remains to be seen whether this could, at the end, have a significant impact on the funding earmarked for the Mediterranean Partners. No doubt that Mediterranean Member States will follow carefully the implementation of the EaP in this regard. Moreover, the unfolding world economic crisis will make it difficult to attract funding from third partners, whereas many of the most supportive EU Member States, such as the Baltic countries, face very serious economic problems. In other words, the current socio-economic climate significantly complicates the implementation of the ambitious EaP agenda.[142]

E. The Eastern Neighbours' European Aspirations

Closely connected to the acceptance of the association status is the discussion about the Eastern neighbours' aspirations for EU membership. In the absence of any consensus on potential accession perspec-

137 In the March 2009 European Council Declaration on the EaP, it is mentioned that "[i]ncreased financial support in line with the Commission's proposal of 600 million euros for the period to 2013 *will respect the resources available under the multiannual Financial Framework, including adequate margins*", [emphasis added]. Presidency Conclusions, Brussels European Council, 19-20 March 2009, *Bull. EU* 3 (2009), I.17.2.

138 "The Mid-term review of the external mandate of the EIB will provide an opportunity to consider raising the indicative ceiling for the eastern partners and widening its scope". COM(2008) 823 final, *op. cit.*, p. 14. The European Commission will "consider the possibility of widening the scope and raising the relevant sub-(EIB) ceiling of the EIB's lending mandates from 2011", SEC(2008) 2974/3, *op. cit.*, p. 12.

139 *Ibid.*

140 *Prague Joint Declaration, op. cit.*, point 15.

141 *Ibid.*, point 16.

142 On this issue see also Valasek, T., "What the economic crisis means for the EU's eastern policy", *Centre for European Reform Policy Brief*, April 2009, http://www.cer.org.uk.

tives for those countries, the EU has always been very prudent on the relationship between the ENP and enlargement. From the outset, the European Commission underlined that the ENP should be seen as "separate from the question of EU accession".[143] This cautious approach was also reflected in the negotiating guidelines with Ukraine, which only generally stated that "[a] new enhanced agreement shall not prejudice any future developments in EU-Ukraine relations".[144] In the same spirit, the Prague Declaration proclaims that the EaP "will be developed without prejudice to individual countries' aspirations for their future relationship with the European Union".[145] It is also noteworthy that a draft version of this declaration referred to Ukraine, Belarus, Moldova, Georgia, Armenia and Azerbaijan as "European countries", which echoes the text of Article 49 TEU.[146] In the final version, however, this reference was deleted and replaced by the more neutral terms "Eastern European partners" and "partner countries" to avoid any confusion regarding the EaP's objectives. The absence of even an indirect reference to potential membership perspectives for the EU's eastern partners reveals that the creation of the EaP does not change the official EU position about the disconnection between the ENP and enlargement. Significantly, the 2011 document "A new response to a changing neighbourhood" does not explicitly deal with this issue but observes that "the values on which the Union is built […] are also at the heart of the process of political association and economic integration which the Eastern Partnership offers. These are the same values that are enshrined in article 2 of the European Union Treaty and on which articles 8 and 49 are based".[147] The reference to Article 49 TEU, i.e. the treaty provision on enlargement, is remarkable but does not seem to affect the Union's approach.

To a certain extent the EU's reluctance to accept any formal commitment regarding the issue of enlargement is reminiscent of its policy

---

143 European Commission, *Communication from the Commission to the Council and the European Parliament, Wider Europe – Neighbourhood: A New Framework for Relations with our Eastern and Southern Neighbours*, COM(2003) 104, Brussels 11 March 2003, p. 5; European Commission, *European Strategy Paper*, COM(2004) 373, Brussels, 12 May 2004, p. 3.

144 Council of the EU, *Draft Council conclusions concerning the negotiation of a new enhanced Agreement between the EU and Ukraine*, 5479/07, 18 January 2007. See Solonenko, I.

145 http://www.consilium.europa.eu/uedocs/cms_data/docs/pressdata/en/er/107589.pdf.

146 Article 49 EU proclaims that: "Any *European State* which respects the principles set out in Article 6(1) [i.e. the principles of liberty, democracy, respect for human rights and fundamental freedoms, and the rule of law] may apply to become a member of the Union", [Emphasis added].

147 COM(2011) 303, *op. cit.*, p. 13.

vis-à-vis the CEECs in the early 1990s. During the negotiations of the so-called Europe Agreements, the EU Member States refused to make a direct connection between association and future accession perspectives. As a compromise, a non-committal diplomatic formula in the preamble, recognising the membership ambitions of the CEECs without including any engagement on the part of the EU, was ultimately accepted. Only with the 1993 Copenhagen European Council enlargement became a mutual political goal of the contracting parties to the Europe Agreements.[148] Obviously, certain EU Member States and East European partner countries hope that the envisaged EaP Association Agreements could follow the same pattern. From this perspective, the EaP is sometimes regarded as a "pre-pre-accession strategy", putting at least some of the eastern partners on the path to potential EU membership. The Polish Foreign Affairs Minister, Radoslaw Sikorski, for instance, declared that "membership becomes something natural once EU enlargement fatigue has passed".[149] There are, however, no guarantees regarding the future political orientation of the AAs to be concluded with the EU's eastern partners. As with the CEECs, changing (geo-)political circumstances will determine whether those agreements could develop into a kind of pre-accession instruments or, rather, remain alternatives for accession.

Conclusion

The creation of the EaP as a specific policy framework for the EU's Eastern neighbourhood can be regarded as an attempt to counterbalance certain weak points of the ENP. In particular, the ENP's wide geographical scope, including both the Eastern European and the non-European Mediterranean neighbours, has been criticised for being ineffective.[150] A reinforcement of the regional pillars in the South through the UfM and the East through the EaP appeared to be a credible option for revitalising the ENP. The principle of differentiation and the specific ambitions and needs of certain eastern partners justify this new approach. The increased tension in the Eastern neighbourhood in the wake of the Russia-Georgia conflict only reinforced the pressure for a specific Eastern Partnership.

While the concept of the EaP as the eastern dimension of the ENP fulfils a long-term ambition of certain EU Member States and East

148 Maresceau, M., "Pre-Accession", in Cremona, M. (ed.), *op. cit.*, p. 12.

149 Goldirova, R., "Eastern Partnership could lead to enlargement, Poland says", *euobserver.com*, 27 May 2008.

150 Kochenov, D., *The Eastern Partnership, the Union for the Mediterranean and the Continuing Need to do Something with the ENP*, pp. 7-10, http://web.uvic.ca/~polisci/verdun/conference/papers/Kochenov%20ENP%20Victoria%202009.pdf.

European partners, the content of this new strategy is far from revolutionary. In fact, the EaP essentially builds upon existing policies and objectives. The perspective of deep and comprehensive free trade, for instance, was already mentioned in the 2006 Commission Communication on "Strengthening the European Neighbourhood Policy"[151] and is, therefore, also applicable to the Southern neighbours. The proposed "mobility and security partnerships" are part of the EU's general migration policy and also the prospect of visa facilitation and visa-free movement in the long-term can hardly be regarded as completely new. Moreover, the EaP does not include any concrete accession perspectives but rather confirms the neutral position of the ENP on this point. The 2011 Communication of the European Commission and the High Representative on "A response to a Changing Neighbourhood" confirmed this, as the six points identified for the "strengthening of the Eastern Partnership" are hardly revolutionary:

- Move to conclude and implement Association Agreements including DCFTAs;
- Pursue democratisation;
- Pursue the visa facilitation and liberalisation process;
- Enhance sectoral co-operation, notably in the area of rural development;
- Promote benefits of the Eastern Partnership to citizens;
- Increase work with civil society and social partners.[152]

Despite the, at first sight, limited innovations of the EaP in comparison to the classical ENP, the simple fact that a specific policy framework is being created for the Eastern neighbours is, in itself, an important signal of increased differentiation. The combination of bilateral and multilateral initiatives reveals the EU's ambition to develop a comprehensive and a more coherent strategy for the Eastern neighbourhood. The political and symbolic importance of this evolution may not be underestimated. Notwithstanding the disconnection with any accession prospect, the EaP stirs new enthusiasm for legal approximation with the EU in all eastern partners. Moreover, it creates a new opportunity for engagement with Belarus and in the volatile region of the Southern Caucasus.

It is noteworthy that several elements of the EaP's conceptual framework and institutional structure appear to be inspired by the experience of the Euro-Mediterranean Partnership. According to the Barcelona methodology, it can be expected that, in the medium term, new regional

[151] COM(2006) 726 final, *op. cit.*

[152] COM(2011) 303 final, *op. cit.*, p. 13.

networks and perhaps institutions will be created and new projects and programmes can be developed. The organisation of multilateral conferences will certainly be instrumental in this regard. The question remains as to what extent these new initiatives will be able to create real added value in comparison to already existing mechanisms for co-operation.

The financial and political constraints surrounding the implementation of this ambitious new partnership for the East are numerous. First, the current economic and financial crisis makes it difficult to provide additional resources among EU Member States and external partners. Second, closely connected with the financial question is the need to guarantee an appropriate balance between the EU's various regional policies, in particular between the EaP and the UfM. A long-term financial and political support by a vast part of EU Member States is a prerequisite for the success of the EaP in the long term. Third, despite the official declarations that the EaP and the Black Sea Synergy are entirely complementary, a rationalisation of both policy frameworks may be necessary in the long-term. It seems questionable that the existence of two policies pursuing *de facto* the same objectives, that is political stability and economic prosperity, in a *de facto* similar geographic area, namely the post-Soviet space, can be justified on the basis of a highly artificial distinction such as the focus on regional development *vis-à-vis* the prospect of close relations with the EU. Such a distinction appears to be at odds with the EaP's ambition to provide a comprehensive, framework including both bilateral and multilateral initiatives. Fourth, the success of the EaP to a large extent depends upon the external geopolitical context. The position of Russia and the parallel development of the Strategic Partnership with this country on the basis of the so-called four Common Spaces are crucial in this respect.[153] The diplomatic initiative led by the new American administration in Georgia and Ukraine during the summer of 2009 might also have an important impact on Russia's strategy in the region. Hence, a renewed comprehensive co-operation between the EU and the US could help to promote the success of this new dimension of the ENP. Fifth, the EaP risks developing into yet another example of the infamous "expectations-capability" gap in EU external relations.[154] It is questionable whether the EU, given its financial constraints and institutional complexities, is capable of fulfilling the high-level ambitions of certain partner countries and even EU Member

---

153 See Van Elsuwege, P., "The Four Common Spaces: New Impetus to the EU-Russia Strategic Partnership?" in Dashwood, A., Maresceau, M. (eds.), *Law and Practice of EU External Relations. Salient Features of a Changing Landscape*, Cambridge, Cambridge University Press, 2008, pp. 334-359.

154 Hill, C., "The Capability-Expectations Gap, or Conceptualizing Europe's International Role", *Journal of Common Market Studies*, Vol. 31 (3), 2008, pp. 305-328.

States. The gradual implementation of a realistic programme focussing on concrete projects and initiatives will, therefore, be of utmost importance to guarantee the development of the EaP as a significant policy instrument within the ENP and to avoid frustration among its stakeholders.

The Black Sea Synergy Initiative

The Reflection of EU's Ambitions and Limitations in the Region

Hubert DUHOT

Introduction

The Black Sea Synergy Initiative (BSSI) was originally conceived to meet the demand for a stronger EU involvement in the wake of the "Colour revolutions" and the 2007 enlargement. The BSSI seeks both to increase the coherence of EU policies and to provide a complementary multilateral dimension to the European Neighbourhood Policy (ENP) in close association with Turkey and Russia.[1]

Yet, considering the EU's rather cautious approach and the pivot role it gives to the Black Sea Economic Cooperation (BSEC), expected synergies seem rather dim. In order to play a role in the region, amid big powers and regional tensions, the EU should seek to integrate its Black Sea strategy in a pan-European perspective, and to provide a clearer political commitment. The Black Sea Synergy constitutes, nonetheless, the first step in this direction. In October 2007, a Moldavian newspaper made its headline on *EU descopera Marea Neagra*, i.e. "the EU discovers the Black Sea".[2] Indeed, the wider Black Sea region could be characterised in the last decades by a lack of interest from the EU side.[3] In the recent years however, three elements have considerably renewed the attention toward this strategic region.

First, the accession of Romania and Bulgaria means that the EU is now bordering the Black Sea. The accession negotiations with Turkey must be also taken into account. Second, the increasing energy dependency of the EU and the comeback of Russia on the international scene renewed the strategic importance for the Black Sea region. Third, the

---

1 See Map 3.

2 Damian, G., *UE descopera Marea Neagra*, Chisinau, Ziva/Interlic, 3 October 2007.

3 The Wider Black Sea includes the six bordering States (Bulgaria, Romania, Ukraine, Russia, Georgia and Turkey) plus the countries, which for cultural, political and economic reasons have a direct stake in the area, such as Albania, Greece, Moldova, Armenia or Azerbaijan.

2004 and 2006 "Colour revolutions" in Ukraine, Georgia and the Kyrgyz Republic, largely relayed by the media in Europe, strengthened the calls for Western involvement in the region. This explains why the new "Black Sea Strategy Initiative", launched by the European Commission in April 2007, came at an appropriate time.

It is worth noting though that the EU has already engaged in several specific policies in the Black Sea. The European Neighbourhood Policy includes five countries of the region: Ukraine, Moldova, Georgia, Armenia and Azerbaijan, whereas the Strategic Partnership covers EU-Russia relations. Eventually, the European Neighbourhood and Partnership Instrument (ENPI), which came into force in January 2007,[4] support both frameworks. Yet, these agreements remain of bilateral nature. In other words, the addition of these two initiatives does not necessarily lead to a coherent regional strategy. In this respect, the Black Sea Synergy Initiative aims at providing a single and coherent umbrella for multilateral co-operation. The term "synergy" is not new: it originally meant an energy programme launched in the region and was already used in the 1997 Communication by the Commission, with little or no noticeable effect so far.[5] Not only does it cover positive interactions between the EU and its regional partners but among the Black sea countries themselves as well.

In this paper, the potential benefit of this regional initiative in the broader framework of EU's proximity relations will be analysed and an attempt will be made to answer the following questions. First, what is the benefit of this initiative for the coherence of EU's policies in the region? Second, how efficient could the contemplated regional platform in the Black Sea be? Finally, could the EU impose itself in the region as a neighbour, a partner or a power?

I. Rationalising EU Action in the Region

The regional co-operation initiative was presented as a common framework for the EU and its neighbours in the perspective of a closer multilateral co-operation. Yet, the most certain synergy one may expect is the one from which the EU should benefit first of all. By creating a single political umbrella, the EU in fact seeks to rationalise, complete or

---

4 European Parliament and Council of the EU, *Regulation (EC) No. 1638/2006 of the European Parliament and of the Council laying down general provisions establishing a European Neighbourhood and Partnership Instrument*, 24 October 2006, OJ L 310, 9 November 2006, pp. 1-14.

5 European Commission, *Communication of the European Commission to the Council and the European Parliament, Regional Cooperation in the Black Sea: State of Play, Perspectives for EU Action Encouraging its Further Developments*, COM(1997) 97, Brussels, July 1997.

enhance the coordination of pre-existing programmes and *ad hoc* co-operation. Obviously, a better coordination on the EU's side should also positively affect the co-operation with its neighbours. More specifically one can identify four policy objectives of this new initiative: synchronizing existing programmes in the region; establishing priorities and principles for further involvement; extending the multilateral dimension of the ENP; and "circling the circle" of institutionalised regional *fora*.

A. Building on Existing Programmes

The 2007 Communication of the European Commission "*Black Sea Synergy-A new Regional Cooperation Initiative*" underlines the need for greater involvement of the EU in the region. Yet, considering such an initiative as a starting point for a brand new policy may be misleading. Indeed, the EU has already been, for a number of years, implementing quite a wide range of policies and programmes in the Black Sea region.

Today, one can identify no less than five different EU forms of involvement in the region and this diversity constitutes one of the Black Sea's specificity:

- The internal EU's policies and programmes, such as Interreg,[6] for Romania and Bulgaria (one may also include Greece if a wider region is to be considered);
- The pre-accession strategy and the Instrument of Pre-Accession (IPA) for Turkey;[7]
- The EU-Russia Strategic Partnership[8] and the European Neighbourhood and Partnership Instrument;
- The European Neighbourhood Policy and its financial instrument covering Moldova, Ukraine and the Southern Caucasus States expands previous pre-accession programmes such as TAIEX, Twinning or SIGMA through TACIS and its successor the ENPI;
- Various sectoral agreements in which the EU has a stake. Among others, one may refer to the Baku Initiative[9] in the field of transport and environment or the TRACECA (the Transport Cor-

---

6 http://ec.europa.eu/regional_policy/interreg3/abc/abc_en.htm.

7 *Council Regulation (EC) No. 1085/2006 establishing an Instrument for Pre-Accession Assistance (IPA)*, OJ L 210, 31 July 2006, pp. 82-93.

8 The relations with Russia based on the Partnership and Cooperation Agreement, which came into force on 1 December 1997, and were reinforced by the so-called "Four common spaces" at the Saint-Petersburg Summit in 2003, constitutes a third, and major, dimension.

9 The Baku Initiative was launched at the Energy Ministerial Conference, which took place in 13 November 2004 in Baku, and entails a dialogue on energy between the EU and countries from the Black Sea and the Caspian area.

ridor Europe-Caucasus-Asia) programme also focusing on transports.[10]

The regional dimension appears, to a variable extent, in each of these initiatives notably through the Black Sea Cross-Border-Co-operation Programme (BSCBC) or *ad hoc* sectoral agreements. The 2007 Black Sea Synergy Initiative tends to coordinate and rationalise such a variety of policies and programmes by providing a single political framework for co-operation and, most importantly perhaps, by bringing more coherence and flexibility to the various financial mechanisms. In this respect, the new European Neighbourhood and Partnership Instrument should play a key role.

B. Establishing Principles and Priorities for Further Involvement

The overall rationale of EU's proximity relations can be described by the well-known motto: bringing security, stability, and prosperity and avoiding new dividing lines.

For the EU, it is limited to three underlying objectives: first, developing a concerted approach on trans-national issues; second, asserting the role of the EU within its near abroad; and third promoting EU's values and standards in the region.

The April 2007 initiative supports such broad ambitions trough a clearer set of principles and priorities for EU's involvement. Drawing the lessons from the Euro-Mediterranean Partnership or the Northern Dimension, Fabrizzio Tassinari from the CEPS identified six principles that should guide the EU initiative, namely coordination, pragmatism, ownership, flexibility, consistency and visibility.[11] One might say that the 2007 initiative articulates, at least in its wording, these very principles around two strategic elements, namely the institutional design and the financial mechanism.

With regard to the institutional design, it is striking that the EU decided not to build a new institutional framework. Indeed, the 2007 Communication clearly states that the Black Sea Synergy Initiative will build on existing regional organisations and does not imply, in a foreseeable run, the setting up of new "bureaucratic" institutions. This element directly stems from the criticism of the Barcelona process,

10 The TRACECA initiative was established in 1993 as a transport corridor between Europe, the Black sea, the Caspian Sea and Central Asia (the so-called "New Silk Road"). It was founded under the TACIS programme.

11 Tassinari, F., "A Synergy for Black Sea Regional Cooperation: Guidelines for an EU Initiative", *CEPS Policy Brief*, No. 105, Center for European Policy Studies, Brussels, 4 June 2006, p. 15.

which sometimes has appeared on an EU-driven forum.[12] It goes against the proposals expressed, among others, by Andreas Schockenhoff,[13] who called for the creation of the Council of Black Sea States inspired by the Baltic experience.[14]

Relying on existing institutions has indeed two merits: it avoids costly sunk investments at the beginning and clearly places the EU and the partners in the Region on equal footing. In other words, it meets the requirements of pragmatism, ownership and to some extent visibility. Yet, when considering the actual functioning of the regional bodies at stake, such as the Black Sea Economic Cooperation, one might wonder whether the EU will really avoid importing the problems already encountered in this framework, such as its much criticised bureaucracy.

The second element concerns the financing mechanisms. As mentioned earlier, the ENPI will be largely mobilised at regional (e.g. ENPI Sea Basin programmes),[15] national and cross-border levels. It will also be financed from other EU programmes (i.e. Turkey Pre-Accession Instrument), regional bodies and international organisations, such as the European Investment Bank, the European Bank for Reconstruction and Development, the Asian Development Bank, the Black Sea Trade and Development Bank. The February 2008 Black Sea Synergy Ministerial held in Kiev called for so-called "Black Sea Partnerships", gathering different organizations and funding sources around a specific target.[16] In principle, this framework should bring coordination, flexibility and consistency to the projects. In practice, the proper means to manage and coordinate such a variety of programmes are not yet entirely clear.

---

12 Calleya, S., "The Euro Mediterranean Partnership Process: an Evaluation", *Discussion Paper for the Eleventh Euro-Mediterranean Information and Training Seminar*, Malta, 16-19 November 2001.

13 Schockenhoff, A., "The Need for an EU Black Sea Policy", *Working Paper of the Fondation pour l'Innovation Politique*, Paris, 2007, pp. 5-6, http://www.fondapol.org/wp-content/uploads/pdf/documents/DT_Mer_noire_ENG.pdf.

14 See Lannon, E. and Van Elsuwege, P., "The EU's Northern Dimension and the EMP-ENP: Institutional Frameworks and Decision-Making Processes Compared", in Xuereb P. G., *The European Union and the Mediterranean – The Mediterranean's European Challenge Volume V*, Malta, ERDC – University of Malta, Malta, 2004, pp. 3-70.

15 European Commission, *Commission Regulation (EC) No. 951/2007 laying down implementing rules for cross-border co-operation programmes financed under Regulation (EC) No. 1638/2006 of the European Parliament and of the Council laying down general provisions establishing a European Neighbourhood and Partnership Instrument, 9 August 2007*, OJ L 210, 10 August 2007, pp. 10-25.

16 Black Sea Synergy Ministerial Meeting, *Joint Statement*, Kiev, February 2008, p. 2. http://ec.europa.eu/external_relations/blacksea/index_en.htm.

Considering the list of priorities established by the Commission, one might draw immediately two conclusions. First, the priorities appear not only comprehensive but also ambitious. Secondly, they do not appear to constitute real priorities as such.

As far as the second statement is concerned, the Commission clearly establishes a wide and ambitious scope. No less than thirteen policy areas are mentioned in the April 2007 Communication. This makes it difficult to consider them as thorough priorities. Indeed, one might expect a clearer focus and a strong commitment on limited targets to maximise the efficiency of the initiative. In this case, the Commission decides not to choose for reasons that will be mentioned later.

The policy areas mentioned are indeed large and ambitious. The 1997 Communication on "Regional Cooperation in the Black Sea: State of Play, Perspectives for EU Action Encouraging its Further Developments" focused mostly, by order of importance, on transport, energy, trade, environment, that is "ecologically sustainable development". In the 2007 Communication on Black Sea Synergy, while energy, transport and environment remain clearly of importance, the first items are dedicated to democracy, human rights, good governance; secondly to migrations and security and, thirdly, to frozen conflicts.

In other words, the Commission decides not only to highlight the Justice and Home Affairs (JHA) elements, but emphasises also security concerns. One may argue though that most of the JHA and security part largely remobilise elements that are already taken into account in each of the bilateral ENP Action plans. On the whole, the series of areas mentioned open a wide horizon for strengthened co-operation.[17]

At the first Black Sea Synergy Ministerial Meeting, held in Kiev in 2008, Commissioner Ferrero-Waldner addressed these criticisms in her opening speech and restricted the scope of priorities to five broad areas, namely transport and energy; fisheries; the environment; cross-border co-operation and migrations; and fight against organised crime.[18] The final Joint Statement also includes references to visa facilitation, research and education exchange programmes that reflect the interests of the EU's partners in the region.[19] This development marks a will to narrow the scope of the Black Sea Synergy Initiative and restrict it to

---

[17] European Commission, *Communication of the European Commission to the Council and the European Parliament – Black Sea Synergy – A new Regional Cooperation Initiative*, COM(2007) 160 Final, Brussels, April 2007, pp. 3-8.

[18] European Commission, Ferrero-Waldner B., *Opening Speech*, Black Sea Synergy Ministerial Meeting, Kiev, 14 February 2008. http://europa.eu/rapid/pressReleases Action.do?reference=SPEECH/08/77&format=HTML&aged=0&language=EN& guiLanguage=en.

[19] *Ibid.*, p. 15.

concrete areas of potential collaboration, such as transports or fisheries. Yet, the final range of the BSSI remains to be determined.

C. Extending the multilateral dimension of the ENP

The general philosophy behind the ENP is now extensively acknowledged: it creates a single framework for the co-operation between the EU and its Mediterranean and Eastern neighbours, based on a methodology inspired by the enlargement strategy, a common legal framework, and most importantly perhaps, on a common financial instrument: the ENPI. Thus, notwithstanding its other merits, the ENP initially paid little attention to multilateral means of co-operation. It relied mainly on pre-existing multilateral frameworks, such as the Euro-Mediterranean Partnership. The Black Sea originally appeared singularly absent from these co-operation mechanisms.

Even before the actual implementation of the ENP, in December 2006 the European Commission published a Communication on "Strengthening the ENP".[20] The Communication sought to correct some of the policy aspects, following the criticisms brought by countries, such as Ukraine and Georgia and clearly emphasised the need to foster a form of multilateral co-operation in the Black sea region.

As mentioned previously, the "regional dimension" of the ENP was already present in the Action Plans signed with the neighbours in the region.[21] Yet, the 2006 Communication clearly underlines an additional multilateral dimension and specifies three main features of it. First, the foreseen regional initiative should be sector-oriented, institutionalised and supported by the ENPI. However, as already mentioned, the sectoral dimension is not entirely new and, after all, energy or environmental issues are clearly of trans-national nature and a form of subsidiarity should therefore apply. Yet, in a context where energy or environment concerns are of growing importance, the emphasis on the sectoral orientation of the ENP in the region may indicate an increasingly assertive action.

---

20 European Commission, *Communication of the European Commission to the Council and the European Parliament – On Strengthening the European Neighborhood Policy*, COM(2006) 726 Final, Brussels, December 2006.

21 For instance, the priority area No. 8 in the EU-Armenia Action Plan is specifically dedicated to regional co-operation and already specifies "Enhance bilateral and multilateral co-operation in the Black Sea region – including strengthened regional economic co-operation through continued engagement with the Black Sea Economic Cooperation – and between the Black Sea and Baltic Sea regions", *EU-Armenia Action plan*, 2006, http://ec.europa.eu/external_relations/armenia/index_en.htm.

Second, the Communication evokes the possibility to "establish a regular dialogue […] at Foreign Minister level"[22] and to synchronise it with bilateral meetings with partners in the region. This prospect indicates a clear wish not to limit the involvement in the region to *ad hoc* co-operation but to embrace a regular institutionalised dialogue. It also shows the bridges between bilateral and multilateral co-operation. To sum up, the regional co-operation should be regarded as a complementary approach to bring further coherence to bilateral relations under the ENP umbrella.

D. Promoting a Network of Institutionalised Regional Fora

The Black Sea Synergy Initiative aims at filling a gap between the absence of a broad EU engagement in the Black Sea and the pre-existing regional initiatives elsewhere. The idea of regional or sub-regional co-operation inside the EU or with its near abroad is hardly new. These regional approaches aim at pooling resources, coordinating actions, building confidence between the EU Member States and their neighbours.[23]

In this respect, the Black Sea region appeared singularly absent from the regional networks already established. Indeed, the so-called Northern "dimension" with the Baltic/Barents littoral countries was launched in 1999 whereas the Euro-Mediterranean Partnership with the Mediterranean neighbours dates back to 1995.

One may wonder why the Black Sea region has remained "unnoticed" for such a long time. First, until the 2004 and 2007 enlargements, the Black Sea appeared rather remote from the EU perceptions. In fact, the European Commission issued a Communication in 1997 on "*Regional cooperation in the Black Sea*", but it consisted merely of enumerating sectoral projects, mostly in the fields of energy, transport and environment, and lacked strategic or institutional dispositions. Overall, the interest towards the region was very low at that time, the EU concentrating on the situation in the Western Balkans and the Enlargement prospect.

---

22 "Enhanced cooperation in the Black Sea region – a 'Black Sea Synergy' – can also help to prepare the ground for overcoming long-standing regional conflicts […]. Back-to-back with these BSEC meetings, it would be useful to have gatherings between ministers of EU and eastern ENP countries for political dialogue and discussions on ENP-related matters", COM(2006) 726 Final, *op. cit.*, pp. 10-11.

23 Tassinari, F., "A Synergy for Black Sea Regional Cooperation: Guidelines for an EU Initiative", *CEPS Policy Brief*, No. 105, Center for European Policy Studies, Brussels, 4 June 2006, http://www.ceps.be/content/synergy-black-sea-regional-cooperation-guidelines-eu-initiative.

Quite differently, the Euro-Mediterranean as well as the Northern Dimension programmes benefited from a strong impetus inside the EU.[24] Greece was indeed trying in 2003 and 2004 to bring the Black Sea issue to the top of the agenda but the controversies over an intervention in Iraq made all EU concerted foreign implication difficult at that time.[25]

The 2004 and 2007 enlargements considerably modified the picture. Countries, such as the Baltic States and Poland suddenly became quite vocal on proximity matters after the accession. In February 2005, the constitution of a group of "Friends of Georgia", including the states mentioned above plus Romania and Bulgaria, opted for a more active role to be played in the region.[26] Secondly, there is no need to mention the increasing importance given to energy supplies, especially following Russia's intervention on the Ukrainian, Belarusian and Georgian gas markets. In this respect, the Black Sea constitutes a key geo-strategic localization for energy supply from the Caspian, Central Asia and the Middle East. These elements explain why the lack of EU engagement in the Black Sea has become increasingly more criticised. The 2007 German presidency wanted clearly to give shape to this renewed interest towards the region, building upon the European Neighbourhood Policy.

To a large extend, the initiative borrows elements from existing regional mechanisms, such as the Northern Dimension.[27] It also takes into account criticisms of previous attempts of regional co-operation, notably the Barcelona process, highlighting the EU assertiveness and unilateralism of values. In this case, the priorities and institutional choices clearly matter again. The EU's choice to develop contacts with existing regional organizations instead of establishing a new framework may be seen as a positive step. Still, successful co-operation will very much depend on partners' expectations and the possibilities of co-operation "on the ground".

---

24 The Barcelona Declaration constituted partly an attempt to equilibrate the geographic orientation of the EU after the 1995 northern enlargement Declaration, whereas the 1999 Finish presidency, followed by the Swedish and the Danish ones, strongly pushed for the so-called Northern dimension.

25 Vahl, M., "The EU and Black Sea Regional Cooperation: Some Challenges for BSEC", *CEPS Commentary*, No. 15, Center for European Policy Studies, Brussels, April 2005, http://www.ceps.be/Article.php?article_id=19.

26 "Estonia, Latvia, Lithuania, Poland, Romania, and Bulgaria founded the "New Group of Georgia's Friends" on 4 February 2005 in Tbilisi", *Eurasia Daily Monitor*, 7 February 2005, http://jamestown.org/edm/article.php?volume_id=407&issue_id=3223&article_id=2369218.

27 http://ec.europa.eu/external_relations/north_dim/.

II. A Regional Platform for Co-operation

The EU ambition to enhance multilateral co-operation in the region faces the challenge of designing efficient institutional mechanisms. In this respect, the April 2007 Communication on "*Black Sea Synergy*" clearly highlights joint-ownership as a pivot principle in order to generate co-operation synergies. In other words, the EU is seeking a concerted and fully inclusive approach. These principles directly stem from the much-criticised "unilateralism" of the EU with regard to the Euro-Mediterranean Partnership. This time, the EU chooses to build on existing regional organizations, and in the first place on the Black Sea Economic Cooperation.

The idea is rather innovative and, at first glance, meets the criterion of co-ownership, since all the countries of the region are involved. However, by privileging this approach, the EU seems almost certain to achieve very little in the region. This is due to at least four main reasons.

A. Regional Co-operation in a Non-region

The Black Sea Region has several characteristic features. First, it can hardly be seen as a region as such. The wider Black Sea is characterised by a diversity of languages, religions and cultures. The fact that this diversity was, for five decades, "frozen" due to the Soviet hegemony, reinforces even more the nationalistic feelings today. In spite of strong oppositions and tensions, one may not find such diversity in the Baltic-Barents region.

From a historical perspective, the political contacts amid the Black Sea countries were limited, or the area was dominated by great powers, namely the Byzantines, the Ottomans and finally the Russians.[28] In this respect, the "continental concerns" often prevailed in the strategic thinking of littoral states in the region.[29]

Amid very distinctive cultures and religious traditions, the feeling of a regional identity or belonging thus appears very weak, and the very notion of a "Black Sea region" as a whole remains quite problematic. The collapse of the Soviet Union, the enlargement of the EU to Romania and Bulgaria, and the opening of accession negotiations with Turkey, has modified the picture, but not entirely.

The persistence of "frozen conflicts" illustrates dramatically tensions within the region. This is the case in Transnistria, Nagorno-Karabakh,

---

28 See the contribution of Adomeit, H. in this volume.

29 Lesser, I. O., "Global trends, Regional Consequences: Wider Strategic Influences on the Black Sea", *Xenophon Paper*, No. 4, International Center for Black Sea Studies, 2007, p. 16.

South Ossetia or Abkhazia, where nationalistic feelings melt with external influences and economic interests. These tensions, between South-Caucasian states notably, clearly impede good neighbouring relations and thus regional co-operation. The independence of Kosovo, recognised by the EU, gives new impetus to independent movements while it also reinforces the threat of a "balkanisation" of the region. Beside these tensions, the secular rivalry between Turkey and Russia, though it should be seen as a nuance now, but even more the opposition between Greece and Turkey over the Cyprus issue does not facilitate, to say the least, regional co-operation.

Eventually one may add diplomatic and cultural solidarities, for example, that of Russia towards Armenia or Serbia, which further complicate the picture and contribute to the import of external sources of tensions, notably in the Western Balkans.

B. The Black Sea Economic Cooperation: Between Inefficiency and Reform

In spite of divergent interests and tensions related to the frozen conflicts, the countries in the region have nonetheless managed to achieve a considerable degree of regional integration, namely through the Black Sea Economic Cooperation (BSEC). This Regional Economic Grouping is not the only one of its kind in the region but it is, by far, the most institutionally advanced. It gathers six Black Sea States, namely Bulgaria, Georgia, Romania, Russia, Turkey and Ukraine plus six neighbouring countries that is Albania, Armenia, Azerbaijan, Greece, Moldova and Serbia.

The relatively high degree of institutionalisation plus the inclusiveness of the organisation make the BSEC an "ideal" partner for a concerted and comprehensive regional approach. This is why the EU quite explicitly designated the BSEC as it prospective key partner in the Black Sea, not excluding though other potential partners.[30]

The Charter of the Organisation of the BSEC entered into force in 1992. It sets three concomitant objectives with regard to the co-operation: first, improving rationalisation; second improving globalisation; and third, preventing the emergence of new dividing lines. It clearly privileges a project-based approach, on economic matters[31] and on sectoral issues as well.[32] The 1992 Istanbul Summit Declaration also

[30] COM(2007) 160 Final, *op. cit.*, p. 9.

[31] Creation of regional free-trade area, deregulation for products and services, promotion of new technologies.

[32] Environment, transport, energy and education.

clearly established a link between economic co-operation and conflicts resolution in the region.[33]

As far as the institutional design is concerned, the BSEC has drawn lessons from the EU model with irregular summits gathering Heads of States and Governments, a Council of Ministers of Foreign Affairs, meeting twice a year, and a six-months rotating presidency. Beside the intergovernmental dimension, the organisation has also established a multi-level network of related institutions, such as a Permanent Secretariat in Istanbul, a Parliamentary assembly, Business Council, a Black Sea Trade and Development Bank (BSTDB) as well as the International Black Sea Club gathering majors from regional cities at a micro-regional level. In short, the organisation offers a wide membership as well as a project-based approach supported by a strong network at regional, national and local levels.

Nevertheless, one often considers the BSEC as being an inefficient and bureaucratic institution, where the unanimity-voting requirement prevents any significant binding agreements to be adopted.[34] Having said this, the organisation, notably under the Turkish presidency, has managed to improve its internal governance. The 2007 Turkey progress report also acknowledges this contribution.[35] However, even EC Commission officials show a deep scepticism over the ability of the BSEC to overcome these drawbacks.

C. EU-BSEC Co-operation: Potential and Limits

The links between the BSEC and the EU have considerably evolved over the recent decade. The BSEC established its own institutional design after the EU's one and was seeking advice from the EC Commission on several occasions, notably when the 2001 BSEC Economic Agenda was founded. The accession of Romania and Bulgaria to the EU has further reinforced these links. The so-called Bucharest Statement "*BSEC towards its 15th anniversary*" now explicitly calls for a closer

---

33 http://www.bsec-organization.org/documents.aspx?ID=Summit_Declarations&DID=26.

34 For an analysis of the functioning of the BSEC, see Valinakis, Y., "The Black Sea Region: Challenges and Opportunities for Europe", *Chaillot Paper*, No. 36, Paris, EU Institute for Security Studies, July 1999, http://www.iss.europa.eu/uploads/media/cp036e.pdf.

35 "Between May and November 2007 Turkey assumed the Chairmanship-in-Office of the Organization of the Black Sea Economic Cooperation (BSEC). Turkey has reiterated its continuing effort aimed at revitalizing BSEC". European Commission, *Turkey 2007 Progress report*, *Commission Staff Working Document*, SEC(2007) 1436, 6 November 2007, p. 74. http://ec.europa.eu/enlargement/pdf/key_documents/2007/nov/turkey_progress_reports_en.pdf.

association with observers states on sectoral issues in the region and, above all, for a deeper co-operation with the EU.[36]

Yet, the two institutions did not conclude any formal partnership until recently. What is more, the EU often engaged itself into regional projects without, for instance, involving the Black Sea Trade and Development Bank. The upgrading of EU's interest towards the region clearly modifies the picture. A first step was made in 2007 with the adoption of a programme document produced by the International Centre for Black sea Studies: "BSEC-EU Interaction: the BSEC Approach".[37] This document clearly embraces the idea of closer tights between the two organisations. The document also calls for a Joint EU-BSEC Action Plan. At the June 2007 Istanbul Summit, the BSEC made a second step by granting an observer status to the EU. Several EU Member States were already associated as members or observers States, but this constituted a symbol of closer co-operation with the EU.

Even at a declaratory stage, the prospect for closer EU-BSEC co-operation raises some interesting visions. Dimitrios Triantaphyllou, for instance, notes that this co-operation might be particularly relevant in the fight against organised crime and terrorism.[38] The BSEC has indeed established a network of Liaisons Officers[39] in relation with the United Nations Office on Drugs and Crime and the International Organization for Migration. In this way, the combination of EU's competencies in the field plus the existing BSEC network is of particular relevance. This case clearly illustrates the potential for new synergies, adding together BSEC's networks in the region and EU's expertise on these topics.

The EU has already developed several sectoral agreements, such as, for instance, the "Interstate Oil and Gas To Europe Pipelines" (INOGATE) or the "Transport Corridor Europe Caucasus Central Asia" (TRACECA).[40] It is clear that these initiatives shall be pursued and shall see their coherence reinforced. In the field of Science and Technology for instance, the INCO (Specific International Scientific Cooperation

---

36 "Black Sea Economic Cooperation, Bucharest Statement – BSEC towards its 15th Anniversary", *Southeast European and Black Sea Studies*, Vol. 7 (2) 2007, pp. 339-342.

37 *Ibid.*, pp. 311-326.

38 Triantaphyllou, D., "Making Black Sea Synergies Work", *ICBSS Black Sea Monitor*, No. 4, Athens, International Center for Black Sea Studies, 2007, pp. 1-2.

39 *Agreement among the governments of the Black Sea Economic Cooperation participating States on cooperation in combating crime, in particular in its organized forms.*, Corfu, 2 October 1998, http://www.bsec-organization.org/areas_of_cooperation.aspx?ID=Cooperation_in_Combating_Crime.

40 See Map 5.

Activities)[41] programme of the 6th Framework Programme for Science, Technology and Development included Romania, Bulgaria, Turkey and the ENP countries.[42] The BSEC decided to organise a conference of the Ministers in charge of science and technology in April 2007 to enhance the EU-BSEC co-operation in this field for the next period.[43] This occurrence shows that the EU-BSEC co-operation may be used as a platform to coordinate a wide range of initiatives in the region.

Yet, the EU's newly granted observer status does not imply a full-scale participation. The overall articulation of the partnership is not clear with strong disparities between the EU's economic weight and a very heteroclite organisation where one can not compare the weight of South Caucasian States, for instance, to Russia's or Turkey's economic and diplomatic influence, which are nonetheless bound by the same unanimity requirement. One has to address a way in which a common action plan can be articulated, and second, how an efficient co-operation with an organisation already embedded in its internal contradictions can be achieved. There exists a certain fear that such a consensual approach will produce very little, far away from the ambitions publicised by the EU.

The first Black sea Synergy Ministerial Meeting in Kiev on 14 February 2008 further illustrated this closer co-operation.[44] The BSEC indeed held a special ministerial meeting but a few days before the actual Black Sea Synergy meeting. To some respect, it illustrates the wish to harmonise the organisation's position to bring coherence in dealing with the EU. It also embeds hopes for positive developments inside the BSEC itself.

D. Contradictory Expectations within the EU

The situation with regard to Black Sea co-operation would be difficult enough without the internal tensions and contradictions that characterised the EU itself. Among others, two examples, which illustrate the difficulty to expect a concerted approach on the issue, will be presented in this section.

---

41 http://cordis.europa.eu/inco/home_en.html.

42 COM(2007) 160 Final, *op. cit.*, p. 7.

43 Meeting of the BSEC Working Group on Science and Technology, Sinaia, Romania, 25-26 April 2007.

44 *Boosting regional cooperation in the Black Sea Region: First Ministerial meeting of Black Sea Synergy in Kiev*, 14 February 2008. http://europa.eu/rapid/pressReleases Action.do?reference=IP/08/221&format=HTML&aged=0&language=EN&gui Language=en.

First, Greece is a member of both the EU and the BSEC. In a naive approach, one could consider Greece as being in an advanced position with regard to EU's influence inside the regional organisation. However, this seems not to be the case. Greece opposed the UK, Kazakhstan, Hungary, Iran and Lithuania's application for the observer status in the BSEC, "in order to force Turkey to accept a Greek Cypriot application to become an observer made in November 2006, diplomatic sources said"[45] Indeed, until recently, British diplomats were obliged to use other diplomatic channels[46] in order to follow from the inside the developments that were taking place at the BSEC level. This explains why the EU was seeking to be granted an observer status in the organisation, notably as a mean to overcome Greece's opposition to the association of the UK as an observer State. This strongly shows the transposition of external tensions inside an organisation characterised by unanimity voting. It also illustrates a striking lack of solidarity among EU Member States in this respect.

Turkey represents a second example of a state with an ambiguous attitude toward EU's initiative in the region. This ambiguity paradoxically stems from the close link between the two. On the one hand, during the Turkish presidency of the BSEC (May-November 2007), the regional co-operation progressed and governance reforms were engaged. Additionally, Turkey's relationship with its secular enemy Russia has evolved with booming economic exchanges. On the other hand, Turkey has shown scepticism towards the US backed Black Sea Forum. Above all, Turkish officials consider that the EU pre-accession process should constitute its ultimate horizon, and would not let the Black Sea initiative divert its efforts in this respect. The EU implicitly pushes for a stronger involvement of Turkey in the initiative, and more generally, within the ENP framework. This may also be seen as a compensation for the much disputed accession process: by emphasising Turkey's role as a regional actor, the EU implicitly hopes to decrease the pressure on the actual accession. Yet, the tactic appears quite risky and Turkey seems sceptic toward the Black Sea Initiative.

Therefore, the EU's ambitions in the region appear rather unclear beyond the declaratory stage. In fact, the EU seems to hesitate between a pragmatic project-based approach in partnership with the BSEC notably, and a more ambitious involvement which has still to be defined.

---

45 Güvenç, D., *Turkish Daily News*, Ankara, 2007.

46 The French Embassy notably.

III. The EU in the Black Sea Context: Neighbour, Partner or Power?

The choice to privilege the BSEC as a key interlocutor in the region reveals in fact the cautiousness of the European Commission. One may easily criticise its lack of ambition or its inefficiency. This reflects after all the diverging interests both inside the EU and in the region; hence, the consensual approach and broad objectives adopted.

The frozen conflicts constitute a striking example of this non-engagement. It is a fact that the perspective of a greater political implication of the EU and of an internationalisation of the conflicts is welcome but not without reserves. Nonetheless, Georgia has clearly expressed its positive stance regarding a closer co-operation with the EU, while Azerbaijan and Armenia seem now to favour the emergence of an external mediator. Yet, the April 2007 Communication specifies that "enhanced regional co-operation is not intended to deal directly with long-standing conflicts in the region, but it could generate more mutual confidence".[47] In other words, the European Commission clearly dismisses the eventuality of a *direct* political intervention in the conflict but instead privileges confidence-building initiatives and other forms of soft co-operation.

This results from the conflicting interests at stake in the region, where the external influences are growing in correlation with energy and security concerns. In this respect, the Black Sea represents a "centre of gravity for competition",[48] between big powers, such as Russia, the US and possibly the EU. However, the EU has not yet chosen its stand with regard to the matter.

A. A Partner with Russia?

The comeback of Russia as a real but unpredicted power is obvious. In the Black Sea region, the EU is directly facing its neighbour's influence.[49] Some analysts, following Russia' assertiveness and the recent tensions over US or UK initiatives in the region, fear the re-emergence of a "Cold-war style competition".[50] Ivan Krastev, for instance, prophesises a clash between a modernist Russia and a post-modernist EU.[51]

---

47 COM(2007) 160 Final, *op. cit.*, p. 2.

48 Lesser I. O., *op. cit.*, p. 9.

49 See the contribution of Adomeit, A. in this volume.

50 Trenin, D., "Russia the EU and the common neighbourhood", London, *Center for European Reform Essays*, 2005, p. 2. Trenin uses this notion but rejects it.

51 Krastev, I., "A clash between modernism and post-modernism?", in "The EU, Russia, and the Wider Black Sea Region", The Black Sea Trust for Regional Cooper-

One may opt for a somewhat less grandiloquent approach by highlighting the misunderstandings between the EU's perceived arrogance and Russia's lack of co-operation.[52]

Indeed, the Black Sea region, which was until recently under Soviet influence, is of vital geostrategic interest. It concentrates some of the most important oil and gas pipelines, running from the Caspian Sea, Central Asia or the Middle East through Russia, the Caucasus and Turkey. In this context, Russia has been developing quite an assertive attitude towards its near abroad, using energy supply as a strategic tool. On the other hand, some recent US-backed initiatives have indeed fuelled Russian fears. Countries, such as Ukraine, Georgia or Romania have pushed for political initiatives, which though they do not explicitly oppose Russia, promote the Western values in the region. The renewed GUAM[53] or the creation of a Community for Democratic Choice,[54] where the EU and the US have an observer status, may illustrate this point. The so-called Group of Friends of Georgia, which clearly promotes a joint EU-NATO "democratic enlargement" in the region, constitutes another example.[55] While Russia underestimated, during the 1990's, the impact of EU's enlargement eastwards,[56] it seems now to resent its decreasing influence in the region. The so-called "Colour revolutions", in Ukraine, Georgia or the Kyrgyz Republic, fuelled those fears. The deputy director of the Carnegie Moscow Centre, Dmitri Trenin, does not hesitate to state that: "Ukraine may have been the turning point in Russia' post-imperial evolution, akin to Suez for the UK or Algeria for France".[57] Russia remains thus quite cautious, first, towards EU's attempts to jeopardise its energy dominant position in the region, notably through new pipelines projects or legal "imperialism", i.e. promotion of the *acquis*. Second, Russia remains cautious with

---

ation, *Black Sea Paper Series*, No. 4, p. 1, http://209.200.80.89/doc/Black%20Sea%20Paper%20No.%204%2010-26.pdf.

52 Trenin, D., *op. cit.*, p. 7.

53 The GUAM (Georgia, Ukraine, Azerbaijan, and Moldova) Organization for Democratic and Economic Development, renamed in 2006, is often seen as a US backed organization to counter-balance Russia's influence in the region.

54 The Community for democratic Choice was established in 2005, following the Borjomi Declaration by Presidents Saakashvili and Yushchenko. It gathers nine countries from the Baltic Sea, the Black Sea and the Caspian Sea and aims at promoting democracy and Human Rights.

55 Prokhorova, E., *The European Union, a Black Sea Power?*, EU-Russia center, May 2007, http://www.eu-russiacentre.org/column.asp?id=386&lng=ru.

56 Trenin, D., *op. cit.*, p. 1.

57 Trenin, D., *op. cit.*, p. 2 and pp. 4-5.

regard to the political and human rights dimension, which, in its eyes, might be rapidly perceived as a "Western conspiracy".[58]

In spite of these tensions, the EU-Russia relations have nonetheless progressed over the recent years. The "road maps" adopted in May 2005 paved the way for the creation of "Four common spaces",[59] hence providing a framework for further institutionalised co-operation. At the same time, the economic exchanges and foreign direct investments between the EU and Russia have been booming.[60] In Russia's views therefore, the Black Sea initiative is seen as a second regional pillar, after the Northern Dimension, of its global relations with the EU. In this respect, the initiative may offer punctual and limited opportunities, especially thanks to the support brought by the European Bank for Reconstruction and Development or the European Investment Bank, but cannot be departed from a global diplomatic approach with the EU. It is clear, therefore, that the EU should closely associate Russia and take into account its agenda; otherwise, it should expect a brutal reaction in the middle run.

Russia obviously is a key-partner in the region. With regard to this, the Black Sea strategy should be seen increasingly more in the broader context of EU-Russia bilateral relations.[61] This global approach seems more relevant since tensions over Kosovo, Kaliningrad or Russian minorities in the Baltic States spill over in the region.

Co-operation, and not competition with Russia, appears as a prerequisite for any ambitious EU policy in the Black Sea.

B. A Partner with the US?

The Deputy Chairman of the CDU/CSU, Andreas Schockenhoff, called for the creation of the Council of Black Sea States, based on the model of the Council of the Baltic Sea States, aiming at coordinating

---

58 For a more complete picture of the potential tensions between Russia and the West in the Black Sea region, one can refer to Lukyanov, F., "The EU, Russia, and the Wider Black Sea Region: Can Russia and the West be partners in the Wider Black Sea?", *GMF Black Sea Paper Series* No. 4, Washington, The German Marshall Fund – The Black Sea Trust for Regional Cooperation, http://209.200.80.89/doc/Black%20Sea%20Paper%20No.%204%2010-26.pdf.

59 http://ec.europa.eu/external_relations/russia/summit_11_04/m04_268.htm.

60 Indeed, the yearly statistics show a regular increase in EU's exports towards Russia, from 71.8 to 88.3 billion euros between 2006 and 2007 for instance. Eurostat statistical books, Issue No. 4, 2008, http://epp.eurostat.ec.europa.eu/cache/ITY_OFFPUB/KS-AR-08-004/EN/KS-AR-08-004-EN.PDF.

61 For instance, EU officials documents on EU-Russia relations, do not generally even mention the Black sea region as such.

both EU and US influence in the region.[62] In the same line, several vocal experts have expressed their wish for intensified relations between the EU and the newly created Black Sea Forum for Dialogue and Partnership (BSFDP).[63] The BSFDP, created thanks to a Romanian initiative, illustrates well three major developments in the region. First, countries once under Soviet-like regimes show a new diplomatic activism eastwards. This is the case of Poland or Romania once they have successfully completed the pre-accession process. Second, this activism is supported by American funds and expertise. Third, explicitly or not, these countries try to achieve a Western counter weight to Russia in the region and strongly link Euro-Atlantic influence with NATO enlargement.

However, while the April 2007 Communication does not exclude such a possibility,[64] it develops a rather cautious approach. First, the Black Sea Forum is a recent initiative and has limited membership. For example, Russia is not part of it and Turkey benefits from an observer status. Second, it is viewed with suspicion in both Ankara and Moscow due to the clear US influence behind it.

In wider terms, the question of EU's political assertiveness in the region is often linked with a growing role of NATO and the Euro-Atlantic community in general. Indeed, US and EU interests are broadly converging on security and energy issues, as well as democracy promotion.[65] As Andreas Schockenhoff recalls the significant EU-US financial commitment in the region might also be used as a strong incentive to promote this form of influence.[66] However, this assessment must be tempered. First, the EU and US interests, in spite of those convergences, are far from being interchangeable. As Michael Baun states: "The key factor is geography".[67] Economic exchanges, security threats or cultural interconnections in the region appear rather remote from the US, whereas they represent a huge stake for the EU. This also explains why a US-backed policy of confrontation with Russia would more negatively

---

62 Schockenhoff, A., "The Need for an EU Black Sea Policy", *Working Paper of the Fondation pour l'Innovation Politique*, Paris, 2007, pp. 5-6.

63 For instance Tassinari, F., "A Synergy for Black Sea Regional Cooperation: Guidelines for an EU Initiative", *CEPS Policy Brief*, No. 105, Brussels, 4 June 2006, http://www.ceps.be/Article.php?article_id=19.

64 It might be especially interesting as a hub to gather civil society and non-governmental actors.

65 Baun, M., *The United States and the European Neighbourhood Policy*, paper prepared for the European Consortium for Political Research, 3rd Pan-European Conference on EU Politics, Bilgi University, Istanbul, 21-23 September 2006, http://www.jhubc.it/ecpr-istanbul/virtualpaperroom/004.pdf.

66 Schockenhoff, A., *op. cit.*, pp. 5-6.

67 Baun, M., *op. cit.*, p. 10.

affect the EU's position in the region. Second, the on-going co-operation between Russia and NATO raises hope for a better mutual understanding, and paves the way for common initiatives in the future.[68]

To conclude, one can very much doubt that a Euro-Atlantic political involvement could be achieved without creating tensions that would overflow other co-operation areas, most obviously with Russia. In other words, asserting the peaceful character and the common interest of a "Western" revival in the region, without clearly associating Russia, will not be sufficient to overcome the tensions this might create. Besides the unknowns of the new US administration's policy in the region, it would also imply an increasingly more ambitious political consensus at the EU level, which has not yet emerged.

C. A Regional Power?

Facing a strong presence of both Russian and US interests in the region, the revamped EU's Black Sea policy represents, therefore, a first step toward a greater political commitment. The EU balances between Euro-Atlantic allegiances strongly advocated by some of the new Member States and a more comprehensive approach, especially toward Russia. Having said this, the EU economic weight, its considerable attractiveness and prestige among the countries in the region, pleads for a stronger political commitment, particularly with regard to the frozen conflicts.

This commitment has considerably increased in the past few years, notably with the appointment of two EU Special Representatives for South-Caucasus and Transnistria. In addition, a third representative was elected in the aftermath of the August 2008 conflict in Georgia. However, as Dmitri Trenin recalls: "The EU does not have a formal role in any of the multilateral frameworks that seek to resolve the frozen conflicts (although individual EU member-states play important role in some)".[69] However, the involvement of the EU in Transnistria is rather encouraging, with the support of Ukraine notably. In close co-operation with the US, the EU supports a rejection of the KOZAK memorandum supported by Kremlin in 2003.[70] Since 2005 the EU is involved in the 5+2 talks with the US, Russia, Moldova, Ukraine and the Tiraspol authorities.[71] This initiative to bring Chisinau closer to Tiraspol is also

---

68 See Map 3.

69 Trenin, D., *op. cit.*, p. 5.

70 The Tiraspol Times, 3 October 2007, http://www.tiraspoltimes.com/node/1301.

71 http://ec.europa.eu/external_relations/moldova/pdf/internal_political_economic_en.pdf.

backed by the OSCE. The process seems now to produce its first positive results.

In other words, the new Black Sea Synergy initiative will remain of little effectiveness if it avoids formal commitments toward the resolution of tensions that impede the functioning of regional co-operation. This is why the initiative goes hand in hand with provisions related to the CFSP and ESDP. In this respect, the EU could very well play a role of a mediator in the future between strong but sometimes convergent interests in the wider Black Sea region.

Conclusion

The renewed interest towards the Black Sea region conferred a new momentum for enhanced and more ambitious regional co-operation. It was expected to generate synergies both between the EU and its regional partners but also amid the Black Sea countries. One can praise the European Commission for its attempt to rationalise the policies at stake and provide an answer to rising expectations in the region. The institutional partnerships it has proposed so far, notably with the BSEC, as well as the very broad list of priorities will clearly not allow the creation of "running" and "sustainable" regional co-operation.

However, following the August 2008 conflict in Georgia, a considerable attention has been paid to the developments in the Black Sea region. The strong involvement of the EU during the August 2008 conflict in Georgia and in its aftermath, notably through the European Union Monitoring Mission (EUMM) in Georgia[72] or the 22nd October Donors' Conference,[73] organised strikingly in Brussels, has shown the importance of the Black Sea region for the enlarged European Union. This has also illustrated the internal tensions inside the EU, notably over potential sanctions towards Russia, the role of NATO or proper political signals to be given to "pro-Western" governments in the region.

While the action of the EU and its Presidency on this occasion has been generally praised, it has also shown the need for a more ambitious political involvement and the limitations of the previous strategy. Yet, the EU's will to engage in a more comprehensive dialogue was declined in a policy statement as early as in April 2007, through the Black Sea Synergy Initiative.

---

72 *Council Decision 2008/877/CFSP of 24 October 2008 concerning the conclusion of the Agreement between the European Union and Georgia on the status of the European Union Monitoring Mission in Georgia*, OJ L 310, 21 November 2008, p. 30.

73 See http://ec.europa.eu/external_relations/georgia/conference/index_en.htm.

Several years after the launch of this initiative, conclusions seem rather balanced. On the one hand, the EU has intensified the dialogue with its regional partners through inter-ministerial meetings, parliamentary and administrative exchanges or *ad hoc* co-operation programmes.[74] Following the August 2008 conflict in Georgia, the EU has also gained a clear political role in the region, a concomitant of the reaction of the American administration. On the other hand, the Member States succeed neither in preventing the conflict nor in defining a clear political line towards Russia.

Above all, the EU's increased visibility was mostly due to the activism of the French presidency, while the value added of the Black Sea Synergy *per se* remains to be seen. It is not a coincidence if the Swedish and the Polish, considered as defenders of closer ties between the EU and some of its eastern partners, called for the implementation of a new "Eastern partnership". To conclude, these developments happened as if the Black Sea Synergy has never existed.

Therefore, it seems difficult to notice enthusiasm about the initiative at the European Commission or amid the EU's partners in the region. The Synergy seems indeed impeded by a series of original sins, which roots could be found in the impossibility of the EU to define its clear ambition in the region. At the same time, the very limits of the initiative constitute the shadow parallels of what should be clear action lines in the region. In other words, studying the reasons for the BSSI lack of efficiency also highlights the issues that the EU has to overcome if it wants to retain a clear political role in the Black Sea region.

---

[74] European Commission, *Communication from the European Commission: Report on the first year of implementation of the Black Sea Synergy*, COM(2008) 391, Brussels, 19 June 2008.

European Neighbourhood Policy Implementation in Ukraine

Local Context Matters[1]

Iryna SOLONENKO

Introduction

In the recent years the debate on the European Neighbourhood Policy (ENP) has rightly moved in the direction of assessing its impact on the reform process in the neighbourhood. The objective to "transform" the neighbouring countries has been central to the ENP. From the very onset the policy has been aimed at promoting democracy, good governance and the rule of law. These notions underpin all the ENP-related Communications of the Commission.[2] Now, some years after the ENP was launched and given the most recent revision of the policy, it is only natural to make a "reality check" and assess what the policy has achieved on the ground.

At first glance, developments in Ukraine, considered a test case of the ENP in the East, over the past years seem to suggest that the ENP has by and large failed. In the years following the Orange Revolution and the launch of the ENP in 2004, Ukraine made hardly any progress in

1 This article is based on the policy paper: "The EU's 'transformative power' towards the Eastern neighbourhood – the case of Ukraine", written for the SPES Programme of the Institut für Europäische Politik, Berlin, August 2010, http://iep-berlin.net/814.html#c2450.

2 European Commission, *Communication from the Commission, European Neighbourhood Policy – Strategy Paper*, COM(2004) 373, Brussels, 12 May 2004; European Commission, *Communication from the Commission to the Council and the European Parliament on Strengthening the European Neighbourhood Policy*, COM(2006) 726 final, Brussels, 4 December 2006; European Commission, *Communication from the Commission to the European Parliament and the Council, "Eastern Partnership"*, COM(2008) 823/4, Brussels, 3 December 2008, European Commission and High Representative, *Joint Communication to the European Parliament, the Council, the European Economic and Social Committee and the Committee of the Regions, "A New Response to the Changing Neighbourhood"*, COM(2011) 303, Brussels, 25 May 2011.

the reform process[3] and experienced constant political instability or even crisis. Although the 2010 presidential elections put an end to the political infighting, they also resulted into a de-facto one party rule with worrying developments towards restrictions of political freedoms and violations of human rights. At the same time, the ability and, more importantly, willingness of the new government to implement reforms remains questionable.

The reality, however, is rarely black-and-white. To understand things on the ground it makes sense to take a more complex approach, looking at different actors and processes in Ukraine and trying to trace the resonance, if not impact, the EU has had on them. Such approach departs from the assumption that transformation and reforms cannot be imposed from outside. The external pressure, in order to succeed, has to be matched by strong reform coalitions inside a partner country. The external actors, including the EU, can at best support domestic actors, structures and processes that already have a potential to foster reforms, but not replace them. The challenge with the ENP is that the policy, which can be characterised as a much weaker derivative of enlargement,[4] is matched by the domestic situation. This poses many more challenges than was the case with the accession countries (in Central and Eastern Europe). The EU's conditionality and incentive structure is much weaker, which reduces the EU's pressure for reforms in Ukraine. Moreover, the adoption costs for incumbent rent-seeking political elites are too high. At the same time, civil society structures, which are arguably reform-minded, are too weak, thus making domestic pressure for

---

3 However, it has to be recognised that Ukraine has managed to carry out free and fair elections over the past five years. Particularly, the 2010 presidential election was recognised to have met most OSCE and Council of Europe requirements. See OSCE, Office For Democratic Institutions and Human Rights, "*Ukraine. Presidential Election 17 January and 7 February 2010. OSCE/ODIHR Election Observation Mission Final Report*", Warsaw, 2010, http://www.osce.org/documents/odihr/2010/04/43675_en.pdf.

4 For the debate on whether the EU can replicate the success of enlargement regarding Central and Eastern Europe with the ENP countries without offering the prospect of membership, but by using the same tools see, for instance, Kelley, J., "New Wine in Old Wineskins: Promoting Political Reforms through the New European Neighbourhood Policy", *Journal of Common Market Studies*, Vol. 44 (1), 2006, pp. 29-55; Emerson, M., Aydin, S., Noutcheva, G., Tocci, N., Vahl, M. and Youngs, R., "The Reluctant Debutante: the EU as Promoter of Democracy in its Neighbourhood", in Emerson, M. (ed.), *Democratisation in the European Neighbourhood*, Brussels, Centre for European Policy Studies, 2005, pp. 69-230; Smith, K.E., "The Outsiders: the European Neighbourhood Policy", *International Affairs*, Vol. 81 (4), 2005, pp. 757-773; Lynch, D., "The New Eastern Dimension of the Enlarged EU", in Batt, J., Lynch, D., Missiroli, A., Ortega, M. and Triantaphyllou, D., *Partners and Neighbours: a CFSP for a Wider Europe*, Paris, EU Institute for Security Studies, *Chaillot Paper*, No. 64, September 2003, pp. 34-59.

adaptation insignificant.[5] Given these conditions, what potential does the EU have to transform and "Europeanise"[6] its Eastern neighbours, particularly Ukraine?

This article argues that although the EU has had a limited impact on Ukraine since the ENP was introduced in 2005,[7] this impact varied depending on the domestic actors and structures. It looks at three levels of actors: political elites, civil society, and civil servants or bureaucracy. In view of the weak conditionality, the paper assumes that the EU has had no impact on the political elites and, therefore, the overall reform process; yet, given the EU's institutionalised and bureaucratised way of policy-making, as well as socialisation channels, it has triggered the process of incremental integration, with civil society and bureaucracy having become the key "agents" of this integration. This results in incremental integration with limited potential to trigger the genuine reform process.

I. Conditionality and the Incentive Structure: Do Long-term Incentives Match Short-term Thinking?

Conditionality is often perceived as one of the most powerful instruments of the EU vis-à-vis its partner countries. It was particularly strong in the case of the Central and East European accession countries, for which the incentive of membership was strong enough to downplay

5 Börzel frames this as an interplay between "EU push" and "domestic pull". Börzel, T.A., "The Transformative Power of Europe Reloaded. The Limits of External Europeanization", *KFG Working Paper Series*, No. 11, February 2010, Berlin, Kolleg-Forschergruppe (KFG) "The Transformative Power of Europe", Freie Universität Berlin, http://www.polsoz.fu-berlin.de/en/v/transformeurope/publications/working_paper/WP_11_February_Boerzel1.pdf.

6 "Europeanisation" is understood here in a rather narrow sense as domestic adaptation of EU demands resulting from incentives, pressure, capacity building, financial assistance and other instruments. This definition is proposed by Gawrich *et al.* specifically for the analysis of the EU's neighbourhood (Gawrich, A., Melnykovska, I., Schweickert R., "Neighbourhood Europeanization Through ENP: The Case of Ukraine", *KFG Working Paper Series*, No. 3, Kolleg-Forschergruppe (KFG) "The Transformative Power of Europe", Berlin, Free University Berlin, August 2009, p. 11). This understanding of Europeanisation fells short of looking at whether EU norms and values become "internalised" or "domesticated" (Olsen, J. P., "The Many Faces of Europeanization", *Journal of Common Market Studies*, Vol. 40 (5), 2002, pp. 921-952). Schimmelfennig and Sedelmeier understand Europeanisation in these terms when dealing with EU accession countries (Schimmelfennig, F., Sedelmeier U. (eds.), *The Europeanization of Central and Eastern Europe*, Cornell University Press, Ithaca, NY, 2005). This approach is justified given that the paper deals with rather recent developments.

7 The launch of the EU-Ukraine Action Plan in February 2005 is understood as the starting point for the ENP implementation in Ukraine.

the costs related with domestic reforms. While the timing of the accession process and the issue areas where conditionality was strongest are debatable,[8] there is a general consensus that conditionality did work. The situation with the ENP countries seems to be rather different and several scholars have tried to conceptualise this issue. Schimmelfennig and Scholtz, for instance, classify the ENP as "a low-credibility association policy" and argue that because the policy excludes the membership perspective, it is doomed to fail.[9] Delcour argues that the case of Ukraine demonstrates that the ENP implementation in Ukraine assumed the shape of "accommodated conditionality", whereby Ukraine has accommodated the ENP to its own preferences and built its own interpretation of the EU requirements.[10] Sasse offers the concept of "conditionality-light".[11] Since conditionality in the ENP is so vague, it only provides external reference points for domestic political actors (both pro-EU and anti-EU), which they can utilize in domestic politics, as well as offer a loose framework for socialisation. Overall, there is no agreement on how far the EU has been able to make a difference in the ENP countries and what further potential the EU's policy possesses.

A. *What Has Been on Offer?*

Taking a closer look at the policy instruments currently offered by the EU to Ukraine and those that are still being negotiated, we can identify two potentially strong and appealing incentive, namely the Association Agreement (with a Deep and Comprehensive Free Trade Area (FTA)) and visa free travel.

Neither of the aforementioned incentives was present in the ENP from the very beginning. For Ukraine they emerged following the Orange Revolution[12] and were extended to other Eastern neighbours as

8 See: Haughton, T., "When Does the EU Make a Difference? Conditionality and the Accession Process in Central and Eastern Europe", *Political Studies Review*, Vol. 5 (2), 2007, pp. 233-246.

9 Schimmelfennig. F. and Scholtz H., "EU Democracy Promotion in the European Neighbourhood: Conditionality, Economic Development, and Linkage", *Paper for EUSA Biennial Conference*, Montreal, May 2007, p. 26.

10 Delcour, L., "Does the European Neighbourhood Policy Make a Difference? Policy Patterns and Reception in Ukraine and Russia", *European Political Economy Review*, No. 7, summer 2007, p. 146.

11 Sasse, G., "The ENP Process and EU Eastern Neighbours: 'Conditionality-lite', Socialization and 'Procedural Entrapment'", Bath, *Global Europe Press – University of Bath*, 2008/9, http://www.bath.ac.uk/esml/research/security/pdf/sasse.pdf.

12 The so-called 10-point plan by Javier Solana and Benita Ferrero-Waldner, which was released in January 2005 as a reaction to the Orange Revolution in Ukraine and the ultimate election of the President based on the free and fair voting, was included in the EU-Ukraine Action Plan signed in February 2005.

the Eastern Partnership was launched.[13] The EU-Ukraine Action Plan signed in February 2005 offered to start negotiations on the new "enhanced" agreement, namely the new contractual framework of the EU-Ukraine relationship to replace the Partnership and the Cooperation Agreement (PCA), provided that Ukraine conducted free and fair parliamentary elections in March 2006. As the elections were recognised by the EU as free and fair, the parties started negotiations on the new agreement in February 2007. The Action Plan also contained the prospect of a Free Trade Area between the EU and Ukraine. The start of the negotiations on this aspect was conditioned upon Ukraine's accession to the World Trade Organization (WTO). As Ukraine met all of the WTO accession criteria,[14] the respective negotiations were opened in February 2008. Ultimately it was decided that the free trade provisions would become a substantial part of the new framework agreement and that the said agreement would be "deep and comprehensive".[15] The offers proposed under the new framework agreement and the FTA were reinforced as the EU-Ukraine Summit in September 2008 decided that the new agreement containing the deep and comprehensive FTA provisions would be an Association Agreement (AA). The negotiations are underway and expected to be completed by the end of 2011.[16]

The prospect of visa free regime also appeared in the EU-Ukraine Action Plan, along with the less "sound"[17] offers of opening the Community Programmes and Agencies for Ukraine's participation and the inclusion of the country into the Technical Assistance and Information Exchange instrument (TAIEX) and Twinning programmes of the EU. This offer was reinforced as the EU-Ukraine visa facilitation agreement[18] came into force as of 2008. The agreement, a legally binding document, contains provisions that simplify the procedures for issuing visas for certain categories of citizens and offers the prospect of visa free travel in the long-term. The offer, however, became only credible during the November 2010 EU-Ukraine Summit when the EU offered to

13 See the contribution of Lannon, E. and Van Elsuwege, P. in this volume.

14 Ukraine formally joined the WTO in May 2008.

15 Ukrainian-European Policy and Legal Advice Centre (UEPLAC) Phase IV: "Aide Memoire. Background Issues and Possible Implications Resulting From Implementation of the Future EU-Ukraine Association Agreement and Free Trade Area As Its Core Component", Kiev, 2009.

16 It will still take some time until the agreement is signed, which is expected in 2012. Ratification will take even more time.

17 Less "sound" in the sense that it is more difficult to "sell" these offers to the political elites and the society.

18 Agreement between the European Community and Ukraine on the facilitation of the issuance of visa, OJ L 332, 18 December 2007, pp. 68-76.

Ukraine the Action Plan on Visa Liberalisation outlining the relevant reforms Ukraine has to undertake in order to become eligible for visa free travel.[19]

Theoretically, the incentives of the Association Agreement with the Deep and Comprehensive FTA (DCFTA) and visa free travel can be regarded as attractive. Once signed, the AA will establish political association between the EU and Ukraine – a status appealing to Ukraine, not the least for symbolic reasons. Where DCFTA is concerned, besides liberalising the Ukrainian market, which will be of immediate benefit to the consumers and will also stimulate a higher-added-value production (as opposed to raw materials on which the Ukrainian economy is largely based), it is expected to result in more widespread socio-economic benefits. These benefits include greater employment opportunities in some sectors of economy, better safety standards at work, modernised and developed infrastructure, as well as many other benefits.[20] The same study also estimated that the trade flow between the EU and Ukraine would double and that the improved institutions and better governance resulting from the implementation of the AA would add 20-30% to the Gross Domestic Product (GDP) in the long term.[21] The attractiveness of visa free travel needs less elaboration, since it is evident to anyone in Ukraine who has had the experience of going through the complicated and time-consuming visa procedures.

Apart from being attractive in the long-term perspective, these incentives are also conditional. They can be achieved only if Ukraine undertakes the necessary reforms. While there are no conditions attached to signing the AA, the story with the DCFTA is different. It will become reality in 10 to 15 years and can only be achieved if Ukraine complies with the provisions of the AA, which will include the liberalisation of the Ukrainian market and regulatory convergence with the EU via the incorporation of a specified list of the *acquis communautaire* provisions into the national legislation.[22] Moreover, the decisions reached by the joint institutions within the AA will be legally binding unlike under the current PCA where the decisions are for voluntary implementation. This

---

19 The document can be found at: http://www.novisa.org.ua/upload/EU-Ukraine-Action-Plan%281%29.pdf.

20 Ukrainian-European Policy and Legal Advice Centre (UEPLAC) Phase IV: Aide Memoire. Background Issues and Possible Implications Resulting From Implementation of the Future EU-Ukraine Association Agreement and Free Trade Area as Its Core Component, Kiev, 2009.

21 Ukrainian-European Policy and Legal Advice Centre (UEPLAC) Phase IV: Aide Memoire, *op. cit.*

22 The trade and trade related *acquis communautaire*, as well as separately negotiated parts of the *acquis communautaire* within sectoral co-operation.

will reinforce the EU conditionality in the agreement. With regards to visa free travel, the Action Plan on Visa Liberalisation makes an explicit link between the potential political decision to lift visa requirements by the EU and the necessary reforms at home. Those reforms cover security of documents, migration, border management, fight against organised crime, judicial and law-enforcement co-operation, and fundamental rights in Ukraine (freedom of movement in the country, procedures for issuing identity documents and minority rights). Whether those incentives are attractive in reality and whether they can stimulate certain reforms depends how they are perceived in Ukraine, particularly by the political elites and the society, as explored below.

B. Ukraine's Response: No Compliance, Yet Some Resonance and "Formal" Adoption

From the perspective of Ukrainian political elites and the society at large these incentives are too distant and vague. Given the specific Ukrainian context, the nature of the political elites, and societal perceptions, the political elites do not see any specific benefits arising from these incentives for themselves and it is also difficult for them to instrumentalise the said incentives as a part of the domestic political struggle.

Unlike the CEECs, where the society and the political elites shared a strong desire of "breaking with the Communist past" and "returning to Europe", Ukraine lacks the same notions.[23] Therefore, after Ukraine gained independence it pursued a policy of partial reforms.[24] The strong presidency in Ukraine, especially during the second term of president Kuchma (1999-2004), led to the establishment of a "patrimonial" system[25] and the seizure of the state by ruling clans[26] or business-

---

23 Solonenko, I., "The EU's 'Transformative Power' beyond Enlargement: the Case of Ukraine's Democratisation", *European Research Working Paper Series*, No. 21, 2007, Birmingham, The University of Birmingham European Research Institute, pp. 36-41, http://www.eri.bham.ac.uk/documents/research/wp21-solonenko.pdf.

24 Hellman, J., "Winners Take All: The Politics of Partial Reform in Post-communist Transitions", *World Politics*, Vol. 50 (2), 1998, pp. 203-234.

25 Wallander uses this term with respect to Russia. However, it can easily be applied to Ukraine under Kuchma, with the difference being that the Ukrainian version of the system was weaker and patchy, i.e. not covering the whole of the society, political life and economy. Many elements of this system are still present today with industrial-economic interests heavily involved in political life. Wallander, S., "Russian Trans-imperialism and Its Implications", *The Washington Quarterly*, Vol. 30 (2), 2007, pp. 107-122.

26 Van Zon, H., "Neo-Patrimonialism as an Impediment to Economic Development: the Case of Ukraine", *Journal of Communist Studies and Transition Politics*, Vol. 17 (3), 2001, pp. 71-95.

administrative groups, also known as oligarchs. Trade in cheap natural resources (mostly metals), re-export of cheap energy resources from Russia and Turkmenistan, unfair privatisation deals, and state subsidisation of some sectors, such as agriculture and the gas and coal industry – all of these were means of accumulating wealth for the newly established entrepreneurs (often former Soviet nomenclature leaders). In exchange for supporting the consolidation of the semi-authoritarian regime under Kuchma, they enjoyed access to the sources of political power and managed to acquire monopolistic authority over the economic wealth of the country.[27] Under these circumstances, in order to understand what drives the rhetoric and behaviour of the political elites in Ukraine it is helpful to look at the interests of business-administrative groups behind them. Access to political power, and unequal rules of the game protected by a fair judiciary, is still perceived as the best guarantee for securing and protecting one's economic interests. Given that the overwhelming majority of legal initiative is exercised by members of the parliament, and not the government, one can be sure that the decision-making in the country is highly influenced by narrow particularistic interests and a non-transparent lobbying.

Within such a system, political elites pursue two types of interests: gaining short-term economic benefits for themselves and for multiple party sponsors and being (re-) elected as the best guarantee for protecting their own economic interests. While principally in favour of European integration, political elites and business interests behind them have little understanding of what integration with the EU (more specifically the FTA) will bring to them.[28] While they attempt to influence the negotiation process of the AA[29] where, for instance, import tariffs are concerned, this influence is limited to the short-term losses they might incur, rather than trying to shape the long-term economic relationship between Ukraine and the EU.

Contrary to the vague and long-term benefits the EU offers, there are more immediate benefits that are offered by non-transparent business opportunities, with the energy sector being the most vivid example. At

---

27 Puglisi, R., "A Window to the World? Oligarchs and Foreign Policy in Ukraine", in Fischer S. (ed.). Ukraine: Quo Vadis?, Paris, *Chaillot Papers*, No. 108, European Union Institute for Security Studies, pp. 55-86, http://www.iss.europa.eu/uploads/media/cp108.pdf.

28 Puglisi, R., "A Window to the World? Oligarchs and Foreign Policy in Ukraine", *op. cit.*; Popescu, N., Wilson A., *The Limits of Enlargement-Lite: European and Russian Power in the Troubled Neighbourhood*, London, European Council on Foreign Relations, 2009, pp. 1-69, http://www.ecfr.eu/page/-/documents/ECFR_eastern_neighbourhood_report.pdf.

29 Two interviews in Kiev with a representative of the EU and a representative of the Ukrainian government in September 2009 confirmed this.

the same time, complying with EU requirements will bring substantial short-term costs, as a result of the increased competition and transparency. Complying with EU requirements means opening up the market for competition with EU products and services and losing rent from protectionist regulations. It also entails introducing transparency and losing profit from non-transparent economic schemes protected by political actors. From this perspective it is easy to understand why Ukraine has difficulties in complying with the requirements of the energy declaration it signed with the EU in Brussels in March 2009[30] and requirements resulting from Ukraine's membership in the European Energy Community.[31] The relevant reforms would help modernise Ukraine's gas transit system and market and make them more transparent, in particular via separating gas transit to the EU from its distribution inside Ukraine. So far Ukraine has failed to follow up on these requirements, which speaks for the strong resistance inside the country to the reforms bringing Ukraine closer to the EU. It appears more beneficial to the political elites to preserve the status quo rather than to introduce the reforms for the sake of the long-term benefits for the country and its society.

The situation is further complicated by the fact that the society in Ukraine remains ambivalent about the direction Ukraine should follow[32] and, therefore, European integration issues can hardly be instrumentalised by the political elites to win scores in the domestic political struggle. Anything European is undeniably perceived as being of good quality, but too far and distant to be necessarily relevant for Ukraine in practical terms. One can see numerous advertisements in Ukraine offering "European quality" (meaning high quality) services and goods, yet, people hardly perceive themselves to be Europeans.[33] Thus, majority of Ukrainians (79% in November 2010) perceive the EU and Ukraine to be good neighbour.[34] Yet, when asked whether integration with the EU

---

[30] On 23 March 2009, the EU hosted an investment conference in Brussels where it was agreed to grant Ukraine a 2.5 billion euros loan for the rehabilitation of its gas transit system. Moreover, a Joint EU-Ukraine Declaration was signed, wherein Ukraine committed itself to undertake reforms in the energy sector.

[31] Ukraine joined the Energy Community in September 2010. As a member, Ukraine is expected to adopt the *acquis communautaire* in the field of energy by 2012.

[32] Not in geographical terms, but rather in terms of the civilisational choice between the European system of values (which is translated into the model of governance) and any other alternative.

[33] Only 30 per cent of Ukrainians perceive themselves to be Europeans, see: Razumkov Centre, "Public Monitoring of the EU-Ukraine Action Plan Implementation", *National Security and Defence*, No. 6, 2008, p. 40., http://www.uceps.org/eng/journal.php?y=2008&cat=115.

[34] ENPI Info Centre, "More and more Ukrainians see EU as good neighbour", *Series: Perceptions of the EU in Neighbourhood Partner countries*, 2010:2,

could become a national idea that would unite all the regions of Ukraine, 47% of respondents in Western Ukraine answered "Yes", with only 23.5% of respondents from Southern Ukraine having agreed. At the same time 57.3% of respondents from Southern Ukraine answered "No", with 40.7% of respondents from Central Ukraine and 42.5% from Eastern Ukraine being of the same opinion.[35] When offered several foreign policy options and asked to choose one priority option, only 27.5% on the national scale chose "relationship with EU Member States", while 51.1% prefer "relationship with Russia".[36] Given these perceptions it makes little sense for political elites to campaign on EU-related issues. This was well demonstrated by the 2010 presidential campaign, when the EU-related issues (unlike Russia-related) were hardly on the agenda.

Nevertheless, the EU has not been completely absent from the Ukrainian political scene. The Ukrainian political elites seek legitimacy and belonging to the club of European political leaders. During 2005-2009, both the Prime Minister Yulia Tymoshenko and the President Viktor Yushchenko as leaders of their respective political parties participated in the summits of the European People's Party, where their parties have an observer status. Both those leaders, as well as the opposition leader of the time, Viktor Yanukovych, appealed to the EU for mediation when the political crises broke out in the spring of 2007. Finally, Viktor Yanukovych, as the newly elected President in 2010, made his first foreign trip to Brussels and his Party of Regions signed a Memorandum with the Group of the Progressive Alliance of Socialists and Democrats in the European Parliament.[37] Moreover, there seems to be a lower-denominator consensus among the Ukrainian political elites that European integration is good. This is because so far it has been possible to preserve good relationship with the EU and even pursue integration without incurring the costs of reforms. Indeed, although the reforms have not been implemented, non-compliance has not endangered relationship with the EU. Thus, as Wolczuk put it, Ukrainian political elites have disagreed on "everything but Europe".[38] This EU-

---

http://www.enpi-info.eu/files/interview/a21103013ENPI_Ukraine%20%28EUpoll%29en.v.1.pdf.

35 Razumkov Centre, *op. cit.*, pp. 38-46.

36 *Ibid.*, pp. 41-43.

37 See "Perspectives of good co-operation between S&D and the party of regions of Ukraine", http://www.socialistsanddemocrats.eu/gpes/public/detail.htm?id=134806&section=NER&category=NEWS&request_locale=EN.

38 Wolczuk. K., "Implementation without Coordination: The Impact of EU Conditionality on Ukraine under the European Neighbourhood Policy", *Europe-Asia Studies*, Vol. 61 (2), 2009, p. 199.

related consensus creates a good basis for promoting relevant issues in public discourse.

The elites have also attempted to instrumentalise EU-related issues in their desire to win popular support, although, as pointed above, the society is ambivalent about the issue. For instance, several months before the EU-Ukraine annual summit that took place in Paris under the French Presidency in September 2008, President Yushchenko repeatedly stressed that Ukraine would be offered an "associated membership" in the EU. The summit decided that the new enhanced agreement the EU and Ukraine were negotiating would be called the Association Agreement. Yet, the President was seeking to appear to the voters as the leader of the country which the EU was ready to accept into the club. From this perspective the notion of "associated membership", although non-existent in reality, was rather convenient for popular discourse. Similarly, President Yanukovych has repeatedly promised visa-free travel regime with the EU by the end of 2010 and later on by 2012, which had little to do with reality. Whether this rhetoric contributes to gaining more voters' support is questionable, nevertheless the political elites do find it useful to resort to such rhetoric.

The examples above confirm that although the EU hardly makes a difference where the reform process in the country is concerned, it has become a reference point for the political elites. On the one hand, the EU is perceived as a prestigious club of political leaders where the Ukrainian political elites want to be involved; on the other hand, a certain EU-related agenda is instrumentalised as a part of the domestic political struggle. This gives certain leverage for the EU to influence developments in Ukraine.

C. How Can EU Strengthen its Leverage?

Departing from these dynamics one can think of several ways for the EU to strengthen its leverage in Ukraine. Introducing conditionality with short-term incentives and clear thresholds might be a way out. The experience of accession countries indicated that thresholds do matter. Thus, for instance, Haughton showed that the EU's transformative power was the strongest "during the decision phase of whether or not to open accession negotiations".[39] This argument can be extended by arguing that the EU's transformative power was the strongest during the decision phase of whether to move to the subsequent stage of the accession process. Whereas in the case of the 2004 entrants there was only one

[39] Haughton, T., "When Does the EU Make a Difference? Conditionality and the Accession Process in Central and Eastern Europe", *Political Studies Review*, Vol. 5 (2), 2007, p. 235.

clearly defined threshold, which separated different stages of the accession process (pre-negotiation phase and negotiation phase), in the case of Bulgaria and Romania another threshold appeared – that of the possibility of applying the postponement clause. Evidence suggests that during the period of deciding whether to invite Romania and Bulgaria to join the EU in 2007 (i.e. not evoking the postponement clause), some reforms were accelerated.[40] The EU thus succeeded in promoting reforms by defining the thresholds which separate different stages of the accession process, and by linking the admission to each subsequent stage to the necessity of meeting specific conditions. Interestingly enough, in the case of the Western Balkans and Turkey, the European Commission introduced benchmarks for the closing and opening of chapters in the process of accession negotiations, which was not the case for the CEECs.[41]

With this experience and the short-term thinking of the Ukrainian political elites in mind, the introduction of short-term incentives that could be communicated to the public and linked to very specific reform requirements might stimulate political elites to comply. These requirements preferably have to be included in the bilaterally agreed documents, which are legally or politically binding. More importantly, these specific reform requirements, to which the Ukrainian government would have committed itself, would serve as reference points for the civil society advocacy activities in Ukraine. In other words, it is not about introducing new long-term incentives, but rather about structuring the way towards the longer-term incentives. For instance, as it was mentioned, the deep and comprehensive FTA is a long-term objective that could be achieved within the time frame of 10 to 15 years. However, one could probably think of intermediate short-term and medium-term objectives, which, in exchange for meeting specific EU criteria, would bring about tangible benefits either for certain economic circles, who have a strong lobby in the parliament, or for consumers, whose voting preferences might be influenced by the EU-related agenda.

It must be stated that the EU has learned from experience and has improved its approach in terms of moving towards a more specific formulation of immediate objectives. A positive step in this direction was the so-called "Füle matrix" – a matrix of reforms handed in to the Ukrainian government by the Commissioner Stefan Füle during his visit

---

40 Noutcheva, G., Bechev D., "The Successful Laggards: Bulgaria and Romania's Accession to the EU", *East European Politics and Societies*, Vol. 22 (1), 2008, pp. 114-144.

41 European Commission, *Communication from the Commission to the European Parliament and the Council, Enlargement Strategy and Main Challenges 2006-2007*, Brussels, COM(2006) 649, Brussels, 8 November 2006, p. 6.

to Ukraine in April 2010. The 6-page matrix listed the priority reform steps in seven areas[42] expected from Ukraine. Importantly, it differentiated among the short-term (6 months), medium term (6-18 months) and long-term (more than 18 months) objectives and indicated both the EU's support and the EU's responses to the implementation of any given step.[43] This was the first time that the EU offered to Ukraine a document with clear reform priorities and benchmarks with clear rewards to follow once reforms are implemented. Although it had no official status and was not agreed bilaterally, it already sent a clear signal to the Ukrainian political elites and the society as to the EU's expectations.

The budgetary support in the framework of the European Neighbourhood and Partnership Instrument (ENPI), which is a new external assistance exercise for Ukraine, is another good example. Ukraine is eligible for 82 million euros to support the implementation of its energy strategy. While the initial first tranche of 23 million euros was given to Ukraine without any reform-related conditions,[44] subsequent deliveries of direct budgetary support were conditioned. Thus, in January 2011 the EU froze the delivery of 65 million euros and 42 million euros of direct budgetary support for transport and energy efficiency respectively given lack of transparency with public procurement, which is one of the conditions.[45] The short-term result was that public procurement legislation is being revised to suite the EU demands, although the ultimate outcome is unclear.

Another positive development is that the EU has started to actively communicate the benefits of the rapprochement to the ordinary Ukrainians. The press statement, distributed by the EU Delegation to Ukraine the day after the inauguration of the new President elected in 2010, elaborated on specific benefits Ukraine would attain from concluding

---

42 Those include political reforms, macro-financial stability, trade and business environment, mobility, energy sector, environment, and civil aviation.

43 This matrix was never made public but handed in via diplomatic channels. Yet, the matrix leaked to the Ukrainian expert community and the media (Sydorenko 2010); many believe it was a deliberate step on the part of the EU in order to increase the pressure on the government from within the country. Sydorenko, S., "Matritsa: Rezoliutsiya." (The Matrix: Resolution), *Kommersant Ukraina*, No. 76, 30 April 2010, http://kommersant.ua/doc.html?DocID=1363505&IssueId=7000441.

44 The only conditions were to establish a Joint Monitoring Group to oversee the fulfilment of the implementation and the adoption of the Law on State Budget 2009 as well as the necessary financial regulations for the receipt of the budgetary support (Tessier-Stall, S., Gumenyuk, V., Shumylo, O., Kaltygina, S., *ENPI Monitoring in Ukraine*, Kiev, International Centre for Policy Studies, 2009, p. 45).

45 Sydorenko, S., *op. cit*.

the Deep and Comprehensive Free Trade Area with the EU.[46] Most recently the EU Delegation made a statement about the EU's commitment to the modernisation of Ukrainian Gas Transportation System (GTS) as a reaction to media coverage in Ukraine that denied this.[47] Although still rare, these press statements mark important attempts to communicate the benefits of integration with the EU in a simple and clear manner to the different audiences in the country whilst concentrating on the impact the integration would have for these audiences. More messages of the kind need to be communicated to the Ukrainian society, since making it more aware of the benefits of Europeanisation and, consequently, making it more demanding where relevant domestic policies are concerned, will increase the costs of no reforms for the Ukrainian political elites.

The 2011 ENP Communication is an example of thinking in the right direction. It offers focusing on a "limited number of short and medium-term priorities" and "incorporating more precise benchmarks and a clearer sequencing of actions".[48] It also offers stronger link between annual progress reports (the outcomes measured in these reports), assistance and levels of financial support. These proposals are aimed at making stronger differentiation among the neighbours a reality. Contrary to the approach "one size fits all", the EU is aiming at tailoring its support to the needs of each individual country. In other words, it offers "more for more", thus allowing the countries willing to reform benefit from European integration more. Ideally this would lead towards more efficient allocation of resources in the new financial perspective, since those partners that "deserve" EU support will be rewarded. These proposals still need to be put into practice. For instance, in order to employ the merit-based approach the EU will need to come up with a set of objective criteria for assessing progress and those will have to be reflected in the progress reports. Developing short and medium-term priorities and benchmarks, on the contrary, will require taking each country's specific context into account, based on extensive consultations with local actors, including civil society experts. In sum, a lot still needs

---

46 See: http://ec.europa.eu/delegations/ukraine/press_corner/all_news/news/2010/20100226_01_en.htm.

47 EU Delegation in Ukraine, "*The European Union remains strongly committed to the modernisation of Ukrainian Gas Transportation System*", 20 July 2011, http://eeas.europa.eu/delegations/ukraine/press_corner/all_news/news/2011/2011_07_20_01_en.htm.

48 European Commission and High Representative, *Joint Communication to the European Parliament, the Council, the European Economic and Social Committee and the Committee of the Regions, "A New Response to the Changing Neighbourhood"*, COM(2011) 303, Brussels, 25 May 2011, p. 18.

to be done to follow up on the proposals put forward in the ENP Communication and make them a reality.

II. Stimulating the Pressure from Within: Empowering Reform-minded Constituencies and Structures in Ukraine

As noted above a strong demand and pressure for reforms from within is an important prerequisite for the EU to make a difference in a given country. If the power holders are veto-players, the EU's conditionality changes the domestic opportunity structure in favour of pro-European domestic actors outside of the power structures.[49] This was the case with the EU accession countries, where, according to Vachudova the EU helped to change the institutional environment in three ways: it stimulated the consolidation of reform-minded actors, it offered information (along with other external actors) that helped the oppositional actors make their agenda compatible with EU requirements, and finally, the EU offered immediate rewards for political actors that secured the implementation of the relevant agenda after they were elected.[50] This was the case in Slovakia in 1998 when Vladimir Mečiar lost to Mikuláš Dzurinda, an event that changed the pace of the country's integration with the EU. The Romanian elections in 1996 and the Bulgarian elections in 1997 are also sometimes given as examples of the impact of the EU's leverage.[51] Thus, the domestic reform-minded actors both from oppositional political parties and the civil society served as interlocutors between the EU and the society at large (electorate), and the society started to associate the rapid transformation of their country towards the EU with these actors.[52]

The situation of the EU-Ukraine relationship is somewhat different for two reasons. Firstly, the incentive structure is rather weak, as shown in the previous chapter, which makes it difficult to mobilise society against the current power holders. This might partially have to do with the fact that there is no prospect of membership, while the incentives available to Ukraine, such as the deep and comprehensive FTA and the visa-free regime are not appealing enough to mobilise the electorate and

---

49 Schimmelfennig, F. and Sedelmeier, U. (eds.), *The Europeanization of Central and Eastern Europe*, Ithaca, Cornell University Press, 2005, pp. 11-12.

50 Vachudova, M., *Europe Undivided: Democracy, Leverage and Integration After Communism*, Oxford, Oxford University Press, 2005, pp. 139-179.

51 *Ibid*. Vachudova for instance, argues that the EU's "active leverage" led indirectly to the defeat of illiberal elites in Romania, Bulgaria and Slovakia in 1996, 1997 and 1998 respectively.

52 Vachudova, M., *ibid.*, p. 162.

the society at large. Moreover, the absence of competition with other countries of the region on their way towards the EU reduces the pressure for reforms. In the case of the CEECs, competition among the countries played an important role. Notably, the case of Slovakia is often highlighted as an example of the only country among the other eight aspirants for EU membership from Central and Eastern Europe that was refused the opening of accession negotiations in 1997 on political, not economic grounds.[53] Being a laggard in a group of relatively similar countries definitely stimulated the change of elites in Slovakia. This regional environment is missing in the case of Ukraine, whereby the countries of the region – covered by the Eastern Partnership (EaP) – are too different in terms of both their aspirations with respect to the EU and their domestic developments. Moreover, Ukraine is already the frontrunner in terms of its relationship with the EU and sets an example for other countries of the region.[54]

Secondly, there are no strong oppositional actors in Ukraine whose power base lies outside the oligarchy structures and could therefore challenge the current system based on rent-seeking. As the 2010 presidential election in Ukraine showed, political contestation, although challenging the system rhetorically, predominantly took place among the candidates who are part of the system. The ideological underpinnings are largely missing in Ukrainian politics and political competition is limited; Wilson (2006) calls this the "virtual politics". Given this nature of Ukrainian politics, it is clear that the EU has no partners among the political-spectrum actors on whom it could rely in terms of bringing about a change in the regime. In this situation, reform-minded actors can only be found within civil society, especially within the non-governmental organisations sector. When the EU promotes the same requirements, which civil society supports and advocates for,[55] the

---

53 The other countries of the so-called "second wave" – Lithuania, Latvia, Bulgaria, Romania – were refused on economic grounds.

54 As will be shown below the most recent ENP Communication addresses the problem by introducing the merit-based approach to the ENP countries. This is expected to stimulate competition among them. Moreover, as Moldova is showing good results in rapprochement with the EU, Ukraine might not any longer be considered a frontrunner.

55 Jacoby, for instance, argues in his review of several studies with extensive empirical data that external influences tend to be successful if they operate in tandem with domestic actors and interests. Other scholars support the opinion that the external actors have better chances of having an impact on the domestic reform process if they operate "in coalition" with domestic actors and structures that share the same interests and goals. Jacoby, W., "Inspiration, Coalition, and Substitution. External Influences on Postcommunist Transformations", *World Politics*, Vol. 58 (4), 2006, pp. 623-651. See also Schimmelfennig, F. and Sedelmeier, U. (eds.), *The Europeanization of Central and Eastern Europe*, Ithaca, NY, Cornell University Press, 2005, pp. 1-28 and

chance of reforms taking place increases. In this respect, the commitments the Ukrainian government has made in the course of its relationship with the EU serve as an important reference point for the EU and civil society actors in Ukraine to combine efforts in demanding compliance and advocating for reforms.

D. What Support to Civil Society?

To what extent have certain EU policies contributed to strengthening the voice and actual impact of the civil society in Ukraine? An important starting point is that the EU's involvement with actors outside of the power structures in Ukraine has so far been limited. In effect, the EU has never pursued the objective of creating pressure for reforms from within. Neither has the EU adapted to the assumption that the governments in partner countries in this part of the world (former Soviet Union) are veto players and as such hardly contribute to achieving the reform objectives which the EU attempts to promote. Most of the EU's efforts, diplomatic, human and financial, are directed at governments, while the EU's potential allies, civil society organisations, although interested in reforms, remain rather weak. A study carried out by the Open Society Institute – Brussels shows that only 0.37% of EU funding allocated to Ukraine supports the efforts of civil society organisations.[56]

Nevertheless, the EU has increasingly attempted to involve civil society organisations in the reform process, particularly since the ENP was launched. Firstly, the EU has opened up various socialisation channels with the civil society in the EU *via* opportunities to implement joint projects. This is less true where the European Commission's activities are concerned, but more so in the combined efforts of both the European Commission and the Member States. The European Commission itself has offered limited opportunities for co-operation between Ukrainian and the EU-based civil society. There are many examples thereof. The Institution Building Partnership Programme implemented within the Technical Assistance to the Commonwealth of Independent States (TACIS) programme supported 57 international partnership projects with Ukrainian representatives participation during 2002-2008.[57]

Carothers, T., *Critical Mission: Essays on Democracy Promotion*, Washington, Carnegie Endowment for International Peace, 2004.

56 Open Society Institute, *A welcome EU response to its changing neighbourhood that deserves endorsement by member-states. Assessment of the 25 May 2011 Joint Communication from HR/VP Ashton and the Commission, 'A New Response to a Changing Neighbourhood'*, Brussels, June 2011, p. 1, http://www.soros.org/initiatives/brussels/articles_publications/publications/changing-enp-response-20110601/2011-06%20OSI-B%20Assessment%20of%20Joint%20ENP%20Com.Final.pdf.

57 See IBPP web-site for further information: http://www.ibpp.org.ua.

Ukrainian non-governmental organisations (NGOs) can partially implement projects with their EU-based counterparts through the European Instrument for Democracy and Human Rights (EIDHR). Cross-border co-operation programmes cover co-operation in western regions of Ukraine. The Youth in Action Programme offers opportunities for civil society activists from the EU and Ukraine to cooperate. On top of that, the EU Member States provide numerous opportunities, which often involve grants to NGOs from their countries in order to implement joint projects with NGOs from Ukraine and other countries. The four Visegrad countries, the Baltic states, Germany (*via* political foundations), and the United Kingdom are among the most active donors in this respect.[58]

Secondly, the EU has provided limited support in the form of grants to Ukrainian NGOs. Again, only the EIDHR, which has country-based schemes to support NGO projects at the national level, and cross-border co-operation programmes offer such opportunities on top of the limited budget available at the Delegation of the European Union to Ukraine directly. The above-mentioned EU Member States also offer limited grant assistance.[59] Additionally, some civil society initiatives are funded through the Joint Framework Programmes of the European Commission and the Council of Europe, where the latter implements projects with the European Commission's funding. The total amount of funding to NGOs is, however, rather limited, as indicated above.

Thirdly, the EU has increasingly involved Ukrainian NGOs in the consultation process over various issues. Thus, the Delegation of the European Union to Ukraine created an online register on its web page, where Ukrainian NGOs can register in order to be invited for consultations on an ad hoc basis whenever the opportunity arises.[60] The Delegation already consulted the NGOs on the draft of the ENPI National Indicative Programme 2011-2013 for Ukraine, which was a part of the Ukrainian Country Strategy Paper mid-term review in the spring of 2009. The Delegation has also started to consult civil society experts regularly as a matter of contribution or feedback to the annual progress reports and on the occasion of representatives of EU institutions from Brussels coming to Ukraine. These are all welcome developments.

The launch of the EaP in May 2009 has enhanced opportunities for civil society organisations to become involved in shaping the EU's

---

58 Solonenko, I., Jarabik, B., "Ukraine", in Youngs R. (ed.), *Is the European Union Supporting Democracy in Its Neighbourhood?*, Madrid, FRIDE in association with the ECFR, 2008, pp. 92-95.

59 Solonenko, I., Jarabik, B., *op. cit.*, pp. 92-95; Shapovalova, N., "Assessing Democracy Assistance: Ukraine", *FRIDE*, 2010, http://www.fride.org/publication/773/ukraine.

60 See http://ec.europa.eu/delegations/ukraine/eu_ukraine/civil_society_dialogue/index_en.htm.

relationship with its neighbouring countries. Thus, the EaP Civil Society Forum, which already had two annual meetings in Brussels in 2009 and Berlin in 2010 with the participation of NGO and think-tank representatives from all the partner countries and the EU, served as an important opportunity for civil society leaders from the EaP region to exchange information about the reform needs of their countries and the EU's role in the process, and to develop recommendations for the subsequent EaP ministerial meetings.[61] More importantly, the very launch of the EaP Civil Society Forum as an institution marks the recognition of the role of civil society as an actor in shaping the EaP countries relations with the EU and offers a formal channel for presenting policy ideas and proposals. Both the Ukrainian authorities and the European Commission made it explicit that civil society participation in the development of the EaP and specific projects within the initiative are highly welcome.

The efforts outlined above seem to be significant, when compared to the period before the EU's eastward enlargement and the launch of the ENP. Yet, these efforts are meagre in the context of the EU's overall co-operation with Ukraine, where power structures dominate and given the weakness of civil society in Ukraine.

E. The Response of the Ukrainian Civil Society

In view of the aforementioned activities, the EU's impact on strengthening civil society as an actor in the reform process has been mixed. On the one hand, the very form of the EU-Ukraine relationship, which lacks a strong incentive structure, has not been conducive to mobilising reform-minded parts of the society against rent-seeking and non-accountable elites. Neither has the EU been able to tackle the structural weaknesses of civil society in Ukraine, which include limited impact (both in terms of influencing policy and influencing public opinion) and dependence on foreign funding, among other deficiencies. On the other hand, the EU has created a new dimension and new reference points for civil society activities, and offered new tools that civil society organisations might use to push for a domestic reform agenda. In many ways, the Ukrainian civil society still has to become exposed to this new dimension and learn how to use the tools. Yet, the instruments are there, they can be improved, and it is in many ways the Ukrainian civil society's homework to capture the opportunities.

First of all, through its activities, the EU has targeted only a limited circle of civil society organisations. The EU has reached the most active and vibrant niches of civil society, who are also the most professional,

---

61 For more information on the EaP Civil Society Forum and its materials see the CSF web page: http://www.eap-csf.eu/.

yet this segment is rather small. However, the EU has so far failed or has not tried to address the problem of involving broader segments of civil society in the EU-related agenda, such as, for instance, trade unions and civil society platforms working on environment, consumer protection, people with disabilities, and other groups. Thus, the vast majority of vibrant and diverse civil society organisations in Ukraine[62] have so far remained ignorant about Ukraine's EU-related agenda and as such have not been able to instrumentalise the EU requirements and policy instruments in their advocacy and awareness raising activities in the country. The same concerns political parties and their youth organisations. Although political parties might not be regarded as part of the civil society,[63] exposing them to the EU is very important as exemplified by the experience of the EU accession countries. Pridham, for instance, shows that transnational party linkages had an important democratising influence on the CEECs' political parties.[64]

Secondly, the EU has not contributed to solving the structural problems of civil society in Ukraine. One aspect has to do with underdeveloped regulatory environment, which even goes contrary to the Council of Europe requirements.[65] Related to this is the lack of funding from the

62 As of 2007, nearly 40,000 community organisations 19,000 professional unions and associations, 8,000 charitable foundations, 6,000 neighbourhood associations, and 5,500 consumer groups were registered in Ukraine. However, experts have estimated that of this large number, only around 2,500 civil society organisations are socially active and independent (Bystrytsky 2008, cited in Solonenko, I., Khorolskiy, R. Shapovalova, N. and Latsyba M. *Gromadianske Suspil'stvo v Ugodi pro Asotsiatsiyu mizh Ukrainiyu ta ES. (Civil Society in the Association Agreement Between the European Union and Ukraine)*, Kiev, Civil Society Council with the Ukrainian Side of the EU-Ukraine Co-operation Committee, p. 17, http://eu.prostir.ua/files/1230119510977/civil%20society%20in%20EU-Ukraine%20association%20agreement.pdf). A study commissioned by the European Commission in 2009 identified a number of NGO networks in Ukraine dealing with human rights, democratisation, disabilities, environment, public policy and civic activism, regional development, HIV/AIDS, access to judiciary, consumer protection, media, and youth (the European Union's TACIS Programme for Ukraine 2009). These organisations and networks provide services, carry out advocacy activities, provide expertise, and work with public opinion.

63 For instance, Diamond argues that civil society is different from political society, as civil society represents "the whole of a person's or a community's interests", but not struggles for power (as opposed to political parties that belong to political society). Diamond, L., *Developing Democracy. Towards Consolidation*, Baltimore and London, The Johns Hopkins University Press, 1999, pp. 218-260.

64 Pridham, G., *Designing Democracy: EU Enlargement and Regime Change in Post-Communist Europe*, Basingstoke, Palgrave, 2005.

65 See Recommendation of the Committee of Ministers of the Council of Europe on the legal status of non-governmental organisations in Europe (No. CM/Rec(2007) 14), http://www.coe.int/t/e/legal_affairs/legal_co-operation/Civil_society/ and the Deci-

state budget to support civil society organisations or outsource some social services to them. Both have to do with a lack of recognition of civil society as a partner in public policy. Another aspect has to do with the lack of impact on the reform process and public opinion on the part of civil society. Highly qualified think tanks have developed numerous proposals on how to reform the Constitution, the judicial system, the public administration and electoral system, just to mention a few vital reform areas. Moreover, the institutions of the Council of Europe like the Venice Commission and the Parliamentary Assembly of the Council of Europe promoted the same agenda. Despite this, there has been no political will to take recommendations on board and promote relevant reforms. Similarly, the mass media, mostly controlled by particular business industrial groups, have rarely reported on civil society activities and messages, thus preserving the gap between civil society and the society at large.

Yet, the EU has managed to empower certain segments of the Ukrainian civil society, mostly concentrated within the professional circle of NGOs and think tanks. Thus, over the past few years several civil society initiatives dealing with specific issues of the EU-Ukraine relationship have been developed. One example is the "Europe Without Barriers" Initiative,[66] which regularly carries out independent monitoring of visa issuance practices by the EU Member States' consulates in Ukraine and has arguably managed to influence the implementation of the EU-Ukraine visa facilitation agreement. This initiative also monitors implementation of the Action Plan on Visa Liberalisation, thus offering to the society information about real commitment of the authorities to the objective of visa free travel. Other examples include the civil society's independent monitoring of the implementation of the Association Agenda[67] and, prior to that, of the EU-Ukraine Action Plan;[68] the network of European Information Centres, based in the regional libraries and covering 22 regions of Ukraine,[69] carrying out awareness-raising

---

sion of the European Court of Human Rights (Koretsky and others versus Ukraine 2008).

66 See: http://www.novisa.org.ua.

67 See: http://es-ukraina.blogspot.com/ for materials of the consortium of Ukrainian think-tanks including the Ukrainian Centre for Independent Political Research, the Institute for Economic Research and Policy Consulting and the Centre for Political and Legal Reforms with support from the international NGO "Internews Ukraine" and the International Renaissance Foundation.

68 For the details of the relevant project see: Razumkov Centre, *Ukraine-EU: From the Action Plan to An Enhanced Agreement*, Kiev, Ukrainian Centre for Economic and Political Studies, Europa Institut at the University of Zurich, 2007, http://www.uceps.org.ua/img/st_img/statti/Ukraine-EU_2007_eng.pdf.

69 See: http://eu.prostir.ua/initiatives/eurocentres.html.

activities; the European Space Portal, the consolidated civil society resource on European integration,[70] as well as the European Educational Portal[71] are worth mentioning among many other initiatives created and sustained exclusively by civil society organisations.

It is difficult to say whether the EU has empowered the above-mentioned civil society groups directly. Most probably not, if judging from the perspective that these groups have not been targeted by the EU grant schemes or any other direct forms of influence. Yet, the EU has contributed by simply being there and offering standards and values, which those civil society groups support and would like to have implemented in Ukraine. The EU has also contributed by having developed an intensive agenda for the EU-Ukraine relationship, where different civil society groups can find issues which they can promote and work with. Finally, by having induced the Ukrainian government into taking specific reform commitments via the conditionality in the direct budgetary support, the Association Agenda, and the Action Plan on Visa Liberalisation, the EU has offered an opportunity for civil society groups in Ukraine to use the EU as a reference point and simply work in partnership in order to demand compliance on the part of the government. For instance, the most recent monitoring report published by a consortium of think-tanks in Ukraine revealed that in 2010 Ukraine implemented only 8 out of 70 reform priorities of the AA for 2010; the report also offered detailed assessment of authorities' activities in the relevant reform areas.[72] Simultaneously, the "Europe Without Barriers" Initiative presented its assessment of the implementation of the Action Plan on Visa Liberalisation in 2011 and argued for the need of more efforts.[73] The aforementioned measures might not have any direct impact on decision-making; yet they offer unbiased information to the society about the real efforts of authorities in terms of EU-related commitments and they produce resonance. Moreover, some public authorities (mostly at the level of bureaucracy) are genuinely interested in expert work of civil society and are open for co-operation. This creates some entry points for NGOs and think tanks to be involved in shaping of certain decisions.

Thus, while the EU has not contributed to the civil society development and tackling of the structural problems concerning civil society's lack of links with both the political elites and the broader public, it has

---

70 See: http://eu.prostir.ua.

71 See: http://www.eu-edu.org.

72 For more details see: http://es-ukraina.blogspot.com/2011/03/ukraine-fell-short-of-implementing.html.

73 See: http://www.novisa.com.ua/analitic/The-work-has-been-accelerated-but-the-progress-in-not-sufficient-results-of-first-half-year-of-the-visa-liberalisation-ap-implementation/en for more information.

contributed indirectly. As argued by Rommens, by making authorities committed to certain reform agenda and certain requirements, the EU has produced "second order effects", since it offered additional reference points to non-governmental organisations, with the help of which NGOs can attempt to hold the governments accountable and demand compliance.[74] The EU-related requirements open up enormous potential for the EU and the civil society organisations to create coalitions aimed at demanding compliance with reforms, to which the governments have themselves committed, yet this potential still needs to be realised.

F. How Can the EU Improve its Civil Society-related Policy?

The EU can contribute in several significant ways to making civil society stronger in terms of influencing public policy and public opinion, as well as introducing an EU-related dimension into their domestic reform agenda. Above all, however, there is a conceptual problem, which the EU needs to tackle. As mentioned above, political elites in most EaP countries, including Ukraine, are mostly veto players, who favour the status quo of no reforms. Under the current incentive structure, reforms appear too costly for these elites, while the lack of reforms does not in any way endanger their relationship with the EU. The EU can make political elites more cooperative, as was proposed in the first chapter of this paper. Yet, the EU has to realise that reform-minded constituencies the EU could develop partnership with in these countries have to be found outside of power structures. Civil society could become such a partner; yet, the EU needs to work in this direction.

Firstly, the EU has to push the Ukrainian authorities to involve civil society into the policy process in a transparent and inclusive way. It also has to demand that public authorities create a more favourable regulatory environment for civil society, enabling easier registration procedures and the reception of funds from domestic sources, including the state budget.[75] So far this aspect has been missing in the EU's agenda towards Ukraine and the Association Agenda priorities for 2011-12, which while mentioning civil society, still ignore the problems with regulatory

---

74 Rommens, T., "The European Neighbourhood Policy in the South Caucasus: involvement of NGO's in the democratisation process", *Paper presented at the UACES conference*, Edinburg, 2008, p. 11, http://www.uaces.org/pdf/papers/0801/2008_Rommens.pdf.

75 Currently, Ukrainian civil society is almost exclusively dependent on international donors' funding – in many cases donor funds constitute up to 98% of NGOs' budget. Shapovalova, N., "Assessing Democracy Assistance: Ukraine", *FRIDE Project Report*, May 2010, p. 6, http://www.fride.org/publication/773/ukraine.

environment.[76] Secondly, the EU has to increase the number of opportunities for the direct funding of civil society organisations in Ukraine. Thirdly, the EU has to develop capacity-building programmes for civil society actors. Fourthly, the EU should increase the amount of socialisation channels.

Many of these aspects are tackled by the 2011 Joint Communication of the European Commission and High Representative of the EU and Council conclusions, which discuss partnership with societies. The proposed Civil Society Facility and the European Endowment for Democracy could become important instruments in this direction. These instruments are supposed to help civil society organisations in the neighbourhood develop their advocacy capacity, ability to monitor reforms and strengthen their role in implementing and evaluating EU programmes. They also expand the circle of civil society organisations that might be targeted to include non-registered groups and trade unions.[77] It remains to be seen how these instruments function in practice.

More importantly, the EU needs to create new reference points and tools for the civil society to be able to exercise pressure on the authorities. The EU could well build coalitions with domestic reform-minded actors in Ukraine around those reference points and issues in order to produce change. The Action Plan on Visa Liberalisation, listing specific reform requirements, conditions for receiving direct budgetary support, as well as the objectives of the AA, was already mentioned in this paper. The "Füle matrix" mentioned in the previous chapter of the paper is another good example: although an unofficial document, it leaked to the media and the Ukrainian expert community (many believe it was done deliberately by the EU's side) and thus became another reference point. The EU could think of even more such reference points. In short, Ukrainian pro-reform constituencies can turn EU requirements into tools to exercise pressure on the authorities. The EU, in turn, needs to make sure that it does formulate such requirements in a specific and measurable way, and also backs up civil society efforts via the means of diplomatic and political dialogue.

---

[76] European Union External Action Service, *List of the EU-Ukraine Association Agenda priorities for 2011-12*, Brussels, 2011, p. 13, http://www.eeas.europa.eu/ukraine/docs/2011_12_eu_ukraine_priorities_en.pdf.

[77] European Commission and High Representative, *Joint Communication to the European Parliament, the Council, the European Economic and Social Committee and the Committee of the Regions, A New Response to the Changing Neighbourhood*, COM(2011) 303, Brussels, 25 May 2011; See also Council of the European Union, Council, "*Conclusions on the European Neighbourhood Policy*", Luxembourg, 20 June 2011, http://www.consilium.europa.eu/uedocs/cms_data/docs/pressdata/EN/foraff/122917.pdf.

III. The Role of Institutional Inertia: Bureaucracy as an Agent of Change?

Bureaucracy might be another actor relevant in terms of tracing the EU's impact on the reform process in Ukraine. Both in the case of the EU accession countries and in the ENP, the EU has relied heavily on this class in promoting its norms and preparing the partner countries for deeper integration with the EU. For the EU, as a highly institutionalised community, the institutions and procedures have naturally played a strong role in its policies towards third countries. Accession countries often faced the need to adjust their institutions accordingly in order to deal with the EU and to create new structures for this purpose. For instance, the accession countries had to create strong coordination mechanisms in the government to guide the pre-accession process, to change administrative-territorial systems so as to be eligible for structural funds after the accession, and to create fast-tracking mechanisms of adopting the *acquis*-related legislation in the parliaments, among many other adjustments. New institutions were created and the existing institutions adjusted for these countries to deal with the growing EU-related agenda, and more and more professionals were involved at all levels in the European integration business. All these activities were aimed at making the countries "Europeanised" and preparing them to become fully integrated with the EU in view of the forthcoming accession. Moreover, given the rather technical nature of the process of integration with the EU, with the *acquis*-related requirements being in the centre of the process, bureaucracy at all levels was heavily involved.

Under the ENP Ukraine has experienced a similar process, yet, with one substantial difference. In the context of countries like Ukraine, where political leadership and political will for reforms are absent, the bureaucratic nature of the process where civil servants are the key agents is a positive, rather then a negative trend. Under the Ukrainian circumstances, the bureaucratised nature of the process of dealing with the EU has provided for the continuity of the process and at least some sort of implementation of EU requirements. Indeed, under the conditions of political instability and crises, which Ukraine experienced for the most part of the time since the Orange Revolution, this has made implementation at least partially immune against political turbulences.[78] Therefore, the bureaucratic class in charge of the European integration of Ukraine might be another important actor, along with civil society, which accounts for the domestic pressure to adopt the EU requirements.

---

78 Wolczuk. K., "Implementation without Coordination: The Impact of EU Conditionality on Ukraine under the European Neighbourhood Policy", *Europe-Asia Studies*, Vol. 61 (2), 2009, p. 207.

A. The Role of Institutions and Bureaucracy in the EU-Ukraine Relationship

Unlike the EU accession countries, where this process was oriented towards the goal of accession, in Ukraine the process has reflected the EU's growing attention and engagement in the country. The evolution of the EU's thinking in this respect is well reflected in the constant development of the ENP. This development can be traced through almost annual communications of the European Commission upgrading the ENP, the most recent being the launch of the EaP Initiative and the most recent ENP Communication. Thus, the already existing structures created under the PCA – the EU-Ukraine Cooperation Council, the EU-Ukraine Co-operation Committee, the Sub-Committees and the Parliamentary Co-operation Committee have started dealing with newly evolving issues. For instance, the EU-Ukraine Action Plan adopted in February 2005 was to be monitored by the joint institutions created within the PCA. The Secretariat of the Cabinet of Ministers and several key ministries became involved in the process of drafting annual roadmaps to implement the EU-Ukraine Action Plan. As negotiations on the AA started in March 2007 (at that time called the New Enhanced Agreement) a special negotiation team headed by the deputy Foreign Minister and composed of representatives of other ministries and central authorities was created.[79] Ukraine and the EU also developed the Action Plan successor document, the Association Agenda, which was launched as of 2010 and is aimed at preparing both sides for the implementation of the AA once it enters into force. The EaP also creates new structures, mostly for multilateral co-operation. Thus, Ukrainian officials have already become involved in the work of the four thematic platforms[80] within the EaP and its flagship initiatives.[81] On top of that, programmes such as Twinning and TAIEX offered by the EU have involved more and more bureaucracy, which has become more informed where the EU standards are concerned.[82]

---

[79] For the current composition of Ukraine's negotiation team on the Association Agreement see Decree of the President of Ukraine, "*Pro Deyaki Pytannia Peregovoriv z Europeiskym Soyuzom shchodo Ukladennia Ugody pro Asotsiatsiyu mizh Ukrainoyu ta Europeiskym Soyuzom.*" (*On Some Issues Related to Negotiations with the European Union on the Association Agreement between Ukraine and the EU*), No. 804/2010, http://www.president.gov.ua/documents/12168.html.

[80] The Thematic Platforms cover the following areas of co-operation: democracy, good governance and stability; economic integration and convergence with EU policies; energy security; and contacts between people. See the contribution of Lannon E. and Van Elsuwege P. in this volume.

[81] See the contribution of Lannon E. and Van Elsuwege P. in this volume.

[82] Since the Twinning was launched three years ago, 27 governmental institutions have been involved in the programme.

Where the domestic side is concerned, Ukraine launched the new Coordination Bureau for European and Euro-Atlantic Integration in November 2008 in the Secretariat of the Cabinet of Ministers with 50 employees dealing with various aspects.[83] The Ukrainian side of the EU-Ukraine Co-operation Committee and the respective sub-committees have met regularly for the past few years due to the extensive agenda of the relationship with the EU. Several Ukrainian ministries acquired a rather strong European dimension due to their important role in coordinating the work of the Sub-Committees within the EU-Ukraine Co-operation Committee. The Ministry of Economy, while also responsible for foreign aid (including EU assistance), is a key institution with regard to issues of economic integration. Termed as the "centre of excellence" on legal approximation issues owing to the State Department of Legal Approximation under its auspices, the Ministry of Justice is responsible for co-operation in the field of Justice and Home Affairs (JHA), an arena where the EU and Ukraine cooperate within the separate Action Plans on Freedom, Security and Justice. The Ministry of Foreign Affairs largely coordinates the negotiation process on the Association Agreement and has been increasingly active with regard to issues of co-operation between the EU and Ukraine in Common Foreign and Security Policy (CFSP) and Common Security and Defence Policy (CSDP). Apart from these key ministries, the Ministry of Fuel and Energy, the Ministry of Environment, and the Ministry of Transport deal with the ENPI budgetary support directed towards the reforms of relevant sectors. The Ministry of Interior together with other relevant executive authorities has become increasingly involved as the visa dialogue between the EU and Ukraine progresses. The Ministry of Education deals with Ukraine's involvement in the educational and research-related Community Programmes (for instance, the 7th Framework Programme for Research and Development) along with issues such as the Bologna process and educational co-operation in broader terms. While these are the key Ministries, this account is by no means exhaustive.

In total there are over 650 civil servants within the relevant departments in different central government bodies working on EU-related issues,[84] notwithstanding numerous civil servants taking part in ad hoc programmes, training, and other activities.

Fewer activities of the kind take place outside the capital Kiev and the central authorities, yet more opportunities are also emerging on the regional and local levels. Thus, Ukrainian Western regions that border

---

83 After the 2010 presidential elections as Ukraine was refused the NATO membership, the Bureau was renamed into the Coordination Bureau for European Integration, while its stuff was reduced.

84 Information obtained from the Secretariat of the Cabinet of Ministers of Ukraine.

the EU are involved in the four cross-border co-operation programmes with their EU-based counterparts. Regional administrations all over Ukraine are involved in organising annual Days of Europe, as well as in implementing several State Programmes in the field of European integration. Over 230 civil servants working with EU-related issues are based in the regional administrations.[85] In short, as the EU-Ukraine relationship progresses, Ukraine has not only developed new institutional structures at home, but also participated actively in those offered by the EU with the increased number of institutions and people involved.

One has to note that Presidency of Yanukovych saw negative developments as institutional support for European integration is concerned. Thus, the Coordination Bureau for European Integration was turned into a Department within the Secretariat of the Cabinet of Ministers with no coordinating powers and only 13 employees left. The intergovernmental committees, including the one for European integration, which served as a platform for all ministries to discuss relevant issues and take decisions, were abolished. Finally, the State Department of Legal Approximation at the Ministry of Justice was merged with a bigger international department at the Ministry and its profile lowered. These events show that without political will and leadership, the bureaucracy cannot stay immune. Nevertheless, there are reasons to believe that these trends are of a short-term nature. EU-Ukraine agenda is only on the rise and with the AA being signed the need for stronger institutional support for coping with the growing agenda and AA implementation will become pressing.

On its part the EU has contributed with several rather successful technical assistance projects aimed at supporting the process of EU-related institution building. One of the very successful projects was the so-called European Union Co-ordination Project (EUCOP), funded by the Global Opportunities Fund of the British Government. The establishment of the Coordination Bureau for European and Euro-Atlantic Integration in the Secretariat of the Cabinet of Ministers mentioned above was to a large extent the result of this project.[86] One has to note, however, that the presence of political will represented by the Vice-Prime Minister for European and International Integration was instrumental. By the same token, resistance to change resulted in the objective of setting up a separate executive authority, headed by someone with the status of a Minister, not being achieved. Within this project a comprehensive assessment of different European integration coordination models was carried out and, based on the comparative analysis, pro-

---

85 Information obtained from the Secretariat of the Cabinet of Ministers of Ukraine.

86 See: http://www.britishcouncil.org/ukraine-projects-eucop.htm and http://www.eucop.ier.com.ua/en/index.php.

posals for the Ukrainian situation were developed. A number of study visits, training programmes, as well as expert and institutional support activities were carried out. The results achieved by the project were the best possible given the political climate in Ukraine at that time.

Another example is the Ukrainian-European Policy and Legal Advice Centre (UEPLAC), which provides support to Ukraine in its legal approximation activities. The project provides support in prioritising the fields for legal approximation, assistance in preparing and drafting the legislation, and advice as to the implementation of the adapted legislation. The UEPLAC experts work with various stakeholders in Ukraine involved in the process of legal approximation, organise public events and publish various expert materials.[87] The UEPLAC in its different configurations has worked in Ukraine since the mid-1990s and has provided immense support to the process of legal approximation.

The "EU Support for the PCA implementation project" is also worth mentioning. The project developed a consolidated system of monitoring and, through a number of trainings and seminars, introduced Ukrainian authorities to the new system of strategic planning, implementation and monitoring whether it comes to the implementation of the PCA, the EU-Ukraine Action Plan, or the Association Agenda.[88] The project has clearly resulted in a change of the mindset and a more structured planning and monitoring on the part of the bureaucracy involved in the process.[89]

Finally, the Comprehensive Institution Building Programme offered under the Eastern Partnership is a worthwhile idea. While it is not possible to assess the results of this relatively new initiative, the idea of joint selection by EU and Ukraine of several core institutions in specific sectors and reforming them based on the detailed and comprehensive reform plans with clear timelines and sources of support, seems to be a step in the right direction. In late 2010 Ukraine and the EU signed the Memorandum of Understanding (MoU) on the Framework Document, which defines institutions and key issues to be tackled by the program. The areas to be covered include institutional support for implementation of the EU-Ukraine Association Agreement, trade, migration, and sanitary and phytosanitary standards – all areas of key importance in view of implementation of the Association Agenda and visa liberalisation. Currently multiannual institutional reform plans are being developed for each selected area. The EU would have to assist not only with funding,

87 For more information see the Project's web-page, http://ueplac.kiev.ua/.

88 For more information see the Project's web-page, http://www.pca.kiev.ua.

89 The author took part in several seminars of the project and communicated with both the project management and beneficiaries in the Ukrainian government.

but also deploy its experts to advice and provide guidelines on the ground, and to keep track of the progress.

B. Implications of Institutionalised and Bureaucratised Policy-making

Whether the aforementioned institutional changes and adjustments resulted in any substantial alterations beyond the immediate institutional settings is difficult to estimate, not the least due to the fact that the time frame since 2005 has been rather short. Nevertheless, two observations can be made. Firstly, there has been a steady increase in the number of institutions, activities and human resources involved. As Wolczuk puts it, "enclaves" of Europeanisation have been emerging in Ukraine.[90] Secondly, no summits, meetings, the negotiation process on the AA, the Association Agenda, the visa dialogue, or other activities have been cancelled or seriously postponed despite the constant political turmoil in Ukraine. In fact, despite the never-ending political crisis, the lack of political will for reforms, and the economic recession to make things worse, the EU-Ukraine co-operation agenda has been growing and indeed moving from partnership to integration.

As EU and Ukraine are moving towards new integration projects, more and more European-minded bureaucracy and structures are likely to appear. For instance, the AA, which includes a deep and comprehensive FTA and sectoral integration, will require that Ukraine aligns its legislation with that of the EU in many sectors and modernises its regulatory environment accordingly. This alone will have an immense impact on the judiciary, which is currently highly politicised, but will have to adjust itself to a more liberal economic environment and increased competition. The same can be said about Ukraine's membership in the European Energy Community, as well as Ukraine's chances of becoming a part of the European Aviation Space. As bureaucracy negotiates these integration projects with the EU with very little political leadership, at some point it might turn out that the integration channels have become multiple and well-entrenched, which will require different domestic actors to accept the new rules of the game. The theory of path-dependency suggests that one might become locked into a path and that "locking out" of it might be too costly.[91] In other words, the institutional entrapment or institutional inertia might become strong enough to put

---

90 Wolczuk, K., "Adjectival Europeanisation? The Impact of EU Conditionality on Ukraine under the European Neighbourhood Policy", *European Research Working Paper Series*, No. 18, Birmingham, University of Birmingham European Research Institute, 2007, pp. 15-20, http://www.eri.bham.ac.uk/research/workingpapers.htm.

91 Pierson, P., *Politics in Time: History, Institutions, and Social Analysis*, Princeton, New Jersey, Princeton University Press, 2004.

Ukraine firmly on the European track in the long-term. Another way of approaching the issue of the implications of European integration for Ukraine at the level of institutions and civil service is through the approach of network governance. Thus, Lavenex (2008) and Freyburg *et al.* (2009) argue that the institutional extension of the EU's sector-specific governance frameworks to the neighbouring countries results in integration at the sectoral level and in the adoption of democratic standards and procedures in sector-specific governance, although not necessary in practical implementation.[92]

C. What Else Can Be Done to Strengthen and Expand the Institutional Links?

For the time being the European-minded structures and institutions are not well enough entrenched in order to challenge the current system of policy-making and to influence the key reforms Ukraine has to undertake. Indeed, these are still small enclaves of bureaucracy and civil servants who are the agents of the process of European integration within public institutions in Ukraine. They need to be expanded and strengthened. Thus, the EU could consider expanding the Twinning programme beyond the central government level. Since civil servants at the regional level, particularly in the regions not covered by the cross-border co-operation programmes, have limited exposure to EU standards and the EU's way of policy-making, a Twinning programme covering regional and local levels would be useful. This is of course complicated due to the unfinished decentralisation process in Ukraine, which means that local authorities have limited powers in comparison with their counterparts in the EU Member States. Nevertheless some pilot projects could be considered.

Moreover, while cross-border co-operation programmes are offered to local authorities from the western regions of Ukraine that border the EU, similar opportunities need to be offered to other regions of Ukraine. In this respect, the recent proposal to launch the programmes of inter-regional co-operation between the EU and the EaP partners is worth being elaborated and implemented.

Next, apart from capacity building for civil servants, the EU needs to employ an approach where entire institutions will be targeted. The Twinning programme, although a good instrument of socialisation, has

---

92 Lavenex, S., "A Governance Perspective on the European Neighbourhood Policy: Integration Beyond Conditionality?", *Journal of European Public Policy*, Vol. 15 (6), 2008, pp. 938-955; Freyburg, T., *et al.*, "EU Promotion of Democratic Governance in the Neighbourhood", *Journal of European Public Policy*, Vol. 16 (6), 2009, pp. 916-934.

had limited impact due to the lack of motivation for civil servants to apply the skills they gain. Given that institutions remain unreformed there is no demand for the skills and knowledge introduced by the Twinning programme.[93] Thus, fostering the capacity of individual civil servants needs to be matched with reforms of the institutions and of the entire civil service system. The implementation of the Comprehensive Institution Building Programme offered under the Eastern Partnership could be a solution.

Finally, implementation is important. Legal and institutional changes do not automatically lead to new practices or the European way of policy-making. It was observed already in the EU accession countries that the process of Europeanisation often resulted in the establishment of "Potemkin institutions".[94] In Ukraine, where the rule of law is very weak, meaning that there is lack of law-abiding culture, the risk of non-compliance is expected to be much higher. Thus, the EU needs to think of more scrutiny and guidance where implementation is concerned. In this respect, the decision to set up the Joint Committee at Senior Official Level (CSOL) to jointly define annual objectives and oversee implementation of the Association Agenda was a positive step. One of the reasons behind poor implementation of the EU-Ukraine Action Plan during 2005-2008 was the lack of the joint decision-making on the implementation of the Action Plan; in other words the Ukrainian government decided unilaterally on the annual objectives and measures to be implemented within the Action Plan.[95] In contrast, under the Association Agenda, the joint CSOL allows for joint decision on the objectives and regular stock-taking of the progress of their implementation (Joint Committee at Senior Official Level 2010). As a next step the EU might think of more guidance on implementation at the level of different institutions where implementation is actually taking place backed up by more staff at the EU Delegation in Ukraine.

Conclusion

This chapter has attempted to take a more nuanced approach towards assessing implementation of the ENP in Ukraine. Indeed, a closer look

---

93 Akulenko, L., "Pershi Rezul'taty Vykorystannia Instrumentu Instytutsiinogo Budivnytstva Twinning v Ukraini: Problemy I Shliakhy Ih Podolannia" (First Results of Using the Instrument of Institutional Building Twinning in Ukraine: Problems and their Overcoming), *Publichne Administruvannia: Teoriya Ta Praktyka*, Vol. 2 (2), 2009, p. 10, http://www.dbuapa.dp.ua/zbirnik/2009-02/09alvpsp.pdf.

94 Jacoby, W., *The Enlargement of the European Union and NATO: Ordering from the Menu in Central Europe*, Cambridge, Cambridge University Press, 2004, p. 17.

95 Duleba, A., *et al.*, *The Reform of the European Neighbourhood Policy.* Bratislava, Research Center of the Slovak Foreign Policy Association, 2008, p. 24.

suggests that multiple actors and processes in Ukraine have reacted differently to the EU's policy, and the interplay of various domestic trends with EU influence has resulted in a rather patchy picture. Firstly, the article has shown that the EU has had almost no impact on the political elites in Ukraine. This segment of the Ukrainian society largely represents the interests of the business administrative groups who possess the majority of the country's economic wealth and are well positioned to use state institutions in their interest, rather than pursue what can be understood as national interest. This group is in principle in favour of European integration unless the costs are to be paid. Under the EU's current incentive structure, the Ukrainian political elites can continue rather declarative European integration, which means that they make commitments to the EU, but implement those commitments very selectively and on an ad hoc basis. As long as they keep the minimum standards of free and fair elections (one of the achievements of the Orange Revolution) and certain elements of procedural democracy (the EU's unspoken "red line"), the current pace of the relationship with the EU will be preserved. In short, the mode of conditionality the EU has offered to Ukraine so far allows the political elites to avoid the costs of reforms, while still enjoying the benefits that integration with the EU offers to them. The EU can improve its policy by limiting the scope of action of the Ukrainian political elites and by matching their short-term thinking. This entails introduction of short-term incentives and development of very specific and clear-cut objectives and requirements.

Given the nature of the Ukrainian political elites and their limited reform potential, it is important to understand where the Ukrainian society can play a role and whether the EU has enhanced its role. The article has shown that the potential of the Ukrainian civil society to influence the reform has largely remained rather weak. Civil society has not managed to hold the elites accountable or to influence reforms. At the same time, civil society has had limited impact on public opinion and the mobilisation of the society at large – another factor that allows the political elites to ignore civil society. Nevertheless the EU has offered some tools for the limited circles of civil society to put certain EU-related issues on the agenda and, thus, influence public discourse, as well as decision-making at the bureaucratic level. The EU, its Member States, and its civil society have also increased the socialisation channels for Ukraine's civil society. Yet, the EU has failed to grasp that in countries like Ukraine, where the political elites are predominantly veto-players, reforms cannot be pushed for without civil society and the EU acting in coalition. This means the EU would need to invest more into civil society in order to turn it into a strong domestic partner who could push for the EU agenda from within. To this end, the EU would need to widen its outreach among the Ukrainian civil society; it would also need to assist in solving some structural problems, such as the unfavourable regulatory environment and the lack of funding from the state budget. These issues should become part of the political dialogue with Ukrainian public authorities, which need to take responsibility for civil society development in the country. Last, but not the least, the EU needs to engage in capacity-building activities for civil society with the soon-to-be-launched Civil Society Facility likely being instrumental.

Finally, the article has shown that the EU, due to its institutionalised way of policy-making, has managed to create a certain amount of path-dependency and institutional inertia (mostly at the bureaucratic level). It has encouraged the development of new EU-related institutions in Ukraine and has also assisted this process via technical assistance projects. Moreover, the EU has developed a number of bilateral and multilateral institutional links with Ukraine, and a number of these institutions are growing. Interestingly, the EU-Ukraine negotiations and the pace of co-operation have proved to be immune to the overall political climate: none of these processes has been halted by the political instability in Ukraine. The paper has argued that it might even be possible to talk about the potential for institutional "entrapment" of Ukraine (which means the EU would create a critical mass of institutional links with Ukraine, as well as institutions and procedures within Ukraine, which would make opting-out too difficult). For the time being, however, the relevant processes are not yet well entrenched. Evidence suggests that Ukraine has embarked on a process of incremental integration with the EU and "bifurcated"[96] Europeanisation. The EU has become a reference point for many domestic actors in Ukraine, but it has not yet produced a critical amount of resources (actors and institutions) in Ukraine, which would put the country firmly on the European track.

Due to the EU's weak incentive structure and weak conditionality, which is matched by weak pressure for reforms from inside the country, the potential of these processes for inciting fully-fledged Europeanisation remains questionable. The EU needs to strengthen its conditionality – thus reducing the costs of reforms *vis-à-vis* the potential benefits – and introduce short-term incentives compatible with the short-term thinking among the political class of the country. The EU also needs to be clear that its policy will not succeed unless it is matched by strong domestic pressure for reforms, which at the moment can only come from civil society. Turning civil society in Ukraine into a true reformist partner requires more investment on the part of the EU. These elements – high adoption costs resulting from the nature of the incumbent regime and

96 Hughes, Sasse and Gordon (2004) use this term when conceptualising the Europeanisation of the CEECs.

weak conditionality on the part of the EU, as well as little domestic pressure for reforms from within – seriously limit the EU's transformative power with respect to Ukraine. If the EU is serious about reforming and Europeanising its Eastern neighbours – which is in fact a commitment made by the EU in the ENP and the EaP – it needs to deal with these challenges.

Russia

ENP Competitor

Hannes ADOMEIT

Introduction

Russia presents a paradox. In EU parlance, contrary to disagreements and dissatisfaction with the relationship, Russia is considered to be a *Strategic Partner.*[1] The country, however, is neither a participant nor, in the broad sense, a partner in the EU's European Neighbourhood Policy (ENP).[2] On balance, on post-Soviet territory, Russia is an increasingly assertive *competitor* of the EU rather than a co-operative actor.[3] Furthermore, for the geographical area situated between Russia and the EU, Moscow has shunned the term of the Common European Neighbourhood, preferring instead the sober designation of "regions adjacent to the EU and Russian borders".[4] Yet at the same time, it is a *beneficiary* of the

---

1 Thus, for instance, the European Commission's *Fact Sheet on ENP Funding* states that the ENPI covers the ENP Actions Plans "as well as the Strategic Partnership with Russia, previously also covered by the TACIS programme"; European Commission, *European Neighbourhood Policy: Funding*, http://ec.europa.eu/world/enp/funding_en.htm. The "Strategic Partnership" – in capital letters and as a *fait accompli* rather than a long-term vision – recurs, among many other documents, in European Commission, *Communication From the Commission to the Council and the European Parliament on Strengthening the European Neighbourhood Policy*, COM(2006) 726, Brussels, 4 December, http://ec.europa.eu/world/enp/pdf/com06_726_en.pdf, and the European Commission's *Fact Sheet on EU-Russia Financial Cooperation*, http://ec.europa.eu/external_relations/russia/sum11_06/finance.pdf.

2 This very fact has been underlined in the Communication from the *Commission to the Parliament and the Council, Implementation of the European Neighbourhood Policy in 2007*, COM(2008) 164, Brussels, 3 April 2008. Russia is mentioned there only once but in the EU's Black Sea Synergy project, not in the context of the ENP.

3 Indeed, as former EU Trade Commissioner Peter Mandelson has deplored, Russia often interprets Europe's engagement in the former Soviet Union "not as the concern of a friendly partner, but the encroachment of a self-interested neighbour". Mandelson, P., *The EU and Russia: Our Joint Political Challenge*", Speech, Bologna, 20 April 2007, http://ec.europa.eu/commission_barroso/mandelson/speeches_articles/sppm147_en.htm.

4 As a result, this is the term used in the Common Space of External Security. The terms "Common Neighbourhood" and "Common European Neighbourhood" do not

EU's European Neighbourhood Partnership Instrument (ENPI). Finally, since the EU-Russia Road Maps for the creation of four Common Spaces are essentially the equivalent or substitute of the ENP Action Plans and since one of the main sources of funding for the creation of the Common Spaces is the ENPI, Russia is *associated with* the ENP and thus indirectly an ENP participant.

Russian complexities and contradictions are evident also when considering the acronyms ENP and ENPI. To the uninitiated observer, it looks as if ENPI is simply the logical terminological extension of ENP, that is, that the "I" refers to the financial instrument to be used for the implementation of the European Neighbourhood Policy. This, however, is not the case: The acronym ENPI translates as European Neighbourhood *and Partnership* Instrument. The word "Partnership" was used in order to accommodate Russian preferences, and in a sense it fits well because of the designation of Russia as a "Strategic Partner".

To explain these terminological contortions, the following arguments have to be taken into consideration. The EU wanted to streamline many geographically and functionally designed policies towards its Eastern and Southern neighbours and to forge them into one single financial tool, namely the European Neighbourhood Instrument or ENI. However, Russia, for reasons to be dealt with below, opposed being regarded as a participant of the ENP. It insisted on being treated differently from all the other neighbours of the European Union. It wanted another format and label of co-operation. In response, the EU's projected ENI turned into the ENPI.

I. Common Spaces but Separate Visions

The Russian objection to being included in the ENP has not meant that the EU has changed its basic objectives *vis-à-vis* Russia. These were first comprehensively summarised in the Council's Common Strategy[5] and reiterated in the Commission's Country Strategy Paper 2007-2013 for Russia.[6] In a diluted form, they can also be found in the document on the four Common Spaces and associated Road Maps, namely the common *economic space*; the space of *freedom, security and*

---

occur in the document. See http://ec.europa.eu/external_relations/russia/summit_05_05/index.htm#es1.

5 *Common Strategy of the European Union Towards Russia* of June 1999, adopted at the EU's Cologne Summit, http://ec.europa.eu/external_relations/ceeca/com_strat/russia_99.pdf. Technically, the Common Strategy expired in June 2004 but the aims expressed therein essentially remain unchanged.

6 The text of the Country Strategy Paper 2007-2013 for Russia is available at http://ec.europa.eu/external_relations/russia/csp/2007-2013_en.pdf.

justice; the space of co-operation in the field of *external security*; and the space of *research and education, including cultural aspects.*[7]

As noted above, in essence, the road maps for the creation of common spaces are the equivalent of Action Plans under the ENP. A confirmation of this has been provided by the link the EU has drawn between the common spaces and the ENPI: A corresponding EU Commis-Commission Fact Sheet states that EU-Russia "financial cooperation will be carefully targeted to meet the objectives defined in the road maps to the Common Spaces" and that to bolster the EU-Russia relationship, "some 60 million euros per annum will be available in three or four years from 2007, concentrated mostly on the four Common Spaces, academic and educational exchanges, and support for Russian regions." The main source of funding is to be the European Neighbourhood and Partnership Instrument, in particular its "Russia, inter-regional, intra-regional and cross-border programmes".[8]

Notwithstanding Russia's agreement to the road maps and common spaces and its leadership's repeated invocation of European values, EU and Russian conceptual approaches and political practice are essentially incongruent and often incompatible. Even a superficial look at the Common Spaces document reveals significant retreats from the EU vision of Russia's "transformation" to a liberal, pluralist democracy, a market-based economy with fair competition, and a law-based state with a civil society. This is not surprising since this document has been *jointly* elaborated by Brussels and Moscow. The significant differences of principle, philosophy and practical approach are more clearly revealed in the Common Strategy of June 1999 and the current Country Strategy Paper 2007-2013 for Russia on the one hand, and Russia's Medium-term Strategy (2000-2010) on the other.[9] It is on the basis of these differences and their practical application that the relationship has

---

7 The decision to go beyond the building of a common economic space to include "a common space of freedom, security and justice, a space of co-operation in the field of external security, as well as a space of research and education, including cultural aspects," was taken at the EU-Russia Summit in St. Petersburg in May 2003. See *EU-Russia Summit Joint Statement*, St. Petersburg, 31 May 2003, http://ue.eu.int/ueDocs/cms_Data/docs/pressData/en/er/75969.pdf. Final agreement on these was reached at the Moscow EU-Russia summit in May 2005, see: http://europa.eu.int/comm/external_relations/russia/summit_05_05/index.

8 *EU-Russia Financial Cooperation, op. cit.*, (italics in original).

9 Strategy for the Development of Relations between the Russian Federation and the European Union in Medium-Term Perspective (2000-2010), (hereafter: Medium Term Strategy), in *Diplomaticheskii vestnik*, Moscow, November 1999. An English version can be found on http://www.delrus.ec.europa.eu/en/p_245.htm. All subsequent quotes are from the Russian version.

soured to the point that leading independent observers have considered them to be in a state of crisis.[10]

Before addressing this issue and the role that the concept of "Wider Europe", and the ENP as its practical application, may have played in that process, it is useful at the outset to explore the EU's efforts. Since financial allocations are an excellent indicator of actual rather than mere verbal commitment, the funding issue will be examined first.

II. Russia: ENPI Beneficiary

Until 31 December 2006, the EU's assistance to its Eastern and Southern neighbours was provided under various programmes.[11] These included TACIS (technical assistance to the newly independent states on post-Soviet territory minus the three Baltic states),[12] MEDA (for the Southern Mediterranean neighbours), and thematic programmes such as EIDHR (European Initiative for Democracy and Human Rights).

In the period of 2000-2006, the funds available were quite unevenly distributed across the two major directions. The major share, approximately 5.3 billion euros, was allocated to MEDA programmes, and 3.1 billion euros to TACIS. As for European Investment Bank (EIB) lending, the discrepancy was even more pronounced: approximately 2 billion euros was assigned to MEDA beneficiary countries but only 500 million euros to TACIS. Funded under the label of the latter were such specific programmes as the *Nuclear Safety Programme*, the *Cross-Border Co-operation Programme*, and the *Neighbourhood Programme*.

Since 1 January 2007, as part of the reform of EC assistance instruments, the TACIS, MEDA and various other programmes have, in part, been superseded and, in part, reassembled in the European Neighbourhood and Partnership Instrument (ENPI). The EU considers the ENPI to

---

10 Thus, for instance, Arbatova N., "Russia-EU Beyond 2007: Russian Domestic Debates", Institut français des relations internationales, *Russie. Nei. Visions*, No. 20, Paris, June 2007, http://www.ifri.org/?page=detail-contribution&id=4824&id_provenance=97. Arbatova is Director of Research of the "Russia in the United Europe Committee," a Russian NGO having as its task Russia's integration in Europe.

11 The following summary of funding issues draws on the European Commission's document *European Neighbourhood Policy: Funding*, *op. cit.*

12 TACIS: Technical Assistance to the Commonwealth of Independent States. No assistance has ever been provided by the EU through CIS channels. In fact, no agreements between the EU and the CIS have ever been concluded. TACIS programmes, according to the EC, were designed "to make a major contribution to achieving the objectives of supporting the transition to market economies and to democracy in the *New Independent States (NIS)*" (italics added). These are listed as Armenia, Azerbaijan, Belarus, Georgia, Kazakhstan, Kyrgyzstan, Moldova, Mongolia, Russia, Tajikistan, Turkmenistan, Ukraine and Uzbekistan.

be a "much more flexible, policy-driven instrument, which is designed to target sustainable development and approximation to EU policies and standards, and to support the agreed priorities in the ENP Action Plans."[13] Apart from internal reasons, a replacement for TACIS had to be found since Moscow had misgivings about the continuation of this programme and did not want it to be continued. As a result of these considerations, the ENPI was developed and designed to apply also to the "Strategic Partnership" with Russia.

For the budgetary period (2008-2013), approximately 12 billion euros in EC funding will be available to support these partners' reforms. This constitutes an increase of 32% in real terms. An important part of the ENPI is its Cross-Border Co-operation programme (CBC) that will cover activities across the EU's external borders in the East and the South, with programmes for the period 2008-2013 to receive financial support in the amount of 1.18 billion euros.[14]

New forms of technical assistance are also being extended to these partners. Legislative approximation, regulatory convergence and institution-building will be supported through mechanisms which proved successful in transition countries that are now EU Member States i.e. targeted expert assistance (Technical Assistance and Information Exchange – TAIEX), long-term twinning arrangements with EU Member States' administrations – national, regional or local – and participation in relevant Community programmes and agencies.

Under both the current and future instruments, EC assistance priorities will be identified, together with the country and other relevant actors, in general Country Strategy Papers (CSPs) which cover seven-year periods, more detailed National Indicative Programmes (NIPs) which cover three years and detailed annual programmes.[15] The priorities identified in the Action Plans, agreed with the authorities of the country, are also useful in guiding the programming of assistance programmes, including other donors and international financial institutions.[16]

---

13 *European Neighbourhood Policy: Funding, op. cit.*

14 A summary of the European Commission's approach can be found in the 2007 ENPI *Cross-Border Co-operation Strategy Paper 2007-2013*, http://ec.europa.eu/europeaid/where/neighbourhood/regional-cooperation/enpi-cross-border/documents/enpi_cbc_sp_ip_2007-2013_final_en.pdf.

15 For the EU's *National Indicative Program 2007-2010: Russian Federation* see http://ec.europa.eu/external_relations/russia/csp/nip_2007-2010_en.pdf and http://ec.europa.eu/external_relations/russia/csp/index.htm.

16 Candidate countries are Croatia, Turkey and the Former Yugoslav Republic of Macedonia (FYROM); potential candidate countries are Albania, Bosnia and Herzegovina, Montenegro and Serbia, before "supervised" independence including Kosovo.

In relation to *Russia* and the ENPI, the EU Commission has issued a separate fact sheet on financial co-operation that provides a good starting point for the analysis.[17] The document states that financial co-operation with Russia began in the early 1990s, under the TACIS programme. The idea was to help smooth Russia's transition to democracy and the market economy, and was targeted at a whole range of sectors. Overall, over the fourteen years of the TACIS programme's existence about 2.5 billion euros of assistance was provided through the European Commission, that is, an average annual amount of 178 million euros. The money was spent on such diverse programmes and projects like nuclear safety, infrastructure improvement (border crossing modernization, construction of sewage treatment systems and others), co-operative projects for Russian regions, humanitarian assistance, and scholarships.[18]

Given the improvement of Russia's fiscal position as a result of the windfall profits from its oil and gas exports, the need for such broad ranging assistance, from the EU perspective, before the onset of the global financial and economic crisis, had significantly diminished. Financial co-operation, as the European Commission has emphasised, would in future be carefully targeted to meet the objectives defined in the Common Spaces. Furthermore, a novel approach is to be adopted: EU financial allocations to co-operative projects with Russia are expected to be matched by the Federation.

Correspondingly, the amounts made available by the Commission have been reduced. As mentioned above, only some 60 million euros *per annum* is to be made available to bolster the EU-Russia relationship in the years 2008-2013, concentrated mostly on the financing of projects and programmes under the four Common Spaces, academic and educational exchanges, and support for Russian regions. Depending on the level of Russian involvement in regional, cross-border and other programmes, the total figure may rise to 100 million euros *per annum*.[19] Funds are to be used mainly from the ENPI, in particular from its Russia, inter-regional, intra-regional and cross-border programmes.

---

17 European Commission, *EU-Russia Financial Cooperation*, http://ec.europa.eu/external_relations/russia/summit_11_06/finance.pdf. The subsequent summary of funding issues replicates text from this document.

18 As high as this sum may sound, there is the vexing question as to its *effectiveness*. To measure it raises difficult methodological problems. Overall, however, it would seem that the net result in terms of positive and measurable contributions to Russian reform efforts has been poor.

19 According to EU sources, Russia has committed itself to providing 50 million euros for these purposes.

As for ENPI, it includes a national allocation, as well as regional and cross-border components.[20] As an indication of the significantly scaled-down financial effort, funding for Russia under the national allocation for the period 2007-2008 was limited to 30 million euros *per annum*, and thereafter, for 2009-2010, is to be 15 million euros *per annum*. Another 30 million euros *per annum* has been allocated to regional and cross-border programmes.[21] Additional programmes and funding for Russia are sourced from the "Democracy and Human Rights Instrument", the "Nuclear Safety Instrument", the European Investment Bank and a number of thematic programmes as well as several instruments designed to respond to humanitarian or other emergencies.

To provide some detail, the following Russian regional, interregional and cross-border programmes are envisaged for funding:[22]

– The EU is co-operating with Moscow in a number of Russian regions where mutual interests are at stake. This applies first and foremost to the "Kaliningrad oblast". After the collapse of the Soviet Union and the establishment of the Kaliningrad region as a free-trade area, illusions were widespread that a "Hong Kong of the Baltic" might emerge. But such perceptions were quickly replaced by the realisation that many of the economic and social indicators were far worse than those of the Russian mainland and that the danger existed, particularly after the projected EU membership of the Baltic states and Poland and the transformation of the *oblast'* into an EU enclave, that Kaliningrad could turn into a "black hole" of organised crime, disease and environmental hazards. Combined local, Russian federal and EU efforts have lessened such dangers but there are good reasons for the EU engagement to continue[23];

– Similar considerations apply to the stability, recovery and development of a much more volatile and dangerous Russian region, the North Caucasus. The EU has made clear its willingness to support the recovery programme put in place by the Russian and regional governments for Chechnya and the surrounding region. A first phase of such support is already under way: the European Commission is providing 20 million euros to health, education and economic development programmes throughout the region. In addition, it also continues to provide

---

20 Details follow the fact sheet *EU-Russia Financial Cooperation*, *op. cit.*; see also *Country Strategy Paper 2007-2013 for Russia*, *op. cit*.

21 According to Hilde Hardeman, former Head of Unit for Relations with Russia and Northern Dimension Policy.

22 The following points according to *EU-Russia Financial Cooperation*, *op. cit.*

23 For details about past and future programmes concerning the Kaliningrad *oblast'* see the European Commission's Fact Sheet, *EU-Russia Relations – Kaliningrad*, http://ec.europa.eu/external_relations/russia/summit_11_06/kaliningrad.pdf.

some humanitarian assistance. In the light of the immense problems, however, such efforts are quite inadequate. Massive Russian reconstruction efforts and, above all, a new political approach are needed to provide for reconciliation and normalisation of conditions;

– The regional programme encompasses Eastern Europe and Russia, the Southern Caucasus and Central Asia. The programme is designed to encourage regional co-operation in the areas of transport, energy, trade and investment; the environment; border and migration management; and the fight against organised crime and drugs. Funding may also be made available for the Northern Dimension, where Russia contributes in equal part;

– An important aspect of the ENP is to improve cross-border co-operation (CBC) with countries along the EU's external land and maritime borders, thus giving substance to the EU's aim of avoiding new dividing lines. The idea is to promote economic and social development in border areas; to tackle common environmental, health and security challenges; and to encourage cross-border exchange and contacts. Two main categories of programmes will be established under the ENPI-CBC, namely programmes covering a common land border or short sea crossing, and these covering a sea basin.[24] Land-border programmes include the border areas of the Arctic regions of Norway, Sweden, Finland and Russia (Kolarctic region);[25] Karelia and Russia; South-East Finland and Russia; the border area between Estonia, Latvia and Russia; and the border area between Lithuania, Poland and Russia. As for the sea-basin under the CBC, Russia may benefit from the Black Sea and Baltic Sea programmes. The projected distribution and total allocations for the ENPI-CBC in which Russia may be one of the beneficiaries is shown in Table 18;

Table 18. Russia as a Beneficiary of ENPI Cross-Border Co-operation: Indicative Allocations per Programme (2007-2013) (in million euros)

	Total 2007-13
Land-Border Programmes	
Kolarctic/Russia	28.241
Karelia/Russia	23.203
SE Finland/Russia	36.185
Estonia/Latvia/Russia	47.775
Lithuania/Poland/Russia	132.130

24 See *European Neighbourhood & Partnership Instrument, Cross-Border Co-operation, Strategy Paper 2007-2013, Indicative Programme 2007-2010*, p. 13.

25 See *The Kolarctic ENPI CBC Programme 2007-2013*, Draft, 15 February 2008, http://www.lapinliitto.fi/euohjelmakausi20072013/enpicbc/kolarctic%20enpi%20cbc%20progrmme%20draft%20150208.pdf.

Sea-Basin Programmes	
Black Sea	17.306
Baltic Sea	22.606
TOTAL	**307.446**

Source: European Neighbourhood & Partnership Instrument, Cross-Border Co-operation, Strategy Paper 2007-2013, Indicative Programme 2007-2010, p. 29.

– To be financed under the ENPI are also the programmes of city and town twinning as well as co-operative projects of municipalities. These programmes, which existed previously, can be considered one of the success stories of EU-Russia co-operation;

– Finally, under the inter-regional programme a new programme of student scholarships and exchange is to be made available to Russian students wishing to study in the EU. This is on top of the already existing Erasmus Mundus and TEMPUS programmes for academics as well as the Seventh Framework Programme for Research and Development that is open to Russian participation.[26]

To keep matters in perspective, the sums that can be made available to EU-Russian projects, for instance, the 30 million euros or 15 million euros *per annum* for bilateral or "national" programmes or the 307 million euros for cross-border co-operation for the years 2007-2013 (43.8 million euros *per annum*) are pale in comparison with Russia's financial possibilities. Thus, Russia's earnings from the export of hydrocarbons (oil and gas) in 2008 were about *1 billion US dollars a day*. In August 2008, the total gold and foreign currency reserves reached a record high of close to 600 billion US dollars. Notwithstanding aid packages to stabilise the banking system, defend the value of the rouble, cover budget deficits and stimulate the economy with expenditures amounting to more than 200 billion US dollars, Russia in March 2009 retained 383 billion US dollars in hard currency and gold reserves.[27] In relation to such figures, EU financial commitments are just a trifle.

26 TEMPUS stands for Trans-European Mobility Scheme for University Studies. With regard to the programmes and their funding other than those covered under the ENPI, a good case can be made for a separate financial instrument for the improvement of *nuclear safety* in Russia. But why it should be necessary to have a separate *democracy and human rights instrument* is difficult to fathom. The instrument, according to the European Commission's explanations, is to make money available "to Russian civil society organisations working to raise awareness of such issues" and "to help manage migration and asylum" (*EU-Russia Financial Cooperation, op. cit.*). Such issues clearly belong to the Common Space of Freedom, Security, and Justice, for which the ENPI could be used.

27 Data according to the Russian State Statistical Service (Goskomstat), http://www.gks.ru/wps/portal/!ut/p/.cmd/cs/.ce/7_0_A/.s/7_0_37E/_th/J_0_CH/_s.7_0_A/7_0_FL/_s.7_0_A/7_0_37E. See also Weaver, C., "Oil Funds Will Cover Short-

Furthermore, funding under the ENPI and other instruments for the projects and programmes, despite the broad agenda of EU-Russian co-operation associated with the Common Spaces and Russia's official designation as the EU's "Strategic Partner", is quite uncertain: A legal framework indicating the conditions and procedures for the disbursement of EU funds or co-financing of EU-Russia projects under the ENPI is yet to be created. The Duma has discussed the matter several times but has yet to adopt a corresponding law or at least a memorandum of understanding. One reasons of this unsatisfactory state of affairs is that Russia insists on having the same rights of supervision and control in the EU system of financing as the EU has in Russia. This is yet another indication of the Russian demand to be treated as an "equal." Another reason may be that the Russian power elite, notably the representatives of the institutions of power and force (*siloviki*), have decried EU "value imperialism" and rejected any "interference" from external actors for the building of democratic institutions. They are simply not interested in many of the programmes. This does not mean that all projects and programmes under the ENPI or other headings have been or will be stopped. The Commission has argued that for many programmes with Western industrialised countries, e.g. the United States, special financial agreements are unnecessary, thus one needs to find an answer to the question about Russia. Not least because such arguments meet another perennial Russian demand: not to be treated as a developing country, the Russian government has reacted accordingly. The Commission, therefore, has turned to Russian NGOs to devise and implement programmes, including under the Institution Building and Partnership Programme (IBPP), bypassing the ministries.

To leave the narrow, though important problem of financing and of co-operation, the focus shall now be on the competitive and conflictual aspects of EU-Russia relationship associated with the ENP and its new eastern dimension, the Eastern Partnership (EaP).

III. Russia: ENP and EaP Competitor

The list of EU-Russian conflicts is extensive. In essence, their main sources can be reduced to three. First, in Russian domestic politics the development towards a democratic, law-based state, a market-oriented economy with fair competition and a civil society has been stopped. Authoritarian rule under the labels of "managed" and "sovereign" democracy has been re-established in the country. Second, Russia has explicitly rejected the concept of "integration" with European institu-

falls for 3 Years," *Moscow Times*, 4 February 2009, http://www.cdi.org/russia/johnson/2009-24-8.cfm.

tions in the sense of voluntarily yielding parts of sovereignty to supranational bodies. Third, it has ever more strongly asserted special interests in what is still often referred to by the foreign and security establishment in Moscow as the "Near Abroad", in essence, the post-Soviet space.[28] Such notions have led to attempts to limit and counteract EU efforts to create a "Wider Europe". To put it as a proposition: Russia may, through the ENPI, be a participant or associate partner in the EU's European Neighbourhood Policy but it is also an opponent and obstacle.

As for the first source, conflicts between Brussels and Moscow over domestic developments in Russia cannot necessarily be considered to have been inevitable. But from the very beginning of the Putin era, basic differences of approach made it appear more than probable that there would be trouble. Such differences were obvious as early as in 1999. They were clearly expressed in two documents, the EU's Common Strategy of June 1999 and the Russian response conveyed to the EU *troika* by then Prime Minister Putin at the EU-Russia summit in Helsinki in October that year.[29]

The approach taken in the Common Strategy was straightforward: The EU was willing to help Russia in its difficult transition from a communist to a democratic, market-oriented and law-based system and to assist Russia in its presumed efforts at "integration into a wider area of co-operation in Europe." A central tenet was to encourage and assist processes *from bottom up.* Some of the means to be used in order to achieve this aim were, for instance, twinning, communal reform, development of local self-government, aid to small and medium size enterprises, and assistance to NGOs.

Russia's Medium Term Strategy, however, was based on quite different premises.[30] The idea of a "bottom up" development was replaced by a "top down" approach. This was encapsulated in the Russian proposal to build a "strategic partnership ... based on treaty relations." In the Russian understanding, the two actors – the EU and Russia – were to

---

28 In principle, the Russian government officially abandoned the term of the "Near Abroad" in January 1998. It acknowledged that the word was incompatible with the independence of the CIS countries, and that "the sooner we give up the idea of the Near Abroad, the better for all concerned". The member states of the CIS should be considered "members of the world community with equal rights". (Deputy Prime Minister Valery Serov and CIS co-operation Minister Anatoloy Adamishin in separate TV appearances, as quoted in Jamestown Foundation Monitor, *A Daily Briefing on the Post-Soviet States*, 22 January 1998). However, in practice, this term continues to be used, including by government officials.

29 *The Common Strategy of the European Union Towards Russia* and Russia's *Strategy for the Development of Relations between the Russian Federation and the European Union in Medium-Term Perspective (2000-2010).*

30 The terms "bottom up" and "top down" are not literally used in the two documents.

get together to conclude treaties and agreements subsequently to transmit them to lower bodies for implementation. As Putin rose to power in 1999 and consolidated his rule during his two terms in office, however, the trend line of development was clearly not towards the extension of democratic rights and freedoms and the creation of a law-based state but just the opposite.

This was duly noted by the main EU institutions as well as the Parliamentary Assembly of the Council of Europe in 2004 and 2005. In major documents, these organisations deplored that there had been a "weakening of the rule of law and democracy" in Russia. The system of checks and balances indispensable for the normal functioning of democracy had been "seriously undermined." Changes in the procedures for the appointment and dismissal of judges had "undermined prospects for an independent and impartial judiciary." The circumstances of the arrest and prosecution of Khodorkovsky and other leading Yukos executives suggested that the "interest of the State's action in these cases went beyond the mere pursuit of criminal justice," that it included "elements such as weakening outspoken political opponents, intimidation, and regaining control of strategic economic assets." Parliamentary and presidential elections had been marred by the "extensive use of administrative resources and control of media to support the president and political parties favoured by the government." Many features of centralisation had been reintroduced, including the *de facto* appointment of the governors by the President. Changes to the legislation concerning the elections of the parliament and the organisation of political parties had further restricted political competition in Russia. There had been "harassment and intimidation of members of civil society critical of the authorities and in particular of the journalistic, scientific and environmentalist communities." In Chechnya, a "climate of impunity continues to prevail due to the fact that the Chechen and Federal law enforcement authorities are still either unwilling or unable to hold accountable for their actions the vast majority of perpetrators of serious human rights violations."[31]

---

[31] European Parliament, Committee on Foreign Affairs, Human Rights, Common Security and Defence Policy, *Report With a Proposal for a European Parliament Recommendation to the Council on EU-Russia Relations*, Rapporteur: Bastiaan Belder, Final A-5-0053/2004; European Commission, *Communication from the Commission to the Council and the European Parliament on Relations With Russia*, COM(2004) 106, Brussels, 9 February 2004; European Council, *Assessment Report*, 23 February 2004 (confidential document); and *Resolution 1455 by the Committee of the Parliamentary Assembly of the Council of Europe (PACE) in respect of the obligations and commitments undertaken by the Russian Federation*, 22 June 2005, http://assembly.coe.int/main.asp?Link=/documents/adoptedtext/ta05/fres1455.htm.
The 2006 EU Court of Auditors' "Report Concerning Projects Financed under TACIS

To turn to the second main source of EU-Russia conflicts, Moscow has explicitly rejected the idea of *integration*. As it stated in its medium-term strategy, it proceeds from the position that "Russia, as a world power situated on two continents, should retain its freedom to determine and implement its domestic and foreign policies, its status and advantages of a Eurasian state and the largest country of the Commonwealth of Independent States (CIS), and independence of its position and activities in international organizations." Russia intended "to use the positive experience of integration within the EU [only] with a view to consolidating and developing integration processes in the CIS."[32]

This position is directly related to the third source of conflict, the consideration of the area covered by the Commonwealth of Independent States as a Russian *sphere of influence*. "Russia," the medium-term strategy warned, "will counteract any attempt at hampering economic integration in the CIS. In particular, it opposes 'special relations' of the EU with individual countries of the CIS to the detriment of Russia's interests."

From the Kremlin's perspective, international politics are still an arena of competition and conflict, in which concepts such as the "balance of power" and "power vacuums" retain their significance. This is reflected, for instance, in Putin's statement that "no vacuum" could exist in international relations and that if "Russia were to abstain from an active policy in the CIS or even embark on an unwarranted pause, this would inevitably lead to nothing else but other, more active states resolutely filling this political space."[33] Furthermore, he has called the dissolution of the Soviet Union a "national tragedy of immense proportions" and the "greatest geopolitical catastrophe of the 20th century."[34] Although he hastened to add that this did not mean that Russian policies were directed towards the reconstitution of the USSR, he nevertheless proclaimed the deepening of integration in the CIS, in the framework of the Common Economic Space (CES), and the Eurasian Economic

---

in the Russian Federation" concluded that the effectiveness and impact of the EU's involvement left a lot to be desired. Court of Auditors, *Special Report No. 2/2006 Concerning Projects Financed under TACIS in the Russian Federation Together with the Commission's Replies*, OJ C 119, 19 May 2006, p. 1. It would be unfair, however, to blame the EU for the lack of success. The sources for the turn back from democratic reform are primarily internal rather than external.

32 Italics added.

33 Putin V., *Speech to a conference of Russian ambassadors*, 12 July 2004, Moscow, http://www.kremlin.ru/text/appears/2004/07/74399.shtml.

34 "Putin schitaet raspad SSSR obshchenatsional'noi tragediei," *Nasledie otechestva*, 12 February 2004; "Khotel uspokoit' liudeji," *Gazeta*, 13 February 2004; and "Poslanie Federal'nomu Sobraniiu Rossiiskoi Federatsii," 25 April 2005, http://kremlin.ru/transcripts.

Community (Evrazes) to have "top priority" in Russian foreign policy.[35] Dmitry Medvedev, his successor, has continued this theme and asserted that "there are regions in which Russia has privileged interests." He elaborated that "the countries on our borders are priorities, of course, but our priorities do not end there".[36]

The European Commission has recognised these facts. In its Country Strategy Paper 2007-2013, it viewed with some suspicion Russia's attempts to foster economic integration with Belarus, Kazakhstan, Kyrgyzstan and Tajikistan. It underlined the fact that in March 2005 Putin created a Kremlin department specifically designed to promote Russian influence in its "Near Abroad" through the exercise of "soft power": energy supply, trade and investment, jobs for migrant workers, and cultural and language programmes. This was also a response to perceived EU challenges, including the financing of non-governmental organisations operating in its putative sphere of influence, by creating pro-Russian NGOs to counter the influence of Western-funded organisations.[37]

The impetus for such policies was derived from the shocks produced in Moscow by the impact of successive "Colour revolutions." These included the overthrow of the Milošević regime in Serbia in October 2000, the Rose Revolution in Georgia in November 2003, the Orange Revolution in Ukraine from November 2004 to January 2005, and the Tulip Revolution in Kyrgistan in March 2005. Although there were significant differences between the various upheavals, there was also a common denominator that produced concern in Moscow: established conservative to orthodox regimes were overthrown as a result of massive popular protests and demonstrations, and in all cases except the last (Kyrgistan) the result, in domestic politics, was a shift from authoritarianism towards democracy and liberalism and, in foreign policy, from alliance and association with Russia towards the EU and NATO. The new leaderships under Viktor Yushchenko in Ukraine and Mikheil Saakashvili in Georgia, in close co-operation with the presidents of the Baltic states, developed a "common vision" for their countries and attempted to enhance co-operation with other like-minded countries in the EU's and Russia's neighbourhood through organisational structures,

---

35 Thus, in his annual address to the federal assembly in April 2005, http://kremlin.ru/transcripts. In his annual address in April 2006 Putin said: "The relations with our closest neighbours were and are the most important part of Russia's foreign policy".

36 TV Interview broadcast by Channels Channel One, Rossiya, and NTV on 31 August 2008, http://www.un.int/russia/new/MainRoot/docs/warfare/statement310808en.htm.

37 *Country Strategy Paper 2007-2013 for Russia, op. cit.*

such as the Community of Democratic Choice (CDC).[38] The CDC, in turn, was characterised in Moscow as an "unfriendly community." Obviously in reference to the then cheap energy prices for some of Russia's neighbours, Russian commentators demanded "to stop subsidizing those who are neither friends nor allies to us."[39]

It can be argued that the ENP, in essence, is indeed, in the perceptions and terminology of Russia's medium-term strategy, an attempt of the EU to forge "'special relations' with individual countries of the CIS to the detriment of Russia's interests." If this is true, it is even more so for the deepening of the eastern dimension of the ENP, the EU's Eastern Partnership.[40] As understood by the European Commission, the Eastern Partnership (EaP) is designed to reinforce the interaction with six partners, namely the eastern European countries of Ukraine, Belarus and Moldova, and the southern Caucasian countries of Georgia, Armenia and Azerbaijan, and to provide "stronger support to these partners in their efforts to come closer to the EU." It starts from the premise that the EaP "will be pursued in parallel with the EU's strategic partnership [*sic*] with Russia".[41] Such intentions may appear even more credible as the eastern initiative came shortly after one and a half year stalemate over

---

38 The idea of a Community of Democratic Choice was first mentioned in the common declaration of the Georgian and Ukrainian presidents in August 2005 ("Borjomi Declaration") as an instrument for democratisation and "for removing the remaining divisions in the Baltic-Black Sea region" which, as they stressed, is a part of Europe. The CDC was created in Kiev during a two-day forum on 1-2 December 2005. Founding member states were Georgia, Ukraine, Latvia, Lithuania, Estonia, Romania, Moldova, Slovenia, and the FYROM. A second forum was held in Vilnius in May 2006, at which not only the presidents of central, eastern and south-east European countries spoke but also, notoriously and odiously from the Russian perspective, U.S. vice President Richard Cheney.

39 Russian commentary as reported by the Russian embassy in Belgium on 6 December 2005, http://www.belgium.mid.ru/press/050_en.html.

40 The European Council of 19-20 June 2008 invited the European Commission to prepare a proposal for an "Eastern Partnership", emphasising the need for a differentiated approach but respecting the character of the ENP as a single and coherent policy framework. After the conflict in Georgia, the extraordinary European Council of 1 September 2008 asked for this work to be accelerated. At the EU summit on 19-20 March, an agreement was reached to go ahead with the EaP project. For the Council's consent see European Commission, *Communication from the Commission to the European Parliament and the Council, "Eastern Partnership"*, COM(2008) 823/4, Brussels, 3 December 2008.

41 *Ibid.* On the origins of the Eastern initiative see Grotzky D., "Whose Neighbor? Sweden and Poland's 'Eastern partnership' Re-energizes the Internal Contest over Neighbourhood Policy", Munich, Centrum für angewandte Politikforschung, Centrum Positionen, 28 May 2008, http://www.cap-lmu.de/aktuell/positionen/2008/neighbour.php as well as the contribution of Lannon, E. and Van Elsuwege, P. in this volume.

re-negotiations of a new treaty with Russia was overcome after first Poland, then Lithuania (after brokering by Poland and Sweden) dropped their vetoes. The EaP makes allowance for an extension of projects to Russia on a case-by-case basis. Furthermore, the initiative is careful to stay clear of directly mentioning the "frozen conflicts" in the European neighbourhood in which Russia is deeply involved. Previous policy drafts for an eastern direction, in particular from Poland, and Lithuania's conditions for lifting its negotiation veto had called for the EU to play a stronger role in these conflicts.[42]

There are, however, aspects of its creation and possible implementation that are likely to put the EaP *at odds* with Russia. One of the many indications of this is the fact that it was Poland, in consultation and co-ordination with Sweden and the Baltic states, who developed the EaP initiative. The initiative proceeded not only from dissatisfaction with the ENP's lack of differentiation between the states of Eastern Europe and the countries of the Mediterranean and the absence of an explicit membership perspective especially for Ukraine but also the perceived requirements of differentiation of energy supplies away from Russia and in response to assertive and threatening moves of Russia *vis-à-vis* Ukraine and Georgia even before the August 2008 Russo-Georgian war. The war, as the Commission noted in its Communication, significantly accelerated the EC's work on the EaP principles and proposals.[43] The war clarified where the main support for the EaP initiative was coming from, that is, when Lech Kaczynski and his counterparts from Estonia, Toomas Hendrik Ilves, and Lithuania, Valdas Adamkus, as well as Latvia's Prime Minister Ivars Godmanis were joined by Ukraine's president Yushchenko to fly to Tbilisi "as a sign of the solidarity of our five countries with the Georgian nation, which has been a victim of aggression," as the Polish president said.[44]

The Kremlin's concerns about the spread of "Colour revolutions" to other post-Soviet states and even, incongruously from Western perspectives, to Russia itself, have considerably lessened for three reasons. First, the domestic political and social conditions in the two countries that had launched the CDC initiative, Ukraine and Georgia, deteriorated after 2006 and the impetus behind the revolutions and the CDC faltered. In both countries, the authority of the main exponents of the "Colour revolution," Yushchenko in Ukraine and Saakashvili in Georgia, has

42 Grotzky, D., "Whose Neighbor? Sweden and Poland's 'Eastern partnership' Re-energizes the Internal EU Contest over Neighbourhood Policy", Munich, Centrum für angewandte Politikforschung (CAP), *Centrum Positionen*, 25 August 2008.

43 COM(2008) 823/4, *op. cit.*, p. 2.

44 News agencies reports of 13 August 2008.

been seriously undermined.[45] Second, in contrast to developments there, Russia entered a period of apparent political stability and high economic growth rates. Third, although the global financial and economic crisis also hit Russia hard, nevertheless, as mentioned above, as of March 2009 it retained substantial hard currency and gold reserves in the amount of 385 billion US dollars. This put the Kremlin into a position of being able to offer credit to the countries in the Near Abroad who had suffered even more provided they were willing to align themselves with Russia politically. For all of these and other reasons, the concern in Moscow about the "Colour revolutions" gave way to greater self-confidence, more resolute rejection of any kind of external "interference" in Russian domestic affairs and greater assertiveness abroad. This change in attitude affected Russia's policies also in the Near Abroad and thus the relationship with the EU and its ENP and EaP projects. This can be demonstrated by focusing on some of the trilateral relationships between the EU, Russia and ENP/EaP countries.

Ukraine. From Moscow's perspective, Ukraine's domestic and foreign policy orientation is of greater importance than that of any other CIS country. This is due to the country's close historical and cultural ties with Russia; large geographical extent; important strategic location between the EU, Europe and Russia, and between the Baltic and the Black Sea; economic potential; and military importance with the main base of the Russian Black Sea Fleet situated in Sevastopol in the Crimea. The Russian objective in Ukraine is clearly to prevent a Western, the EU and NATO, orientation of the country. The means, which have been used most conspicuously since Putin's personal interference in the Ukrainian presidential elections of 2004, have been economic pressure but supplemented, most noticeably in the context of the discussions of Ukrainian NATO membership, by military-political pressures.

As far as economic pressure is concerned, Moscow has extensively used energy as an instrument. This became apparent notably in January 2006, February-March 2008 and January 2009. The individual cases may be different in terms of Russian motivation, and there is no question about the right of the Russian gas giant Gazprom to charge the CIS countries approximately the same prices as those paid by EU Member States. However, all the cases, in addition to commercial interest, also have a political dimension. This was frankly admitted by the Russian ambassador to Ukraine, Viktor Chernomyrdin. In autumn 2007, he linked the result of Ukraine's upcoming parliamentary election to the price Gazprom would charge for natural gas exports in future: "It all depends on who forms the new government and how they [Ukraine's

45 For different reasons, however. For developments in these two countries see below.

new ruling coalition] conduct their relations with us."[46] The extreme sensitivity as well as the tense relationship over gas supplies and transit became apparent again after the conclusion of a memorandum of understanding between the EC's Energy Commission and the Ukrainian government providing for the commitment of 3.5 billion US dollars to help finance the modernisation of Ukraine's gas pipeline system. Medvedev and Putin vehemently criticised the agreement, insisting that it was impossible to discuss gas transit through Ukraine without Russia. At a meeting of the Russian Security Council on 24 March 2009, they postponed a planned meeting of the Russian-Ukrainian intergovernmental consultations, and with a view to both the EU and Ukraine, Putin warned: "If Russia's interests are being ignored, then we will be forced to revise our relationship with our partners. Trying to solve the problem of increasing gas supplies, gas which is Russian, is meaningless. We want this signal to be heard ..."[47]

The Russian government cannot legitimately object to the Ukrainian reformist camp's advocacy of a replacement of the ENP Action Plans and the EaP by an Association Agreement with a membership perspective and ultimately entry into the EU. With regard to NATO, however, matters are different since Moscow is able to gain some understanding in Europe for its position that Ukrainian membership in the Western alliance would, somehow, be a threat to Russian security. For this reason, economic pressure has been supplemented by military-political moves. Examples are, for instance, the October 2003 construction of a dam to join the Russian shore of the Taman Peninsula with the Ukrainian island of Tuzla in the Kerch Street; the anti-NATO demonstrations on the Crimea against the "Sea Breeze" exercises, which led to their cancellation in June 2006; and Putin's "proposal" of October 2006 to extend the stationing of Russia's Black Sea Fleet in Ukraine's Crimea beyond the 2017 legal deadline with the Russian president ominously offering safeguards against external interference in Ukraine's internal affairs.[48]

---

46 "Russia Links Gas Price to Election Results," *New Europe*, Issue 749, 29 September 2007, http://www.neurope.eu/articles/78277.php.

47 "Putin Condemns EU Deal on Ukraine Gas Pipelines," 24 March 2009, http://www.russiatoday.ru/Business/2009-03-24/Putin_condemns_EU_deal_on_Ukraine_gas_pipelines__.html. The Russian foreign ministry called the agreement an "unfriendly act"; "Russia Raps EU Over Ukraine Gas Talks," *Reuters*, 26 March 2009, http://www.reuters.com/article/GCA-Russia/idUSTRE52P3O920090326.

48 Putin warned that if there were an intervention, Russia would "provide assistance to our closest neighbour, the fraternal Ukrainian republic, to protect her," and "in that case, I assure you, the presence of Russia's Fleet would not be irrelevant." Socor, V., "Putin Offers Ukraine 'Protection' for Extending Russian Black Sea Fleet's Pres-

Equally ominously has been the practice of *pasportizatsiya* in the Crimea, the furnishing of passports to the residents who are considered Russian "compatriots." As defined in a 2006 federal law, these are people living abroad but "raised in the traditions of Russian culture who speak Russian and do not want to lose their ties with Russia." According to official Russian data, since the year 2000 almost 3 million former Soviet citizens have received Russian citizenship. In the Crimea, more than two thirds of the population of about 2 million conform to the definition of "compatriots," and it is estimated that about 200,000 residents, or nearly every 10th inhabitant, has dual Russian-Ukrainian citizenship, although it is prohibited by Ukrainian law.[49] The significance of *pasportizatsiya* lies in the fact that Russia employed this device in the Georgian breakaway regions of Abkhazia and South Ossetia in order to create a pretext and justification for intervention, that is, to defend its citizens there from Georgian "aggression", to be seen below. The same tactics, in case the Kremlin considers this to be expedient, could be used in the Crimea.

Belarus. Belarus has been included in all documents on the ENP since the beginning of this policy. The country is also eligible for assistance that can be provided under the ENPI. The European Neighbourhood Policy, however, is not active in the case of Belarus. A Partnership and Cooperation Agreement was signed in 1995 but the ratification process was frozen and an interim agreement failed to be enacted. EU technical assistance programmes were stopped, except for humanitarian aid, regional programmes, and programmes aimed at supporting civil society. No Country Report has been prepared and no Action Plan developed. Nevertheless, the EU has made attempts to involve Belarus in the ENP. Thus, in November 2006, the EU Commissioner of External Relations addressed the Belarusian government and society with a paper on the benefits Belarus would gain if it were to take the road towards a democratic, law-based state.[50] On 7 March 2008, after lengthy negotiations, the EU and Belarus signed an agreement establishing a Delegation of the European Commission in Minsk. The country has also been included in the EaP and in a similar vein as in the ENP: The Commis-

---

ence", *Eurasia Daily Monitor*, 5 November 2006, http://www.scribd.com/doc/12822889/The-Ukrainian-Weekly-200645. See Map 3.

49 Goble, P., "Moscow Has Given Out Nearly Three Million Russian Passports in Post-Soviet to Compatriots Since 2000, Including Ukraine", *Window on Eurasia*, 5 March 2009, http://action-ukraine-report.blogspot.com/2009_03_01_archive.html#a15; Peach G. and Danilova M., "Russia's Passport Policy Stirs Fears Among Neighbors," *Associated Press*, 27 February 2009, http://www.sptimes.ru/index.php?action_id=100&story_id=28370.

50 http://europa.eu./rapid/pressReleasesAction.do?reference=IP/06/1593&format=HTML&aged=0&language=EN&guiLanguage=en.

sion tersely states that "the level of Belarus' participation in the EaP will depend on the overall development of EU-Belarus relations." However, in the EU and other Western dominated institutions the idea has begun to gain ground that the previous policy of isolating Belarus and leaving the playing field to Russia has not been successful to change the character of the regime. The country's economic stability also has been perceived not only to be in the interest of the regime but also that of Belarus' neighbours. Thus, the IMF in December 2008 approved a loan to Belarus in the amount of 2.5 billion US dollars. The EU, in a further sign of abandoning the policy of isolation and prohibition of official contact with the Belarusian authorities, averred that the Eastern Partnership should be advanced "through annual spring meetings of ministers of foreign affairs from the EU and from the Eastern partners, including Belarus as appropriate."[51]

The agreement on the opening of the Delegation of the EC in Minsk coincided with the release of six internationally recognised political prisoners and favourable comments made by president Lukashenko about EU-Belarus relations. It is doubtful, however, that these steps are an indication of a comprehensive reconsideration of Belarus' domestic and foreign policy. They are, in all likelihood, a reaction to a policy change in Moscow. As part of a turn away from schemes of supranational integration within the CIS, the Kremlin has for all practical purposes abandoned the idea of Russia-Belarus Union and decreased its subsidies to the Belarusian economy at, as Putin has asserted, around 4 billion US dollars annually.[52] Thus, for instance, in 2006 Belarus paid only 46 US dollars per 1,000 m^3, a fraction compared to the 290 US dollars per 1,000 m^3 then paid by Germany. Belarus also profited from duty-free imports of Russian oil, the processing of this oil in the country and its exports to Europe and beyond, with the Belarusian state keeping the revenue. In the disputes in January and August 2007 as a result of the policy change in Moscow, Russia cut the flow of oil to Belarus from 8-11 January 2007.

However, the pressure exerted by Moscow on Minsk is not related to an altered approach in the Kremlin in order to persuade or force Lukashenko to change course and move in the direction of democracy, a law-based state, a market economy with fair competition and civil society. It is rather connected with a change in perceived Russian self-interest and profits. The legitimacy of electoral process, parliament and presidential rule in the country and human rights are not at issue in

[51] COM(2008) 823/4, *op. cit.*, pp. 3 and 9.

[52] Putin on 9 January 2007; news agency reports.

Moscow. It is also for this reason that Russian and EU neighbourhood policies run at cross-purposes.

Moldova. Differences of interest and policy between the EU and Russia are also evident in Moldova. They sharpened after President Vladimir Voronin in 2003 abandoned a staunchly pro-Russian course, including the idea of joining the projected Russia-Belarus Union, and set the course towards European integration. An indication of this was the ultimate rejection of the so-called "Kozak plan" of November 2003, which provided for wide "autonomy" of the Moscow-supported separatist entity of Transnistria in a reunited Moldovan state but also for Russia's continued military presence in its eastern part.[53]

The EU responded favourably to the changed priorities in Chisinau. In May 2004, it issued a Strategy Paper and, in December 2004, an Action Plan that was formally adopted in February 2005 by the EU-Moldova Co-operation Council. In January 2005, a further symbolic step was taken: a Permanent Delegation of the Republic of Moldova was opened in Brussels. In November of the same year, the EU Border Assistance Mission (EUBAM) to the Moldova-Ukraine border was launched in order to assist the country in the fight against weapons trafficking, smuggling, organised crime and corruption.

Moldova's European foreign policy reorientation has had dire consequences for the relationship between Moscow and Chisinau. As in the "gas war" with Ukraine, the state-controlled energy giant Gazprom stopped gas supplies to Moldova in January 2006 to gain acceptance of its price demands. Starting from March 2006, Russia stopped the import of wine and spirits and certain agricultural products from Moldova. And in the controversies over the certification of exports of commodities from Transnistria, Moscow firmly supported the separatist authorities in Tiraspol.

Top Russian officials have stringently denied that they are exerting any sort of pressure on Moldova and that they cling to spheres-of-influence notions but representatives at lower levels of the establishment are less discrete. Thus, one of them has warned: "The Russian army will remain in the region as a stability factor. Moscow needs guarantees that the Moldovan leaders sincerely want to become a strategic partner within the Commonwealth of Independent States. ... Chisinau [must] realise that if it tries to sit on two chairs – European and Russian – it will fall to the ground".[54] In other words, Moldova faces a stark choice

[53] The plan was named after Dmitry Kozak, then deputy head of the Russian presidential administration.

[54] Zubkov, V., "Russia-Moldova: Kremlin Wands Deeds, Not Words," *RIA Novosti*, 28 August 2006 (italics added). Zubkov is RIA Novosti's economic editor.

of abandoning its EU and NATO orientation or of continuing to suffer economic and political consequences.

Georgia. The EU concluded a Partnership and Cooperation Agreement with Georgia as early as 1996, which has been in force since 1999. In the ENP context, the Commission compiled a Country Report in March 2005 and the Cooperation Council, in November 2006 after three rounds of negotiation, adopted an Action Plan for a five-year period that constituted the backbone of EU-Georgia bilateral co-operation. The National Indicative Programme for the period 2007-2010 for Georgia outlined the priority areas for EU support for which it allocated 120.4 million euros in financial assistance. In 2007, according to the Commission, Georgia achieved progress in several dimensions.[55] New legislation was enacted in the areas of democracy, the functioning of state and local administrative bodies, human rights and fundamental freedoms, including media. The criminal justice system was reformed, and the fight against corruption showed signs of success. Economic growth in 2007 was strong, at about 12%. As a result of the modernisation of the taxation and customs administration, state revenues increased substantially. EU-Georgia bilateral trade grew steadily to reach 1.6 billion US dollars in 2007, and the EU became Georgia's main trading partner, with a share of approximately 30% in Georgia's overall foreign trade. Georgia positioned itself as a key transit country for the transport of Caspian energy resources to the EU. This is indicated by the Baku-Supsa and the Baku-Novorossiysk as well as the Baku-Tbilisi-Ceyhan oil pipeline which is now fully operational[56].

Yet despite such progress, serious problems have remained. The unsolved "frozen conflicts" in Abkhazia and South Ossetia, to be seen below, were a serious drain on economic resources, including the costs for the maintenance of about 250,000 refugees mainly from the war in Abkhazia in the early 1990s. Economic development was constrained not only by the controversies with Russia over the two breakaway republics but also over Georgia's general political orientation and Georgia's declared intention to join NATO. In this general context, in March and April 2006, Russia imposed a ban on the import of wine,

---

55 The following data on progress achieved in Georgia draws on the report by the Delegation of the European Commission to Georgia, *European Neighbourhood Policy, Georgia*, http://www.delgeo.ec.europa.eu/en/press/4april2008.html, and the following document: European Commission, *Document accompanying the Communication from the Commission to the European Parliament and the Council "Implementation of the European Neighbourhood Policy in 2007"*, COM(2008) 164, Brussels, 3 April 2008, http://eur-lex.europa.eu/LexUriServ/LexUriServ.do?uri=COM:2008:0164:FIN:EN:PDF.

56 See Map 5.

spirits and mineral water that was to remain in force until and after the August 2008 war. In September 2006, in response to the arrest of Russian officers of the GRU military intelligence, Moscow was taking steps and adopting postures usually associated with impending military intervention, including the withdrawal of embassy staff; orders of "shoot to kill" for Russian military personnel in Georgia in case of any "provocation"; the announcement of naval manoeuvres off the Georgian coast; deportations of ethnic Georgians from Russia; stop of postal services and money transfers; and rupture of road, rail, sea, and air communications between Russia and Georgia.

Given the importance of the unsolved conflicts on post-Soviet space for the political, economic and social development of the countries concerned and for the evolution of EU-Russian relations, a closer look at these conflicts is warranted.

IV. Russia, ENP and the "Frozen Conflicts"

In its December 2007 report on the implementation of the ENP, the EU Commission stated that the so-called "frozen conflicts" in the EU's Eastern neighbourhood, in Transnistria, Abkhazia, South Ossetia, and Nagorno-Karabakh, were of direct concern to both the EU and the neighbouring countries. The conflicts tended "to undermine EU efforts to promote political reform and economic development and ... could affect the EU's own security, through regional escalation, unmanageable migratory flows, disruption of energy supply and trade routes, or the creation of breeding grounds for terrorist and criminal activity of all kinds".[57] However, for the time period between the adoption of the ENP and before the outbreak of the August 2008 war between Russia and Georgia, the European Commission frankly acknowledged that "the ENP has achieved little in supporting the resolution of frozen or open conflicts in the region".[58] Essentially, the EU was not addressing the conflict issues directly but "working *around*" them.[59] This assessment, indeed, is valid concerning all four of these conflicts.

With regard to the conflict in Nagorno-Karabakh, the EU is officially not engaged in the mediation process of the so-called Minsk Group, established under OSCE auspices in December 1994. Only individual Member States, including France as one of the three co-chairmen in addition to Russia and the United States are involved. The Minsk Group has proposed Basic Principles for a settlement. These include renuncia-

57 European Commission, *Communication from the Commission, A Strong European Neighbourhood Policy*, COM(2007) 774 final, Brussels, 5 December 2007.

58 *Ibid.*

59 *Ibid.*, (italics in the original).

tion of the use of force; Armenian withdrawal from parts of Azerbaijan surrounding Nagorno-Karabakh; an interim status for Nagorno-Karabakh, with substantial international assistance and peacekeepers; and mutual commitment to a vote on Nagorno-Karabakh's final status after the return of displaced Azeris. The sides have publicly said they generally agreed with the concept. However, key issues remain to be resolved, including the disposition of the Lachin corridor linking Armenia and Nagorno-Karabakh. As noted by an international research centre, none of the parties feel that there is any urgency to settle the conflict. Azeri and Armenian leaders have also failed to engage their constituents in discussion of the merits of peace. The EU, Russia and the United States have not effectively employed political and economic pressure for a settlement. The anticipated focus on domestic politics in Yerevan and Baku as well as several of the Minsk Group countries meant that even the incremental diplomatic progress that has been made could well be lost.[60]

As far as the conflict over Moldova's separatist entity Transnistria is concerned, the EU has been involved in the conflict settlement mechanism of the 5+2 negotiations (Moldova, Transnistria, Russia, Ukraine and the OSCE plus the EU and the United States) merely as an observer but the talks have in any case been on hold since Russia and Transnistria left them in February 2006. Since September 2005, the EU's Border Assistance Mission (EUBAM) to Ukraine and Moldova has operated at the border between the two countries. The mission can be considered an important measure to help Moldova reassert its sovereignty and, for the EU, as the European Commission has noted, a successful example for the integration of EC and CFSP instruments in one approach.[61]

However, it has no bearing on the solution of the separatist problem in the form of Transnistria's reintegration into Moldova. The major stumbling block continues to be Russia's refusal to honour the so-called "Istanbul commitments," entered into force at the 1999 Istanbul summit of the OSCE, to the complete withdrawal of Russian forces and stocks of ammunition from Moldova. The forces there comprise about 1,200 officers and men and are part of the former Russian 14th Army but internationally not considered to form part of the trilateral "peacekeeping" force, consisting of five Russian, three Moldovan and two Transnistrian battalions under a 1992 trilateral agreement.[62] In essence, neither

---

60 Those were the apt conclusions of a report by the International Crisis Group, "Nagorno-Karabakh: Risking War", *Europe Report*, No. 187, 14 November 2007, http://www.crisisgroup.org/home/index.cfm?id=5157.

61 COM(2007) 774 final, *op. cit.*

62 However, this agreement violates the international laws of peacekeeping since such operations should exclude the conflict parties and be composed of neutral forces.

the diplomatic format nor the "peacekeeping" force has helped Moldova in any way to re-establish its authority in Transnistria. Consistently, Russia has attempted to gain a special status for the separatist entity with the continued presence of its troops there.

This is also the purpose of the joint declaration of the presidents of Russia and Moldova, Medvedev and Vladimir Voronin, and Transnistria's "president" Igor Smirnov. They signed a Russian-drafted joint declaration, of which the key point stipulates: "Noting the stabilizing role of the existing peacekeeping operation, the sides consider that it would be advisable to transform it into a peace-guaranteeing operation under the aegis of the OSCE upon [attaining] the outcome of a settlement in Transnistria".[63] Such a settlement, however, is no closer now than in the past seventeen years but even if it could be achieved, given the principle of unanimity required for taking or reversing any decisions, the presence of Russian forces, as in Abkhazia and South Ossetia, would "guarantee" the continuation of the *status quo*.

Finally, in Georgia, in 2003 the EU appointed a Special Representative for the Southern Caucasus whose mandate, upgraded in 2006, was to "contribute to the settlement of conflicts and … facilitate the implementation of such settlement in close coordination with the United Nations [and] … the OSCE".[64] The main machinery to oversee the ceasefire in South Ossetia after 1992 was the Joint Control Commission (JCC), which consisted of Russia, South Ossetia, Russia's republic of North Ossetia, Georgia, and the OSCE Mission – a format that isolated Tbilisi, excluded the West and, as in Transnistria, represented an anomaly in terms of peacekeeping as the warring parties were the main actors and because of the simultaneous involvement of a Russian and North Ossetian battalion as if the Russian Federation had more than one army and as if North Ossetia were a subject of international law. The EU was only an observer in the JCC. Georgia, therefore, sporadically demanded the reduction of Russia's participation to one battalion, alongside one Georgian battalion, the internationalisation of the peacekeeping operation and the inclusion of the European Union and the United States with voting rights in an overhauled negotiating format. These ideas failed to be supported by Russia until the JCC collapsed as a result of the August 2008 war and was replaced by Russian forces as "guarantors" of the

63 Point 4 of the joint declaration; see "Sovmestnoe zayavlenie, prinyatoe po itgogam peregovorov", 18 March 2009, http://www.mid.ru/brp_4.nsf/sps/0C29B78403398C46C325757D0056C04E. For an analysis see Socor, V., "Voronin-Medvedev Accord Demolishes Moldova's Negotiating Position on Transnistria", *Eurasia Daily Monitor*, Vol. 5, No. 54, 20 March 2009.

64 As quoted by the International Crisis Group, "Conflict Resolution in the South Caucasus: The EU's Role", *Europe Report*, No. 173, 2006.

security and territorial integrity, from the Russian point of view, of a new state.

The role of the EU in achieving a resolution of the conflict in *Abkhazia* was equally unsuccessful. As in South Ossetia, the main instrument for an EU contribution to conflict settlement was the Special Representative for the Southern Caucasus. Other, equally ineffective non-EU actors in Abkhazia were the UN Group Friends of Georgia, the UN Special Representative in Georgia and the UN Observer Mission in Georgia (UNOMIG). The real "peacekeeping," however, in the sense of maintaining the *status quo* and gradually shifting it in favour of Moscow was conducted by the Russian armed forces under the auspices of the CIS with Russian troops only. As in relation to the other breakaway republic, Georgia called for the replacement and internationalisation of the Russian peacekeeping operation in Abkhazia but also in vain. And as in South Ossetia, the EU restricted its actions to condemning violence and to providing humanitarian and reconstruction aid. By mid-2006, the EU claimed to be the largest donor in Abkhazia with projects amounting to approximately 25 millions euros.[65]

The question arises as to why EU conflict resolution efforts failed. As with any major international problem, there is not a single answer. One clue to at least part of the answer is contained in the EC's April 2008 progress report on Georgia. Attempts at conflict resolution were constrained, the report asserted, due to the "deterioration of relations between Russia and Georgia and a multiplication of military and diplomatic incidents with heightened tensions between Georgia and the separatist regimes".[66]

Second, as an explanation of the heightened tensions, it appears that Russia had no interest in solving the conflicts but *instrumentalising* them to bear pressure on Georgia. In part, this was to serve the declared Russian goal of preventing Georgia's membership in NATO and more generally to undercut Georgia's increasing co-operation with the West, including in the ENP framework.

Third, Russia had *de facto* embarked on a policy of creeping annexation of the two separatist republics. This took many forms. It included the granting of citizenship to more than 90 per cent of the population of

---

[65] Kamov, G., *The Role of EU and ENP in Conflict Resolution*, Institut européen des hautes études internationales, Geneva, p. 60, http://www.iehei.org/bibliotheque/memoires/2006/KAMOV.pdf.

[66] European Commission, *Commission Staff Working Document Accompanying the Communication from the Commission to the Council and the European Parliament, Implementation of the European Neighbourhood Policy in 2007, Progress Report Georgia*, SEC(2008) 393, Brussels, 3 April 2008, http://ec.europa.eu/world/enp/pdf/progress2008/sec08_393_en.pdf.

the two entities, namely the practice of *pasportizatsiya*, as mentioned above; denial of Georgia's sovereignty and territorial integrity, calling it "more a possible state than a political-legal reality;"[67] the upgrading of the legal status of the separatist regimes;[68] increase of the Russian military presence in Abkhazia;[69] reopening of the rail connections between Sochi and Sukhumi; the dispatch of railroad troops to improve the rail infrastructure and to facilitate the transportation of tanks on flatbed railway cars; and increased trade between the Russian Stavropol oblast' and Abkhazia, as well as between North and South Ossetia, with smuggling occurring on a large scale.[70]

Finally, the EU proclaimed interest in the South Caucasus only belatedly but had consistently been averse to challenging Russian policies. For the most part, in the conflicts between Georgia and Russia, the EU usually stayed aloof. This also applies to the conditions after the war. Point 5 of the six-point plan agreed upon between EU president Sarkozy and Russian president Medvedev on 12 August for the cessation of hostilities stipulated that "the Russian forces return to the lines they held before the start of the military operation." This has not happened. The Russian military stationed forces in two large swaths of territory that were under Georgian control before the war, the Kodori Gorge and the agricultural valley near the town of Akhalgori, kept attack helicopters and tanks where none were there before the war and conducted military patrols on territory it did not control before. All this was confirmed by the EU's Monitoring Mission established after the war.[71] Finally, Russia officially recognised both Abkhazia and South Ossetia and concluded "treaties" with them for the stationaing of troops. The policy prescription derived from this is for the EU, in all likelihood, no different after the war than before it: Obliquely, in 2007, the EC stated that "for its

67 On 1st June 2006, Russia's Foreign Ministry spokesman Mikhail Kamynin stated that "we respect the principle of territorial integrity. *But when this integrity is applied to Georgia it is more a possible state than a political-legal reality.*" Interfax (in Russian), 1st June 2006 (italics added).

68 A Russian government decree of 16 April 2008 instructed Russia's ministries and other government bodies to work directly with their counterparts in Abkhazia and South Ossetia; recognise the "legal" acts issued by Abkhaz and South Ossetian authorities; recognise entities registered under Abkhaz and South Ossetian "laws"; and provide legal assistance on matters of civil and criminal law directly to Abkhaz and South Ossetian authorities and residents.

69 On 29 April 2008 Russia sent airborne troops and weapons (artillery and armored personnel carriers) to Abkhazia in response to alleged Georgian troop concentrations in the Kodori gorge.

70 This was noted in the European Commission's 2005 Country Strategy Paper, *op. cit.*

71 Chivers, C. J., "Russia Hangs on to Georgian Land", *International Herald Tribune*, 3 April 2009, pp. 1-4.

efforts to promote a ring of stable and prosperous states to its east, based on democracy and respect for human rights, but also for … the resolution of international conflicts … the EU must *rely on Russian goodwill*".[72]

Conclusion

In EU terminology, as mentioned, Russia is held to be a "Strategic Partner." A Strategic Partnership in the true sense of the word, however, requires agreement upon common goals and values, a joint action plan or road map to achieve common objectives, a common understanding as to the instruments to be used and a specified time frame in which stated objectives are to be implemented.[73] These elements of definition are not present in EU-Russia relationship.

Russia, given the fact that it has common borders with the EU, is a neighbour of the European Union but an increasingly difficult neighbour. It can be argued that the ENP and EaP are essentially EU attempts to establish special relations with its eastern neighbours. Certainly, as Commissioner Mandelson noted, this is the way EU involvement on post-Soviet has been perceived in Moscow. Part of that perception is the concern that this involvement occurs to the detriment of Russia's interests and is an encroachment on a Russian sphere of influence. This leads to the conclusion that in the Eastern neighbourhood of the EU, Russia is more of a competitor than a co-operative actor and that the EU's vision of a "Wider Europe" is in conflict with Moscow's notion of what could be called "Wider Russia."

Moscow has shunned the term of the Common European Neighbourhood, preferring instead the terminology of "regions adjacent to the EU and Russian borders." It has chosen not to become a participant in the ENP, emphatically rejecting, from its perspective, the degrading notion that Russia was not an integral part of Europe but its neighbour. It also objected to being treated like an object of EU policies, and to having the same status as countries like Moldova or Morocco, rather than as an equal. Yet Russia's attitude to the EU and the ENP(I) shows that, on the

---

72 *Country Strategy Paper 2007-2013 for Russia*, *op. cit.*, (italics added).

73 The term "roads map", as used in the document on the "common spaces", is somewhat misleading. It appears as if the two terms are used interchangeably. There is no indication as to how the two actors are to move from point of reference "A" to the achievement of goal "B", in what time frame and with the application of what means. This is different,for instance, from the April 2003 road map for the Middle East, which stipulated a series of parallel steps that Israel and the Palestinians were to undertake simultaneously, leading, provided the steps were taken, to the creation of an independent Palestinian state.

one hand, it does not want to be included in the project of European integration but, on the other hand, it does not want to be excluded.

The EU has reacted to this ambiguity by treating Russia *de facto* as an ENP participant, including it in budgetary terms as a beneficiary of the EU's European Neighbourhood Partnership Instrument and considering EU-Russia Road Maps and "Common Spaces" essentially as the equivalent of the ENP Action Plans. At the same time, it is clear that, in a phase of high self-confidence of the Russian political elite, with the Russian state possessing tremendous financial resources even in the current conditions of a global financial and economic crisis, the simple notion previously underlying the TACIS programmes that Russia should and would become like one of the EU Member States, is no longer applicable. As a result, the EU's involvement in the country has been scaled down significantly and only modest sums have been allocated to Russia projects under the ENPI (60 million euros *per annum* until 2012), with EC experts wondering whether there will be sufficient viable programmes for even that amount of money to be spent effectively.

Reinvigoration of EU-Russia relationship and the establishment of a truly strategic partnership with Russia would, indeed, be desirable. However, given the current mood in Moscow, for this *desideratum* to be fulfilled, it is probably unwise to rely on Russian good will. A more promising approach lies in the method evident in the EaP project, that is, a concentration of efforts on those eastern participants of the ENP who are willing and are able to co-operate with the EU.

CONCLUSION

Democratic Transitions, Conflict Resolutions and the Search for a New Economic Model of Integration

Sieglinde GSTÖHL, Erwan LANNON
& Peter VAN ELSUWEGE

Introduction: Main Challenges Ahead

At the end of this book it is worth coming back to some of the main challenges identified by the authors of this volume and other major issues that appear to be keys for the success of any EU policy directed towards its current or future neighbours.

Support for democratic transitions and conflict resolutions and the search for a new economic model of integration – in its broad sense – are certainly, for the European Union and its partners, major challenges for the years to come.

The creation of a European Neighbourhood Policy (ENP) is one of the consequences of the 2004 and 2007 EU enlargements that were themselves one of the major consequences of the end of bipolarity. The ENP is also one of the first EU attempts to develop a global geopolitical approach *vis-à-vis* the majority of its direct neighbours. The main questions generated by the implementation of this policy are thus obvious: what will be the definitive frontiers of the EU? Is the ENP to be considered only as a buffer zone, a (temporary) alternative to accession for European neighbours or is it a comprehensive and evolving policy designed to achieve the stated general objectives of stability, security and prosperity notably through the creation of a Neighbourhood Economic Community? Only time will tell if the EU, its Member States and the 16 ENP partners will be able to tackle the main challenges identified in this book.

I. EU Support to Democratic Transitions

EU support to democratic transitions is crucial for the partner countries but also for the security and credibility of the EU as such. As stated by the European Commission and the High Representative in their Communication on a "Partnership for Democracy and Shared Prosperity": "while acknowledging the difficulties the EU has to take the clear and strategic option of supporting the quest for the principles and values that it cherishes. For these reasons the EU must not be a passive spectator".[1] In their Communication on "A New Response to a Changing Neighbourhood" they detailed the approach regarding all ENP partners:

> several elements are common to building deep and sustainable democracy and require a strong and lasting commitment on the part of governments. They include:
>
> – Free and fair elections;
>
> – Freedom of association, expression and assembly and a free press and media;
>
> – The rule of law administered by an independent judiciary and right to a fair trial;
>
> – Fighting against corruption;
>
> – Security and law enforcement sector reform (including the police) and the establishment of democratic control over armed and security forces.[2]

In other words, even if support of "political reforms" has been one of the top priorities during the 2007-2010 period, the re-orientation of the ENP in 2011 and the focus on "democratic transition" is clear. However, a lasting commitment from the governments of the Arab Mediterranean Countries (AMCs) regarding these "elements" seems today, even in the best scenario, to be a real challenge. These "elements" in fact echo to a certain extent the political Copenhagen Criteria for EU candidate countries, however without the reference to the "respect for and protection of minorities" yet with an additional reference to the "democratic control over armed and security forces". Once again the EU will have to take into consideration the specificities of the southern and eastern European neighbours.

---

1 European Commission and High Representative, *Joint Communication to the European Parliament, the Council, the European Economic and Social Committee and the Committee of the Regions, A Partnership for Democracy and Shared Prosperity with the Southern Mediterranean*, COM(2011) 200 final, Brussels, 8 March 2011, p. 2.

2 European Commission and High Representative, *Joint Communication to the European Parliament, the Council, the European Economic and Social Committee and the Committee of the Regions, A New Response to the Changing Neighbourhood*, COM(2011) 303, Brussels, 25 May 2011, p. 3.

A. The Arab Democratic Challenge

Since the start of the uprisings in Tunisia and Egypt in early 2011 the EU has been seriously challenged. The two above mentioned communications of the European Commission and the High Representative were its first reactions in terms of policy reorientation but, at the very beginning of the uprisings, the EU and its Member States were a bit disorientated by the questioning of the old *status quo*.[3]

There were, however, signs of a certain emancipation of Arab civil society and intelligentsia notably since the publication of the first UNDP Arab Human Development Report in 2002.[4] This first report stated, for instance, that in most Arab countries "the governance pattern is characterized by a powerful executive branch that exerts significant control over all other branches of the state, being in some cases free from institutional checks and balances. Representative democracy is not always genuine and sometimes absent. Freedoms of expression and association are frequently curtailed. Obsolete norms of legitimacy prevail".[5] A number of meetings were organised in the following years and one could witness the creation and development of new think tanks, networks and reflection groups on the Arab reform issue.[6] Obviously the EU institutions, the Member States and the Arab regimes underestimated the potential of the young Arab societies to challenge authoritarian and often also corrupt regimes.

The same type of conclusions, as those mentioned above for the UNDP reports, were introduced in the ENP country reports. Taking the example of Tunisia, the European Commission clearly indicated that "despite the constitutional guarantees on democracy and freedom of association, a number of factors militate against the development of political pluralism in Tunisia, such as unclear rules regarding the criteria for setting up a political party, the conditions governing authorisation of a party by the Ministry of the Interior and the existence of an electoral system favouring the party in power. Institutions and political life are dominated by the Democratic Constitutional Party (RCD) which is led by the Head of State".[7] There was no ambiguity in this analysis and one

3 De Vasconcelos A. (ed.), "The Arab democratic wave: how the EU can seize the moment", *EU Institute for Security Studies Report*, No. 9, Paris, 1st March 2011, http://www.iss.europa.eu/uploads/media/The_Arab_Democratic_Wave_-_how_the_EU_ can_seize_the_moment.pdf.

4 United Nations Development Programme, *Arab Human Development Report 2002 – Creating Opportunities for Future Generations*, UNDP, New York, 2002.

5 *Ibid.*, p. 2.

6 See: The "Arab Reform Initiative" website, http://arab-reform.net/.

7 Tunisia Country Report, p. 6, http://ec.europa.eu/world/enp/pdf/country/tunisia_enp_country_report_2004_fr.pdf.

cannot say that the Member States and the European and international institutions were not aware of the situation, but for many years the *status quo* prevailed and the conditionality principle was not applied. In other words, despite serious violations of the essential element clause of the Association Agreements no sanctions were adopted at EU level. The fear of Islamism and migratory pressure combined with the specific interests of some Member States or external Mediterranean powers led to the promotion of "strategic interests" over the "cherished values".

B. The Eastern Dimension

Inspired by the impact of the enlargement process on the democratic transition of Central and Eastern European Countries (CEECs) in the 1990s, the ENP aims also at promoting democracy, good governance and the rule of law in the former republics of the Soviet Union without, however, offering the prospect of future accession to the Union for the time being. The formal launch of the ENP in 2004 appeared particularly well-timed. In this period, a shockwave of so-called "Colour revolutions" brought to power openly pro-European political elites in Georgia and Ukraine. The establishment of strong democratic institutions and a commitment to common European values occupied a prominent place on the new governments' political agenda. However, it soon became clear that the high expectations of a swift democratic reform failed to pass the reality check. As argued in the contribution of Iryna Solonenko, the impact of the EU's efforts on the democratic reform process in Ukraine is rather disappointing. Also with regard to Georgia, the European Commission observed that "further efforts need to be made to ensure that a democratic and human rights culture takes root in Georgian society".[8] Similar preoccupations exist in Armenia and Azerbaijan. Only in Moldova, the ruling alliance for European integration has been praised for its "progress towards compliance with democratic principles",[9] but the example of Ukraine illustrates how fragile such a pro-European coalition of left and right wing parties can be.

The most worrying and challenging country in the Eastern neighbourhood remains without any doubt the autocratic regime of Alexander Lukashenko in Belarus. Over the last decade, the EU's policy *vis-à-vis* Belarus has been characterised by the application of different forms of conditionality. It oscillated between on the one hand the "stick" of

---

8 European Commission, *Georgia Country Strategy Paper 2007-2013*, p. 13, http://ec.europa.eu/world/enp/pdf/country/enpi_csp_georgia_en.pdf.

9 See European Commission and High Representative, *Joint Staff Working Paper – Implementation of the European Neighbourhood Policy in 2010 Country Report: Republic of Moldova*, Brussels, SEC(2011) 643, 25 May 2011, http://ec.europa.eu/world/enp/pdf/progress2011/sec_11_643_en.pdf.

economic sanctions, travel restrictions and political isolation and on the other hand the "carrot" of normalised relations and closer co-operation. The launch of the Eastern Partnership constitutes the latest attempt to bring Belarus on the path of democratisation. The problem is, however, that the Belarusian leadership never showed any genuine interest in close relations with the European Union. Arguably, the absence of sufficiently attractive incentives and the high political power costs of compliance with the EU's democratic and human rights standards explain the frustratingly limited impact of the ENP in this country.[10]

The democratic development of Belarus and the other neighbouring countries is more than ever a key challenge of the ENP. The 2011 Communication of the European Commission on "A New Response to a Changing Neighbourhood" provides a worthwhile attempt to apply a more consistent policy of democracy promotion. The establishment of new instruments such as a "Civil Society Facility" and a "European Endowment for Democracy" reveal a stronger focus on civil society support, in addition to the traditional conditionality approach targeted at the governments of the countries concerned.[11] It remains to be seen if this approach will be more successful with regard to the so-called Arab Spring than it was in the Eastern neighbourhood after the Colour Revolutions of 2003-2004.

II. EU Support for Conflict Resolution: The ENP and CFSP/CSDP

According to the European Commission and the High Representative, the

> persistence of protracted conflicts affecting a number of partner countries is a serious security challenge to the whole region. EU geopolitical, economic and security interests are directly affected by continuing instability. The Israeli-Palestinian conflict and other conflicts in the Middle East, the South Caucasus, the Republic of Moldova and Western Sahara continue to affect sizeable populations, feed radicalisation, drain considerable local and international resources, and act as powerful impediments to reform.[12]

---

10 Van Elsuwege, P., "The European Union and the Belarus Dilemma: Between Conditionality and Constructive Engagement", Tallinn, *Proceedings of the Institute for European Studies, Tallinn University*, No. 7, 2010, pp. 7-20, http://archive.ugent.be/input/download?func=downloadFile&fileOId=983725&recordOId=983686.

11 COM(2011) 303, *op. cit.*, p. 4.

12 *Ibid.*, p. 5.

A. The Mediterranean Protracted Conflicts

In the South, the ENP is not considered, for the time being, as a proper framework for the resolution of the Arab-Israeli conflict. The EU's major political role is played at the level of the Quartet where the High Representative is to be proactive.[13] The EU Special Representative (EUSR) for the Middle East Peace Process (MEPP), Ambassador Marc Otte, has seen his mandate regularly extended since 2003[14] and a number of CFSP "Joint Actions" have been implemented in the Palestinian territories since 2004.[15] In other words, it is within the framework of the CFSP/ CSDP and at the international level that the EU primarily addresses the issue, even if in the past it has always used the Community instruments (financial and humanitarian aid, trade preferences, interim agreement)[16] to help the "Palestinian people" and the Palestinian Au-

---

13 See: European Commission, *High Representative/Vice-President Ashton to visit the Middle East in support of direct talks*, IP/10/1208, Brussels, 29 September 2010, http://europa.eu/rapid/pressReleasesAction.do?reference=IP/10/1208&format=HTML&aged=0&language=en&guiLanguage=en. See also: Council of the EU, "*EU High Representative Catherine Ashton chairs Middle East Quartet Ministerial meeting in Munich*", Brussels, A 044/11, 4 February 2011, http://www.consilium.europa.eu/uedocs/cms_Data/docs/pressdata/EN/foraff/119144.pdf; and Council of the European Union, *3106th Foreign Affairs Council meeting*, (Presse 246), Brussels, 18 July 2011, p. 7. For an analysis see Möckli, D., "The Middle East conflict, transatlantic ties and the Quartet", in Bulut, E. (ed.), European involvement in the Arab-Israeli conflict, *Chaillot Paper*, No. 124, Paris, December 2010, http://www.iss.europa.eu/uploads/media/cp124-European_Involvement_in_the_Arab-Israeli_Conflict.pdf.

14 Council of the EU, "*Council Decision extending the mandate of the European Union Special Representative for the Middle East peace process*", 2010/447/CFSP, Brussels, OJ L 211, 12 August 2010, p. 39.

15 See Council of the EU, *Council Decision of 19 April 1994 on a joint action 94/276/CFSP adopted by the Council on the basis of Article J (3) of the Treaty on European Union, in support of the Middle East peace process*, OJ L 119, 7 May 1994, p. 1; Council of the EU, *Joint Action 96/676/CFSP of 25 November 1996 adopted by the Council on the basis of Article J.3 of the Treaty on European Union in relation to the nomination of an EU special envoy for the Middle East peace process*, OJ L 315, 4 December 1996, p. 1; Council of the EU, *Joint Action 97/289/CFSP of 29 April 1997 adopted by the Council on the basis of Article J.3 of the Treaty on European Union on the establishment of a European Union assistance programme to support the Palestinian Authority in its efforts to counter terrorist activities emanating from the territories under its control*, OJ L 120, 12 May 1997, p. 2; Council of the EU, *Council Joint Action 2005/797/CFSP of 14 November 2005 on the EU Police Mission for the Palestinian Territories (EUPOL COPPS)*, OJ L 300, 17 November 2005, p. 65; Council of the EU, *Joint Action 2005/889/CFSP of 12 December 2005 on establishing a EU Border Assistance Mission for the Rafah Crossing Point (EU BAM Rafah)*, OJ L 327, 14 December 2005, p. 28.

16 See European Commission, *Commission approves first package of €100 million in support to the Palestinian people in 2011*, IP/10/1771, Brussels, 22 December 2010, http://europa.eu/rapid/pressReleasesAction.do?reference=IP/10/1771&format=HTM

thority. At the same time, the Arab-Israeli conflict "contaminated" the Union for the Mediterranean (UfM) to the point that a great number of multilateral meetings (including the second UfM summit scheduled for 2010) were postponed or even cancelled. In other words, the ENP had no impact on the impairment of Euro-Mediterranean relations by the Arab-Israeli conflict, a phenomenon encountered since the launching of the Barcelona process in 1995. In fact, the UfM, a purely intergovernmental initiative, contributed to the tensions in Euro-Mediterranean relations, thus paralysing the ENP southern multilateral dimension.

As Bichara Khader points out in his chapter, the resolution of the Arab-Israeli conflict would not imply the end of fundamentalism or terrorism but could contribute to diminish the importance of radical movements. Also, such a solution could generate a positive dynamic to find solutions for other issues such as Cyprus or the Western Sahara.

Indeed, in the Maghreb, the Western Sahara conflict remains, according to Larbi Jaidi's contribution to this book, a major obstacle on the way towards greater regional stability, co-operation and prosperity. However, to date, the EU has maintained a very low profile in this regard. For example, only the issue of improving the human rights situation in the Western Sahara was addressed in 2010 at the level of the bilateral EU-Morocco Summit launched in the context of the new "Advanced Status". There are many reasons for this lack of EU commitment, including the specific roles played by the UN and some EU Member States. The regional implications of the conflict – notably the crucial issue of the Saharawi refugees in Algeria – have also to be taken into account together with the strategic location and mineral resources of the region. The issue is, in any case, absent from the ENP documents devoted to Morocco, including the ENP Action Plan, where only a vague sentence refers to the contribution to the efforts of the UN to "solve regional conflicts".

Jean-François Coustillière argues in his chapter that the events in Libya and in Syria have become major strategic issues for the EU and a threat to its stability. As far as the Libyan case is concerned, he argues that the military operations conducted by NATO in Libya in 2011 could modify the perceptions of the military threats in the southern partner countries. This is certainly a crucial issue for the years to come and the EU and its Member States should not underestimate the long-term impact of such a military intervention. For the Council of the European Union, "Kadhafi has lost all legitimacy and must relinquish power

---

L&aged=0&language=en&guiLanguage=en. See Khader, B., *L'Europe et la Palestine des croisades à nos jours*, L'Harmattan, Paris, 1999, 574 p.

immediately".[17] With regard to Syria the Member States remain prudent, recommending to continue to focus the action of the EU on "sanctions targeted against those responsible for or associated with the violent repression".[18]

B. The Eastern European Frozen Conflicts

Extending the area of democracy, stability and prosperity, which is the key objective of the ENP, cannot be achieved without a solution to the so-called "frozen conflicts" in the EU's Eastern neighbourhood. The long-term dispute regarding the territory of Nagorno-Karabakh between Armenia and Azerbaijan, the breakaway regions of South-Ossetia and Abkhazia in Georgia, and the *de facto* independent area of Transnistria in Moldova all inhibit the potential for fruitful co-operation and constitute a serious security challenge to the whole region. Despite the EU's engagement in initiatives such as the EU Monitoring Mission in Georgia[19] or the EU Border Assistance Mission in Moldova/Ukraine,[20] the inability to contribute to conflict resolution is considered to be one of the main shortcomings of the ENP.[21] The revised ENP policy document, therefore, envisages a stronger EU involvement in solving protracted conflicts. This implies, among other things, the joint use of CFSP and other EU instruments and a common approach in international fora dealing with key security issues.

Taking into account the crucial role of Russia within each of the long-term conflicts in the Eastern neighbourhood, it is obvious that a successful security policy cannot be limited to the ENP partner countries alone. As argued in the contribution of Erwan Lannon and Peter Van Elsuwege, "the success of the Eastern Partnership to a large extent depends upon the external geopolitical context. The position of Russia and the parallel development of the Strategic Partnership with this country on the basis of the so-called Common Spaces are crucial in this respect". This point has also been emphasised by Hannes Adomeit who stressed that the "reinvigoration of EU-Russia relations and the establishment of a truly strategic partnership with Russia would, indeed, be desirable".

---

17 Council of the European Union, *3106th Foreign Affairs Council meeting*, *op. cit.*, p. 10.

18 *Ibid.*, p. 9.

19 Council of the European Union, *Council Joint Action 2008/736/CFSP, on the European Union Monitoring Mission in Georgia, EUMM Georgia*, OJ L 248, 17 September 2008, p. 26.

20 See http://www.eubam.org/.

21 Füle, S., "European Neighbourhood Policy Review", Speech/10/594, 26 October 2010, http://europa.eu/rapid/pressReleasesAction.do?reference=SPEECH/10/594.

The main challenge for the EU is to ensure that the ENP objectives and means are conceived in line with the political objectives and of the ground actions implemented within the framework of the CFSP/CSDP.

In order to intensify EU political and security co-operation the European Commission and the High Representative have therefore recommended to:

- Enhance EU involvement in solving protracted conflicts;
- Make joined-up use of the CFSP and other EU instruments;
- Promote joint action with ENP partners in international fora on key security issues.

The fact of having joint proposals emanating from the European Commission and the High Representative is indeed very relevant. The implementation of the Lisbon Treaty has brought here an added value: the possibility to develop a more comprehensive and coherent policy in the field of security.[22]

III. The Search for a Model of Economic Integration in the Neighbourhood

In economic terms, the European Neighbourhood Policy holds the prospect of a stake in the internal market based on legislative and regulatory approximation and the "longer-term vision of an economic community emerging between the EU and its ENP partners".[23] However, the economic situations and the ambitions of the ENP partners in terms of regional economic integration vary considerably from one neighbour to another.

A. Towards a Neighbourhood Economic Community

The core of such a Neighbourhood Economic Community (NEC) would consist of Deep and Comprehensive Free Trade Agreements (DCFTAs), covering substantially all trade in goods and services as well as "behind-the-border" issues like standards, competition policy, company law, intellectual property rights or public procurement. Those ENP countries with an efficient public administration and a fully functioning independent judiciary would be allowed into the non-regulated area of

---

22 In 2006 the European Commission stated that "if the ENP cannot contribute to addressing conflicts in the region, it will have failed in one of its key purposes" while acknowledging that the ENP "can never substitute for the regional or multilateral efforts underway to address these issues". European Commission, *Communication from the Commission, Strengthening the European neighbourhood Policy*, COM(2006) 726 final, Brussels, 4 December 2006, p. 9.

23 *Ibid.*, p. 5.

the internal market for goods.[24] In addition, they would benefit from visa facilitation or liberalisation and Mobility Partnerships, co-operation in various sectors (e.g. social policy, health, environment, energy, transport and research) and participation in selected EU agencies and programmes. As argued by Sieglinde Gstöhl in this volume, based on the principles of differentiation, conditionality and regional co-operation, the NEC would then likely develop into two "hub-and-spoke" systems of "FTA plus" or "internal market minus" associations to the East and South of the EU.

In spite of early Commission references to the European Economic Area (EEA), this ambitious internal market association between the EU and certain EFTA states may not really serve as a blue print for the future NEC, both in terms of substance and institutions. On the one hand, most ENP countries will for a very long time not be ready to implement the four freedoms and horizontal policies of a homogeneous internal market. On the other hand, many of the policies left out of the EEA are of great interest to them such as agricultural, fisheries and cohesion policies or external affairs. Most ENP partners still have weak and poorly diversified economies with a relatively young and mobile population. They need sustainable economic growth to which EU trade and sector co-operation can contribute a lot, especially if the ongoing negotiations on agriculture, services and the right of establishment are concluded. Moreover, labour mobility is an area where the ageing EU and its neighbours could complement each other. This needs to be reflected in the Association Agreements that are being negotiated with the eastern countries – and the Euro-Mediterranean Association Agreements need to be updated accordingly. In the long run, a broader Neighbourhood Economic Community could be envisaged, including the advanced ENP countries, the EFTA countries and maybe the Western Balkans or even Russia. In this respect, the concept of concentric circles comes to mind: at the core the European Union, then the (potential) candidates, the EFTA states, the ENP countries that aspire to membership, the Mediterranean neighbours with no accession perspective, and Russia with its special Strategic Partnership.

An EEA-like institutional set-up would entail a "quasi-supranational" obligation to continuously accept new *acquis* and enforce its compliance, while enjoying only very limited means of influence in the decision-making process. Peter G. Xuereb argues in this volume that, for the Mediterranean partners, the European Union must be ready to offer a

---

24 European Commission and High Representative, *Joint Communication to the European Parliament, the Council, the European Economic and Social Committee and the Committee of the Regions, A New Response to the Changing Neighbourhood*, COM(2011) 303, Brussels, 25 May 2011, p. 8.

"participation in joint decision-making under a new "Framework Treaty" that puts in place workable institutions". In fact, in addition to the joint EEA bodies, the EFTA states have created their own institutions, mirroring the EU decision-making and enforcement mechanisms, and they speak with one voice. This can hardly be imagined for a group of 16 heterogeneous ENP countries in which the able and willing partners integrate more and faster than the others. When the ENP was launched, the Commission clearly spoke of sharing "everything but institutions".[25] Hence, the ENP countries' access to the EU policy-making process might well be inferior to the one of the EFTA countries in the EEA. According to Article 8 TEU, introduced by the Lisbon Treaty, the Neighbourhood Agreements "may contain reciprocal rights and obligations as well as the possibility of undertaking activities jointly" and "[t]heir implementation shall be the subject of periodic consultation". As argued by Dominik Hanf in this volume, Article 8 TEU is *lex specialis* to Article 217 TFEU on Association Agreements and does not foresee any participation of associated states in the Union's institutions.

As a "normative power", the EU binds itself to the international norms it promotes and strives for the spreading of these norms, for example through political conditionality. In fact, the ENP is based on the assumption that the European model of democracy, market economy and regional integration can and should be exported abroad. In terms of legitimacy, however, such conditionality seems more justifiable in the accession process than in a neighbourhood policy. Although "[t]he EU does not seek to impose a model or a ready-made recipe for political reform", it nevertheless insists on a clear commitment to universal and European values.[26] These values – freedom, democracy, the rule of law and respect for human rights – are enshrined in Article 2 TEU, and also Article 8 TEU is based on them. In terms of economic reform, the model is evidently one of a (social) market economy with liberal trade, close alignment to EU rules and regional co-operation. The bigger the stake in the internal market and the closer the alignment with the *acquis*, the more likely is a comprehensive, deep and dynamic relationship which may increasingly raise concerns about the appropriateness of rules. The ENP's deficiencies in input legitimacy ("government by the people") may only to a very limited degree be compensated by delivering output legitimacy ("government for the people") through effective problem

25 Prodi, R., *A Wider Europe – A Proximity Policy as the Key to Stability*, Speech/02/619, Sixth ECSA-World Conference, Brussels, 5-6 December 2002, p. 6.

26 COM(2011) 303, *op. cit.*, p. 2.

solving[27] – for the Eastern neighbours at least as long as there is no membership perspective.

B. Euro-Mediterranean Economic Integration at Stake: 2010 – the Missed Deadline?

In November 1995 the Euromed Ministers of Foreign Affairs meeting in Barcelona decided to choose 2010 as a symbolic date for the creation of the Euromed FTA. At 2010 + 1 the situation is that all Mediterranean partners, with the exception of Syria, have ratified and implemented their Association Agreements, although at different paces.[28] It is thus worth summarising the main elements that were highlighted in the contributions of this book,[29] especially because Euro-Mediterranean integration is one of the main components of the future NEC:

- Israel, Tunisia and Morocco have completed (or will soon complete) their tariff dismantling for almost all industrial products;[30]
- The most advanced Mediterranean partner countries have started to negotiate further liberalisation in the agricultural and service sectors;[31]
- The second level of the Euro-Mediterranean FTA, the horizontal FTAs (i.e. bilateral FTAs among Mediterranean partners and between the latter and Turkey, EFTA countries and other European countries) is still incomplete;[32]
- The third level constituting Arab regional integration (Arab Maghreb Union (AMU), Agadir Process and Greater Arab Free Trade Area) remains crucial but unachieved or even paralysed in the case of the AMU.[33]

---

27 Scharpf, F. W., *Governing in Europe: Effective and Democratic?*, Oxford, Oxford University Press, 1999.

28 See annex 1.

29 See the contribution of Gstöhl, S., Martin, I. and Van Elsuwege, P. in this volume.

30 See annex 1 and the contribution of Jaidi, L. in this volume.

31 See annex 2 and the contribution of Jaidi, L. in this volume.

32 See Martin, I., Economic Integration in the Mediterranean: Beyond the 2010 Free Trade Area, *2010 Mediterranean Yearbook*, Barcelona, IEMED, 2010, pp. 79-84, http://www.iemed.org/anuari/2010/aarticles/martin_free_trade_en.pdf.

33 See map 2 and Martín, I., "The Labyrinth of Subregional Integration in the South Mediterranean" in *2003 Mediterranean Yearbook*, Barcelona, IEMED, 2004, pp. 165-168, http//www. iemed.org/anuari/2004/amartin.php and Lannon, E., Towards a Union for the Mediterranean: Progress and Challenges in Economic Relations, *European Parliament Briefing Paper*, Committee on International Trade, Brussels, September 2008.

It is also worth recalling that, as far as the importance of the ENP partner countries for the EU in terms of trade is concerned, the table of annex 3 on the "20 major trade partners of the EU and ENP countries ranking" shows that no ENP partner country is ranked among the 29 first EU trade partners, contrary to Russia (8th) and Turkey (19th). Israel is the 30th EU trade partner, followed by Ukraine (31st) Algeria (32nd), Egypt (33rd), Libya (40th), Belarus (45th), Morocco (47th), Syria (49th) and Tunisia (50th). Israel and Turkey have always been the major Mediterranean trade partners of the EU under the Euro-Mediterranean Partnership. Also, the relative importance of the South-Eastern Mediterranean for the EU has diminished given the development of EU-China and EU-India trade relations.

As argued by Ivan Martin "it is clear that the Deep and Comprehensive Free Trade Areas [...] will not act as an instrument of integration, but only of liberalization and at most, as a catalyst for certain reforms [...]. The Euro-Mediterranean FTAs have hardly affected the structure of trade preferences enjoyed by the MPCs for access to the EU Market, insofar as the liberalization of access for industrial products from MPCs to the European market already occurred in the late 1970s".[34] He also argued, in his contribution, that a massive mobilisation of financial resources is needed to "provide resources for the major investments required in the infrastructures in the region and convey the trust in the economic prospects of these countries and the vision about their long-term integration into the EU economic area required to boost private investment into the region".

This is even more important after the so-called Arab Spring as the threat of a major economic crisis in the Maghreb and the Mashreq is a reality, especially in countries heavily dependent on the tourism industry, such as Egypt and Tunisia, where the impact on employment will be severe. Thus, still according to Martin, one should not forget that the EU's promotion of the European social model, the "'human face' of its economic model" is a key dimension of stability and security in the EU's neighbourhood. Moreover, Euro-Mediterranean regional integration without free movement of people, or at least of workers, makes little sense both from a political and economic perspective.

"FTAs+", "DCFTAs", "internal market minus", "EEA minus", "NEC" are some of the instruments and models used and proposed to

---

34 See Martin, I., Economic Integration in the Mediterranean: Beyond the 2010 Free Trade Area, *Mediterranean Yearbook 2010*, Barcelona, IEMED, 2010, http://www.iemed.org/anuari/2010/aarticles/martin_free_trade_en.pdf.

describe what could become the future Pan-Euro-Mediterranean[35] integration model. The absence of a clear vision shared by the EU Member States and the European Commission is, however, still a problem. In the South, one of the main questions today is why the 27 Member States agreed, on the basis of the French proposals, to launch a "Union" for the Mediterranean, when the European Commission had already put forward the long-term vision of a Neighbourhood Economic *Community*? There is an immediate need for the EU and its Member States to clarify the final economic objective of the ENP.

C. The Eastern Partnership: Deeper Trade and Economic Integration trough the Conclusion of DCFTAs

As emphasised in the Prague Joint Declaration, "the main goal of the Eastern Partnership is to create the necessary conditions to accelerate political association and further economic integration between the European Union and interested partner countries".[36] One of the key objectives of the new generation of Association Agreements is to promote deeper trade and economic integration between the EU and its Eastern neighbours. The prospect of a DCFTA, which is presented as one of the essential features of the Eastern Partnership,[37] fits within the general strategy of the ENP to build an NEC in the long term.[38]

Significantly, the conclusion of a DCFTA is part of the EU's conditionality approach and builds upon the partner countries' commitments in the context of the World Trade Organisation (WTO). Only ENP partner states that are members of the WTO and are sufficiently advanced in the preparations to negotiate, implement and sustain the effects of far-reaching liberalisation are eligible to conclude a DCFTA. So far, DCFTA negotiations have only been opened with Ukraine, whilst the Union conducted only independent feasibility studies for such a step with the other WTO members Armenia, Georgia and Moldova. Belarus and Azerbaijan are not yet members of the WTO and, therefore, do not have a perspective for a DCFTA with the Union for the time being.

It is noteworthy that the EU's proposed model of economic integration on the basis of DCFTAs competes with regional integration initiatives in the post-Soviet space. Of particular significance is the estab-

35 On the Pan-Euro-Mediterranean concept see Maresceau, M. and Lannon, E. (eds.), *The EU's Enlargement and Mediterranean Strategies: A Comparative Analysis*, Basingstoke, Palgrave, 2001, and Xuereb, P. G. in this volume.

36 *Joint Declaration of the Prague Eastern Partnership Summit*, Prague, 7 May 2009, 8435/09 (Presse 78), point 2.

37 *Ibid.*, point 5.

38 COM(2006) 726 final, *op. cit.*, pp. 4-5.

lishment of a customs union between Russia, Belarus and Kazakhstan and the pressure on Ukraine to join this initiative. However, such a move would be incompatible with Ukraine's WTO obligations and would make the conclusion of a DCFTA with the EU impossible. Whereas Russian pressure on Kiev to join the three-country customs union has so far been unsuccessful, the deal to guarantee the long-term presence of the Russian Black Sea fleet in Sevastopol in return for gas supplies as well as its proposal to merge gas giant *Gazprom* with Ukraine's state energy firm *Naftogaz* reveals that economic integration is not necessarily EU-oriented.[39]

Finally, the Union's proposals on economic integration may give rise to different expectations between the partners. In contrast to initial suggestions,[40] the ENP does not offer the full extension of the four fundamental freedoms. Most EU Member States seem reluctant to open the gates towards the free movement of persons. Instead, a process of visa facilitation and visa liberalisation is offered together with the establishment of so-called Mobility Partnerships. As emphasised in this book by Erwan Lannon and Peter Van Elsuwege, progress in this field is regarded as a "litmus test" for the success of the Eastern Partnership.

Conclusion

The need for the EU to develop a more holistic approach taking into account all neighbours under an "umbrella framework" seems obvious, as does the need to apply consistently the main principles of the ENP such as conditionality and differentiation. For the time being, the proliferation of EU proximity strategies and policies in the neighbourhood is counter-productive for the ENP as a whole, as the added value and articulation of initiatives such as the Union for the Mediterranean *vis-à-vis* the Euro-Mediterranean Partnership or the Black Sea Synergy *vis-à-vis* the Eastern Partnership are not always clear. As argued by Hubert Duhot in this volume, the EU has difficulties in defining a "clear ambition in the region". The challenges are indeed numerous. In the European Commission-High Representative Communication on "A New

---

39 See Adomeit, H., "Russia and its Near Neighbourhood: Cooperation and Conflict with the EU", *Natolin Research Papers*, No. 4, Warsaw, College of Europe, 2011, pp. 50-52.

40 "Russia, the countries of the Western NIS and the Southern Mediterranean should be offered the prospect of a stake in the EU's Internal Market and further integration and liberalisation to promote the free movement of – persons, goods, services and capital (four freedoms)", European Commission, *Communication of the European Commission, Wider Europe – Neighbourhood: A New Framework for Relations with our Eastern and Southern Neighbours*, COM(2003) 104 final, Brussels, 11 March 2003, p. 4.

Response to the Changing Neighbourhood" the word "challenge" is mentioned ten times, underlying the fact that the EU institutions are now fully aware of the importance of the work to be achieved within the current context before reaching the general objectives of security, stability and prosperity in the neighbourhood.

The EU support for democratic transitions is obviously one of the yardsticks for the EU. The appointment of an "EU Special Representative for the Southern Mediterranean", Ambassador Bernardino León, as "part of the EU's efforts to support the democratic transformation of its Southern Neighbourhood and develop a new partnership with the region"[41] is certainly a good initiative but will not be sufficient. More synergies should be envisaged with all actors within and outside the region and the same conclusion applies to the eastern neighbourhood.

Conflict resolution is another major challenge. The creation of the European External Action Service and the clarification of the respective roles of the European Commission and the High Representative have allowed for the adoption of the first "joint communications" to face the events in the EU's neighbourhood in a more coherent manner.

Beyond the search for a clear model of economic integration there is obviously the necessity to define progressively a comprehensive model of co-development instead of merely considering the EU's neighbouring area as a buffer zone or a simple extension of the internal market.

As stressed in the joint communication of the European Commission and the High Representative on "A New Response to the Changing Neighbourhood": "The EU needs to rise to the historical challenges in our neighbourhood".[42]

---

41 The EUSR's mandate is to "strengthen the EU's overall political role vis-à-vis the countries of the Southern Mediterranean, through enhanced dialogue with governments, international organisations and civil society and by maintaining close contacts with all parties involved in the process of democratic transformation". Council of the European Union, *3106th Foreign Affairs Council meeting*, *op. cit.*, p. 16.

42 COM(2011) 303, *op. cit.*, p. 2.

Annexes

Annex 1. The Network of Bilateral Agreements Concluded Between the EC/EU and ENP Partner Countries (as of 1st August 2011)

Country	Agreement	Reference (OJ)
Algeria	Euro-Mediterranean Association Agreement	OJ L 265, 10/10/2005, p. 2.
Armenia	Partnership and Co-operation Agreement	OJ L 239, 9/09/1999, p. 3.
	Agreement between the European Community and the Republic of Armenia on certain aspects of air services	OJ L 50, 21/2/2009, p. 22.
Azerbaijan	Partnership and Co-operation Agreement	OJ L 246, 17/09/1999, p. 3.
	Protocol extending the PCA to trade in textile products	OJ L 17, 24/01/2007, p. 14.
Belarus	Agreement on trade in textile products	OJ L 123, 17/05/1994, p. 120. + OJ L 345, 28/12/2005, p. 23.
Egypt	Euro-Mediterranean Association Agreement	OJ L 304, 30/09/2004, p. 39.
	Agreement on technological and scientific cooperation	OJ L 182, 13/07/2005, p. 12.
Georgia	Partnership and Co-operation Agreement	OJ L 205, 04/08/1999, p. 3.
	Agreement on certain aspects of air services	OJ L 134, 20/05/2006, p. 24.
	Agreement on the readmission of persons residing without authorisation	OJ L 52, 25/02/2011, p. 47.
	Agreement between the European Union and Georgia on the facilitation of the issuance of visas	OJ L 52, 25/02/2011, p. 34.
Israel	Euro-Mediterranean Association Agreement	OJ L 147, 21/06/2000, p. 3.
	+ amendment in order to achieve greater liberalisation in trade of agricultural products	OJ L 346, 31/12/2003, p. 76.
	Agreement on scientific and technical cooperation	OJ L 154, 21/06/2003, p. 80.
	Agreement on mutual recognition of OECD principles and good laboratory practice (GLP)	OJ L 263, 09/10/1999, p. 7.
	Agreement on government procurement	OJ L 202, 30/07/1997, p. 85.
	Agreement on the import in the Community of oranges originating in Israel	OJ L 327, 18/12/1996, p. 3.
	Agreement (in the form of an Exchange of Letters) on reciprocal liberalisation measures	OJ L 313, 28/11/2009, p. 83.

	on agricultural products, processed agricultural products and fish and fishery products	
Jordan	Euro-Mediterranean Association Agreement + amendment in order to achieve greater liberalisation in trade of certain agricultural products Agreement on certain aspects of air services Agreement between the European Community and the Hashemite Kingdom of Jordan on Scientific and Technological Cooperation	OJ L 129, 15/05/2002, p. 3. OJ L 41, 13/02/2006, p. 3. OJ L 68, 12/03/2008, p. 15. OJ L 159, 17/6/2011, p. 108.
Lebanon	Euro-Mediterranean Association Agreement Agreement on certain aspects of air services	L OJ 143, 30/05/2006, p. 2. OJ L 215, 05/08/2006, p. 17.
Moldova	Partnership and Co-operation Agreement Agreement on certain aspects of air services (*) Agreement between the European Community and the Former Yugoslav Republic of Macedonia on the facilitation of the issuance of visas	OJ L 181, 24/06/1998, p. 3. OJ L 126, 13/05/2006, p. 24. OJ L 334, 19/12/2007, p. 125.
Morocco	Euro-Mediterranean Association Agreement + amendment in order to achieve greater liberalisation in trade of certain agricultural products Agreement on scientific and technical co-operation Fisheries partnership agreement Agreement on certain aspects of air services Euro-Mediterranean aviation agreement Agreement establishing a dispute settlement mechanism	OJ L 70, 18/03/2000, p. 2. OJ L 345, 31/12/2003, p. 119. OJ L 37, 10/02/2004, p. 9. OJ L 141, 29/05/2006, p. 4. OJ L 386, 29/12/2006, p. 18. OJ L 386, 29/12/2006, p. 57. OJ L 176, 05/07/2011, p. 2.
Palestinian Authority	Euro-Mediterranean Interim Association Agreement on Trade and Cooperation Agreement in the form of the exchange of letters on reciprocal liberalisation measures	OJ L 187, 16/07/1997, p. 3. OJ L 2, 05/01/2006, p. 6.
Syria	Co-operation Agreement Protocol on financial and technical co-operation	OJ L 269, 27/09/1978, p. 2. OJ L 32, 05/02/1994, p. 45.
Tunisia	Euro-Mediterranean association agreement + amendment in order to achieve greater liberalisation in trade of certain agricultural products	OJ L 97, 30/03/1998, p. 2. OJ L 336, 30/12/2000, p. 93.

	Agreement of scientific and technical co-operation	OJ L 37, 10/02/2004, p. 17.
Ukraine	Partnership and Co-operation Agreement Agreement on trade in textile products Agreement in the field of nuclear safety and controlled nuclear fusion Agreement on co-operation in science and technology Agreement on the participation in the EU Police Mission in Bosnia and Herzegovina Agreement on the participation in the EU Police Mission in the former Yugoslav Republic of Macedonia Agreement on trade in certain steel products Agreement establishing a framework for the participation of Ukraine in the EU crisis management operations Agreement on certain aspects of air services Agreement between the European Community and Ukraine on the facilitation of the issuance of visas	OJ L 49, 19/02/1998, p. 3. OJ L 81, 30/03/1996, p. 294. OJ L 322, 27/11/2002, p. 33. OJ L 239, 25/09/2003, p. 38. OJ L 354, 30/11/2004, p. 82. OJ L 384, 28/12/2004, p. 23. OJ L 182, 13/07/2005, p. 29. OJ L 211, 01/08/2006, p. 24. OJ L 332, 18/12/2007, p. 68.

Annex 2. Trade in Goods and Services with the ENP Partner Countries

Country	Trade in goods	Trade in services
Algeria	– EU good exports to Algeria 2009: **14.6 billion euros** – EU goods imports from Algeria 2009: **17.3 billion euros** EU imports from Algeria consist notably of energy (98.4%), amounting to 16.9 billion euros and, for a 1.1%, of chemicals. In 2009 main EU exports to Algeria consist of machinery (28.9%), in particular non electrical machinery (16.5%), and transport equipment (13.2%) that together represent more than 40% of total EU exports to Algeria, followed by agricultural products (14.1%), iron and steel (13%) and chemicals (11.7%).	Algeria trade in services with the World amount to 6.9 billion euros in 2008, (exports: 2.1 billion euros and imports: 4.8 euros).
Belarus	– EU good exports to Belarus 2008: **6,359 billion euros** – EU goods imports from Belarus 2008: **6,072 billion euros** The EU-Belarus bilateral trade in goods has been growing steadily in the last five years and the EU is Belarus' 2nd main trade partner with almost 1/3 share in its overall trade (after Russia with almost 1/2).	– EU27 Total services exports to Belarus 2006: **0,880 billion euros** – EU27 Total service imports from Belarus 2006: **0,605 billion euros**

	Belarus' exports to the EU are dominated by Mineral fuels (65.7%) while other product categories form each a much lower share, concretely chemicals (8.2%), agricultural products (3.5%) machinery (2.6%) and textiles (2.4%). The EU exports mainly machinery (36.6%), transport equipment (17.5%) and chemicals (14.8%) to Belarus.	
Egypt	– EU goods exports to Egypt 2010: **14.8 billion euros** – EU goods imports from Egypt 2010: **7.2 billion euros** From the entry into force of the Association Agreement in 2004 until 2008 EU-Egypt bilateral trade nearly doubled (from 11.5 billion euros to 20.9 billion euros). Although in account of the impact of the global slowdown total EU-Egypt bilateral trade volume contracted by almost 10% in 2009, in 2010 it reached its highest level ever of 22 billion euros. In 2010, EU imports from Egypt were dominated by energy (53.1%), followed by chemicals (10.9%) and textiles and clothes (10.4%). EU exports to Egypt consist mainly of machinery (39.1%) and chemicals (10.7%). The EU is traditionally Egypt's main trading partner (covering 33.1% of Egypt's trade volume) and ranking first both as Egypt's import (33.5%) and export partner (32.1%). In 2010 Egypt ranked 28 among the EU's trade partners (21. export and 36. import partner.)	– EU exports of services to Egypt 2009: **2.8 billion euros** – EU imports of services from Egypt 2009: **5.7 billion euros** EU exports of services to Egypt consist mainly of business (968 million euros) and transport (668 million euros) services while the EU mainly imports from Egypt travel services (3.56 billion euros).
South Caucasus	– EU goods exports to South Caucasus: **3.01 billion euros** (Armenia – 0.53 billion euros, Azerbaijan – 1.60 billion euros, Georgia – 0.88 billion euros) – EU goods imports from South Caucasus: **7.94 billion euros** (Armenia – 0.16 billion euros, Azerbaijan – 7.30 billion euros, Georgia – 0.48 billion euros) – EU exports to South Caucasus countries: Armenia: machinery (32.7%), pearls and other precious stones (13.6%), transport equipment (10.3%) and chemical products (9.1%) Azerbaijan: machinery (36.0%), chemical products (9.8%), transport equipment (9.1%) and pearls and other precious stones (9.0%) Georgia: mineral products (23.9%), machinery (21.1%), chemical products (17.3%) and transport equipment (9.4%) – South Caucasus countries' exports to EU: Armenia: base metals and derivatives (64.3%), pearls and other precious stones (18.8%) Azerbaijan: 98.8% of total exports to the EU consist of mineral products (essentially fuels – oil and gas) Georgia: mineral products (71.5%), chemical products (9.0%) and vegetable products (7.1%)	
Israel	– EU good exports to Israel 2009: **11.4 billion euros** – EU goods imports from Israel 2009: **8.8 billion euros**	– EU exports of services to Israel 2008: **3.7 billion**

	In 2009 EU imports from Israel amounted to 8.8 billion euros, consisting mainly of machinery and transport equipment (25.2%), chemicals (24.5%) and agricultural products (11.1%), particularly vegetable products (8.4%). EU exports to Israel in the same year amounted to 11.4 euros billion, consisting mainly of machinery (27.6%), in particular power generating machinery (16.3%), transport equipment (10.5%), chemicals (17%), and other semi-manufactures (16.2%). Total EU-Israel trade contracted by 26% in 2009 (2008: 27.4 billion euros) due to the worldwide economic crisis, with the decline in exports being more moderate (-18%) that the one in imports (-27.3%).	**euros** – EU imports of services from Israel 2008: **3 billion euros** Half of the trade of services between EU and Israel concentrates on business services excluding government services (48% of EU exports and 50.5% of EU imports), while the other half consists of travel and transportation services (respectively 20.6% and 31.2% of EU exports and 25.7% and 23.4% of EU imports).
Jordan	– EU good exports to Jordan 2009: **2.6 billion euros** – EU goods imports from Jordan 2009: **0.2 billion euros** EU-Jordan trade volume in 2008 increased significantly by 26% (imports by 35% and exports by 10.7%). However in 2009 bilateral trade has, with a view of the global economic downturn, contracted by almost 15%. EU imports from Jordan fell in 2009 by 40% while EU exports decreased by 12% over the same period. EU imports from Jordan focus on machinery and transport equipment (22.6%), chemicals (17.1%), as well as mining products (13.2%). EU exports to Jordan consist mainly of machinery (25.1%) and transport equipment (18.1%) that together amount at 44.9% of all exports, and of chemical products (16.2%).	Jordan's exports of services to the World amount at 2.9 billion euros in 2008, consisting mainly of travel (68.8%) while Jordan's imports of services from the World amount at 2.6 billion euros consisting mainly of transportation (57%). EU export of services to Jordan amount at 657 millions euros in 2008 and EU import of services from Jordan amount at 629 millions euros.
Lebanon	– Total EU-Lebanon trade amount to approximately 4.4 billion euros, but it is its third largest market for exports (12.4%), behind Syria (24.9%) and the United Arab Emirates (12.9%). – EU goods exports to Lebanon 2009: **4.2 billion euros** – EU goods imports from Lebanon 2009: **0.25 billion euros** In 2009 EU exports to Lebanon consist mainly of machinery and transport equipment (32%), energy products (15%), chemicals (13.4%) and agricultural products (12.2%). EU imports from Lebanon consist mainly of manufactured products (69.4% of which	The Lebanese economy is based primarily on the service sector, which accounts for approximately 70% of its GDP. Lebanon exports of services to the World amounted to 12.8 billion euros in 2008, while Lebanon imports of services

	12.6% is machinery and transport equipment and 11% chemicals), agricultural products (18.4%) and energy products (8.2%).	from the World amounted to 9.1 billion euros.
Moldova	– EU good exports to Moldova 2010: **1.6 billion euros** – EU goods imports from Moldova 2010: **582 million euros**	
Morocco	– EU exports of goods to Morocco 2009: **11 billion euros** – EU imports of goods from Morocco 2009: **6.5 billion euros** Morocco's economy is still relatively dependant on trade in textile articles (29.9%) and on agricultural products (28.3%), which together account for 58.2% of total Moroccan exports to the EU in 2009. Morocco mainly imports from the EU machinery and transport equipment (38.1%), chemicals (9.8%) and fuels (9.7%).	– EU exports of services to Morocco 2009: **3.3 billion euros** – EU imports of services from Morocco 2009: **4.2 billion euros** EU exports of services to Morocco consist mainly of business services (1.9 billion euros) while the EU mainly imports travel services (2.1 billion euros).
Occupied Palestinian Territory	– EU good exports to PA 2009: **52 million euros** – EU goods imports from PA 2009: **7 million euros** In 2009 imports from West Bank and Gaza into the EU were very low, at about 7 million euros, mainly consisting of animal or vegetable fats and oils (41% of total), vegetable products (26%), articles of stone, plaster and cement (9%), processed agricultural products (6%).	
Syria	– EU goods exports to Syria 2009: **3 billion euros** – EU goods imports from Syria 2009: **2.3 billion euros** In 2009 the EU imported from Syria notably energy (91.1%). Among the remaining 2.2% agricultural products and 2% clothing represent the main imports. EU exports to Syria are principally composed of machinery (31.1%) and transport equipment (10%), as well as chemicals (13.6%) and agricultural products (12.5%).	
Tunisia	– EU good exports to Tunisia 2009: **8.9 billion euros** – EU goods imports from Tunisia 2009: **7.9 billion euros** Tunisia's main exports to the EU in 2009 are manufactured products (75.6% of which 28.5% clothing and 27.5% machinery and transport equipment) energy (16.4%) and agricultural products (5.4%). Major imports from the EU are machinery and transport equipment (38%), textiles 13%), chemicals (9.9%) and energy (8.5%).	In 2008, Tunisian services exports to the World amount at 3.8 billion euros.

Ukraine	– EU exports to Ukraine 2009: **13.9 billion euros** – EU imports from Ukraine 2009: **7.9 billion euros** Ukraine's primary exports to the EU are agricultural products, energy, chemicals, iron, and steel. EU exports to Ukraine are dominated by machinery, transport equipment, chemicals, textile and clothing, and agricultural products.	

Source: European Commission, DG trade, August 2011, http://ec.europa.eu/trade/creating-opportunities/bilateral-relations/

Annex 3. EU's 20 Major Trade Partners and Neighbouring Countries Ranking

Rk	Partner Country	Millions euros	%
	World (excl. Intra EU27)	**16,971,591**	
1	EU27	2,632,801.5	15.5%
2	USA	2,400,508.8	14.1%
3	China	2,132,508.3	12.6%
4	Japan	1,047,214.8	6.2%
5	South Korea	619,306.3	3.6%
6	Canada	612,427.8	3.6%
7	Hong Kong	592,924.0	3.5%
8	**Russia**	477,556.2	2.8%
9	Singapore	476,588.8	2.8%
10	Mexico	431,165.5	2.5%
11	India	409,918.3	2.4%
12	Australia	311,318.2	1.8%
13	Malaysia	303,846.3	1.8%
14	Brazil	299,100.2	1.8%
15	Thailand	278,964.7	1.6%
16	Switzerland	278,162.9	1.6%
17	Saudi Arabia	235,127.1	1.4%
18	U.A.Emirates	232,489.5	1.4%
19	Turkey	224,433.1	1.3%
20	Indonesia	215,254.1	1.3%
30	**Israel**	87,386.9	0.5%
31	**Ukraine**	81,771.5	0.5%
32	**Algeria**	71,491.6	0.4%
33	**Egypt**	65,367.2	0.4%
40	**Libya**	48,249.2	0.3%
45	**Belarus**	41,543.9	0.2%
47	**Morocco**	37,022.7	0.2%
49	**Syria**	30,020.5	0.2%
50	**Tunisia**	29,052.6	0.2%

54	**Croatia**	23,649.9	0.1%
55	**Azerbaijan**	23,035.4	0.1%
56	Serbia (01/06/2005)	17,628.8	0.1%
57	**Lebanon**	16,605.3	0.1%
60	**Jordan**	15,942.0	0.1%
101	**Georgia**	5,373.0	0.0%
107	**Moldova**	4,143.1	0.0%
109	Albania	4,055.6	0.0%
111	**Armenia**	3,609.6	0.0%
115	Mauritania	3,354.9	0.0%
136	Montenegro (01/06/2005)	975.1	0.0%

In bold the ENP partner countries (with the exception of Palestinian Territories). Croatia, Albania, Mauritania, Montenegro and Turkey are members of the Union for the Mediterranean. Algeria, Libya, Russia and Syria are not (yet) fully integrated into the ENP but benefit from the ENPI fundings.

Source: Prepared on the basis of European Commission DG Trade, "Main traders in the world excluding intra-trade", July 2011, http://trade.ec.europa.eu/doclib/html/122530.htm

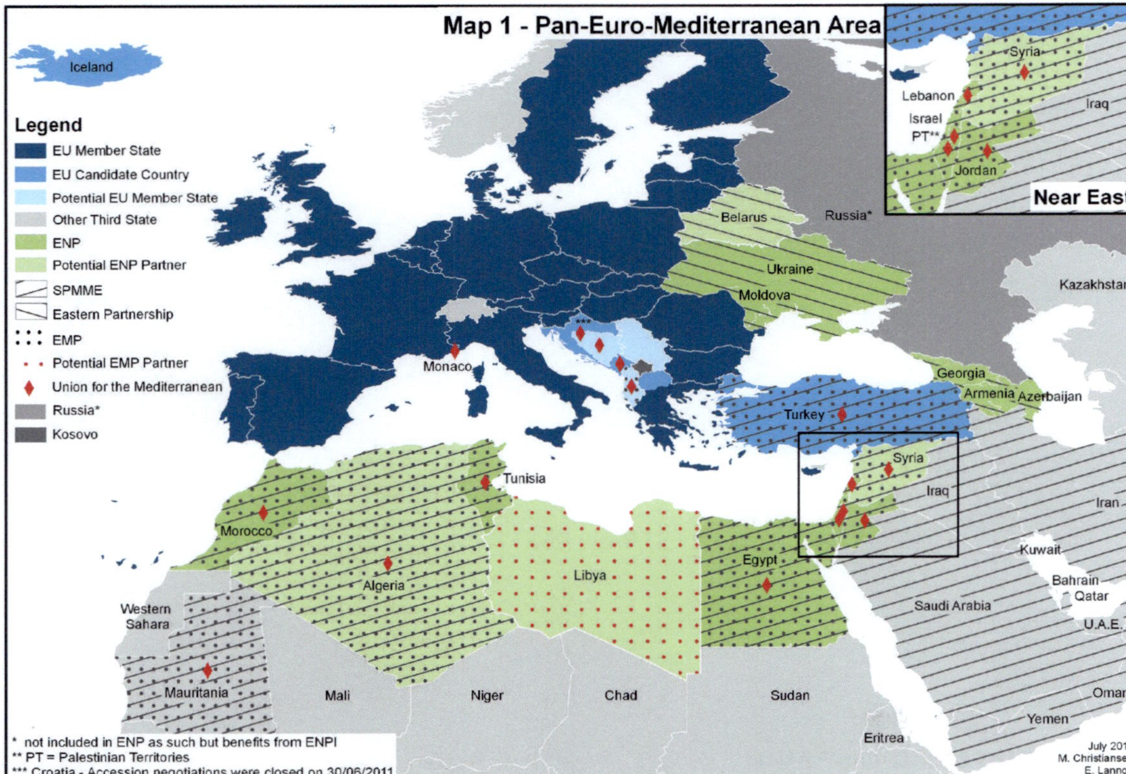
Map 1 - Pan-Euro-Mediterranean Area
Iceland
Legend
EU Member State
EU Candidate Country
Potential EU Member State
Other Third State
ENP
Potential ENP Partner
SPMME
Eastern Partnership
EMP
Potential EMP Partner
Union for the Mediterranean
Russia*
Kosovo
Near East
Syria
Lebanon
Israel
PT**
Jordan
Iraq
Belarus
Russia*
Ukraine
Moldova
Kazakhstan
***
Monaco
Georgia
Armenia
Azerbaijan
Turkey
Syria
Iraq
Iran
Tunisia
Morocco
Algeria
Libya
Egypt
Kuwait
Bahrain
Qatar
Saudi Arabia
U.A.E.
Western Sahara
Mauritania
Mali
Niger
Chad
Sudan
Oman
Yemen
Eritrea
* not included in ENP as such but benefits from ENPI
** PT = Palestinian Territories
*** Croatia - Accession negotiations were closed on 30/06/2011
July 2011
M. Christiansen
E. Lannon

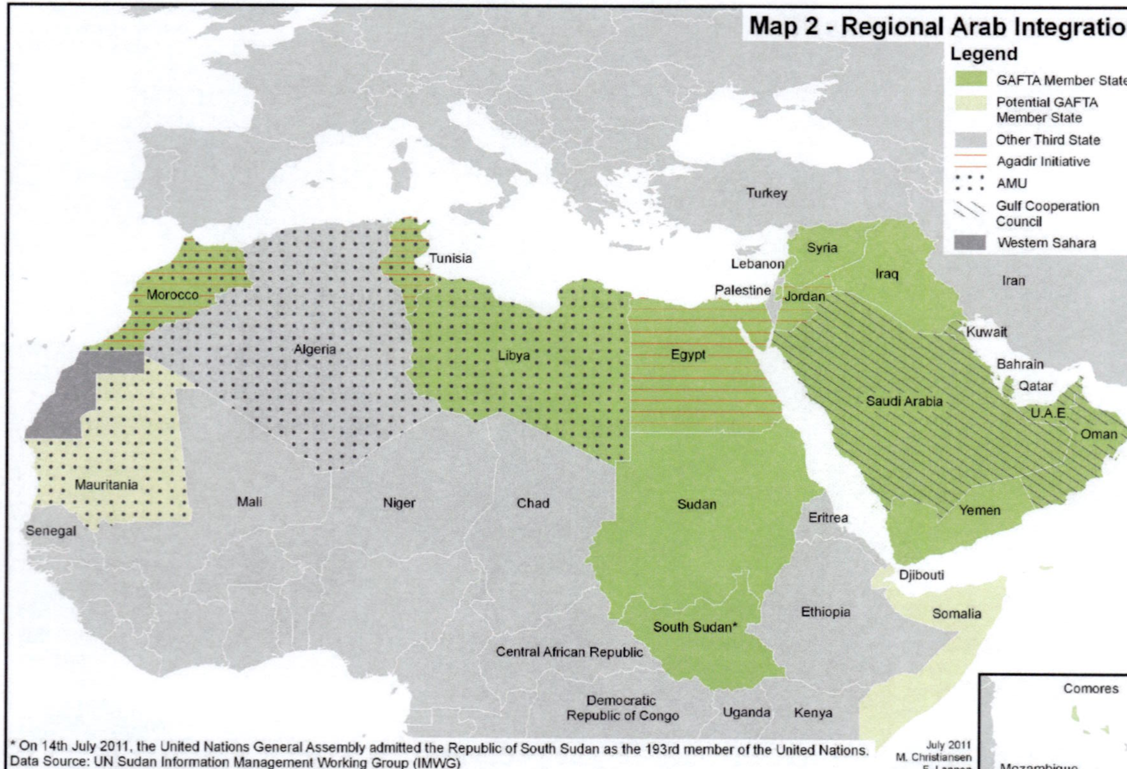

Map 2 - Regional Arab Integration
Legend
GAFTA Member State
Potential GAFTA Member State
Other Third State
Agadir Initiative
AMU
Gulf Cooperation Council
Western Sahara
Turkey
Syria
Iraq
Iran
Lebanon
Palestine
Jordan
Kuwait
Bahrain
Qatar
U.A.E.
Oman
Saudi Arabia
Yemen
Morocco
Algeria
Tunisia
Libya
Egypt
Mauritania
Senegal
Mali
Niger
Chad
Sudan
Eritrea
Djibouti
Somalia
Ethiopia
South Sudan*
Central African Republic
Democratic Republic of Congo
Uganda
Kenya
Comores
Mozambique
July 2011
M. Christiansen
E. Lannon
* On 14th July 2011, the United Nations General Assembly admitted the Republic of South Sudan as the 193rd member of the United Nations.
Data Source: UN Sudan Information Management Working Group (IMWG)

Map 3 - Black Sea Economic Cooperation, Black Sea Synergy and NATO Member Countries

* FYROM = Former Yugoslav Republic of Macedonia

Map 4 - Agreements Concluded with the EC and its Member States

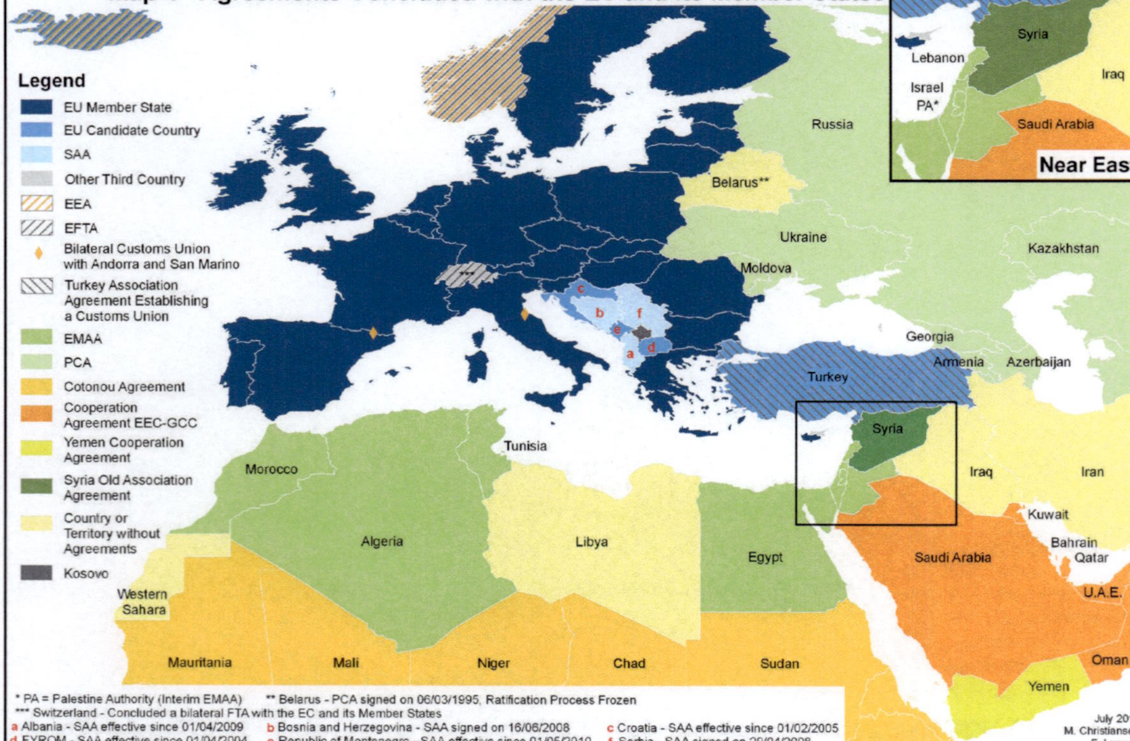

Map 5 - Oil and Gas Pipelines and Regional Conflicts in the Caspian and Black Sea Region

Sources:
INOGATE (2003): Projects of pan-european interest. Proposed priority axes for crude oil pipelines. http://www1.inogate.org/inogate_programme/inogate_resource_center/maps/oil_map_big.gif/download [21.07.2011].
INOGATE (2003): Projects of pan-european interest. Proposed priority axes for natural gas pipelines. http://www1.inogate.org/inogate_programme/inogate_resource_center/maps/gas_map_big.gif [21.07.2011].
Israël, B. (2007): The Black Sea: Strategic Stakes of a regional policy. In: Schockenhoff, A. (2007): The need for an EU Black Sea Policy. Fondation pour l'innovation politique Working paper. p.7.
Kurtubadze, M. (2008): Transportation network in the Caucasus ecoregion. In: UNEP/GRID-Arendal Library. http://maps.grida.no/go/graphic/transportation-network-in-the-caucasus-ecoregion [21.07.2011].
University of Texas - Perry Castañeda Library (2002): Caspian Region Oil Pipelines. http://www.lib.utexas.edu/maps/commonwealth/caspian_pipelines_2002.pdf [21.07.2011].

Map 6 - GDP per capita, Population and Literacy Rate of Selected Countries

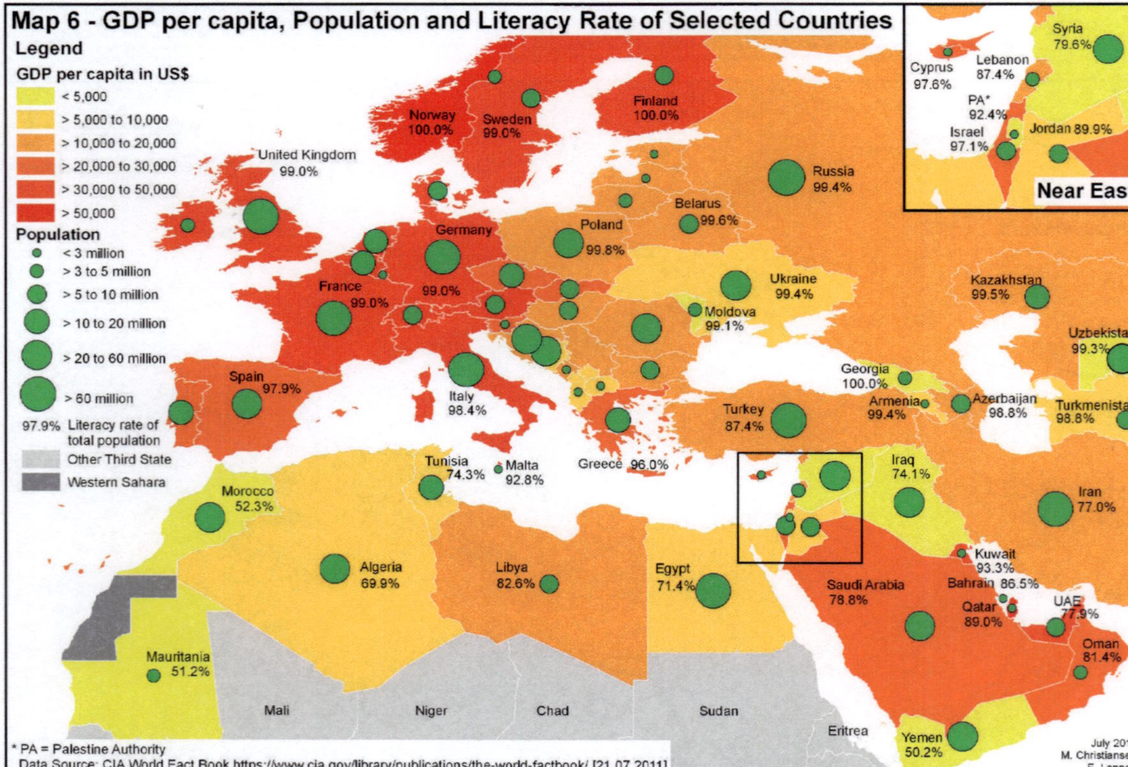

* PA = Palestine Authority
Data Source: CIA World Fact Book https://www.cia.gov/library/publications/the-world-factbook/ [21.07.2011]

Bibliography

I. Official Documents

For the main ENP instruments (Action Plans, Country Reports, Progress Reports, etc.) and ENP documents see: http://ec.europa.eu/world/enp/documents_en.htm. For the main agreements see annex 1.

A. European Commission

1. Communications and Non Papers of the European Commission and the High Representative

European Commission, *European Social Policy – A Way Forward. A White Paper*, COM(1994) 333, Brussels, 27 July 1994, http://europa.eu/documentation/official-docs/white-papers/pdf/social_policy_white_paper_com_94_333_a.pdf.

European Commission, *Communication from the Commission to the Council and the European Parliament, Wider Europe – Neighbourhood: A New Framework for Relations with our Eastern and Southern Neighbours*, COM(2003) 104 final, Brussels, 11 March 2003, http://eur-lex.europa.eu/LexUriServ/LexUriServ.do?uri=COM:2003:0104:FIN:EN:PDF.

European Commission, *Communication from the Commission – Paving the way for a New Neighbourhood Instrument*, COM(2003) 393 final, Brussels, 11 March 2003, http://eur-lex.europa.eu/LexUriServ/LexUriServ.do?uri=CELEX:52003DC0393:EN:HTML.

European Commission, *Communication from the Commission, European Neighbourhood Policy – Strategy Paper*, COM(2004) 373, Brussels, 12 May 2004, http://eur-lex.europa.eu/LexUriServ/LexUriServ.do?uri=COM:2004:0373:FIN:EN:PDF.

European Commission, *Communication from the Commission to the Council on the Commission Proposals for Action Plans under the European Neighbourhood Policy*, COM(2004) 795, Brussels, 9 December 2004, http://eur-lex.europa.eu/LexUriServ/LexUriServ.do?uri=COM:2004:0795:FIN:EN:PDF.

European Commission, *Communication from the Commission on the Social Agenda*, COM(2005) 33 final, Brussels, 9 February 2005, http://eur-lex.europa.eu/LexUriServ/LexUriServ.do?uri=COM:2005:0033:FIN:EN:PDF.

European Commission, *Communication from the European Commission to the Council, the European Parliament, the European Economic and Social Committee and the Committee of the Regions, Civil Society Dialogue between the EU and Candidate Countries*, COM(2005) 290 final, Brussels, 29 June 2005, http://eur-lex.europa.eu/LexUriServ/LexUriServ.do?uri=COM:2005:0290:FIN:EN:PDF.

European Commission, *Communication from the Commission to the Council, Assessment of the Facility for Euro-Mediterranean Investment and Partnership (FEMIP) and Future Options*, COM(2006) 592 final, Brussels, 17 October 2006, http://eur-lex.europa.eu/LexUriServ/LexUriServ.do?uri=COM:2006:0592:FIN:EN:PDF.

European Commission, *Communication from the Commission to the European Parliament and the Council, Enlargement Strategy and Main Challenges 2006-2007*, COM(2006) 649, Brussels, 8 November 2006, http://ec.europa.eu/enlargement/pdf/key_documents/2006/nov/com_649_strategy_paper_en.pdf.

European Commission, *Communication from the Commission to the Council and the European Parliament on the General Approach to Enable ENP Partner Countries to Participate in Community Agencies and Community Programmes*, COM(2006) 724 final, Brussels, 4 December 2006, http://ec.europa.eu/world/enp/pdf/com06_724_en.pdf.

European Commission, *Communication from the Commission to the Council and the European Parliament, on Strengthening the European Neighbourhood Policy*, COM(2006) 726 final, Brussels, 4 December 2006, http://ec.europa.eu/world/enp/pdf/com06_726_en.pdf.

European Commission, *Commission staff working document accompanying the Communication from the Commission to the Council and the European Parliament, on strengthening the European neighbourhood policy, ENP Progress Report Ukraine*, SEC(2006) 1505/2, Brussels, 4 December 2006, http://ec.europa.eu/world/enp/pdf/sec06_1505-2_en.pdf.

European Commission, *Communication from the Commission to the Council and the European Parliament, Black Sea Synergy – A new Regional Cooperation Initiative*, COM(2007) 160 final, Brussels, 11 April 2007, http://ec.europa.eu/world/enp/pdf/com07_160_en.pdf.

European Commission, *Communication from the Commission to the European Parliament, the Council, the European Economic and Social Committee and the Committee of the Regions, Applying the Global Approach to Migration to the Eastern and South-Eastern Regions Neighbouring the European Union*, COM(2007) 247 final, Brussels, 16 May 2007, http://eur-lex.europa.eu/LexUriServ/LexUriServ.do?uri=COM:2007:0247:FIN:EN:PDF.

European Commission, *Non-paper Expanding on the Proposals Contained in the Communication to the European Parliament and the Council on "Strengthening the ENP" – COM(2006) 726 final of 4 December 2006, ENP – A Path towards Further Economic Integration*, Brussels, June 2007, http://ec.europa.eu/world/enp/pdf/non-paper_economic-integration_en.pdf.

European Commission, *Non-paper Expanding on the Proposals Contained in the Communication to the European Parliament and the Council on Strengthening the ENP – COM(2006) 726 final of 4 December 2006, ENP – Thematic Dimension*, Brussels, June 2007, ec.europa.eu/world/enp/pdf/non-paper_thematic-dimension_ en.pdf.

European Commission, *Communication from the Commission to the Council and the European Parliament on the preparation of the Lisbon Euro-Mediterranean Foreign Affairs Conference (5-6 November 2007), The Euro-Mediterranean Partnership: Advancing Regional Cooperation to support peace, progress and inter-cultural dialogue*, COM(2007) 598 final, Brussels, 17 October 2007, http://eur-lex.europa.eu/LexUriServ/LexUriServ.do?uri=COM:2007:0598:FIN:EN:PDF.

European Commission, *Communication from the Commission to the European Parliament and the Council: Enlargement Strategy and Main Challenges 2007-2008*, COM(2007) 663 final, Brussels, 6 November 2007, http://ec.europa.eu/enlargement/pdf/key_documents/2007/nov/strategy_paper_en.pdf.

European Commission, Commission *Staff Working Document: Turkey 2007 – Progress Report*, SEC(2007) 1436, Brussels, 6 November 2007, http://ec.europa.eu/enlargement/pdf/key_documents/2007/nov/turkey_progress_reports_en.pdf.

European Commission, *Commission proposal for a Council Regulation introducing autonomous trade preferences for Moldova and amending Regulation (EC) No. 980/2005 and Commission Decision 2005/924/EC*, COM(2007) 705 final, Brussels, 14 November 2007, http://eur-lex.europa.eu/LexUriServ/LexUriServ.do?uri=COM:2007:0705:FIN:EN:PDF.

European Commission, *Communication from the Commission, A Strong European Neighbourhood Policy*, COM(2007) 774 final, Brussels, 5 December 2007, http://ec.europa.eu/world/enp/pdf/com07_774_en.pdf.

European Commission, *Communication from the European Commission to the European Parliament and the Council: Barcelona Process: Union for the Mediterranean*, COM(2008) 319 final, Brussels, 20 May 2008, http://ec.europa.eu/external_relations/euromed/docs/com08_319_en.pdf.

European Commission, *Communication from the Commission to the Council and the European Parliament, Report on the first year of implementation of the Black Sea Synergy*, COM(2008) 391 final, 19 June 2008, http://eur-lex.europa.eu/LexUriServ/LexUriServ.do?uri=COM:2008:0391:FIN:EN:PDF.

European Commission, *Communication from the Commission to the European Parliament and the Council, Eastern Partnership*, COM(2008) 823/4, Brussels, 3 December 2008, http://eur-lex.europa.eu/LexUriServ/LexUriServ.do?uri=COM:2008:0823:FIN:EN:PDF.

European Commission, *Non-paper on ENP visa facilitation*, Brussels, 2008, http://ec.europa.eu/world/enp/pdf/non_paper_visa_facilitation_en.pdf.

European Commission, *Communication from the European Commission to the European Parliament and the Council, Implementation of the European Neighbourhood Policy in 2008*, COM(2009) 188/3, Brussels, 23 April 2009, http://ec.europa.eu/world/enp/pdf/progress2009/com09_188_en.pdf.

European Commission, *Communication from the European Commission to the European Parliament and the Council, Implementation of the European Neighbourhood Policy in 2008. Sectoral Progress Report*, SEC(2009) 522/2,

Brussels, 23 April 2009, http://ec.europa.eu/world/enp/pdf/progress2009/sec09_522_en.pdf.

European Commission, *Communication from the Commission to the European Parliament and the Council, Implementation of the European Neighbourhood Policy in 2008*, Brussels, 23 April 2009 COM(2009) 188, http://eur-lex.europa.eu/LexUriServ/LexUriServ.do?uri=COM:2009:0188:FIN:EN:PDF.

European Commission, *Communication from the Commission to the European Parliament and the Council, Taking stock of the European Neighbourhood Policy*, COM(2010) 207 final, Brussels, 12 May 2010, http://eur-lex.europa.eu/LexUriServ/LexUriServ.do?uri=CELEX:52010DC0207:EN:HTML.

European Commission and High Representative, *Joint Communication to the European Parliament, the Council, the European Economic and Social Committee and the Committee of the Regions, A Partnership for Democracy and Shared Prosperity with the Southern Mediterranean*, COM(2011) 200 final, Brussels, 8 March 2011, http://eur-lex.europa.eu/LexUriServ/LexUriServ.do?uri=COM:2011:0200:FIN:EN:PDF.

European Commission and High Representative, *Joint Communication to the European Parliament, the Council, the European Economic and Social Committee and the Committee of the Regions, A New Response to the Changing Neighbourhood*, COM(2011) 303, Brussels, 25 May 2011, http://eur-lex.europa.eu/LexUriServ/LexUriServ.do?uri=COM:2011:0303:FIN:EN:PDF.

2. *Varia*

European Commission, *Special Eurobarometre, The EU's Relations with its Neighbours. A Survey of Attitudes in the European Union*, September 2007, http://ec.europa.eu/public_opinion/archives/ebs/ebs_285_en.pdf.

European Commission, *Trade and the Barcelona Process, Memo*, Brussels, 19 October 2007, trade.ec.europa.eu/doclib/docs/2007/october/tradoc_136486.pdf.

European Commission, *The European Union and Russia: Close Neighbours, Global Players, Strategic Partners*, Brussels, 2007, http://eeas.europa.eu/russia/docs/russia_brochure07_en.pdf.

European Commission, *European Neighbourhood and Partnership Instrument (ENPI), Regional Strategy Paper (2007-2013) and Regional Indicative Programme (2007-2010) for the Euro-Mediterranean Partnership*, Brussels, http://ec.europa.eu/world/enp/pdf/country/enpi_euromed_rsp_en.pdf.

European Commission, *European Neighbourhood and Partnership Instrument (ENPI), Funding 2007-2013*, Brussels, http://ec.europa.eu/world/enp/pdf/country/0703_enpi_figures_en.pdf.

European Commission, *Note on Principles for the Implementation of a governance facility under ENPI*, 22 February 2008, http://ec.europa.eu/world/enp/pdf/governance_facility_en.pdf.

European Commission, *Document accompanying the Communication from the Commission to the European Parliament and the Council, Implementation of the European Neighbourhood Policy in 2007*, COM(2008) 164, 3 April 2008, http://eur-lex.europa.eu/LexUriServ/LexUriServ.do?uri=COM:2008:0164:FIN:EN:PDF.

European Commission and High Representative, *Joint Staff Working Paper, Implementation of the European Neighbourhood Policy in 2010, Report: Eastern Partnership*, SEC(2011) 641, Brussels, 25 May 2011, http://eur-lex.europa.eu/LexUriServ/LexUriServ.do?uri=SEC:2011:0641:FIN:EN:PDF.

European Commission and High Representative, *Joint Staff Working Paper, A Medium Term Programme for a renewed European Neighbourhood Policy (2011-2014)*, Brussels, 25 May 2011, SEC(2011) 650 final, http://eur-lex.europa.eu/LexUriServ/LexUriServ.do?uri=SEC:2011:0650:FIN:EN:PDF.

B. Council of the European Union

1. Regulations of (the European Parliament and) the Council

Council Regulation (EC) No. 1085/2006 establishing an Instrument for Pre-Accession Assistance (IPA), OJ L 210, 31 July 2006, pp. 82-93.

Regulation (EC) No. 1638/2006 of the European Parliament and of the Council of 24 October 2004 Laying Down General Provisions Establishing a European Neighbourhood and Partnership Instrument, OJ L 310, 9 November 2006, pp. 1-14.

Regulation (EC) No. 1889/2006 of the European Parliament and of the Council of 20 December 2006 on establishing a financing instrument for the promotion of democracy and human rights worldwide, OJ L 386, 29 December 2006, pp. 1-11.

Council Regulation (EC) No. 55/2008 Introducing Autonomous Trade Preferences for the Republic of Moldova and Amending Regulation (EC) No. 980/2005 and Commission Decision 2005/924/EC, OJ L 20, 24 January 2008, pp. 1-8.

Council Regulation (EC) No. 732/2008 Applying a Scheme of Generalised Tariff Preferences for the Period from 1 January 2009 to 31 December 2011 and Amending Regulations (EC) No. 552/97, (EC) No. 1933/2006 and Commission Regulations (EC) no. 1100/2006 and (EC) No. 964/2007, OJ L 211, 6 August 2008, pp. 1-39.

2. Common Foreign and Security Policy

Council of the EU, *Council Decision of 19 April 1994 on a joint action 94/276/CFSP adopted by the Council on the basis of Article J (3) of the Treaty on European Union, in support of the Middle East peace process*, OJ L 119, 7 May 1994, p. 1.

Council of the EU, *Council Joint Action 2005/797/CFSP of 14 November 2005 on the EU Police Mission for the Palestinian Territories (EUPOL COPPS)*, OJ L 300, 17 November 2005, p. 65.

Council of the EU, *Joint Action 2005/889/CFSP of 12 December 2005 on establishing a EU Border Assistance Mission for the Rafah Crossing Point (EU BAM Rafah)*, OJ L 327, 14 December 2005, p. 28.

Council of the EU, *Joint Action 96/676/CFSP of 25 November 1996 adopted by the Council on the basis of Article J.3 of the Treaty on European Union in relation to the nomination of an EU special envoy for the Middle East peace process*, OJ L 315, 4 December 1996, p. 1.

Council of the EU, *Joint Action 97/289/CFSP of 29 April 1997 adopted by the Council on the basis of Article J.3 of the Treaty on European Union on the establishment of a European Union assistance programme to support the Palestinian Authority in its efforts to counter terrorist activities emanating from the territories under its control*, OJ L 120, 12 May 1997, p. 2.

Council of the EU, *Council Joint Action 2008/736/CFSP, on the European Union Monitoring Mission in Georgia, EUMM Georgia*, OJ L 248, 17 September 2008, p. 26.

Council of the EU, *Council Common Position 2008/844/CFSP amending Common Position 2006/276/CFSP concerning restrictive measures against certain officials of Belarus*, OJ L 300, 11 November 2008, p. 56.

Council of the EU, *Council Decision 2010/447/CFSP extending the mandate of the European Union Special Representative for the Middle East peace process*, Brussels, OJ L 211, 12 August 2010, p. 39.

Council of the EU, *EU High Representative Catherine Ashton chairs Middle East Quartet Ministerial meeting in Munich*, Brussels, 4 February 2011, A 044/11, http://www.consilium.europa.eu/uedocs/cms_Data/docs/pressdata/EN/foraff/119144.pdf.

3. *Varia*

Council of the EU, *Council Decision 2005/47/EC of 22 December 2004 amending Decision 2000/24/EC to take into account the enlargement of the European Union and the European Neighbourhood Policy*, OJ L 21, 25 January 2005, pp. 9-10.

Council of the EU, *Middle East Peace Process, Ukraine, General Affairs and External Relations Council (GAERC)*, 21 February 2005, 6420/05 (Presse 34), http://www.consilium.europa.eu/ueDocs/cms_Data/docs/pressData/en/gena/83909.pdf.

Council of the EU, *Council Decision 2006/62/EC of 23 January 2006 enabling countries covered by the European Neighbourhood Policy, as well as Russia, to benefit from the Technical Assistance and Information Exchange (TAIEX) Programme*, OJ L 32, 4 February 2006, pp. 80-81.

Council of the EU, *Council conclusions concerning the negotiation of a new enhanced Agreement between the EU and Ukraine, 2776th external relations Council meeting*, Brussels, 22 January 2007, http://www.consilium.europa.eu/uedocs/cmsUpload/EU-Ukraine-22.01.07.pdf.

Council of the EU, *Strengthening the European Neighbourhood Policy – Presidency Progress Report, General Affairs and External Relations Council (GAERC)*, Brussels, 18/19 June 2007, http://ec.europa.eu/world/enp/pdf/enp_progress-report_presidency-june2007_en.pdf.

Council of the EU, *Strengthening the European Neighbourhood Policy, Presidency Progress Report*, 19 June 2007, http://www.eu2007.de/en/News/download_docs/Juni/0628ENP/ENP_en07.pdf.

Council of the EU, *Eighth Meeting of the EU-Israel Association Council – Statement of the European Union*, Luxembourg, 16 June 2008, http://www.europarl.europa.eu/meetdocs/2004_2009/documents/dv/association_counc/association_council.pdf.

Council of the EU, *EU-Ukraine Summit, Paris, 9 September 2008*, 12812/08 (Presse 247), Brussels, 9 September 2008, http://www.consilium.europa.eu/uedocs/NewsWord/en/er/102633.doc.

Conseil de l'UE, *Conclusions du Conseil sur le "Renforcement des relations bilatérales de l'Union européenne avec ses partenaires méditerranéens"* et annexe sur les *"Lignes directrices en vue du renforcement des structures du dialogue politique avec Israël"*, Bruxelles, 8 et 9 décembre 2008, http://www.eu2008.fr/webdav/site/PFUE/shared/import/1208_CAGRE/Conclusions_Conseil_Renforcement_relations_UE_partenaires_mediterraneens_FR.pdf.

Council of the EU, *Council Decision of 10 November 2009 on the conclusion of an Agreement in the form of a Protocol between the European Community and the Republic of Tunisia establishing a dispute settlement mechanism applicable to disputes under the trade provisions of the Euro-Mediterranean Agreement establishing an Association between the European Communities and their Member States, of the one part, and the Republic of Tunisia, of the other part,* OJ L 40, 13 February 2010, p. 75.

Council of the EU, *Council Decision 10/620/EU of 7 October 2010 on the signing of a Protocol to the Euro-Mediterranean Agreement establishing an association between the European Communities and their Member States, of the one part, and the Kingdom of Morocco, of the other part, on a framework agreement between the European Union and the Kingdom of Morocco on the general principles for the participation of the Kingdom of Morocco in Union programmes*, OJ L 273, 19 October 2010, p. 1.

Council of the EU, *Council Decision 2011/290/EU of 13 May 2011 on the conclusion of the Protocol to the Partnership and Cooperation Agreement establishing a partnership between the European Communities and their Member States, of the one part, and Ukraine, of the other part, on a Framework Agreement between the European Union and Ukraine on the general principles for the participation of Ukraine in Union programmes*, OJ L 133, 20 May 2011, p. 1.

Council of the EU, *Council Conclusions on the European Neighbourhood Policy*, Luxembourg. 20 June 2011, http://www.consilium.europa.eu/uedocs/cms_data/docs/pressdata/EN/foraff/122917.pdf.

C. European Council

European Council, *Presidency Conclusions of the Copenhagen European Council, 21-22 June 1993*, http://www.consilium.europa.eu/ueDocs/cms_Data/docs/pressData/en/ec/72921.pdf.

European Council, *Presidency conclusions of the Copenhagen European Concil, 12-13 December 2002, The enlarged Union and its neighbours*, http://ec.europa.eu/research/era/docs/en/council-eu-27.pdf.

European Council, *European Security Strategy, A Secure Europe in a Better World*, Brussels, 12 December 2003, http://www.consilium.europa.eu/uedocs/cmsUpload/78367.pdf.

European Council, *Presidency Conclusions of the Brussels European Council, 15-16 December 2005, Annex I: Global Approach to Migration: Priority Actions focusing on Africa and the Mediterranean*, http://www.consilium.europa.eu/ueDocs/cms_Data/docs/pressData/en/ec/87642.pdf.

European Council, *Presidency Conclusions of the Brussels European Council, 14-15 December 2006*, *A comprehensive European Migration Policy*, http://www.consilium.europa.eu/ueDocs/cms_Data/docs/pressData/en/ec/92202.pdf.

European Council, *Presidency Conclusions of the Brussels European Council, 21-22 June 2007*, *European Neighbourhood Policy*, http://www.consilium.europa.eu/ueDocs/cms_Data/docs/pressData/en/ec/94932.pdf.

European Council, *Presidency Conclusions of the Brussels European Council, 13-14 March 2008, Annex I: Statement on "Barcelona Process: Union for the Mediterranean"*, http://register.consilium.europa.eu/pdf/en/08/st07/st07652-re01.en08.pdf.

European Council, *Presidency Conclusions of the Brussels European Council, 19/20 June 2008, "Barcelona Process: Union for the Mediterranean" and "Eastern Partnership"*, http://www.consilium.europa.eu/ueDocs/cms_Data/docs/pressData/en/ec/101346.pdf.

European Council, *European Council extraordinary meeting, 1 September 2008, Conflict in Georgia*, http://www.consilium.europa.eu/ueDocs/cms_Data/docs/pressData/en/ec/102545.pdf.

European Council, *Presidency Conclusions of the Brussels European Council, 19/20 March 2009, European Neighbourhood Policy and Annex II: Declaration by the European Council on the Eastern Partnership*, http://www.consilium.europa.eu/uedocs/cms_data/docs/pressdata/en/ec/106809.pdf.

European Council, *Presidency Conclusions of the Brussels European Council, 10/11 December 2009, Eastern Partnership and the Union for the Mediterranean*, http://www.consilium.europa.eu/uedocs/cmsUpload/st00006.en09.pdf.

European Council, *revised version of the Presidency Conclusions of the Brussels European Council, 16 September 2010, Relations with Strategic Partners and Declaration on the Middle East Peace Process*, http://www.consilium.europa.eu/uedocs/cms_data/docs/pressdata/en/ec/116547.pdf.

European Council, *Presidency Conclusions of the Brussels European Council, 4 February 2011, Annex II: Declaration on Egypt and the Region*, http://www.consilium.europa.eu/uedocs/cms_data/docs/pressdata/en/ec/119175.pdf.

European Council, *Presidency Conclusions of the Brussels Extraordinary European Council, 11 March 2011, European Council Declaration (Libya and the Southern Neighbourhood region)*, http://www.consilium.europa.eu/uedocs/cms_data/docs/pressdata/en/ec/119780.pdf.

European Council, *Presidency Conclusions of the Brussels European Council, 24/25 March 2011, II. Libya/Southern Neighbourhood region*, http://www.consilium.europa.eu/uedocs/cms_data/docs/pressdata/en/ec/120296.pdf.

European Council, *Presidency Conclusions of the Brussels European Council, 23/24 June 2011, Annex: Declaration on the Southern Neighbourhood*, http://www.consilium.europa.eu/uedocs/cms_data/docs/pressdata/en/ec/123075.pdf.

D. European Parliament

European Parliament, *European Parliament resolution on Wider Europe – Neighbourhood: A New Framework for Relations with our Eastern and Southern Neighbours (COM(2003) 104 – 2003/2018(INI))*, OJ C 87 E, 7 April 2004, pp. 506-514.

European Parliament, *European Parliament resolution on the European Neighbourhood Policy (2004/2166(INI))*, OJ C 287 E, 24 November 2006, pp. 312-322.

European Parliament, *European Parliament legislative resolution on the proposal for a regulation of the European Parliament and of the Council laying down general provisions establishing a European Neighbourhood and Partnership Instrument (COM(2004) 0628 – C6-0129/2004 – 2004/0219(COD))*, OJ C 303 E, 13 December 2006, pp. 760-779.

European Parliament, *European Parliament recommendation of 12 July 2007 to the Council on a negotiation mandate for a new enhanced agreement between the European Community and its Member States of the one part and Ukraine of the other part, 2007/2015(INI)*, 12 July 2007, http://www.europarl.europa.eu/sides/getDoc.do?Type=TA&Reference=P6-TA-2007-0355&language=EN.

European Parliament, *European Parliament Resolution "on strengthening the ENP" of 15 November 2007, 2007/2088(INI)*, OJ C 282 E, 6 November 2008, pp. 443-451.

European Parliament, *European Parliament legislative resolution of 8 July 2008 on the proposal for a regulation of the European Parliament and of the Council amending Regulation (EC) No. 1638/2006 laying down general provisions establishing a European Neighbourhood and Partnership Instrument (COM(2008) 0308 – C6-0200/2008 – 2008/0095(COD))*, OJ C 294 E, 3 December 2009, p. 92.

European Parliament, *European Parliament resolution of 19 February 2009 on the review of the European Neighbourhood and Partnership Instrument (2008/2236(INI)) 2010/C 76 E/16*, OJ C 76 E, 25 March 2010, pp. 83-90.

E. European Economic and Social Committee

European Economic and Social Committee, *Opinion of the European Economic and Social Committee on a "Wider Europe – Neighbourhood: A New Framework for Relations with our Eastern and Southern Neighbours" (COM(2003) 104 final)*, OJ C 80, 30 March 2004, pp. 148-155.

European Economic and Social Committee, *Opinion of the European Economic and Social Committee on European neighbourhood policy*, OJ C 309, 16 December 2006, pp. 96-102.

European Economic and Social Committee, *Information Report on the Social Dimension of Relations between the European Union and the Mediterranean Partner Countries*, REX/251 – CESE 735/2008 fin rev, Brussels, 14 October 2008, http://www.eesc.europa.eu/?i=portal.en.euromed-summit-in-morocco-documents.4245.

European Economic and Social Committee, *Opinion of the European Economic and Social Committee on Involvement of civil society in the Eastern Partnership (Exploratory opinion)*, OJ C 277, 17 November 2009, pp. 30-36.

European Economic and Social Committee, *Opinion of the European Economic and Social Committee on "Energy supply: what kind of neighbourhood policy do we need to ensure security of supply for the EU?"*, OJ C, 132, 3 May 2011, pp. 15-21.

F. Committee of the Regions

Committee of the Regions, *Opinion of the Committee of the Regions on the Communication from the Commission to the Council and the European Parliament Wider Europe – Neighbourhood: A New Framework for Relations with our Eastern and Southern Neighbours*, OJ C 23, 27 January 2004, pp. 36-42.

Committee of the Regions, *Opinion of the Committee of the Regions on the Communication from the Commission: Paving the Way for a New Neighbourhood Instrument*, OJ C 23, 27 January 2004, pp. 36-42.

Committee of the Regions, *Opinion of the Committee of the Regions on the Communication from the Commission – European Neighbourhood Policy – Strategy paper*, OJ C 231, 20 September 2005, pp. 58-66.

Committee of the Regions, *Opinion of the Committee of the Regions on the Commission Communication on A strong European Neighbourhood Policy*, OJ C 325, 19 December 2008, pp. 87-91.

Committee of the Regions, *Opinion of the Committee of the Regions on the role of local and regional authorities within the Eastern Partnership*, OJ C 200, 25 August 2009, pp. 31-36.

Committee of the Regions, *Opinion of the Committee of the Regions on "The implementation of the European neighbourhood policy and in particular the Eastern partnership initiative: modernisation, reforms and administrative capacity of the local and regional authorities of the Republic of Moldova" (own-initiative opinion)*, OJ C 15, 18 January 2011, pp. 46-50.

G. Euro-Mediterranean and Eastern Partnership Documents

1. Euro-Mediterranean Documents

EU Morocco Association Council, *Recommendation No. 1/2005 of the EU-Morocco Association Council of 24 October 2005 on the implementation of the EU-Morocco Action Plan*, OJ L 285, 28 October 2005, p. 49.

Euromed Summit, Barcelona, November 2005, *Five year Work programme* http://ec.europa.eu/external_relations/euromed/summit1105/index_en.htm.

8th Euro-Mediterranean Conference of Ministers of Foreign Affairs, *Tampere Conclusions*, Tampere, 27-28 November 2006, http://www.consilium.europa.eu/ueDocs/cms_Data/docs/pressData/en/er/91928.pdf.

Euromed Summit, *Joint Declaration of the Paris Summit for the Mediterranean (Paris Declaration)*, Paris, 13 July 2008, http://www.ue2008.fr/webdav/site/PFUE/shared/import/0713_declaration_de_paris/Joint_declaration_of_the_Paris_summit_for_the_Mediterranean-EN.pdf.

Barcelona Process: Union for the Mediterranean, Ministerial Conference, *Final Statement (Marseille Declaration)*, Marseille, 3-4 November 2008, http://ue2008.fr/webdav/site/PFUE/shared/import/1103_ministerielle_Euromed/Final_Statement_Mediterranean_Union_EN.pdf.

EU-Morocco Association Council, *Decision No. 1/2008 of the EU-Morocco Association Council of 26 November 2008 setting up a customs cooperation committee and adopting the rules of procedure for the economic dialogue group, amending the rules of procedure of certain Sub-Committees of the Association Committee*, OJ L 9, 14 January 2009, pp. 43-50.

2. Eastern Partnership

Polish-Swedish Proposal, Eastern Partnership, 23 May 2008, http://www.tepsa.eu/docs/draft_proposal_eastern_partnership.pdf.

European Commission, "Eastern Partnership, Why are the EU and partner countries launching the Eastern Partnership?", *Memo*, No. 9/217, 5 May 2009, http://europa.eu/rapid.

Eastern Partnership Summit, *Joint Declaration of the Prague Eastern Partnership Summit*, Prague, 8435/09 (Presse 78), 7 May 2009, http://www.consilium.europa.eu/uedocs/cms_data/docs/pressdata/en/er/107589.pdf.

Joint Committee at Senior Official Level, "*Joint Report Regarding Progress in Implementation of the Joint Committee at Senior Official Level of the EU-Ukraine Association Agenda to the EU-Ukraine Cooperation Council*", Brussels-Kiev, June 2010. http://www.kmu.gov.ua/document/243483953/EU-Ukraine%20Joint%20Report%20of%20the%20JC%20on%20AAg%20-%20FINAL.doc.

European Commission, *Eastern Partnership Multilateral Platforms General Guidelines and Rules of Procedure*, Brussels, 5 June 2009, http://ec.europa.eu/external_relations/eastern/platforms/rules_procedure_en.pdf.

European Commission, *Implementation of the Eastern Partnership: Report to the meeting of Foreign Affairs Ministers*, 13 December 2010, http://eeas.europa.eu/eastern/docs/eap_meeting_foreign_affairs_131210_en.pdf.

II. Books and Contributions in Books

Ahrne, G., Brunson, N., "Organising the World", in Djelic M.-L. and Sahlin-Andersson, K. (eds.), *Transnational Governance – Institutional Dynamics of Regulation*, Cambridge, Cambridge University Press, 2006.

Aita, S. (ed.) and Martín, I. (dir.) *et al.*, *Employment and Labor Law in the Arab Mediterranean Countries and the Euromediterranean Partnership*, Madrid, Fundación Paz y Solidaridad Serafín Aliaga, 2008.

Balassa, B., *The Theory of Economic Integration*, Homewood, Richard, D. Irwin, 1961.

Batt, J., "The Western Balkans", in White, S., Batt, J. and Lewis, P. (eds.), *Developments in Central and East European Politics*, Basingstoke, Palgrave, 2007.

Baudenbacher, C., "Was ist aus dem Gutachten des EuGH 1/91 geworden?", in Baur, G. (ed.), *Europäer – Botschafter – Mensch: Liber Amicorum für Prinz Nikolaus von Liechtenstein*, Schaan, Liechtenstein Verlag, 2007, pp. 79-107.

Bekemans L. *et al.*, (eds.), *Intercultural Dialogue and Citizenship – Translating Values into Actions, A Common Project for Europeans and their Partners*, Marsilio, Venice, 2007.

Bruha, Thomas, "Is the EEA an Internal Market?", in Müller-Graff, P.-C. and Selvig, E. (eds.), *EEA-EU Relations*, Berlin, Arno Spitz, 1999, pp. 97-129.

Calleya, S., *Evaluating Euro-Mediterranean Relations*, London, Routledge, 2005.

Carothers, T., *Critical Mission: Essays on Democracy Promotion*, Washington, Carnegie Endowment for International Peace, 2004.

Dashwood, A. and Maresceau, M. (eds.), *Law and Practice of EU External Relations – Salient Features of a Changing Landscape*, Cambridge, Cambridge University Press, 2008.

Diamond, L., *Developing Democracy. Towards Consolidation*, Baltimore and London, The Johns Hopkins University Press, 1999.

Flaesch-Mougin, C., "Differentiation and Association within the Pan-Euro Mediterranean Area", in Maresceau M. and Lannon, E. (eds.), *The EU's Enlargement and Mediterranean Strategies. A Comparative Analysis*, Basingstoke, Palgrave, 2001, pp. 63-96.

Gaudissart, M.A., "Réflexions sur la nature et la portée du concept d'association à la lumière de sa mise en œuvre", in Tchakaloff, M.F. (ed.), *Le concept d'association dans les accords passés par la Communauté: Essai de clarification*, Bruxelles, Bruylant, 1999, pp. 3-36.

Gower, J., "EU Policy to Central and Eastern Europe", in Henderson, K. (ed.), *Back to Europe. Central and Eastern Europe and the European Union*, London, London Press-London University College, 1999, pp. 3-19.

Grabbe, H., *The EU's Transformative Power. Europeanization through Conditionality in Central and Eastern Europe*, Basingstoke, Palgrave, 2006.

Gstöhl, S., "The Internal Market's External Dimension: Political Aspects", in Pelkmans, J., Hanf, D. and Chang, M. (eds.), *The EU Internal Market in Comparative Perspective: Economic, Political and Legal Analyses*, Brussels, P.I.E. Peter Lang, 2008, pp. 221-246.

Gstöhl, S., "Blurring Economic Boundaries? Trade and Aid in the EU's Near Abroad", in Mahncke, D. and Gstöhl, S. (eds.), *Europe's Near Abroad: Promises and Prospects of the EU's Neighbourhood Policy*, Brussels, P.I.E. Peter Lang, 2008, pp. 133-159.

Gstöhl, S., "The Social Dimension of EU Neighbourhood Policies", in Orbie, J. and Tortell, L. (eds.), *The European Union and the Social Dimension of Globalization: How the EU Influences the World*, London, Routledge, 2009, pp. 62-80.

Hanf, D. and Dengler P., "Accords d'association", *Commentaire Mégret*, Bruxelles, Publications de l'Institut d'études européennes de l'Université libre de Bruxelles, 2004.

Hugelin T., "Government, governance, governmentality: understanding the EU as a project of universalism", in Kohler-Koch B. and Eising R. (eds.), *The Transformation of Governance in the European Union*, London, Routledge, 2002, pp. 249-267.

Hughes, J., Sasse, G., and Gordon, C., *Europeanization and Regionalization in the EU's Enlargement to Central and Eastern Europe: the Myth of Conditionality*, Basingstoke, Palgrave, 2004.

Inama, S., "Pan-European Rules of Origin and the Establishment of the Euro-Mediterranean Free Trade Zone", in Maresceau M. and Lannon E. (eds.), *The EU's Enlargement and Mediterranean Strategies: A Comparative Analysis*, Basingstoke, Palgrave, 2001, pp. 199-216.

Jacoby, W., *The Enlargement of the European Union and NATO: Ordering from the Menu in Central Europe*, Cambridge, Cambridge University Press, 2004.

Khader, B., *L'Europe et la Palestine des croisades à nos jours*, Paris, L'Harmattan, 1999, 574 p.

Khader, B., "De l'Union Méditerranéenne de Nicolas Sarkozy au Processus de Barcelone: Union pour la Méditerranée", in Allemand, F. (ed.), *Union pour la Méditerranée: Pourquoi? Comment?*, Paris, Fondation pour l'Innovation Politique, 2008, pp. 25-79.

Lannon, E., Inglis, K. and Haenebalcke, T., "The Many Faces of EU Conditionality in Pan-Euro-Mediterranean Relations", in Maresceau M. and Lannon, E. (eds.), *The EU's Enlargement and Mediterranean Strategies. A Comparative Analysis*, Basingstoke, Palgrave, 2001, pp. 97-138.

Lannon, E. and Van Elsuwege, P., "The EU's Emerging Neighbourhood Policy and its Potential Impact on the Euro-Mediterranean Partnership", in Xuereb, P. G. (ed.), *Euro-Med Integration and the Ring of Friends*, Malta, FRDC-University of Malta, 2003, pp. 64-65.

Lannon, E. and Van Elsuwege, P., "The EUs Northern Dimension and the EMP-ENP: Institutional Frameworks and Decision-Making Processes Compared", in Xuereb, P. G. (ed.), *The European Union and the Mediterranean. The Mediterranean's European Challenge (Vol. V)*, Malta, EDRC-Malta University, 2004, pp. 3-71.

Lannon, E., "Les principes de co-appropriation et de co-developpement", in *Le droit de l'Union européenne en principes – Liber amicorum en l'honneur de Jean Raux*, Rennes, Apogée, 2006, pp. 727-766.

Lannon, E., Van Bossuyt, A. and Van Elsuwege, P., "Minorities in the Euro-Mediterranean Area: The Prerequisites for Launching a Fruitful Intercultural Dialogue", in Bekemans, L. *et al.*, *Intercultural Dialogue and Citizenship Translating Values into Actions: A Common Project for Europeans and Their Partners*, Venice, Marsilio, 2007, pp. 365-374.

Lannon, E., *Vadémécum de la dimension sociale des relations euro-méditerranéennes 1995-2009*, Rabat, Friedrich Ebert Stiftung, 2009.

Likosky, M. (ed.), *Transnational Legal Processes – Globalisation and Power Disparities*, London, Butterworths, 2002.

Mahncke D., Gstöhl, S. (eds.), *Europe's Near Abroad: Promises and Prospects of the EU's Neighbourhood Policy*, Brussels, P.I.E. Peter Lang, 2008.

Maresceau, M. and Lannon, E. (eds.), *The EU's Enlargement and Mediterranean Strategies: A Comparative Analysis*, Basingstoke, Palgrave, 2001.

Maresceau, M., "Pre-Accession", in Cremona, M. (ed.), *The Enlargement of the European Union*, Oxford, Oxford University Press, 2003, pp. 27-30.

Martín, I., "European Neighbourhood Policy in the Mediterranean", in Prat y Coll, J. (dir.), *2005, Year of the Mediterranean*, Madrid, Spanish Ministry for Foreign Affairs and Cooperation, 2006.

Martín, I. (dir.), *20+10. 30 Proposals to Develop a Genuine Social Dimension in the Euro-Mediterranean Partnership*, Rabat, Friedrich Ebert Stiftung and EuroMed Non-Governmental Platform, January 2010.

Milcher, S., Slay, B. and Collins, M., "The Economic Rationale of the 'European Neighborhood Policy'", in Åslund A., Dabrowski, M., (eds.), *Europe after Enlargement*, Cambridge, Cambridge University Press, 2007, pp. 165-188.

Morth, U., "Soft Regulation and Global Democracy", Djelic M.-L. and Sahlin-Andersson, K. (eds.), *Transnational Governance – Institutional Dynamics of Regulation*, Cambridge, Cambridge University Press, 2006, pp. 119-135.

Phinnemore D., *Association: Stepping-Stone or Alternative to EU Membership?*, Sheffield, Sheffield Academic Press, 1999.

Pridham, G., *Designing Democracy: EU Enlargement and Regime Change in Post-Communist Europe*, Basingstoke, Palgrave, 2005.

Pierson, P., *Politics in Time: History, Institutions, and Social Analysis*, Princeton, Princeton University Press, 2004.

Roth, M., "European Decision-Making on the EU-Ukraine Action Plan after the Orange Revolution: the Role of the New Member States", in Kosior, K. and Jurkowska, A. (eds.), *Beyond the Borders. Ukraine and the European Neigh-*

bourhood Policy, Rzeszów, University of IT and Management, 2007, pp. 45-68.

Rupp, M.A., "The Pre-Accession Strategy and the Governmental Structures of the Visegrad Countries", in Henderson, K. (ed.), *Back to Europe. Central and Eastern Europe and the European Union*, London, University College London Press, 1999, pp. 89-105.

Scharpf, Fritz W., *Governing in Europe: Effective and Democratic?*, Oxford, Oxford University Press, 1999.

Schimmelfennig, F. and Sedelmeier, U. (eds.), *The Europeanization of Central and Eastern Europe*, Ithaca, Cornell University Press, 2005.

Schimmelfennig, F. and Sedelmeier, U., "Introduction: Conceptualizing the Europeanization of Central and Eastern Europe", in Schimmelfennig, F. and Sedelmeier, U. (eds.), *The Europeanization of Central and Eastern Europe*, Ithaca, Cornell University Press, 2005, pp. 1-28.

Smith, M. and Weber, K., "Governance Theories, Regional Integration and EU Foreign Policy", in Weber, K., Smith, M. and Baun, M. (eds.), *Governing Europe's Neighbourhood: Partners or Periphery?*, Manchester, Manchester University Press, 2007, pp. 1-20.

Snyder, F.G., "Governing Globalisation" in Likosky, M. (ed.), *Transnational Legal Processes – Globalisation and Power Disparities*, London, Butterworths, 2002, pp. 65-97.

Soesastro, H., "ASEAN Economic Community: Concepts, Costs, and Benefits", in Hew, D. (ed.), *Roadmap to an ASEAN Economic Community*, Singapore, Institute of Southeast Asian Studies, 2005, pp. 13-30.

Solonenko, I., Jarabik, B., "Ukraine" in Youngs R. (ed.), *Is the European Union Supporting Democracy in Its Neighbourhood?*, Madrid, FRIDE in association with the ECFR, 2008, pp. 81-99.

Vachudova, M., *Europe Undivided: Democracy, Leverage and Integration After Communism*, Oxford, Oxford University Press, 2005.

Vachudova, M., "Trade and the Internal Market", in Weber, K., Smith, M.E. and Baun, M. (eds.), *Governing Europe's Neighbourhood: Partners or Periphery?*, Manchester, Manchester University Press, 2007, pp. 97-113.

Van Elsuwege, P., "Promoting Democracy in the EU's Neighbourhood: Lessons from the Pre-Accession Strategy", in Paabo A. (ed.), *Promoting Democratic Values in the Enlarging Europe: The Changing Role of the Baltic States from Importers to Exporters*, Tartu, Tartu University Press, 2006, pp. 40-52.

Van Elsuwege, P., *From Soviet Republics to EU Member States. A Legal and Political Assessment of the Baltic States' Accession to the EU*, Boston-Leiden, Martinus Nijhoff, 2008.

Van Elsuwege, P., "The Four Common Spaces: New Impetus to the EU-Russia Strategic Partnership?", in Dashwood A. and Maresceau M. (eds.), *Law and Practice of EU External Relations. Salient Features of a Changing Landscape*, Cambridge, Cambridge University Press, 2008, pp. 334-359.

Vincentz, V., "The European Neighbourhood Policy: An Economic Perspective", in Varwick, J. and Lang, K. O. (eds.), *European Neighbourhood Policy: Challenges for the EU-Policy towards the New Neighbours*, Opladen, Barbara Budrich Publishers, 2007, pp. 117-128.

Wilson, A., *Virtual Politics. Faking Democracy in the Post-Soviet World*, New Haven and London, Yale University Press, 2006.

Xuereb, P. G. (ed.), *Business Ethics and Religious Values in the European Union and Malta – For a Moral Level Playing Field*, Malta, EDRC, 2007.

III. Articles in Journals

Akulenko, L., "Pershi Rezul'taty Vykorystannia Instrumentu Instytutsiinogo Budivnytstva Twinning v Ukraini: Problemy I Shliakhy Ih Podolannia" (First Results of Using the Instrument of Institutional Building Twinning in Ukraine: Problems and their Overcoming), *Publichne Administruvannia: Teoriya Ta Praktyka*, Vol. 2 (2), 2009, http://www.dbuapa.dp.ua/zbirnik/2009-02/09alvpsp.pdf.

Albi, A., "The EU's 'External Governance' and Legislative Approximation by Neighbours", *European Foreign Affairs Review*, Vol. 14 (2), 2009, pp. 209-230.

Aliboni, R., "The Geopolitical Implications of the European Neighbourhood Policy", *European Foreign Affairs Review*, Vol. 10 (1), 2005, pp. 1-16.

Aydin, M., "Regional Cooperation in the Black Sea and the Role of Institutions", *Perceptions*, Ankara, autumn 2005, http://www.sam.gov.tr/perceptions/Volume10/Autumn/MustafaAydin.pdf.

Barbé, E., Costa, O., Hérranz, A., Johansson-Noguès, E., Natorski, M. and Sabiote, M., "Drawing the Neighbours Closer…to what? Explaining Emerging Patterns of Policy Convergence between the EU and its Neighbours", *Cooperation and Conflict*, Vol. 44 (1), December 2009, pp. 378-399.

Delcour, L., "Does the European Neighbourhood Policy Make a Difference? Policy Patterns and Reception in Ukraine and Russia", *European Political Economy Review*, No. 7, summer 2007, pp. 118-155.

Del Sarto, R.A. and Schumacher T., "From EMP to ENP: What's at Stake with the European Neighbourhood towards the Southern Mediterranean", *European Foreign Affairs Review*, Vol. 10 (1), 2005, pp. 17-38.

Dodini, M. and Fantini, M., "The EU Neighbourhood Policy: Implications for Economic Growth and Stability", *Journal of Common Market Studies*, Vol. 44 (3), 2006, pp. 507-532.

Ferrero-Waldner, B., "The European Neighbourhood Policy: The EU's Newest Foreign Policy Instrument", *European Foreign Affairs Review*, Vol. 11 (2), 2006, pp. 139-142.

Franck, T. M., "Legitimacy in the International System", *American Journal of International Law*, Vol. 82 (4), 1988, pp. 705-759.

Freyburg, T., *et al.*, "EU Promotion of Democratic Governance in the Neighbourhood", *Journal of European Public Policy*, Vol. 16 (6), 2009, pp. 916-934.

Gormley, L., "Competition and Free Movement: Is the Internal Market the Same as a Common Market?", *European Business Law Review*, Vol. 13 (6), 2002, pp. 517-522.

Gould, T., "The European Economic Area: A Model for the EU's Neighbourhood Policy?", *Perspectives on European Politics and Society*, Vol. 5 (2), 2004, pp. 171-202.

Gstöhl, S., "EFTA and the European Economic Area or the Politics of Frustration", *Cooperation and Conflict*, Vol. 29 (4), 1994, pp. 333-366.

Haughton, T., "When Does the EU Make a Difference? Conditionality and the Accession Process in Central and Eastern Europe", *Political Studies Review*, Vol. 5 (2), 2007, pp. 233-246.

Hellman, J., "Winners Take All: The Politics of Partial Reform in Postcommunist Transitions", *World Politics*, Vol. 50 (2), 1998, pp. 203-234.

Herdina, A., "Approximation of Laws in the Context of the European Neighbourhood Policy – A View from Brussels", *European Journal of Law Reform*, Vol. 9 (3), 2007, pp. 501-504.

Hill, C., "The Capability-Expectations Gap, or Conceptualizing Europe's International Role", *Journal of Common Market Studies*, Vol. 31 (3), 2008, pp. 305-328.

Hillion, C., "Mapping-Out the New Contractual Relations between the European Union and Its Neighbours: Learning from the EU-Ukraine 'enhanced agreement'", *European Foreign Affairs Review*, Vol. 12 (2), 2007, pp. 168-182.

Jacoby, W., "Inspiration, Coalition, and Substitution. External Influences on Postcommunist Transformations", *World Politics*, Vol. 58 (4), 2006, pp. 623-651.

Jaidi, L., "Le projet de Statut Avancé entre l'UE et le Maroc: un nouveau mode de partenariat?", *Afkar*, Juillet 2008, pp. 14-18.

Kelley, J., "International Actors on the Domestic Scene: Membership Conditionality and Socialization by International Institutions", *International Organisation*, Vol. 58 (3), Summer 2004, pp. 425-457.

Kelley, J., "New Wine in Old Wineskins: Promoting Political Reforms through the New European Neighbourhood Policy", *Journal of Common Market Studies*, Vol. 44 (1), 2006, pp. 29-55.

Kohler-Koch, B., "Catching up with Change: The Transformation of Governance in the European Union", *Journal of European Public Policy*, Vol. 3 (3), http://www.informaworld.com/smpp/title~content=t713685697~db=all~tab=is sueslist~branches=3 – v3 1996, pp. 359-380.

Lannon, E., "Le nouveau système institutionnel du Processus de Barcelone: Union pour la Méditerranée: Une co-appropriation en trompe l'œil?", *Revue*

Défense de l'Institut des hautes études Défense nationale, No. 136, novembre-décembre 2008, pp. 34-36.

Lavenex, S. and Schimmelfennig, F.,"Relations with the Wider Europe", *Journal of Common Market Studies*, Vol. 45 (supplement S1), 2007, pp. 143-162.

Lavenex, S., "A Governance Perspective on the European Neighbourhood Policy: Integration Beyond Conditionality?", *Journal of European Public Policy*, Vol. 15 (6), 2008, pp. 938-955.

Lazowski, A.,"Enhanced Multilateralism and Enhanced Bilateralism: Integration without Membership in the European Union", *Common Market Law Review*, Vol. 45 (5), 2008, pp. 1433-1458.

Lippert, B. and Becker, P., "Structured Dialogue Revisited: the EU's Politics of Inclusion and Exclusion", *European Foreign Affairs Review*, Vol. 3 (3), 1998, pp. 341-365.

Magen, A., "The Shadow of Enlargement: Can the European Neighbourhood Policy Achieve Compliance?", *Columbia Journal of European Law*, Vol. 12 (2), 2006, pp. 383-427.

Malova, D., Haughton T., "Making Institutions in Central and Eastern Europe, and the Impact of Europe", *West European Politics*, Vol. 25 (2), 2002, pp. 101-120.

Martín, I., "EU-Morocco Relations: How Advanced is the Advanced Status?", *Mediterranean Politics*, Vol. 14 (2), 2009, pp. 239-245.

Maur, J.-C., "Exporting Europe's Trade Policy", *World Economy*, Vol. 28 (11), 2005, pp. 1565-1590.

Montanari, M., "The Barcelona Process and the Political Economy of Euro-Mediterranean Trade Integration", *Journal of Common Market Studies*, Vol. 45 (5), 2007, pp. 1011-1040.

Noutcheva, G., Bechev D., "The Successful Laggards: Bulgaria and Romania's Accession to the EU", *East European Politics and Societies*, Vol. 22 (1), 2008, pp. 114-144.

Olsen, J.P., "The Many Faces of Europeanization", *Journal of Common Market Studies*, Vol. 40 (5), 2002, pp. 921-952.

Pace, M., "Norm Shifting from EMP to ENP: The EU as a Norm Entrepreneur in the South", *Cambridge Review of International Affairs*, Vol. 20 (4), 2007, pp. 659-675.

Petrov, R., "Exporting the *Acquis Communautaire* into the Legal Systems of Third Countries", *European Foreign Affairs Review*, Vol. 13 (1), 2008, pp. 33-52.

Petrov, R., Van Elsuwege P., "Article 8 TEU: Towards a New Generation of Agreements with the Neighbouring Countries of the European Union?", *European Law Review*, Vol. 36, No. 5, 2011, pp. 688-703.

Pridham, G., "The European Union's Democratic Conditionality and Domestic Politics in Slovakia: the Mečiar and Dzurinda Governments Compared", *Europe-Asia Studies*, Vol. 54 (2), 2002, pp. 203-227.

Sadurski, W., "Accession's Democracy Dividend: The Impact of the EU Enlargement upon Democracy in the New Member States of Central and Eastern Europe", *European Law Journal*, Vol. 10 (4), 2004, pp. 371-401.

Schimmelfennig, F. and Sedelmeier, U., "Governance by Conditionality: EU Rule Transfer to the Candidate Countries of Central and Eastern Europe", *Journal of European Public Policy*, Vol. 11 (4), 2004, pp. 661-679.

Smith, K.E., "The Outsiders: the European Neighbourhood Policy", *International Affairs*, Vol. 81 (4), 2005, pp. 757-773.

Solonenko, I., "European Neighbourhood Policy – The Perception of Ukraine", *Foreign Policy in Dialogue*, No. 7, special issue on "The New Neighbourhood Policy of the European Union", July 2006, pp. 33-38.

Van Elsuwege, P., "EU-Belarus: the Development of a Difficult Relationship", *Belarusian Review*, Vol. 14 (1), 2002, pp. 3-10.

Van Zon, H., "Neo-Patrimonialism as an Impediment to Economic Development: the Case of Ukraine", *Journal of Communist Studies and Transition Politics*, Vol. 17 (3), 2001, pp. 71-95.

Van Stiphout, T., "Homogeneity vs. Decision-Making Autonomy in the EEA Agreement", *European Journal of Law Reform*, Vol. 9 (3), 2007, pp. 431-447.

Wallander, S., "Russian Transimperialism and Its Implications", *The Washington Quarterly*, Vol. 30 (2), 2007, pp. 107-122.

Wolczuk. K., "Implementation without Coordination: The Impact of EU Conditionality on Ukraine under the European Neighbourhood Policy", *Europe-Asia Studies*, Vol. 61 (2), 2009, pp. 187-211.

Xuereb P. G., "Solidarity and Constitutionalism: Towards a Solidarity Model", *European Law Review*, Vol. 27 (6), 2002, pp. 643-662.

IV. Papers, reports and studies

Adomeit, H., "Russia and its Near Neighbourhood: Cooperation and Conflict with the EU", *College of Europe – Natolin Research Papers*, No. 4, Warsaw, College of Europe, 2011, http://www.coleurope.eu/template.asp?pagename=NatolinResearchPapers.

Aliboni, R. Joffe, G., Lannon, E., Mahjoub, A., Saaf, A., de Vasconcelos, Á., "Union pour la Méditerranée: le potentiel de l'acquis de Barcelone", *Rapports de l'Institut d'études et de sécurité de l'Union européenne*, No. 3, Paris, novembre 2008, http://www.iss.europa.eu/uploads/media/ISSreport03.pdf.

Arbatova, N., "Russia-EU Beyond 2007: Russian Domestic Debates", Paris, Institut français des relations internationales, *Russie. Nei. Visions*, No. 20, June 2007, http://www.ifri.org/?page=detail-contribution&id=4824&id_provenance=97.

Arbatova, N., "The black Sea Regional Cooperation in the Context of EU-Russia Relations", *Xenophon paper*, No. 5, Athens, April 2008, http://www.harvard-bssp.org/static/files/356/Arbatova.pdf.

Asmus, R.D., "Black Sea Regional Strategy – NATO-First? Why the Alliance has to lead to a new Wider Black Sea Strategy?", *German Marshall Fund*

Black Sea Paper Series, No. 2, The German Marshall Fund – The Black Sea Trust for Regional Cooperation, http://209.200.80.89/doc/Black%20Sea%20Paper%20No.%202%2010-26.pdf.

Barreñada, I. and Martín, I., "Employment and Social Protection in the Euro-Mediterranean Partnership, Status, Perspectives and Proposals for Action", in *Barcelona + 10 Civil Event. Civil Society Proposals for Relaunching the Euro-Mediterranean Partnership*, Madrid, Eromed Non Governmental Platform 2005, http://www.eco.uc3m.es/immartin/EmpleolargaEnglish revisada.doc.

Baun, Michael, *The United States and the European Neighbourhood Policy*, paper prepared for the European Consortium for Political Research, 3rd Pan-European Conference on EU Politics, Istanbul, Bilgi University, 21-23 September 2006, http://www.jhubc.it/ecpr-istanbul/virtualpaperroom/004.pdf.

Börzel, T.A., "The Transformative Power of Europe Reloaded. The Limits of External Europeanization", Berlin, *KFG Working Paper Series*, No. 11, Berlin, Kolleg-Forschergruppe (KFG) – Freie Universität Berlin, February 2010, http://www.polsoz.fu-berlin.de/en/v/transformeurope/publications/working_paper/WP_11_February_Boerzel1.pdf.

Brenton, Paul and Manchin, Miriam, "Trade Policy Issues for the Euro-Med Partnership", *CEPS Working Paper*, No. 7, Brussels, 2 May 2003, http://www.ceps.eu/book/trade-policy-issues-euro-med-partnership.

Cremona, M. and Hillion, C., "L'Union fait la force? Potential and Limitations of the European Neighbourhood Policy as an Integrated EU Foreign and Security Policy", *EUI Working Papers*, No. 39, 2006, http://www.iue.it/PUB/LawWPs/law2006-39.pdf.

Cremona, M. and Meloni, G. (eds.), *The ENP: A Framework for Modernisation?, EUI Working Paper*, No. 21, 2007, http://cadmus.eui.eu/bitstream/handle/1814/6976/LAW-2007-21.pdf;jsessionid=6231E6827CBD6D49458D7C92F4BE4EEB?sequence=1.

De Vasconcelos, A. (ed.), The Arab democratic wave: how the EU can seize the moment, *EU Institute for Security Studies Reports*, No. 9, 1st March 2011, http://www.iss.europa.eu/uploads/media/The_Arab_Democratic_Wave_-_how_the_EU_can_seize_the_moment.pdf.

Emerson, M., Noutcheva, G. and Popescu, N., "European Neighbour-hood Policy Two Years on: Time Indeed for an 'ENP plus'", *CEPS Policy Brief*, No. 126, Brussels, 2007, http://shop.ceps.be/downfree.php?item_id=1479.

Emerson, M., Noutcheva, G., "Europeanisation as a Gravity Model of Democratisation", *CEPS Working Document*, No. 214, Brussels, November 2004, http://shop.ceps.eu/BookDetail.php?item_id=1175.

Emerson, M. *et al.*, *The Prospect of Deep Free Trade Between the European Union and Ukraine*, Brussels, Centre for European Policy Studies, Kiel, Institut für Weltwirtschaft, Kiev, International Centre for Policy Studies, 2006.

Emerson, M., "The EU's New Black Sea Policy. What kind of regionalism is this?", *CEPS Working Document*, July 2008, No. 297, 2008, http://shop.ceps.eu/BookDetail.php?item_id=1680.

Emerson, M., Tocci, N. and Youngs, R., "Gaza's hell: why the EU must change its policy", *CEPS Commentary*, Brussels, 13 January 2009, http://www.ceps.be/system/files/old/NW/NWatch45.pdf.

Escribano, G., "Europeanisation without Europe? The Mediterranean and the Neighbourhood Policy", *EUI Working Papers*, No. 19, June 2006, http://www.eui.eu/RSCAS/WP-Texts/06_19.pdf.

Euromesco, "Barcelona Plus – Vers une Communauté euro-méditerranéenne d'États démocratiques", *Rapport EuroMeSCo*, Lisbonne, Instituto de Estudos Estratégicos e Internacionais, avril 2005, http://www.euromesco.net/media/barcelonaplus_fr_fin.pdf.

European Commission, "Impact of the Global Crisis on Neighbouring Countries of the EU", *European Economy*, Directorate-General for Economic and Financial Affairs, Occasional Papers, No. 48, June 2009 http://ec.europa.eu/economy_finance/publications/publication15398_en.pdf.

Fargues, P. and Martín, I. (eds.), "Labour Markets Performance and Migration Flows in Arab Mediterranean Countries: A Regional Perspective", *European Economy Occasional Papers*, No. 60, Vol. 3, Brussels, European Commission – Directorate General for Economic and Financial Affairs, April 2010, http://ec.europa.eu/economy_finance/publications/occasional_paper/2010/op60_en.htm.

Fischer, S., "Worst case: escalation of the unresolved conflict in Georgia", *ISS Analysis*, EU Institute for Security Studies, Paris, August 2008, Paris, http://www.iss.europa.eu/.

Gawrich, A., Melnykovska, I., Schweickert R., "Neighbourhood Europeanization Through ENP: The Case of Ukraine", Berlin, *KFG Working Paper Series*, No. 3, Kolleg-Forschergruppe (KFG) – Free University Berlin, August 2009, http://www.polsoz.fu-berlin.de/en/v/transformeurope/publications/working_paper/WP_03_August_Melnykovska_Gawrich_Schweickert.pdf.

Grotzky, D., "Whose Neighbor? Sweden and Poland's 'Eastern partnership' Reenergizes the Internal Contest over Neighbourhood Policy", Munich, Centrum für angewandte Politikforschung, *Centrum Positionen*, 28 May 2008, http://www.cap-lmu.de/aktuell/positionen/2008/neighbour.php.

Guibal, J.-C. (Rapporteur), "Comment construire l'Union méditerranéenne?", *Rapport d'information de l'Assemblée nationale française*, No. 449, Paris, 5 décembre 2007, http://www.assemblee-nationale.fr/13/rap-info/i0449.asp.

Hoekman, B., "From Euro-Med Partnership to European Neighborhood: Deeper Integration à la carte and Economic Development", *Working Paper*, No. 103, Cairo, Cairo Egyptian Center for Economic Studies, July 2005, http://gem.sciences-po.fr/content/publications/pdf/Hoekman_EU_neighborhood_ECES.pdf.

Jaidi, L., "Les relations entre le Maroc et l'UE: où en est le Plan d'action", *Lettre du Centre marocain de Conjoncture*, Casablanca. No. 210, Mai 2006, pp. 4-7.

Jaidi, L., "Le Maroc entre le statut Avancé et l'Union pour la Méditerranée", *Working Paper – Cahiers bleus de la Fondation Abderrahim Bouabid*, 2008, pp. 2-18.

Kochenov, D. "The Eastern Partnership, the Union for the Mediterranean and the remaining need to do something with the ENP", *CRCEES Working Papers*, No. 1, 2009, http://assessingaccession.eu/Documents/Kochenov%20CRCEES%20WP200901.pdf.

Kucherenko, O., "Chomu Ukrainski Polityky Zachastyly do Brusselia", *UNIAN* 4, July 2007, http://www.unian.net/ukr/news/news-202054.html.

Lannon, E., Braga de Macedo, J. and de Vasconcelos, A., "Maroc-UE: vers un Statut Avancé dans le cadre du PEM et de la PEV", Barcelona, *IEMED Papers*, Novembre 2007, http://www.iemed.org/documents/paperiemed2.pdf.

Lannon, E., "Towards a Union for the Mediterranean: Progress and Challenges in Economic Relations", *European Parliament Briefing Paper*, Committee on International Trade, Brussels, September 2008, http://www.europarl.europa.eu/activities/committees/studies/download.do?language=en&file=22195.

Lannon, E., "The revision of the European Neighbourhood Policy and the Union for the Mediterranean", in Álvaro de Vasconcelos (ed.), "The Arab democratic wave: how the EU can seize the moment", *EU Institute for Security Studies Reports*, No. 9, Paris, March 2011, pp. 51-57.

Laciner, S., "Turkey's EU Membership's Impact on Black Sea Rim", *Turkish Weekly*, Ankara, 2 October 2005, http://www.turkishweekly.net/columnist/1776/turkey-8217-s-eu-membership-8217-s-impact-on-black-sea-rim.html.

Lesser, Ian O., "Global trends, Regional Consequences: Wider Strategic Influences on the Black Sea", *Xenophon Paper*, No. 4, Athens, International Center for Black Sea Studies, November 2007, http://www.harvard-bssp.org/static/files/342/lesser_global%20trends.pdf.

Lukyanov, F., "The EU, Russia, and the Wider Black Sea Region: Can Russia and the West be partners in the Wider Black Sea?", *GMF Black Sea Paper Series*, No. 4, Washington, The German Marshall Fund – The Black Sea Trust for Regional Cooperation, http://209.200.80.89/doc/Black%20Sea%20Paper%20No.%204%2010-26.pdf.

Lynch, D., "The New Eastern Dimension of the Enlarged EU", in Batt, J., Lynch, D., Missiroli, A., Ortega, M. and Triantaphyllou, D., Partners and Neighbours: a CFSP for a Wider Europe, Paris, EU Institute for Security Studies, *Chaillot Paper*, No. 64, September 2003, http://www.iss.europa.eu/publications/detail/article/partners-and-neighbours-a-cfsp-for-a-wider-europe/.

Maiani, F., Petrov, R., Mouliardova, E. (eds.) European Integration Without EU Membership: Models, Experiences, Perspectives, *EUI Working Paper*, No. 1, 2009, http://cadmus.eui.eu/bitstream/handle/1814/11294/MWP_2009_10.pdf?sequence=1.

Maresceau, M., "Bilateral Agreements concluded by the European Community", *Recueil des cours de l'Academie de droit international. Collected courses of the Academy of International Law*, No. 309, 2006, pp. 311-451.

Martín, I., "The Europe 2020 Strategy and the Mediterranean: Challenges and Prospects for Territorial Cooperation", *Working Document for First Master Class, Medgovernance Project, Junta de Andalucía*, Seville, June 2010, http://medgov.net/sites/default/files/Workingdocumentfinalfinal.pdf.

Missiroli, A., "The ENP Three Years On: Where From – And Where Next?", *Idées pour le débat*, No. 3, Iddri, Paris, March 2007, http://www.iddri.org/Publications/Collections/Idees-pour-le-debat/id_0703_missiroli_bei_ec_enp1.pdf.

Möckli D., "The Middle East conflict, transatlantic ties and the Quartet, European involvement in the Arab-Israeli conflict", in Bulut E. (ed.), *Chaillot Paper*, No. 124, Paris, EU Institute for Security Studies, December 2010, http://www.iss.europa.eu/uploads/media/cp124-European_Involvement_in_the_Arab-Israeli_Conflict.pdf.

Müller-Jentsch, Daniel, *Deeper Integration and Trade in Services in the Euro-Mediterranean Region: Southern Dimensions of the European Neighbourhood Policy*, World Bank, Washington, D.C., 2005.

Mungiu-Pippidi, A., "EU Enlargement and Democracy Progress", in Emerson, M. (ed.) *Democratisation in the European Neighbourhood*, Centre for European Policy Studies, Brussels, 2005, pp. 15- 37.

Open Society Institute, *A welcome EU response to its changing neighbourhood that deserves endorsement by member-states. Assessment of the 25 May 2011 Joint Communication from HR/VP Ashton and the Commission, 'A New Response to a Changing Neighbourhood'*, Brussels, June 2011, http://www.soros.org/initiatives/brussels/articles_publications/publications/changing-enp-response-20110601/2011-06%20OSI-B%20Assessment%20of%20Joint%20ENP%20Com.Final.pdf.

Popescu, N., Wilson A., *The Limits of Enlargement-Lite: European and Russian Power in the Troubled Neighbourhood*, London, European Council on Foreign Relations, 2009, http://www.ecfr.eu/page/-/documents/ECFR_eastern_neighbourhood_report.pdf.

Prokhorova, E., *The European Union, a Black Sea Power?*, EU-Russia Center, May 2007, http://www.eu-russiacentre.org/our-publications/column/the-european-union-%e2%80%93-a-black-sea-power.html.

Puglisi, R., "A Window to the World? Oligarchs and Foreign Policy in Ukraine", in Fischer S. (ed.), Ukraine: Quo Vadis?, *Chaillot Papers*, No. 108, Paris, EU Institute for Security Studies, http://www.iss.europa.eu/uploads/media/cp108.pdf.

Razumkov Centre, *Ukraine-EU: From the Action Plan to An Enhanced Agreement*, Kiev, Ukrainian Centre for Economic and Political Studies and Europa Institut at the University of Zurich, 2007, http://www.uceps.org.ua/img/st_img/statti/Ukraine-EU_2007_eng.pdf.

Razumkov Centre, "Public Monitoring of the EU-Ukraine Action Plan Implementation", Kiev, *National Security and Defence*, No. 6, 2008, http://www.uceps.org/eng/journal.php?y=2008&cat=115.

Rommens, T., "The European Neighbourhood Policy in the South Caucasus: involvement of NGO's in the democratisation process", *Paper presented at the UACES conference*, Edinburg, 2008, http://www.uaces.org/pdf/papers/0801/2008_Rommens.pdf.

Sasse, G., *The ENP Process and EU Eastern Neighbours: 'Conditionality-lite', Socialization and 'Procedural Entrapment', Global Europe Press – University of Bath*, Bath, No. 9, 2008, http://www.bath.ac.uk/esml/research/security/pdf/sasse.pdf.

Schimmelfennig. F. and Scholtz H., "EU Democracy Promotion in the European Neighbourhood: Conditionality, Economic Development, and Linkage", *Paper for EUSA Biennial Conference*, Montreal, May 2007, http://aei.pitt.edu/8021/1/schimmelfennig-f-12b.pdf.

Schockenhoff, Andreas, *The Need for an EU Black Sea Policy, Working Paper, Fondation pour l'Innovation Politique*, Paris, 2007. http://www.fondapol.org/wp-content/uploads/pdf/documents/DT_Mer_noire_ENG.pdf.

Sedelmeier, U., "EU Enlargement, Identity and the Analysis of European Foreign Policy: Identity Formation through Policy Practice", *EUI working paper*, No. 13, European Forum series, European University Institute, Robert Schuman Centre for Advanced Studies, 2003, http://www.eui.eu/RSCAS/WP-Texts/03_13.pdf.

Shapovalova, N., "Assessing Democracy Assistance: Ukraine", *FRIDE Project Report*, May 2010, http://www.fride.org/publication/773/ukraine.

Shumylo, O., *Free Trade between Ukraine and the EU: an Impact Assessment*, Kiev, International Centre for Policy Studies, 2007, http://pasos.org/839/free-trade-between-ukraine-and-the-eu-an-impact-assessment-2/.

Solonenko, I., "The EU's 'Transformative Power' beyond Enlargement: the Case of Ukraine's Democratisation", *European Research Working Paper Series*, No. 21, 2007, Birmingham, The University of Birmingham European Research Institute, http://www.eri.bham.ac.uk/documents/research/wp21-solonenko.pdf.

Solonenko, I., Khorolskiy, R. Shapovalova, N. and Latsyba M. *Gromadianske Suspil'stvo v Ugodi pro Asotsiatsiyu mizh Ukrainiyu ta ES.* (*Civil Society in the Association Agreement Between the European Union and Ukraine*), Civil Society Council with the Ukrainian Side of the EU-Ukraine Cooperation Committee, Kiev, 2008, http://eu.prostir.ua/files/1230119510977/civil%20society%20in%20EU-Ukraine%20association%20agreement.pdf.

Stroß, S., "The review of the European Neighbourhood Policy: Increasing the coherence and coordination of EU external action?", *TEPSA Brief*, 28 July 2011.

Tassinari, F., "Security and Integration in the EU Neighbourhood. The Case for Regionalism", Brussels, *CEPS Working Document*, No. 226, July 2005, http://www.ceps.be/book/security-integration-and-case-regionalism-eu-neighbourhood.

Tassinari, F., "A Synergy for Black Sea Regional Cooperation: Guidelines for an EU Initiative", Brussels, *CEPS Policy Brief*, No. 105, June 2006, http://www.ceps.be/content/synergy-black-sea-regional-cooperation-guidelines-eu-initiative.

Tassinari, F., "Variable Geometries. Mapping Ideas, Institutions and Power in the Wider Europe", Brussels, *CEPS Working Document*, No. 254, November 2006, http://www.ceps.be/book/variable-geometries-mapping-ideas-institutions-and-power-wider-europe.

Trenin, D., "Russia the EU and the common neighbourhood", Brussels, Center for European Reform Essays, London, 2005, http://www.cer.org.uk/pdf/essay_russia_trenin_sept05.pdf.

Triantaphyllou, Dimitrios, "Making Black Sea Synergies Work", *ICBSS Black Sea Monitor*, No. 4, Athens, International Center for Black Sea Studies, June 2007, http://icbss.org/index.php?option=com_content&task=view&id=105.

United Nations and the Arab League, *The millennium development goals in the Arab Region 2007: a youth lens*, Beyrouth, ESCWA, 2007.

Vahl, M., "The EU and Black Sea Regional Cooperation: Some Challenges for BSEC", *CEPS Commentary*, No. 15, Brussels, April 2005, http://www.ceps.be/content/caucasus-black-sea.

Vahl, M., "International Agreements in EU Neighbourhood Policy", *SIEPS Paper*, No. 10, Stockholm, 2006, http://www.sieps.se/publ/rapporter/bilagor/Rapport_10.web.pdf.

Valinakis, Y., "The Black Sea Region: Challenges and Opportunities for Europe", *Chaillot Paper*, No. 36, Paris, EU Institute for Security Studies, July 1999, http://www.iss.europa.eu/uploads/media/cp036e.pdf.

Van Elsuwege, P., "The European Union and the Belarus Dilemma: Between Conditionality and Constructive Engagement", Tallinn, *Proceedings of the Institute for European Studies, Tallinn University*, No. 7, 2010, pp. 7-20, http://archive.ugent.be/input/download?func=downloadFile&fileOId=983725&recordOId=983686.

Valasek, T., "What the economic crisis means for the EU's eastern policy", *Centre for European Reform Policy Brief*, London, April 2009, http://www.cer.org.uk.

Wolczuk, K., "Adjectival Europeanisation? The Impact of EU Conditionality on Ukraine under the European Neighbourhood Policy", *European Research Working Paper Series*, No. 18, Birmingham, University of Birmingham European Research Institute, 2007, http://www.eri.bham.ac.uk/research/workingpapers.htm.

Index (English/français)

Keys: A.: Annex; Ft.: Footnote; M.: Map.

About the Authors

HANNES ADOMEIT is a former Senior Research Associate at the Research Institute for International Politics and Security, Stiftung Wissenschaft und Politik, Berlin and a part time Professor at the College of Europe (Natolin Campus). He recently published "Russia and its Near Neighbourhood: Cooperation and Conflict with the EU", College of Europe Natolin Research Papers, No. 4, Warsaw, College of Europe, 2011.

MAIKE CHRISTIANSEN studied European Interdisciplinary Studies at the College of Europe (Natolin Campus). She holds an MA in Geography, Geomatics and Law from the Humboldt-University of Berlin and has studied at Potsdam University and the University of Toronto. She worked on issues related to urban environmental planning at the United Nations Human Settlements Programme (UN-Habitat) and the United Nations Environment Programme (UNEP) in Nairobi. Since 2010 she has been part of the Urban Environment Programme at the UNEP office in Paris.

JEAN-FRANÇOIS COUSTILLIÈRE est contre amiral (2S), professeur visiteur au Collège d'Europe (Natolin), Consultant indépendant sur les questions de relations internationales en Méditerranée, cabinet JFC Conseil, Toulon.

HUBERT DUHOT is a PhD Candidate at Ghent University. He was an academic assistant at the College of Europe (Natolin Campus) and a lecturer at the Institute for European Public Administration in Luxembourg. He served at the French Embassy in Georgia from 2008 until 2010.

SIEGLINDE GSTÖHL is Director of the Department of EU International Relations and Diplomacy Studies at the College of Europe in Bruges where she has been fulltime professor since 2005. From 1999-2005 she was Assistant Professor of International Relations at the Humboldt-University of Berlin. She holds a PhD and an MA in International Relations from the Graduate Institute of International and Development Studies in Geneva as well as an MA in Public Affairs (lic.rer.publ. HSG) from the University of St. Gallen, also in Switzerland. She was, *inter alia*, a research fellow at the Liechtenstein-Institut in Liechtenstein and at the Center for International Affairs at Harvard University, United States.

Dominik Hanf Dr. iur. (Mainz), Docteur en droit (Liège). Professor of European Union Law at the College of Europe (Bruges). He notably published with Dengler P., "Accords d'Association", Commentaire Mégret, Bruxelles, Publications de l'Institut d'études européennes de l'Université Libre de Bruxelles, 2004

Larbi Jaidi est professeur d'Économie à l'Université Mohammed V, Rabat, Maroc. Il est membre de réseaux de recherches euro-méditerranéens et l'auteur de nombreuses publications sur les relations Maroc-Union européenne dont « Le projet de 'Statut avancé' entre l'UE et le Maroc: un nouveau mode de partenariat? », Revue *Afkar*, Juillet 2008.

Bichara Kadher est professeur à l'Université Catholique de Louvain et directeur du Centre d'études et de recherches sur le Monde arabe contemporain (CERMAC). Il est l'auteur de 25 ouvrages sur le Monde arabe et les relations euro-arabes et euro-méditerranéennes. On relèvera notamment: *L'Europe pour la Méditerranée de Barcelone à Barcelone (1995-2009)*, L'Harmattan, 2009 et *Le Monde Arabe expliqué à l'Europe*, L'Harmattan, 2009.

Erwan Lannon est professeur en droit européen à l'Université de Gand et au Collège d'Europe (Bruges et Natolin). Il a travaillé comme expert et consultant pour plusieurs institutions européennes, les Nations Unies (CNUCED) et divers réseaux et instituts (dont l'Institut d'études et de sécurité de l'Union européenne, Euromesco, l'IEMed et le Mouvement européen international). Parmi ses publications on peut mentionner: Maresceau, M. et Lannon, E. (eds.), *The EU's Enlargement and Mediterranean Strategies: A Comparative Analysis*, Palgrave, 2001.

Iván Martín is Academic Administrator at the College of Europe (Natolin Campus), and is Fellow Researcher, Instituto Complutense de Estudios Internacionales (ICEI), Madrid. He notably published 20+10. 30 Proposals to Develop a Genuine Social Dimension in the Euro-Mediterranean Partnership, Friedrich Ebert Stiftung and EuroMed Non-Governmental Platform, 2010 and Fargues, P. and Martín, I. (eds.), "Labour Markets Performance and Migration Flows in Arab Mediterranean Countries: A Regional Perspective", *European Economy Occasional Papers*, No. 60, Vol. 3, 2010.

Iryna Solonenko is Director of the European Programme at the International Renaissance Foundation (Open Society Foundations) in Kiev. She notably published with Jarabik, B., "Ukraine" in Youngs R. (ed.), *Is the European Union Supporting Democracy in Its Neighbourhood?*, Madrid, FRIDE in association with the ECFR, 2008.

Peter Van Elsuwege is Professor of European Union law at Ghent University. His research activities focus on the law of EU external relations. Specific attention is devoted to the legal framework of the relations between the European Union and its East European neighbours. He is the author of From Soviet Republics to EU Member States. A Legal and Political Assessment of the Baltic States'Accession to the European Union, Martinus Nijhoff, 2008. Peter Van Elsuwege is also the academic coordinator of a Jean Monnet Module on "The Legal Dimension of EU External Relations" and an affiliated member of both the Centre for the Law of EU External Relations (CLEER) and the Centre for Russian International, Socio-Political and Economic Studies (CERISE).

PETER G. XUEREB is Professor of European and Comparative Law, Jean Monnet Professor of European Union Law and European Integration at the University of Malta. He is notably the editor of *Euro-Med Integration and the Ring of Friends*, ERDC-University of Malta, 2003 and *The European Union and the Mediterranean. The Mediterranean's European Challenge* (Vol. V), EDRC-Malta University, 2004.

College of Europe Studies

Europe is in a constant state of flux. European politics, economics, law and indeed European societies are changing rapidly. The European Union itself is in a continuous situation of adaptation. New challenges and new requirements arise continually, both internally and externally. The College of Europe Studies series exists to publish research on these issues done at the College of Europe, both at its Bruges and its Warsaw campus. Focused on the European Union and the European integration process, this research may be specialised in the areas of political science, law or economics, but much of it is of an interdisciplinary nature. The objective is to promote understanding of the issues concerned and to make a contribution to ongoing discussions.

Cahiers du Collège d'Europe

L'Europe subit des mutations permanentes. La vie politique, l'économie, le droit, mais également les sociétés européennes, changent rapidement. L'Union européenne s'inscrit dès lors dans un processus d'adaptation constant. Des défis et des nouvelles demandes surviennent sans cesse, provenant à la fois de l'intérieur et de l'extérieur. La collection des Cahiers du Collège d'Europe publie les résultats des recherches menées sur ces thèmes au Collège d'Europe, au sein de ses deux campus (Bruges et Varsovie). Focalisés sur l'Union européenne et le processus d'intégration, ces travaux peuvent être spécialisés dans les domaines des sciences politiques, du droit ou de l'économie, mais ils sont le plus souvent de nature interdisciplinaire. La collection vise à approfondir la compréhension de ces questions complexes et contribue ainsi au débat européen.

Series Titles / Dans la collection

No. 14 – Erwan LANNON (ed.), *The European Neighbourhood Policy's Challenges / Les défis de la politique européenne de voisinage*, 2012, 491 p., ISBN 978-90-5201-779-2

No. 13 – Marise CREMONA, Jörg MONAR & Sara POLI (eds.), *The External Dimension of the European Union's Area of Freedom, Security and Justice*, 2011, 434 p., ISBN 978-90-5201-728-0

No. 12 – Jing MEN & Giuseppe BALDUCCI (eds.), *Prospects and Challenges for EU-China Relations in the 21st Century. The Partnership and Cooperation Agreement*, 2010, 262 p., ISBN 978-90-5201-641-2

No. 11 – Jörg MONAR (ed.), *The Institutional Dimension of the European Union's Area of Freedom, Security and Justice*, 2010, p., ISBN 978-90-5201-615-3

N° 10 – Dominik HANF, Klaus MALACEK & Elise MUIR (dir.), *Langues et construction européenne*, 2010, 286 p., ISBN 978-90-5201-594-1

No. 9 – Jacques PELKMANS, Dominik HANF & Michele CHANG (eds.), *The EU Internal Market in Comparative Perspective. Economic, Political and Legal Analyses*, 2008, 314 p., ISBN 978-90-5201-424-1

No. 8 – Inge GOVAERE & Hanns ULLRICH (eds.), *Intellectual Property, Market Power and the Public Interest*, 2008, 315 p., ISBN 978-90-5201-422-7

No. 7 – András INOTAI, *The European Union and Southeastern Europe. Troubled Waters Ahead?*, 2007, 414 p., ISBN 978-90-5201-071-7

No. 6 – Inge GOVAERE & Hanns ULLRICH (eds.), *Intellectual Property, Public Policy, and International Trade*, 2007, 234 p., ISBN 978-90-5201-064-9

No. 5 – Dominik HANF & Rodolphe MUÑOZ (dir.), *La libre circulation des personnes. États des lieux et perspectives*, 2007, 329 p., ISBN 978-90-5201-061-8

No. 4 – Dieter MAHNCKE & Sieglinde GSTÖHL (eds.), *Europe's Near Abroad. Promises and Prospects of the EU's Neighbourhood Policy*, 2008, 318 p., ISBN 978-90-5201-047-2

No. 3 – Dieter MAHNCKE & Jörg MONAR (eds.), *International Terrorism. A European Response to a Global Threat?*, 2006, 191 p., ISBN 978-90-5201-046-5

No. 2 – Paul DEMARET, Inge GOVAERE & Dominik HANF (eds.), *European Legal Dynamics – Revised and updated edition of* 30 Years of European Legal Studies at the College of Europe / *Dynamiques juridiques européennes – Édition revue et mise à jour de* 30 ans d'études juridiques européennes au Collège d'Europe, 2007, 571 p., ISBN 978-90-5201-067-0

No. 1 – Dieter MAHNCKE, Alicia AMBOS & Christopher REYNOLDS (eds.), *European Foreign Policy. From Rhetoric to Reality?*, 2004, 2nd printing/2e tirage 2006, 381 p., ISBN 978-90-5201-247-6

www.peterlang.com